网络安全法教程

陈道英／主编

CYBER SECURITY LAW

法律出版社
LAW PRESS · CHINA
北京

图书在版编目(CIP)数据

网络安全法教程 / 陈道英主编. -- 北京 : 法律出版社, 2023(2025.9 重印)
ISBN 978 -7 -5197 -7688 -6

Ⅰ. ①网… Ⅱ. ①陈… Ⅲ. ①计算机网络-科学技术管理法规-中国-教材 Ⅳ. ①D922.17

中国国家版本馆 CIP 数据核字(2023)第 047931 号

网络安全法教程
WANGLUO ANQUANFA JIAOCHENG

陈道英 主编

责任编辑 王 珊
装帧设计 鲍龙卉

出版发行 法律出版社
编辑统筹 学术·对外出版分社
责任校对 王 丰
责任印制 胡晓雅 宋万春
经 销 新华书店

开本 710 毫米×1000 毫米 1/16
印张 23.75 **字数** 460 千
版本 2023 年 8 月第 1 版
印次 2025 年 9 月第 3 次印刷
印刷 河北虎彩印刷有限公司

地址:北京市丰台区莲花池西里 7 号(100073)
网址:www.lawpress.com.cn
投稿邮箱:info@lawpress.com.cn
举报盗版邮箱:jbwq@lawpress.com.cn
销售电话:010-83938349
客服电话:010-83938350
咨询电话:010-63939796

书号:ISBN 978-7-5197-7688-6
定价:88.00 元

前　　言

我国自2016年《网络安全法》通过以来，在网络空间安全法制建设方面取得了卓越成就，颁布施行了包括《数据安全法》《个人信息保护法》《关键信息基础设施安全保护条例》等在内的一系列重要法律法规，构建起了涵盖网络设备安全、网络运行安全、网络信息安全和网络内容安全的较为完备的网络安全法律体系。与此同时，我国还制定发布了包括《信息安全技术　网络安全等级保护实施指南》（GB/T 25058－2019）、《信息安全技术　网络安全等级保护基本要求》（GB/T 22239－2019）、《信息安全技术　网络安全事件应急演练指南》（GB/T 38645－2020）等在内的大量的网络安全国家标准，对于落实网络安全法律制度起到了重要作用。我国取得的上述成就一方面不断丰富着我国的网络安全法制实践，另一方面也要求我们在网络安全法的教学过程中不断更新知识体系，对立法动态做出及时的回应。

在这一背景下，我们编撰了这本教材，以期能够吸收我国在网络安全立法和实践中取得的最新成果，更好地服务于网络安全法的教学。与目前已有的网络安全法教材相比，本书具有以下特点。

第一，本书反映了我国最新的网络安全法立法动态。我国网络安全法教材多出版于2017～2020年，而我国网络安全立法在这段时间迅速发展，导致大多数教材的部分内容亟须更新。除此之外，网络安全相关国家标准也处于不断完善的迅速发展阶段，市面上已有教材同样未能反映相关动向。而随着2021年《个人信息保护法》《数据安全法》的出台，我国网络安全相关法律体系已逐渐完善、成熟，基本制度亦已基本定型。这一立法背景为本书的写作提供了独特的优势。

第二，因应特殊的使用群体，本书专门调整了内容安排。本书的主要使用对象为网络空间安全学院的学生。市面上已有教材或者为面向法律实务工作者（尤其是公司法务）的《网络安全法》释义，或者为面向法学院学生的网络安全法教材，缺少面向网络空间安全学院学生的教材。东南大学作为我国第一批7家“一流网络安全学院建设示范项目高校”之一，担负着培养网络空间安全专门人才的重任，而网络安全法正是教学内容的重要组成部分。本书基于使用对象的特殊性有针对性地调整了内容安排，例如，删减了网络安全技术方面的内容，增加了法学基础知识模块等。

第三，本书累积了主编者多年实际授课经验。“网络安全法”是一门较为年轻的课程。本书主编者从2017年东南大学网络空间安全学院组建之初就一直承担网络安全法课程的教学任务，其间，根据实际授课反馈不断调整授课内容，现有的内容体系安排能够保证获得较好的教学效果。

第四，本书编写团队人员构成具有多样性，保证了本书质量。主编者具有丰富的网络安全法授课经验，多位参编者为东南大学人权研究院研究人员，同时也是所撰写章节领域的专家，其中不乏拥有丰富实务经验的研究者（如第五章、第六章、第十章作者为国家计算机网络应急技术处理协调中心江苏分中心研究人员）。团队打磨的结果从根本上保证了本书的质量。

本书写作具体分工如下：

张雪莲：第一章；

万千慧：第二章；

陈道英：第三章、第四章、第八章、第十一章；

徐济铭：第五章；

袁卫平：第六章；

冀　洋：第七章；

任丹丽：第九章；

董宏伟：第十章。

全书由陈道英统稿、定稿。东南大学法学院硕士研究生宋海洋、汤寒玉、姚潇承担了部分校对工作，特此表示感谢。在编写过程中，我们参考并吸收了许多学者的研究成果，在此一并表示感谢。

本教材的出版受到东南大学人权研究院的资助，在此特别表示感谢。

由于编者水平的限制，本书难免存在疏漏及不足，敬请读者批评指正！

编者

2022年8月30日

目　　录

第一章 法学导论

典型案例

黄某与蒋某于1963年登记结婚,1996年黄某与张某相识并同居。2001年年初,黄某因患肝癌晚期住院治疗,住院期间一直由张某及其家属护理、照顾。2001年4月18日黄某立下书面遗嘱,将其财产遗赠于张某,并对遗嘱进行了公证。黄某去世后,张某要求蒋某交付遗赠财产,遭到拒绝,双方发生争执,张某诉至法院。一审法院认定:黄某的遗赠行为违反公共秩序和社会道德,违反婚姻法关于夫妻应当互相忠实,互相尊重,禁止有配偶者与他人同居的规定,是一种违法行为,应属无效民事行为。张某要求被告蒋某给付受遗赠财产的主张不予支持,判决驳回原告张某的诉讼请求。张某不服,提出上诉。二审法院援引《民法通则》第7条中"民事活动应当尊重社会公德,不得损害社会公共利益"(可参照现行《民法典》第8条)的规定,即民法上的"公序良俗"原则,认定黄某的遗赠行为无效,并指出:"作为现代民法的一项基本原则,'公序良俗'原则充分体现了国家、民族、社会的基本利益要求……在法律适用上有高于法律具体规则适用之效力。"[1]

第一节 法学基本范畴

范畴是反映客观事物本质联系的思维形式,是人类在认识客体的过程中形成的基本概念,每门具体学科都有各自特有的范畴,法学亦不例外。根据不同范畴反映的法律现象的深度、广度以及科学抽象化程度的差别,可以将法学范畴划分为普通范畴、基本范畴和核心范畴三个层次。其中,普通范畴是对法律现象的某个具体侧面、某种具体联系、某一具体过程的比较简单的抽象,属于初级范畴,这类范畴在各个部门法中大量存在,如刑法学中的犯罪、正当防卫,民法学中的缔约、违约,行政法学中的行政主体和行政相对人等。基本范畴是以法律现象的总体为背景,对

[1] 四川省泸州市纳溪区人民法院民事判决书,(2001)纳溪民初字第561号;四川省泸州市中级人民法院民事判决书,(2001)泸民一终字第621号。

法律现象的基本环节、基本过程或初级本质的高级抽象，如法、法律主体、法律关系、法律行为、法律责任等，是法学理论的基本概念。[1] 而核心范畴则是“基本概念的概括与总结，因而它是在已经经过抽象思维的基础上更高一层面的具体”。[2] 虽然学者们都认同核心范畴的逻辑凝聚力和统领全局的价值，但是对于何为核心范畴却莫衷一是，形成了诸如权利、权利义务、权利权力、法权、规则等不同观点。[3] 在这三个层次的法学范畴中，基本范畴和核心范畴在形成法学范畴体系、理论体系和学科体系中起到了基础性作用，本节将重点讨论其中几个主要的范畴：法、权利、义务、权力和法律责任。

一、法

（一）法的概念

作为法学的起始范畴和基础范畴，法的概念主要回答“法是什么”的问题。这个问题之所以重要，是因为对法的概念的不同理解既影响具有强制力效果之行为准则的范围，也牵涉法与其他社会规范之间的关系与界限。古往今来，众多法学家都试图给法下定义，但是迄今为止都没有形成一个能被普遍接受的法的概念。古典自然法理论认为，自然法是适用于所有人的永恒规则，如果人定法违反自然法，那么该人定法就不具有任何效力。历史法学派重视传统和习惯，认为法律既不是专断的意志也不是刻意设计的产物，而是缓慢、渐进、有机发展的结果。分析主义法学将法律视为主权者的命令。纯粹法学理论认为强制是法律概念的一个不可或缺的因素，主张法律是一种有关人的行为的强制性秩序。而现实主义法学家则认为法律只是一组事实而不是一种规则体系，亦即是一种活的制度，而不是一套规范。[4]

为了更好地理解“法”这一学术范畴，我们将讨论的范围限定在特定国家现行有效的法，并从法与其他相近的现象和事物的联系及比较中把握法的特征，

---

〔1〕 张文显：《论法学范畴体系》，载《江西社会科学》2004 年第 4 期。

〔2〕 陈金钊：《论法学的核心范畴》，载《法学评论》2000 年第 2 期。

〔3〕 刘旺洪、张智灵：《论法理学的核心范畴和基本范畴——兼与童之伟教授商榷》，载《南京大学法律评论》2000 年第 1 期；张文显：《法学基本范畴研究》，中国政法大学出版社 1993 年版，第 13 ~ 19 页；吕世伦、宋光明：《权利与权力关系研究》，载《学习与探索》2007 年第 4 期；童之伟：《论变迁中的当代中国法学核心范畴》，载《法学评论》2020 年第 2 期；范进学：《法学核心范畴关系论——一种比较法的分析》，载《法律科学（西北政法学院学报）》2001 年第 1 期；陈金钊：《论法学的核心范畴》，载《法学评论》2000 年第 2 期等。

〔4〕 [美]E. 博登海默：《法理学：法律哲学与法律方法》，邓正来译，中国政法大学出版社 2004 年版，第 59 ~ 60、93、126、132、163 页。

将法界定为由国家制定或认可,并由国家强制力保证实施的,调整人们行为的社会规范。

1. 法是调整人们行为的社会规范

首先,作为一种社会规范,法是针对不特定对象设定的准则,具有一般性和普遍性。规范(norm)指规则、标准或尺度,是调整人们行为的概括性声明或指令。一方面,法不是为了特殊的人和事而创设的,法所调整的人和事均具有抽象化的特征,不包含任何对个别情形做特定处理的含义;另一方面,法不是仅适用一次,而是具有反复适用性,即在法的有效期内对同类人和事可以反复适用,其效力并不会因一次适用而消失。法的这一规范性特征将法与具体的法院判决和行政决定区分开来,即只有对某类作为或不作为具有普遍约束力的一般宣告才是法律。

其次,作为普遍性的行为准则,法具有指引、评价、预测、强制和教育等规范作用。具体而言,法的指引作用是指法为人们提供某种行为模式,指引人们为或不为一定的行为,包括确定性指引和选择性指引。法的评价作用是指法作为判断和衡量人们行为的标准和尺度,对人们行为的合法、违法及其程度作出评价,从而达到引导人们行为的效果。预测作用是指人们可以根据法律规定预先评估自己和他人的行为及其法律后果,预测行为的合法性和有效性。强制作用是指运用国家强制力惩罚违法行为,保障法的充分实现。教育作用是指通过法的实施,对社会一般成员未来的行为产生警示或鼓励性影响。

2. 法是具有国家意志性的社会规范

将法与宗教规范、道德规范、经济规范等其他社会规范区分开来的一个重要特征是法具有国家意志性。首先,法是由国家制定或认可的。制定和认可是国家创制法的两种方式。其中,法的制定是指国家立法机关依据法定的立法权限,按照法律程序创设规范性法律文件的活动,其结果体现为国家的成文法。法的认可是指国家通过一定方式赋予社会上已经存在的道德、习惯、宗教教义等以法律效力的活动。国家认可的方式既可以是立法机关的明确承认,也可以是司法机关在裁判中将某种道德、习惯或宗教教义等当作法律规则加以实施。

其次,法具有统一性和权威性。法的统一性和权威性均来自其国家意志性。统一性是指法律体系的一致性,由于法是国家意志的体现,是由国家制定或认可的,因此所有的法在根本原则上都是一致的,一个国家现行有效的所有法律规范也能形成一个内部和谐统一的法律体系。权威性是指法的不可违抗性,即法作为一个整体,其对全体社会成员具有普遍的约束力,任何组织和个人均应服从法的权威,而不论他们是否赞成这些规则。

3. 法是由国家强制力保证实施的社会规范

法的国家强制性也来自其国家意志性,因为法是国家意志的体现,所以当法被违反时必然导致国家强制力的运用。当然,法具有国家强制性并不意味着所有法律规范都要依靠国家强制力来实现,也不意味着国家强制力要贯穿法的实施的始终,法的国家强制性只是强调将国家强制力作为法的最后保障手段。

虽然其他社会规范也依靠一定的强制力保证实施,但是这种强制力不是来自国家。例如,那些存在于法律之外的道德规范虽然也具有强制力,但是这种强制力主要源于自律或舆论压力,任何能够被用来维护法的权威的国家强制执行制度都无法适用于纯粹的道德准则。

(二)法的要素

作为一种严谨、全面的规范体系,法的系统是由法的各要素组成的有机整体,这些要素中最重要的是法律规则、法律原则和法律概念。

1. 法律规则

法律规范主要是由法律规则构成的。法律规则是指以一定的逻辑结构形式具体规定人们的法律权利、法律义务及相应的法律后果的一种法律规范。关于法律规则的逻辑结构,存在三要素说、二要素说、新三要素说、新二要素说等不同观点,[1]目前新三要素说得到了广泛认可。新三要素说认为任何法律规则都是由假定、行为模式和法律后果三个要素组成的。其中,假定是指法律规则中有关适用该规则的条件和情况的部分,即法律规则在什么时间、空间,对什么人和什么行为适用。行为模式是指法律规则中规定人们具体行为或活动方式的部分,是法律规则的核心,具体分为可为模式、应为模式和勿为模式三类。法律后果是法律规则中规定人们在假定条件下作出符合或不符合行为模式要求的行为时应承担相应的结果的部分,可分为肯定性的法律后果和否定性的法律后果两种。[2]

2. 法律原则

法律原则是为法律规则提供某种基础或本源的综合性、指导性的原理或价值准则的法律规范。与法律规则相比,法律原则具有高度的普遍性和规约性,但其确定性和可预测性程度相对较低。[3] 法律原则的存在有其独立的价值。从功能意义上看,为每一种详细的事态制定精确的法律规则是不可能的,法律原则构成了法

---

[1] 三要素说认为法律规则由假定、处理和制裁组成;二要素说认为法律规则由行为模式和法律后果组成;新三要素说认为法律规则由假定、行为模式和法律后果组成;新二要素说认为法律规则由构成要件和法律后果组成。孙国华、朱景文主编:《法理学》,中国人民大学出版社 1999 年版,第 279 页;沈宗灵主编:《法理学》,北京大学出版社 2001 年版,第 32 页;雷磊:《法律规则的逻辑结构》,载《法学研究》2013 年第 1 期;赵树坤、张晗:《法律规则逻辑结构理论的变迁及反思》,载《法制与社会发展》2020 年第 1 期。

[2] 舒国滢主编:《法理学导论》(第 3 版),北京大学出版社 2019 年版,第 102~104 页。

[3] [德]罗伯特·阿列克西:《法律论证理论——作为法律证立理论的理性论辩理论》,舒国滢译,中国法制出版社 2002 年版,第 301 页。

律推理的权威性出发点，证成并补充法律规则；从价值意义上看，法律原则促成了民众对法律的尊重，并构成了民众权利保障的基石，因为法律原则是法治之所以成为法治、权利之所以得以切实保障的核心。〔1〕按照调整范围的不同，可以将法律原则分为基本原则和具体原则。基本原则调整的社会关系领域比较广泛，体现了法律的基本精神和根本价值，如法律平等原则、权利保障原则、法治原则等。具体原则只调整某一领域的社会关系，如一物一权原则、罪刑法定原则等。按照调整内容的不同，可以将法律原则分为实体性原则和程序性原则，前者如契约自由原则、法律保留原则等，后者如回避原则、正当程序原则等。

在司法适用方面，基于法的安定性的要求，在一般情况下应适用法律规则，而法律原则的优先适用则需要具备较为严格的条件。在规则与原则相冲突的情形下，如果要优先适用原则，则其主要的方式应该是通过原则为规则创制一种例外，即在具体个案中，若规则与原则相冲突，在例外情形下也可适用原则，但须承担例外情形下的论证义务。〔2〕

3. 法律概念

法律概念是对各种法律事实进行概括，抽象出它们的共同特征而形成的权威性范畴，是人们认识法现象的逻辑起点，也是构成法律规则和法律原则的前提和基础。根据内容的不同，可以将法律概念划分为涉人概念、涉事概念和涉物概念。涉人概念是关于人的概念，如公民、法人、法定代理人、近亲属等；涉事概念是关于法律事件和法律行为的概念，如紧急避险、侵权、过失等；涉物概念是具有法律意义的有关物品及其质量、数量、时间、空间等无人格的概念，如标的、私有财产、票据等。〔3〕根据功能的不同，可以将法律概念划分为描述性概念、评价性概念与论断性概念。描述性概念就是对事实进行描述的概念，包括自然事实概念（如汽车、辐射）和制度性事实概念（如婚姻、所有权）。评价性概念是包含对事物之价值判断的概念，如诚实信用、公序良俗。而论断性概念的功能在于基于某个事实的确认来认定另一个事实的存在，如宣告死亡。〔4〕

法律概念在法律推理中发挥着重要作用。首先，很多时候需要由解释者对法律概念的语义进行确证或具体化，否则就无法赋予特定法律事实以恰当的法律后果；其次，在逻辑上，特定法律概念是引发特定法律后果的前提，法律实践中对于特定法律后果应否适用于特定案件事实的争论，很多都是概念上的争议；最后，法律

---

〔1〕 庞正、杨建：《法律原则核心问题论辩》，载《南京师大学报（社会科学版）》2010 年第 1 期。

〔2〕 林来梵、张卓明：《论法律原则的司法适用——从规范性法学方法论角度的一个分析》，载《中国法学》2006 年第 2 期。

〔3〕 张文显：《法学基本范畴研究》，中国政法大学出版社 1993 年版，第 58 ~ 59 页。

〔4〕 舒国滢、王夏昊、雷磊：《法学方法论前沿问题研究》，中国政法大学出版社 2020 年版，第 82 ~ 89 页。

概念的语义构成目的论证的界限,有时也会对目的论证施加论证负担。[1]

二、权利、义务和权力

权利、义务和权力是法学的基本范畴,这三个基本范畴通常被纳入两对关系中进行讨论:一是权利与义务的关系;二是权利与权力的关系。

(一)权利、义务和权力的含义

1.权利

权利概念从正义概念演化而来,罗马法学者将正义与法学相结合,创造了许多权利种类,包括家父权、地役权、财产处分权、放弃遗产继承的权利等,同时也提出了概括权利的概念,用来指称"各种权利和义务的集合"。[2] 17～19 世纪的思想家提出了自然权利的概念,并将其用于反对封建专制和神学,从而将权利的概念从私权利扩展到公权利。同时《法国民法典》制定后,私权利也不断扩展。[3]

关于权利的含义,历来众说纷纭,学者们站在各自的立场上从不同侧面对权利进行了解释,如洛克认为权利就是享有使用某物的自由,康德认为权利是意志的自由行使,耶林则认为权利是受法律保护的利益。在对上述学说进行分析的基础上,夏勇教授指出这些学说只是各自从一个侧面来描述权利的属性,实际上,权利的本质是由多方面属性构成的,这些属性是权利最基本、必不可少的要素。第一个要素是利益,即一项权利之所以成立,是因为要保护某种利益,这种利益既可能是个人的,也可能是社会的。第二个要素是主张,即利益主体在利益可能受到侵犯时通过表达意思或行为来主张,一种利益如果无人对它主张就不可能成为权利。第三个要素是资格,即利益主体提出主张的凭借,主张法律权利需要有法律上的资格。第四个要素是权能,包括权威和能力,即只有由法律赋予权威的利益、主张和资格,才是法律权利,而且权利主体还要具备享有和实现其利益、主张和资格的实际能力和可能性。第五个要素是自由,其指的是权利主体可以按个人意志去行使或放弃该项权利,不受外来的干预或胁迫。[4]

与公法和私法的二分法相对应,可以将权利区分为公权利和私权利,"公权利"指私人主体,包括自然人、法人和其他组织在公法上的权利,包括平等权、政治权利、精神自由权、人身自由与人格尊严、社会经济权利和获得权利救济的权利;

---

[1] 雷磊:《法律概念是重要的吗》,载《法学研究》2017 年第 4 期。

[2] [英]梅因:《古代法》,沈景一译,商务印书馆 1984 年版,第 102 页。

[3] 沈宗灵:《权利、义务、权力》,载《法学研究》1998 年第 3 期。

[4] 夏勇:《人权概念的起源》,中国政法大学出版社 2001 年版,第 46～48 页。

“私权利”指私人主体,包括自然人、法人和其他组织在私法上的权利,物权、债权、继承权等民事权利均属于私权利。公权利和私权利的划分,一方面,有利于人们认清权利在不同法域的性质,即公权利由公法规定,是一种对抗国家、制约公权力的权利,而私权利由私法规定,是一种对抗其他私人主体的权利;另一方面,也有利于权利的有效保护,特别是诉讼管辖的处理,一般来说,私权利的保护通过民事诉讼实现,而公权利的保护则通常诉诸行政诉讼或宪法审查。[1]

2. 义务

作为法学基本范畴,义务具有不完全依赖于权利范畴的独立地位。学者们对法律义务的含义进行了积极探索,如张恒山认为“法律义务是为了维护和实现社会共同利益、国家利益、集体利益或他人的非损他性利益,由社会普遍公认的‘应当的’、并因此为国家所要求的、法律主体在一定的条件下所必须作或不能作的某种行为”。[2] 钱大军认为“法律义务是指主体应当采取的行为模式,是引起偏离模式行为者的法律责任的理由”。[3] 胡平仁认为“法律义务是为保障权利和权力的有效运行或实现而由法律设定或当事人约定并通过预设一定的法律责任来保障的、相关主体在一定条件下必须作或不能作的某种行为”。[4] 这些定义虽然在角度和表述上存在不同,但都立足于“义务是应当的行为”这一观点,后两种定义还增加了“法律责任”这一维度。据此,可以将法律义务的要素概括为应当、行为和引起法律责任的可能性。首先,法律义务意味着“应当”,即法律义务首先是作为期待中的行为模式而存在的,是“应当”的规范行为模式;其次,法律义务的目的是规范行为,这里的行为并不是人们的实际行为,而是人们的期待行为,即要求义务主体应当或必须做的行为,是作为一种期待而存在的;最后,对于偏离行为模式的行为,法律义务将以引起法律责任的可能性这一方式予以响应。[5]

按照履行义务形式的不同,可以将法律义务分为积极义务和消极义务。积极义务也称为作为义务,是指义务人必须根据权利的内容做出一定的行为,如纳税、服兵役、赡养父母等。消极义务也称为不作为义务,是义务人不得做出一定行为的义务,如不得破坏公共财产、禁止非法拘禁等。按照义务来源的不同,可以将法律义务分为基本义务与非基本义务,前者包括受教育、劳动、纳税、服兵役等宪法规定的义务,后者指宪法以外的法律法规规定的义务,如民法中关于缔约人义务的规

---

[1] 上官丕亮:《论公法与公权利》,载《法治论丛(上海政法学院学报)》2007年第3期。
[2] 张恒山:《义务先定论》,山东人民出版社1999年版,第70页。
[3] 钱大军:《法律义务的逻辑分析》,载《法制与社会发展》2003年第2期。
[4] 胡平仁:《法律义务新论——兼评张恒山教授〈义务先定论〉中的义务观》,载《法制与社会发展》2004年第6期。
[5] 钱大军:《法律义务的逻辑分析》,载《法制与社会发展》2003年第2期。

定、诉讼法中关于程序性义务的规定等。

3. 权力

权力是一个颇具争议的概念,学者们从不同角度对权力进行解读,形成了力量说、意志论、结构论、后现代权力观等不同的学说。力量说将力量作为权力的核心要素,认为权力是一种能力,一种影响和控制他人的力量,是"处于某种社会关系内的一个行动者能够不顾抵制而实现其个人意志的可能性"。[1] 意志论将权力与人的欲望和支配意图相联系,认为权力是"有目的性地支配他人的力量",[2]是个人或群体有意追求的目标。结构论倾向于将权力视为结构性的产物,主张从行为背后更加隐蔽和抽象的社会结构来理解权力,认为是一定的社会结构,而不是个人意志决定权力的归属和行使。后现代权力观将关注的视角从传统的政治权力转向日常生活中的微观权力,认为权力是多元、分散、无主体、非中心化的网络关系。[3]

按照权力主体的不同,可以将权力分为国家权力和社会权力,前者为国家机关及其授权机关所拥有,后者指政府机构之外的其他组织或机构的权力,如网络平台拥有者对参与主体、资源、信息、交易、数据等平台要素的掌控权即是一种社会权力。社会权力与国家或政府权力之间有时并没有严格的区分,因为社会权力虽然形式上是"社会的",但实际上可能只是国家权力的延展或其在具体运行中的存在形式。[4] 仍以网络平台为例,平台依靠自身拥有的技术和信息资源优势,获取了影响平台参与者的强大力量,但是其平台规则的制定权和执行权大多来源于法律法规的授权或行政委托。[5] 按照权力效果的不同,可以将权力分为破坏权力、生产权力和整合权力。破坏权力是一种摧毁事物的力量,破坏工具既包括用于直接杀人或毁灭有价值的东西的武器,也包括作为生产过程一部分的推土机、刀具等;生产权力与受精卵、关于未来的设计蓝图和创意、制造东西的机器和工具、人类大脑和肌肉的活动密切相关;整合权力既有生产性的一面,也有破坏性的一面,因为它既涉及创立组织、建立家庭、激发忠诚、团结众人和建构合理性的能力,也可能制造敌对、离间众人。[6]

---

[1] Max Weber, *The Theory of Social and Economic Organization*, trans. by A. M. Henderson & Talcott Parsons, Oxford University Press, 1947, p. 152.

[2] [美]阿尔温·托夫勒:《权力的转移》,刘江等译,中共中央党校出版社 1991 年版,第 20 页。

[3] 陈炳辉:《福柯的权力观》,载《厦门大学学报(哲学社会科学版)》2002 年第 4 期。

[4] 胡水君:《法律与社会权力》,中国政法大学出版社 2011 年版,第 118 页。

[5] 尚海涛:《网络平台私权力的法律规制》,社会科学文献出版社 2021 年版,第 37 ~ 38 页。

[6] [英]肯尼思·E. 博尔丁:《权力的三张面孔》,张岩译,经济科学出版社 2012 年版,第 15 ~ 16 页。

(二)权利和义务的关系

1.权利和义务的相关性

权利和义务密切相关,它们之间的相关性包含两个维度:一是对应性;二是非对应性。前者指权利和义务相对应,两者之间的联系是内在的、逻辑的、对称的、双向的,有一项权利必然有一项义务与之对应,反之亦然。后者指权利和义务相互关涉,两者之间并不必然存在直接的、内在的关系,但总体上是联系在一起的。

按照霍菲尔德的经典权利理论,权利包括主张、特权、豁免和权力,其中只有作为主张的权利具有对应性特质,因为作为主张的权利可以表述为"A 有关于 B 做 Φ 的权利",这里 A 是权利人,B 是义务人,Φ 指代某个具体的行动,如 A 有权利要求 B 归还借去的汽车。而作为特权、豁免和权力的权利则只能表述为"A 有做 Φ 的权利",如 A 有言论自由,在这个表述中,A 仍然是权利人,但却不存在 B 这个特定义务人。[1] 据此,我们可以得出一个结论,即作为主张的权利是与义务对应的权利,而其他三种权利并不具备这种对应性,它们与义务之间的关系是非对应性的。就"A 有言论自由"而言,虽然不存在特定义务人 B,但是任何其他人均负有不得侵犯 A 言论自由的义务,权利和义务之间仍然具有相关性。同样,从义务的视角来看,虽然并不是每一项义务都必然与一项权利相对应,如公民有纳税的义务和服兵役的义务,就不存在与之相对应的特定权利,但是这两项义务均涉及多个基本权利的保护范围,如纳税的义务与财产权、职业自由相关,服兵役的义务与职业自由和请愿权相关。[2]

2.在价值上权利优先于义务

权利优先于义务是权利本位观念的一个重要方面,[3] 在权利义务关系中,权利本位意味着权利相对于义务而言是"基础、根源、出发点和逻辑起点",[4] 具体可以概括为两个方面:其一,权利是基础,义务来源于权利。在思想史上,霍布斯开启了"权利本位"取代"义务本位"的现代观念,在他的自然权利观中,自然权利是每个人对每个事物都平等拥有和自由运用的绝对权利,因为所有人生而自由平等,所以没有人可以给他人设定义务,义务只能从他自己的行为中产生。任何人所负

---

〔1〕 陈景辉:《权利和义务是对应的吗?》,载《法制与社会发展》2014 年第 3 期。

〔2〕 王锴:《为公民基本义务辩护——基于德国学说的梳理》,载《政治与法律》2015 年第 10 期。

〔3〕 权利本位论者主要在权利与功利、权利与义务、权利与权力、权利与立法这四对关系中讨论权利的优先性,权利本位论的基本思想可以概括为四个"先于",即权利先于功利、权利先于义务、权利先于权力、权利先于立法。黄文艺:《权利本位论新解——以中西比较为视角》,载《法律科学(西北政法大学学报)》2014 年第 5 期。

〔4〕 郑成良:《权利本位论——兼与封日贤同志商榷》,载《中国法学》1991 年第 1 期。

担的义务都只能是源于自然权利,更确切地说,是对自己自然权利的自愿放弃。[1]英美法哲学界明确主张权利优先于义务的是英国学者约瑟夫·拉兹,他认为权利是他人负有义务的基础,是给他人设定义务的根据。如果一个人享有某种权利,那么该人的利益的某一特定方面就是认为他人负有某种义务的理由。拉兹强调权利实际上是两种义务类型的共同理由,即权利既是判断一个人负有某种义务的理由,也是把义务强加给一个人的理由,但主要是前者的理由。[2] 其二,权利是目的,义务是手段,法律设定义务的目的在于保障权利的实现。郑成良教授将这一点作为权利本位区别于义务本位的识别标准,他指出:"如果立法者把向人民施加义务约束为主要目标,为了使人民更好地履行服从现行统治的义务,才略施恩惠,让人民享有某些权利,这就是义务本位;如果立法者把确认人民的权利视为首要目标,为了使人民的权利受到保障,才不得不向每个人施加平等的义务约束,这就是权利本位。"[3]

(三)权利和权力的关系

本书在将权利和权力作为一对法学基本范畴加以讨论时,主要讨论的是公民权利和国家权力之间的关系。

1. 权利是权力的来源和目的

权利在价值上优先于权力,是权力的逻辑起点和逻辑终点,保障人的权利是国家权力资格的根据,是权力得以成立和运作的合法动因,古典自然法理论以自然权利为基础论证了两者之间的这种关系。根据洛克的社会契约理论,人们在自然状态下享有生存权、自由权、平等权和财产权,但是这些权利的享有很不稳定,不断受到别人侵犯的威胁,为了保护上述自然权利,他们愿意放弃自然状态,通过签订社会契约一同加入社会。因此,人们联合成为国家,置身于政府权力之下的重大的、主要的目的就是保护他们的自然权利。虽然卢梭的社会契约论与洛克的社会契约论在内容上不尽相同,但是卢梭也同样主张,为了保护自然权利,人们应当签订契约,建立共同体,诉诸国家权力来解决彼此的冲突。

2. 权利制约权力

针对权力的扩张性和侵犯性,既可以通过权力来制约权力,也可以通过权利来制约权力。权利制约权力包含两个方面的内容:其一,权利是国家权力的目的,国家权力存在和运行的根本目的在于保障公民权利和促进公民权利的实现。其二,权利是国家权力运作的行动界限,包括立法权、行政权、司法权在内的任何国家权

---

〔1〕 凌斌:《权利本位论的哲学奠基》,载《现代法学》2015 年第 5 期。

〔2〕 [英]约瑟夫·拉兹:《自由的道德》(第 2 版),孙晓春等译,吉林人民出版社 2011 年版,第 159 页。

〔3〕 郑成良:《权利本位说》,载《政治与法律》1989 年第 4 期。

力的行使都不能侵害公民权利,否则就构成权力的滥用,甚至引起权力对权利的背离和异化。

通过权利制约权力需要相应的制度予以保障。首先,完善选举制度和代议制度,保证政府及其主要官员由人民选举产生,对人民负责,接受人民监督,进而保证人民对于国家重大事务的参与权和最终决定权。其次,优化和完善公民基本权利结构,广泛保障各项公民政治、经济、社会和文化权利,保障公民的监督权,对任何国家机关和国家工作人员,公民都有提出批评和建议的权利,将国家权力的运行始终置于人民的监督之下。最后,完善权利救济机制,针对国家机关和国家工作人员的违法失职行为设置各种救济手段,这既是对公民救济权的保障,也是对国家权力的一种监督。其中,行政复议、行政诉讼是对行政权的监督,合宪性审查是对立法权的监督。

3. 权力促进权利的最终实现

国家权力不仅是有限的,也应是有效的,权利和自由的实现不仅要防范国家权力,也要借助于国家权力。一方面,每一项权利,无论是消极权利还是积极权利都蕴含相应的政府义务,个人自由不能仅仅通过限制政府干预行动得到保护,所有权利都要求政府积极回应,“一个宪法不能组织有效的、公共支持的、能够征税和开支的政府,它必然不能在实际中保护权利。……任何政府权力的反对者都不会成为拥护个人权利阵营中的一员,因为权利需要政府施压、公共资助而获得执行。如果没有相对有效、公正、集权的官僚机构能够创设、执行权利,法律面前的平等对待就不能在辽阔的领土上实现”。[1] 另一方面,国家权力在个人权利保障中发挥着重要作用。立法机关通过制定法律对权利加以确认,并设定具体的保障措施和救济途径,将道德权利转化为法律规则,借助法律的强制力实现对权利的保护。行政机关以官方权力为后盾保障自由权、财产权免受侵犯,并通过积极行政为社会弱势群体提供生存保障。当法律权利的拥有者遭受侵害时,他们还可以请求法院给予救济,法院据以提供救济的权力包括司法审判权、司法解释权、司法建议权和司法执行权等具体权力。

三、法律责任

(一)法律责任释义

1. 责任和法律责任

在现代汉语中,“责任”一词有两种基本含义:一是应做的分内之事,从某种角

---

[1] [美]史蒂芬·霍尔姆斯、凯斯·R. 桑斯坦:《权利的成本——为什么自由依赖于税》,毕竟悦译,北京大学出版社 2004 年版,第 37 ~ 38 页。

度依某种标准，人们应该从事某种行为，如道义责任、政治责任、岗位责任等；二是没有做好应该做的事要承担的某种不利后果，如违约责任、赔偿责任等。[1] 与之相对应，法律责任也有两种含义：一是等同于法律义务；二是用来指称违反法律义务引起的不利法律后果。我们通常在第二种含义上使用法律责任的概念，即有责主体因违法行为、违约行为或其他法定事由而应当承受的某种不利法律后果。

一项法律责任的产生应具备以下构成要素：其一，责任主体。并非任何人都可以成为责任主体，责任主体与行为人的行为能力密切相关。例如《民法典》规定，无民事行为能力人、限制民事行为能力人造成他人损害的，由监护人承担侵权责任；完全民事行为能力人对自己的行为暂时没有意识或者失去控制造成他人损害，有过错的，应当承担侵权责任，没有过错的，根据行为人的经济状况对受害人适当予以补偿。其二，行为因素。行为人实施了违法行为或违约行为，包括作为和不作为，前者指行为人积极主动地实施了违法或违约的行为，后者指行为人能够履行应尽义务但未履行的消极行为。值得注意的是，有时行为人没有实施违法行为或违约行为，仍然需要承担法律责任，这种情况通常出现在无过错责任中。其三，心理因素。承担法律责任的主观心理因素包括过错和无过错两种。过错包括故意和过失，是法律上应受谴责的心理状态。无过错是指行为人主观上没有过错，其之所以应承担法律责任仅仅是因为法律的特别规定。其四，损害事实。行为人的行为给他人或社会的合法权益造成损失或伤害，损害可以是人身损害、财产损害、精神损害和其他方面的损害，且损害必须是已经发生的客观存在的事实。其五，因果关系。行为人的行为与损害事实之间存在必然联系，行为是引起损害事实的原因，损害事实是行为引起的结果。

2. 法律责任的特征

与其他社会责任相比，法律责任具有法定性和强制性。法律责任的法定性是指法律责任的主体、归责原则与法律责任的形式和实现方式都由法律明确规定。虽然法律责任中也包含对违法者的道义责难，但是道德责任并不都由法律规定。同样，虽然政治责任主体对于其违法行为应承担政治责任，但是法律规定并不是判断政治责任的唯一依据，在法律允许的范围内，政治责任与政治行为是否违法无关，而与政策是否失误有关。[2] 法律责任的强制性是指法律责任由国家强制力保障实现，只有在公权力的强制作用下实现的权利救济机制才能被视为法律责任，当事人以自治或自愿的方式实现的对受损权利的补偿尚未进入法律责任的层面。其中，强制是指公权力机关以强制的方式，即“直接发动有形的物理力量”或者“以发

---

〔1〕 舒国滢主编：《法理学导论》（第3版），北京大学出版社2019年版，第161页；郑成良主编：《法理学》，清华大学出版社2008年版，第66页。

〔2〕 张贤明：《政治责任与法律责任的比较分析》，载《政治学研究》2000年第1期。

动物理力量或实施其他惩罚措施为威胁”来实现强制性的规范效果。[1]

(二)法律责任的分类

1. 民事责任、行政责任、刑事责任、违宪责任

根据责任主体的行为涉及的法律类型的不同,可以将相应的法律责任区分为民事责任、行政责任、刑事责任和违宪责任四种。其中,民事责任是指自然人、法人或非法人组织因违法、违约或其他法定事由而应承担的不利法律后果,具体包括违约责任、一般侵权责任和特殊侵权责任。行政责任指行为人因实施行政违法行为而应承担的不利法律后果,包括行政主体和行政公务人员因违法行为应承担的法律责任,以及行政相对人因违反行政法律规范而应承担的法律责任。刑事责任是“行为人因其犯罪行为所应承受的,代表国家的司法机关根据刑事法律对该行为所作的否定评价和对行为人进行的谴责的责任,刑事责任本身具有实体的惩罚性意义”。[2] 违宪责任是违反宪法而应承担的不利法律后果,违宪责任的主体主要是国家机关和行使一定公权力或政府职能的主体,在特殊情况下也可能包括强大的私主体,如大型企业。

2. 过错责任和无过错责任

根据行为人主观过错在法律责任中的地位,可以把法律责任分为过错责任和无过错责任。过错责任是指以行为人具有主观过错为必要条件的法律责任。过错在法律责任认定中的作用体现在两个方面:其一,行为人只有具有主观过错才承担法律责任,无过错则无责任;其二,过错程度影响法律责任的范围和大小,如被侵权人对同一损害的发生或扩大有过错的,可以减轻侵权人的责任。过错的表现形态有两种:故意和过失。故意是指行为人明知自己的行为会产生危害他人或社会的后果,却积极追求这种后果的发生;过失是指行为人应该预见自己的行为会产生危害他人或社会的后果,但由于疏忽大意而没有预见,或虽然预见却轻信能够避免,即疏忽大意的过失和过于自信的过失。过错责任是刑法、民法和行政法的主要归责原则。

无过错责任是指不以主观过错为必要条件的法律责任,这种责任形式形成于19世纪末20世纪初。工业化的发展伴随着工业事故的频发,一些工业事故的受害人因无法证明过错与损害之间的因果关系而无法获得赔偿,过错责任原则受到冲击,法律开始设定在特殊情况下适用无过错责任的制度。我国《民法典》规定,从事高度危险作业造成他人损害的,因污染环境、破坏生态造成他人损害的,因产品存在缺陷造成他人损害的,侵权人应当承担侵权责任,这些规定“排除了对行为

---

[1] 余军、朱新力:《法律责任概念的形式构造》,载《法学研究》2010年第4期。

[2] 张明楷:《刑法学》(上)(第6版),法律出版社2021年版,第660页。

人主观过错的判断，而是基于损害事实、当事人的经济状况等社会因素以及'一般社会上之安全利益'之标准进行归责"。[1] 这意味着过错与法律责任的分离，体现了法律责任对社会利益系统的维护。

3. 职务责任和个人责任

根据责任承担主体的不同，可以把法律责任分为职务责任和个人责任。职务责任是行为人以职务身份或名义从事职务活动时违反法律规定或约定所引起的法律责任，职务责任由行为主体所属的组织承担。例如，国家机关工作人员履行职务致人损害，由其所在国家机关承担责任。个人责任是行为人以个人身份或名义从事活动时违法或违约所引起的法律责任，个人责任应由行为人本人承担。

（三）归责原则

归责是一个复杂的责任判断的过程，归责原则是指导法律责任立法和法律责任具体认定的基本准则。在我国，归责原则包括责任法定原则、责任相当原则和责任自负原则。

1. 责任法定原则

责任法定原则要求法律责任应由法律明确规定，其目的在于保障法律责任的明确性和可预测性。责任法定原则包含以下三个层面的含义：其一，法律责任的责任主体、责任范围、责任方式、责任大小、责任免除和追责主体都要有相应的法律依据；其二，排除任何法律明文规定以外的责任，反对责任擅断，国家机关无权追究行为人法律规定以外的责任，行为人也有权拒绝承担法律明文规定以外的责任；其三，排除对行为人不利的溯及既往，不能以溯及既往的法律向行为人施加不利的法律后果。

2. 责任相当原则

责任相当原则要求责任的轻重应与违法和损害保持均衡。首先，法律责任的性质应与违法或违约行为的性质相适应，民事违法引起民事责任，行政违法引起行政责任，刑事违法引起刑事责任。其次，法律责任的种类和轻重应与违法或违约行为的损害后果和情节相适应，如在民法中，侵害自然人人身权益造成严重精神损害的，被侵权人有权请求精神损害赔偿；在刑法中，刑罚的轻重应考虑行为的社会危害性，做到罪刑相适应。最后，法律责任的轻重应与行为人主观过错的程度相适应，区分故意与过失，根据行为人的主观恶性确定法律责任的种类和大小。

3. 责任自负原则

责任自负原则要求行为人应当为自己的违法或违约行为承担法律责任，国家机关不能没有法律依据追究没有违法或违约的行为人的法律责任，反对株连和变

---

[1] 余军：《法律责任概念的双元价值构造》，载《浙江学刊》2005 年第 1 期。

相株连。但是法律明确规定责任转移承担的情况除外,例如,民法中关于监护人替代被监护人承担侵权责任的规定,即当无民事行为能力和限制民事行为能力的被监护人造成他人损害时,由监护人承担侵权责任,其目的在于“对受害人进行有效的保护和赔偿”。[1]

第二节　法律体系

一、法律体系的概念

(一)法律体系的含义和特征

法律体系,主要指的是部门法体系,即一个国家所有法律规范依照一定的原则和要求分类为不同的法律部门而形成的体系化的有机联系的统一整体。法律体系具有以下特征:

第一,法律体系是由一个国家所有的法律规范构成的体系。首先,构成法律体系的规范应是一个国家调整本国社会关系的法律规范,而不包括其他国家和地区的法律规范,即法律体系具有国别性。其次,法律体系内的规范应是一个国家现行有效的法律规范,不包括尚未生效或已经失效的法律规范,如2021年《民法典》生效后,被废止的《民法通则》《婚姻法》《合同法》等不再属于我国的法律体系。最后,法律体系是一国全部法律规范构成的完整体系,不局限于单部或几部法律。

第二,法律体系是由法律部门构成的体系,即法律体系不是一个国家所有法律规范的简单相加,而是按照一定的标准和原则对所有法律规范进行分类,并由分类后的法律部门形成的有机联系的整体。

第三,法律体系是一个有机联系的整体,其既要求构成法律体系的各法律部门之间协调统一,又要求体系内的所有法律规范在逻辑上具有一致性,彼此之间不存在根本性冲突。

(二)法律体系的构成要件

法律体系概念有两个基本的构成要件:一是法律的完备性;二是法律规范的融贯性。[2]

---

[1] 李永军:《论监护人对被监护人侵权行为的“替代责任”》,载《当代法学》2013年第3期。
[2] 李桂林:《论法律的体系性》,载《求索》2021年第5期。

1. 法律的完备性

完备的法律是法律体系得以构建的前提，法律的完备性指的是法律对于需要其调整的社会关系都有规定，具体体现在两个方面：一是要有完备的法律部门；二是每个法律部门内要有完备的法律制度与法律规范。

法律部门，亦称部门法，是根据一定标准和原则对一国现行有效的全部法律规范进行划分所形成的同类法律规范的总和。划分法律部门的标准主要是调整对象和调整方法，前者如调整平等主体之间人身关系和财产关系的法律规范共同构成民法部门，后者如采用刑罚方法调整社会关系的法律规范被归入刑法部门。一国法律要形成法律体系就需要有宪法、刑法、民商法、行政法、诉讼法等基本的法律部门，同时应建立健全每个法律部门的分支和具体法律制度。以宪法部门为例，完备的宪法部门法应包括宪法实施法、国家机构组织法、基本权利保障法等分支，以及构成每个分支的国务院组织法、代表法、国旗法等具体法律和民族区域自治制度、合宪性审查制度和选举制度等法律制度。当然，法律部门不是一成不变的，随着社会关系的发展，原有法律部门进一步细化，同时也会出现新的需要法律调整的领域，出现新的法律规范和法律部门。随着法律规范的发展和新法律部门的增多，法律体系也呈现开放性和动态性的特点，大多数国家的法律体系都经历了一个从简单到复杂、从不完备到相对完备的发展过程。

2. 法律规范的融贯性

融贯性的概念包含两个层面的含义：在消极层面上，要求各体系要素之间无逻辑矛盾；在积极层面上，要求各体系要素之间相互支持。[1] 根据这一理解，融贯的法律体系也应包含消极和积极两个层面的内容。首先，法律体系内的规范应具有连贯性和逻辑一致性，彼此之间不存在明显的冲突。当两个法律规范之间发生冲突时，应按照预先设定的准则来确定优先适用关系，这些准则包括上位法优于下位法、特别法优于一般法、新法优于旧法等。我国《立法法》第 98 ~ 100 条和第 103 条就是对这些准则的具体表述，第 98 ~ 100 条规定了上位法的法律效力高于下位法，即宪法具有最高的法律效力，一切法律、行政法规、地方性法规、自治条例和单行条例、规章都不得同宪法相抵触；法律的效力高于行政法规、地方性法规、规章；行政法规的效力高于地方性法规、规章；地方性法规的效力高于本级和下级地方政府规章；省、自治区的人民政府制定的规章的效力高于本行政区域内的设区的市、自治州的人民政府制定的规章。第 103 条规定，同一机关制定的法律、行政法规、地方性法规、自治条例和单行条例、规章，特别规定与一般规定不一致的，适用特别规定；新的规定与旧的规定不一致的，适用新的规定。当这些准则仍无法解决规范之

---

〔1〕 雷磊：《融贯性与法律体系的建构——兼论当代中国法律体系的融贯化》，载《法学家》2012 年第 2 期。

间的冲突时，《立法法》还规定了程序规则，如第105条规定，法律之间对同一事项的新的一般规定与旧的特别规定不一致，不能确定如何适用时，由全国人民代表大会常务委员会（以下简称全国人大常委会）裁决；行政法规之间对同一事项的新的一般规定与旧的特别规定不一致，不能确定如何适用时，由国务院裁决。

其次，法律体系内部要素间应相互支持，所有法律规范和法律制度均应放在整个法律体系中加以理解，无论是单个法律部门内部还是不同法律部门之间都应在价值上保持一致，尤其是各法律部门及其法律规范均应与宪法规范保持一致。德国基本权利的"客观价值秩序"理论形象地展示了宪法与部门法之间的积极联系，根据客观价值秩序理论，宪法中的基本权利不仅是个人可以提出请求的主观权利，也是整个社会共同体的价值基础，构成国家机关一切行为的准则，立法机关有义务在法的一切领域（无论是公法还是私法）中体现和渗透宪法价值，司法机关也有义务将所有法律规范作合乎宪法的解释。[1]

（三）法律体系与相关概念的区别

1. 法律体系与法系

法系是比较法学的核心范畴和重要的理论分析工具，是依据法律本身所具有的内容、形式、渊源、特点及其影响的范围，对存在于不同国家和地区的法律所作的分类，凡是具有相同的历史渊源和传统，具有相同或相近的形式的法律制度即可被视为同一法系。由于缺乏统一的标准，不同学者对法系的划分也不尽相同，其中影响比较大的有威格摩尔的十六法系说，埃斯曼的五大法系说，达维的四大法系说，以及莱茵斯坦、梅里曼和格兰登共同主张的三大法系说等。[2] 法律体系与法系的区别主要在于两者反映的内容不同，法律体系只反映一个国家现行有效的法律状况，而法系则是跨越历史和国度的，其既反映若干国家或地区的法律状况，也反映历史上曾经存在但后来已经消亡的法律状况。

2. 法律体系与法学体系

法学体系是由法学分支学科构成的有机整体，主要解决的是由法律知识形成的法学分支学科的分类问题。法学体系主要由理论法学和应用法学构成，前者包

---

[1] 张翔：《基本权利的双重性质》，载《法学研究》2005年第3期。

[2] 威格摩尔的十六法系包括埃及法系、美索不达米亚法系、希伯来法系、中华法系、印度法系、希腊法系、罗马法系、海事法系、日本法系、伊斯兰法系、凯尔特法系、德国法系、斯拉夫法系、教会法系、大陆法系和英美法系；埃斯曼的五大法系包括罗马法系、日耳曼法系、盎格鲁撒克逊法系、斯拉夫法系和伊斯兰法系；达维的四大法系包括罗马日耳曼法系、普通法法系、社会主义法系和其他法系；莱茵斯坦、梅里曼和格兰登的三大法系包括大陆法系、普通法法系和社会主义法系。张晋藩：《重构新的中华法系》，载《中国法律评论》2019年第5期；何永军、徐同强：《法系理论的困境与出路》，载《石河子大学学报（哲学社会科学版）》2021年第2期。

括法理学、法史学、法哲学等分支学科；后者包括民法学、商法学、刑法学、行政法学等实体法学和刑事诉讼法学、民事诉讼法学、行政诉讼法学、仲裁法学等程序法学。法学体系与法律体系是两个不同的概念。首先，两者反映的内容不同，法学体系反映的是对法律现象进行研究所形成的法律知识状态，法律体系体现的是一国现行全部法律规范的状况。其次，两者涉及的范围不同，法学体系不受地域和时间限制，古今中外各国的法律现象都可以纳入研究范围。法律体系一般仅就一国的现行法律规范而言，不包括失效的法律和外国法。当然，法学体系与法律体系之间也存在一定的关联性，法学体系中的应用法学与法律体系中的法律部门之间存在对应关系，如与行政法、民法、诉讼法等法律部门相对应，法学体系中也出现了行政法学、民法学、诉讼法学等分支学科。

3. 法律体系与法律系统

法律系统是一个国家法律上层建筑的一切基本要素相互联系、相互作用而构成的整体，是法律和制度运转机制和运转环节的全系统，既包括静态的法律规范和法律体系，也包括动态的立法、司法、守法和法律监督等。由此可见，法律系统的概念比法律体系的概念在内涵和外延上都要广泛得多，法律系统包括法律体系，法律体系是法律系统的一部分。

二、中国特色社会主义法律体系

1997 年党的十五大报告提出要加强立法工作，提高立法质量，力争到 2010 年形成有中国特色的社会主义法律体系；2011 年中国特色社会主义法律体系已经形成。关于法律体系的内部结构，一直存在两分法(公法和私法)、三分法(公法、私法和社会法)、四分法(公法、私法、社会法和经济法)等不同观点，在公法和私法基本分类下，又存在五法体系、六法体系、八法体系、九法体系[1]等不同的法律体系架构。目前得到较为普遍认可的是第九届全国人大常委会提出的“七法体系”，即在宪法统领下，按照法律规范调整的社会关系和调整方法的不同，将我国法律规范划分为七个法律部门，分别是宪法及其相关法、民法商法、行政法、经济法、社会法、刑法、诉讼与非诉讼程序法。

---

[1] “五法体系”包括民法、商法、民事诉讼法、刑事诉讼法和刑法；“六法体系”包括宪法、民法、刑法、行政法、民事诉讼法和刑事诉讼法；“八法体系”包括民法、商法、行政法、经济法、劳动和社会保障法、自然资源与环境保护法、政治法、文化法；“九法体系”包括宪法、行政法、民法、经济法、劳动法与社会保障法、环境法、刑法、诉讼法、军事法。张志铭：《转型中国的法律体系建构》，载《中国法学》2009 年第 2 期。

(一)宪法及其相关法

部门法意义上的宪法,由作为根本法的宪法和普通法律中有关调整宪法关系内容的法律组成。前者仅指具有最高法律效力的宪法,即 1982 年的《宪法》和 52 条宪法修正案。后者则包括四类宪法相关法:第一类是关于国家权力内容的法律规范,包括各类组织法、代表法等涉及国家政权组织形式方面的法律规范,《民族区域自治法》、特别行政区基本法等涉及国家结构形式方面的法律规范,以及《立法法》《全国人民代表大会议事规则》等涉及立法体制和立法程序的法律规范。第二类是关于宪法权利内容的法律规范,如《全国人民代表大会和地方各级人民代表大会选举法》《村民委员会组织法》《城市居民委员会组织法》等法律中涉及政治权利和民主权利的法律规范。第三类是关于国家基本要素的法律规范,如《国旗法》《国徽法》。第四类是关于宪法实施问题的法律规范,如《立法法》《各级人民代表大会常务委员会监督法》等法律中关于备案审查和合宪性审查的法律规范。

(二)民法商法

民法商法是指调整平等主体之间的人身关系、财产关系和商事交往关系的法律规范的总称,包括民法和商法两部分内容。

民法是调整平等主体的自然人、法人和非法人组织之间的人身关系和财产关系的法律规范的总称。其中,人身关系是人们基于彼此的人格和身份而形成的相互关系,包括人格关系和身份关系;财产关系是当事人基于财产而形成的相互关系,如物权关系、债权关系等。平等主体之间人身关系的特点是人格尊重和身份平等,财产关系的特点在于尊重意思自治,这些特点同时也构成了民法的基本理念。我国的民法部门以《民法典》为主体,由法律、法规、司法解释等规范性文件中的民事法律规范共同组成。全国人民代表大会(以下简称全国人大)于 2020 年 5 月通过、2021 年 1 月 1 日起实施的《民法典》是在原有民事单行立法的基础上整合编纂而成的,包括总则、物权、合同、人格权、婚姻家庭、继承、侵权责任、附则等具体内容。为了更好地适用《民法典》,最高人民法院颁布了关于适用《民法典》物权编、婚姻家庭编、继承编、担保制度和时间效力的司法解释,一些民族区域自治地方还专门制定了关于施行《民法典》的变通规定。

商法是调整平等主体之间商事行为和商事关系的法律规范的总称,包括商事主体法律规范和商事行为法律规范,前者包括《公司法》《合伙企业法》《个人独资企业法》等,后者包括《证券法》《海商法》《票据法》《保险法》《信托法》等法律。商法与民法之间的关系可以从以下两个方面理解:其一,商法具有相对独立性。商法除了有相对独立的调整对象,在价值取向上也与民法存在重大差异。在民法的多个价值目标中,公平是最基本的价值取向,商法虽也重视公平,但其最高的价值取向是效益,即在处理效益与其他价值的关系时实行效益优先、兼顾公平及其他价值。其二,商法不能完全脱离民法而存在,其内容受到民法原则的制约。作为民法的特别法,商事关系应优先适用商法的特别规定,在商法没有明确规定时应适用民法的有关规定。[1]

(三)行政法

行政法是“规定公共行政管理活动,调整行政关系的法律规范的总称”。所谓行政关系,就是“行政主体在集合、维护和分配公共利益的过程中与代表个人利益的相对一方当事人之间所发生的一种公共利益与个人利益之间的关系”。[2] 行政法部门由一般行政法和部门行政法组成。一般行政法是有关行政法律关系的普遍原则和共同规则的法律规范的总称,可以细分为以下分支:一是行政组织法,如《国务院组织法》《地方各级人民代表大会和地方各级人民政府组织法》《中国(上海)自由贸易试验区条例》《公务员法》等法律法规中与行政主体、行政职权的分配与设定相关的法律规范。二是行政行为法,包括《立法法》《行政法规制定程序条例》等与抽象行政行为相关的法律规范,以及《行政处罚法》《行政强制法》《行政许可法》等与具体行政行为相关的法律规范。三是行政监督法,如《审计法》《各级人民代表大会常务委员会监督法》《监察法》《行政复议法》等法律中对行政主体及其活动进行监督的法律规范。部门行政法是调整专门领域中行政关系的法律规范的总称,包括《环境保护法》《食品安全法》《道路交通安全法》《体育法》等规范性法律文件中调整行政关系的内容。

行政法遵循行政法定、行政均衡和行政正当三大原则,既防止行政权滥用、保证行政机关有效实施法律,又保障公民的合法权益不受行政机关的非法侵害,保障社会公益的实现。行政法定原则的要义在于行政权法定,即法无明文规定不得任意行政,具体包括职权法定原则、法律优先原则和法律保留原则等内容,强调行政权对立法权的从属性。行政均衡原则是在行政法定原则基础上对行政实体内容的进一步要求,它要求行政主体在实施行政裁量时应全面权衡各种利益关系以作出最佳选择判断,具体包括平等对待、行政比例和信赖保护三项子原则。行政正当原则是对行政程序提出的要求,该原则要求行政主体在行政程序运行过程中应在参与者之间保持不偏不倚的态度和地位,应当依法将行政权力运行的依据、过程和结果向行政相对人和社会公众公开,并保证受行政权力运行结果影响的利害关系人

---

[1] 赵万一:《论民商法价值取向的异同及其对我国民商立法的影响》,载《法学论坛》2003 年第 6 期。

[2] 周佑勇:《行政法原论》(第 3 版),北京大学出版社 2018 年版,第 3、7 页。

有权参与行政权力的运行过程,表达自己的意见。[1]

(四)经济法

经济法是国家从社会整体利益出发,对经济活动实行干预、管理或者调控的法律规范的总称,是随着国家对经济事务干预与控制的日益增强而产生的,其目的在于维护市场经济秩序和完善宏观经济调控。经济法涉及的领域十分广泛,包括宏观调控与管理法、市场规制法和对外贸易管理法等具体的分支部门。其中,宏观调控与管理法包括《商业银行法》《会计法》《预算法》《税收征收管理法》等法律中涉及财政、金融、税收监督管理等方面的法律规范;市场规制法包括《反不正当竞争法》《消费者权益保护法》《产品质量法》《反垄断法》等涉及规范市场经济竞争秩序的法律规范;对外贸易管理法包括《对外贸易法》《出口管制法》《海关法》等调整对外贸易秩序的法律规范。

经济法既涉及国家权力的行使,也涉及私人的经济活动,这是公法和私法相互渗透的主要表现。经济法部门的法律规范具有综合性的特点,其将民法部门和行政法部门的法律规范有机整合在一个法律部门中,以实现对市场竞争进行统一协调管理。因此,经济法虽然与民法和行政法存在交集融合现象,但是仍然可以因其独特的"经济性"而成为一个独立的法律部门。

(五)社会法

社会法是规范劳动关系、社会保障、社会福利和特殊群体权益保障方面的法律关系的法律规范的总称。社会法是在国家干预社会生活过程中逐渐发展起来的一个法律门类,其以保护社会弱势群体的利益为目标,以维护公民的生存权为主要的价值追求,可以说,保障弱势群体的生存权是社会法产生的根源和存在的目的。[2]

社会法调整政府与社会之间、社会不同部分之间的法律关系,具体包括以下三个方面的内容:一是调整劳动关系的法律法规,如《劳动法》《工会法》《劳动合同法》《安全生产法》《禁止使用童工规定》《劳动保障监察条例》等。二是社会保障和社会福利方面的法律法规,如《失业保险条例》《社会保险费征缴暂行条例》《工伤保险条例》《城市居民最低生活保障条例》等。三是特殊群体权益保障方面的法律法规,如《未成年人保护法》《妇女权益保障法》《老年人权益保障法》《残疾人保障法》等。

---

〔1〕 周佑勇:《行政法基本原则研究》(第2版),法律出版社2019年版,第135~233页。

〔2〕 谢增毅:《社会法的概念、本质和定位:域外经验与本土资源》,载《学习与探索》2006年第5期。

(六)刑法

刑法是规定犯罪及其法律后果(主要是刑罚)的法律规范的总称。与其他部门法相比,刑法保护的法益范围更广泛,制裁手段也更严厉,当其他法律不能充分保护法益时需要刑法来保护,因此刑法在法律体系中处于保障法的地位,保障其他部门法的实施。

1997 年修订的《刑法》及其后通过的刑法修正案构成了我国刑法部门的主体。《刑法》由总则和分则两部分组成。其中,总则是关于犯罪和刑罚的一般规定,适用于分则。分则是关于具体犯罪及其法律后果的规定。按照侵犯法益的不同,分则将具体犯罪分为十类并按各类犯罪的危害程度对类罪进行排列,排序依次是:危害国家安全罪,危害公共安全罪,破坏社会主义市场经济秩序罪,侵犯公民人身权利、民主权利罪,侵犯财产罪,妨害社会管理秩序罪,危害国防利益罪,贪污贿赂罪,渎职罪,军人违反职责罪。

由于刑法以刑罚这种特别严厉的方式保护法益,对国民的权利和自由影响重大,因此刑事立法权和刑事司法权都应受到严格限制,遵循罪刑法定原则。罪刑法定原则在我国《刑法》中被表述为"法律没有明文规定为犯罪行为的,不得定罪处刑"。这一原则的具体内容分为"形式的侧面"与"实质的侧面"。"形式的侧面"包括法律主义、禁止事后法、禁止类推解释和禁止不定期刑,旨在限制司法权。"实质的侧面"包括刑罚法规的明确性原则和内容适正原则:前者要求规定犯罪的法律条文必须清楚明确,使人们能确切了解违法行为的内容,准确确定罪与非罪的范围,以保障该规范没有明文规定的行为不会成为该规范适用的对象;后者要求禁止处罚不当罚的行为,并禁止不均衡的、残虐的刑罚。罪刑法定原则的实质侧面旨在使刑法尊重个人自由、实现社会公平,不仅限制司法权,也限制立法权。[1]

(七)诉讼与非诉讼程序法

程序法是调整诉讼活动和非诉讼活动所遵循的程序以及由此产生的社会关系的法律规范的总称。程序法是相对于实体法而言的,两者之间的关系可以从两个方面理解:一方面,程序法对实体法的实施起着保障作用,体现了程序法的工具主义价值;另一方面,程序法相对于实体法也具有某种独立性,程序法具有自身的独立性价值,它既可以创制实体法,以此弥补实体法的不足,也可以在特定情形下限制实体法的实施,使实体法的实施因程序规则的刚性而相对化。[2]

程序法由诉讼程序法和非诉讼程序法两部分组成。诉讼程序法是规定诉讼活

---

〔1〕 张明楷:《刑法学》(上)(第 6 版),法律出版社 2021 年版,第 58 页。

〔2〕 万毅:《程序法与实体法关系考辨——兼论程序优先理论》,载《政法论坛》2003 年第 6 期。

动程序及由此产生的社会关系的法律规范的总称，包括《民事诉讼法》《刑事诉讼法》《行政诉讼法》等法律中有关诉讼程序的法律规范。非诉讼程序法是规定非诉讼活动的程序及由此产生的社会关系的法律规范的总称，如《仲裁法》《人民调解法》中关于仲裁和人民调解程序的法律规范。

三、网络安全法在我国法律体系中的地位

(一)法律体系的发展和领域法的出现

虽然我国在2011年宣布中国特色社会主义法律体系已经形成，但是这并不意味着所有的立法任务已经完成。实际上，随着社会关系的发展，法律部门内部以及法律部门相互之间的关系正在变得日益复杂：一方面，各个基本法律部门内部都出现了进一步细化的趋势，如民法部门分化出物权法、债权法、知识产权法、家事法等，行政法部门分化出行政行为法、行政组织法、行政救济法等；另一方面，出现了一些新的领域，如环境保护、财政、教育、金融监管、网络安全等，这些领域需要法律调整的问题具有交叉性和多元性，相关的法律规范不局限于单一部门法，而是横跨多个法律部门。这些法律规范无法按照部门法标准划入任何既有的法律部门，它们以解决具体问题为目的，形成相对独立的自洽体系，即领域法。

领域法的出现并不是对基于部门法范式的法律体系的颠覆。部门法是法律体系的基础和主干，构成了法律体系的基本架构；领域法以部门法为基础，综合多个部门的法律规范以解决新兴领域问题，是对部门法的补充。“随着法制建设的健全和完善，国家的法律体系势必形成传统的部门法律和新型的领域法律相互渗透和支持、相互独立和发展的网格式的新格局。”[1]

与部门法相比，领域法具有以下特征：其一，领域法不是以调整对象和调整方法，而是以特定社会经济生活领域作为划分标准，重视围绕新兴社会关系而产生的具有共性的法律现象与社会经验事实。其二，领域法是问题导向的，领域法律体系的建立和完善无须过多考虑规范的性质，而是以有效解决问题作为标准。其三，领域法的法律规范具有综合性和混合性，通常是多个部门法律规范的交集融合，如为了解决环境保护问题，环境保护法汇聚了民法规范、行政法规范、刑法规范和诉讼法规范；为了解决预算、税收和政府间财政关系问题，财税法律规范的调整与制定必然涵盖宪法、行政法、经济法、诉讼法等诸多法律部门。其四，领域法具有开放性和回应性，重视法律规范、法律制度与现实的双向互动。当特定领域出现了新的有待规制的事项时，领域法能更快、更高效地作出应对。随着社会经济和科技的发

[1] 蒋坡：《论网络法的体系框架》，载《政治与法律》2003年第3期。

展,有的领域法可能会兴起,有的领域法可能会逐步消失,不同的领域法之间还可能相互结合形成新的领域法。[1]

(二)作为领域法的网络安全法

网络安全是指通过采取必要措施,防范对网络的攻击、入侵、干扰、破坏和非法使用以及意外事故,使网络处于稳定可靠运行的状态,以及保障网络存储、传输、处理信息的完整性、保密性、可用性的能力。网络安全法是调整与网络安全有关的活动的法律规范的总称,由宪法、法律、行政法规、地方性法规、规章和司法解释等组成,其中《网络安全法》是整个网络安全法律体系的基本法。虽然关于网络法是否构成法律体系中一个独立的法律部门还存在诸多争议,但是网络安全法作为网络法的子法,具备明显的领域法的结构特征,应当属于领域法的范畴。

1. 以解决网络安全问题为宗旨

随着信息化的推进和网络普及率的提升,网络安全问题也日益严重,对国家的政治、经济、文化、军事等各个方面都构成了不同程度的潜在威胁,网络安全已经成为事关国家安全和国家发展,事关广大人民群众工作生活的重大战略问题。从总体上说,网络安全主要包括系统安全和信息安全两个方面,前者是网络硬件、软件和系统的安全,后者是信息在存储、传输中的安全。当然,从不同的视角出发,网络安全展现出的侧面也略有不同,“对于网络用户来说,网络安全就是指个人的信息和隐私不被他人恶意侵犯,人身和财产权益不受损害;对于网络运营者来说,网络安全就是保证网络系统的运行安全,能有效防御网络风险;对于国家安全部门来说,网络安全主要是保护信息不被窃取,信息的安全关系到国家安全”。[2]

面对上述网络安全问题,各国政府纷纷制定专门法律或修改现有法律加以应对。前者如美国的《儿童在线隐私保护法》(COPPA)、《网络安全法》(2015 年),欧盟的《通用数据保护条例》(GDPR)、《网络与信息系统安全指令》(以下简称 NIS 指令),日本的《网络安全基本法》《个人信息保护法》,德国的《IT 安全法》等;后者主要体现在各国对刑法、知识产权法、相关行政法做出的修改。我国立法机关在应对网络安全问题时也采用了同样的立法思路,网络安全立法既包括《电子签名法》《计算机信息系统安全保护条例》《网络安全法》等专门立法,也包括《治安管理处罚法》《刑法》《食品安全法》《民法典》《未成年人保护法》《反恐怖主义法》《保守国家秘密法》等法律中关于网络安全的法律规范。这些法律规范汇聚在一起,不是基于共同的调整对象和调整方法,而是为了解决网络安全这一共同问题,这是领

---

[1] 侯卓:《领域法思维与国家治理的路径拓补》,载《法学论坛》2018 年第 4 期;刘剑文:《论领域法学:一种立足新兴交叉领域的法学研究范式》,载《政法论丛》2016 年第 5 期。

[2] 赵力主编:《网络安全法学》,西安电子科技大学出版社 2020 年版,第 5 页。

域法的一个典型特征。

2. 法律规范的综合性

为了解决网络安全问题，网络安全法需要调整多重社会关系，必然包含民法、行政法、刑法、经济法和社会法等多个部门的法律规范。其中，民法规范主要调整网络服务提供者和网络用户之间的民事权利义务关系，如《民法典》侵权责任编规定，网络用户利用网络服务实施侵权行为的，权利人有权通知网络服务提供者采取删除、屏蔽、断开链接等必要措施。网络服务提供者知道或者应当知道网络用户利用其网络服务侵害他人民事权益而未采取必要措施的，与该网络用户承担连带责任。行政法规范主要调整与网络安全相关的行政管理关系，如《网络安全法》第66条规定："关键信息基础设施的运营者违反本法第三十七条规定，在境外存储网络数据，或者向境外提供网络数据的，由有关主管部门责令改正，给予警告，没收违法所得，处五万元以上五十万元以下罚款，并可以责令暂停相关业务、停业整顿、关闭网站、吊销相关业务许可证或者吊销营业执照；对直接负责的主管人员和其他直接责任人员处一万元以上十万元以下罚款。"刑法规范主要涉及网络犯罪与刑罚，《刑法》及其修正案规定了非法侵入计算机信息系统罪，非法获取计算机信息系统数据、非法控制计算机信息系统罪，提供侵入、非法控制计算机信息系统程序、工具罪，破坏计算机信息系统罪，拒不履行信息网络安全管理义务罪等危害网络系统安全和信息安全的犯罪。经济法规范主要调整网络市场调控与监管等社会关系，包括网络反不正当竞争、网络反垄断、网络消费者权益保护等方面的法律规范。社会法规范主要是与未成年人网络安全保护、互联网平台用工、网络公益事业等有关的法律规范。

3. 体系的相对独立性

网络安全法以解决网络安全问题为宗旨，汇聚了众多法律部门的法律规范，但是网络安全法不是这些法律规范的简单相加，而是由这些法律规范构成的一个相对独立的自洽体系。从本质上讲，网络安全的核心问题是网络上的信息安全，围绕这一问题，网络安全法可以分为以下四个子法：网络设备安全法、网络运行安全法、网络数据安全法和网络内容安全法。网络设备安全法是保障构成信息网络的各种关键设备安全的法律规范的总称，网络关键设备包括计算机、路由器、存储器、交换机、服务器等物理设备和介质。网络运行安全法是有关网络运行安全的法律规范的总称，主要由网络安全等级保护、关键信息基础设施保护和网络安全审查等方面的法律规范组成。网络数据安全法是有关数据安全的法律规范的总称，包括数据分类分级保护、数据跨境流通、政务数据开放与利用等方面的内容。网络内容安全法是有关网络内容规制的法律规范的总称，包括违法信息的界定、网络服务提供者的法律义务和网络服务提供者的法律责任等内容。

第三节 法学基本理念

一、法治

(一)法治理念的历史演进

现代意义的法治源于西方,最早可以追溯到古希腊。柏拉图虽然只是将法律国家(law state)作为无法实现理想的"无法律国家"的次优选择,他还是在《法律篇》中对这种国家蓝图作了详尽描述。他认为在法律国家中,统治者是"法律的仆人",这一点非常重要,甚至国家的兴亡亦取决于此。在法律服从于其他某种权威,而它自己一无所有时,这个国家离崩溃就不远了;相反,如果法律是政府的主人并且政府是它的奴仆,那么形势就充满了希望。[1] 他的学生亚里士多德更是将以法律为基础的国家视为达到"善生活"的唯一可行的手段。亚里士多德认为,相对于一人之治来说,法治更为可取,他所主张的法治包含两重意义:一是已成立的法律得到普遍的服从;二是大家服从的法律本身应当是制定得良好的法律。[2] 亚里士多德关于法治的论述大致勾勒出了法治的形式要件,对西方法治传统产生了深刻影响。

与希腊人相比,罗马人更注重法律实践。经过几个世纪的发展,罗马法以其辉煌的成就展示了这样一种强烈的信念:由法律而不是由专横的权力来提供私人纠纷解决方案的语境。查士丁尼《国法大全》最重要的部分《学说汇纂》在第一部开篇就说:"万民……皆受法律和习惯的统治。"这确认了一个重要的政治理念,即政治社会应该是一个法律社会。[3]

近代意义的法治观念滥觞于近代政治革命,近代著名的思想家,如霍布斯、洛克、孟德斯鸠、戴雪、卢梭、黑格尔等都对法治理念的丰富做出了贡献。例如,洛克主张政府必须遵循确定的、有效的法律,而不应享有绝对的专断的权力。孟德斯鸠把分权作为遏制政府权力专横、维持法律权威的一种关键性的制度安排。戴雪更是以英国已有的法治体制和经验为根据对法治概念进行了系统阐释。在其名著《英宪精义》中,戴雪提出法治具有三层含义:第一层含义是武断权力的不存在,即任何人不能无故受罚或被法律处分,以致身体或财物受损,除非普通法院曾依普通法律手续查明此人确实违反了法律,与法治相反的政制是政府中有一人或数人能

---

[1] [古希腊]柏拉图:《法律篇》(第2版),张智仁、何勤华译,商务印书馆2016年版,第123页。

[2] [古希腊]亚里士多德:《政治学》,吴寿彭译,商务印书馆1965年版,第171、202页。

[3] 夏恿:《法治是什么——渊源、规诫与价值》,载《中国社会科学》1999年第4期。

够运用广泛、独断的专横权力。第二层含义是普通法律和普通法院居优势,不仅是指无一人可凌驾于法律之上,还指每一个人无论贵贱贫富都受国内的普通法律管制,而且都服从于普通法院的管辖权。第三层含义指英国宪法的一般规则形成于普通法院的判决,它们不是个人权利的渊源,而只是由法院规定与执行个人权利后所产生的效果。[1] 戴雪的法治观目的在于寻找政府行为的一般准则,其理论中包含的以法治护卫人民自由权利、防止政府权力滥用的思想具有重要价值,对法治理论和法治实践都产生了重大影响。

(二)形式法治观与实质法治观

现代西方的法治理论循由两个路径发展:一个路径是继续形式主义法治理论的发展传统;另一个路径是企图修补形式主义法治缺陷的实质主义法治理论。前者以戴雪、富勒、拉兹等为代表;后者开始于韦伯对法律合理性的探讨,以韦伯、纽曼、德沃金等为代表。[2]

形式法治观主张法治原则体现在法律的形式特征中,强调通过形式合法性限制政府权力。富勒和拉兹都提出了各自关于法治的八项原则。富勒的八项原则分别是:法律应具有一般性;法律应当公布;不得制定溯及既往的法律;法律应当清晰;法律不应自相矛盾;法律不得要求不可能之事;法律应具有连续性;官方行动与公布的规则应保持一致。[3] 拉兹的八项原则包括法不溯及既往、应公开明确,法律应相对稳定,特别法的制定应受公开、稳定、明确的一般规则指导,遵守公开审理等自然正义原则,法院的司法审查权,法庭应易于接近,自由裁量权不得滥用。[4] 这些原则确立了形式法治的架构,对法治提出了两个方面的形式性要求:一是立法上的形式要求;二是司法上的形式要求。前者包括法律规则的一般性、公开性、明确性等;后者包括司法与自然正义原则的一致性、官方行动与已宣布规则的一致性等。[5] 形式法治观认为,法律只有满足这两方面的要求,才有可能具有指引人们行为的能力。

这些形式合法性要求,在字面上不涉及法律内容与法律价值。例如,戴雪就认为法治至关重要的价值在于法律的确定性和可预测性,而不是法律的实质正义,他

---

[1] [英]戴雪:《英宪精义》,雷宾南译,中国法制出版社2001年版,第232~245页。

[2] 秦前红:《宪法原则论》,武汉大学出版社2012年版,第166~167页。

[3] [美]富勒:《法律的道德性》,郑戈译,商务印书馆2005年版,第55~107页。

[4] Joseph Raz, *The Authority of Law: Essays on Law and Morality*, Oxford University Press, 1979, p. 214 – 218.

[5] 王琳:《我国形式法治论诸版本区辩与批判性反思》,载《法制与社会发展》2019年第3期。

并不关心法律是否“严苛”,他更关心的是法律是否被大众所知悉。[1] 正是看到了形式法治观的这一缺陷,一些学者主张在形式法治的基础上将人的尊严、个人权利等实质内容纳入法治,并将其作为法治的内在构成部分。德国学者萧勒在阐释德国基本法中的法治国概念时指出,新的法治国概念必须要有特定的、实质的基本价值和基本要素,这些要素包括保障个人的自由和将国家权力用法来规定,以对抗恣意滥权与不法。他认为实质意义的法治国家的概念不仅仅指依法行政或概括的法院审查能力,也不仅在于遵守法律的安定性原则,而是法规必须由人民所出,且其目的在于保障人民的权利及节制国家的权力。[2] 美国学者德沃金的权利观实际上也是一种实质法治观,他反对“规则集合体”式的形式法治观,赞同对法治做权利概念化的理解,主张实体法应当表达和实施道德权利。[3]

在实质法治观下,法治“不是仅仅服务于建立和维护法律秩序,还是为了达成使人的行为服从规则治理的事业;这一事业的达成以确认人的尊严为条件,以维护人的尊严为目的”。[4] “二战”以后,实质法治观得到了越来越多的重视,1948 年的《世界人权宣言》和 1959 年国际法学家大会通过的《德里宣言》都采纳了实质法治观。《世界人权宣言》将法治与人的尊严紧密联系在一起,《德里宣言》更是明确指出,“在法治的自由社会,立法机关的功能在于创设和维护得以使个人保持‘人类尊严’的各种条件。这种尊严不仅要求承认个人的公民和政治权利,而且要求确保个人充分发展其个性所必需的社会、经济、教育和文化条件”。

(三)中国特色社会主义法治理念

我国《宪法》第 5 条第 1 款规定“中华人民共和国实行依法治国,建设社会主义法治国家”,正式以宪法文本的形式确立了法治原则,使依法治国成为党领导人民治理国家的基本方略,建设社会主义法治国家成为国家建设和发展的重要目标之一。

1. 十六字方针:中国特色社会主义法治的基本要素

依法治国的核心内容是人民在党的领导下,依照宪法、法律管理国家事务和公共事务,依法治权。党的十八大报告提出“要推进科学立法、严格执法、公正司法、全民守法”,法学界称为“法治新十六字方针”,以区别于“有法可依、有法必依、执法必严、违法必究”的“法制十六字方针”。其中,科学立法、形成完备的法律规范

---

〔1〕 杰斐瑞·乔维尔:《法治原则在英国的价值与挑战》,朱铮译,载郑永流主编:《法哲学与法社会学论丛》2015 年卷,法律出版社 2016 年版。

〔2〕 陈新民:《德国公法学基础理论》(上),山东人民出版社 2001 年版,第 93 页。

〔3〕 [美]罗纳德·德沃金:《认真对待权利》,信春鹰、吴玉章译,中国大百科全书出版社 1998 年版,第 18 ~21 页。

〔4〕 李桂林:《实质法治:法治的必然选择》,载《法学》2018 年第 7 期。

体系是全面推进依法治国的前提,严格执法、建成法治政府是全面推进依法治国的关键,公正司法、提高司法公信力是全面推进依法治国的重点,全民守法、增强法治观念是全面推进依法治国的基础。新十六字方针将法治的要素从依法行政和公正司法拓展到立法质量,要求通过科学立法和民主立法实现良法善治,表明中国特色社会主义法治不仅是形式意义上的"法律之治",也是实质意义上的"良法之治",是形式法治与实质法治的统一。其中作为实质法治关键要素的良法,"就是反映人民意志、尊重保障人权、维护公平正义、促进和谐稳定、保障改革发展、引领社会风尚的法律,就是体现民意民智、符合客观规律、便于遵守和执行的法律"。[1]

2. 法治中国:中国特色社会主义法治建设的目标

"建设法治中国",是法治国家的升级版,其要义是依法治国、依法执政、依法行政共同推进,法治国家、法治政府、法治社会一体建设。法治中国的含义可以从以下三个方面理解:其一,在法治建设的内容上,不仅包括法治国家建设,还包括法治政府建设、法治军队建设、法治社会建设和法治经济建设。其二,在法治建设的手段上,不仅要推进依法治国,还要推进依法执政、依法行政和依法自治;不仅要推进法律制度硬实力建设,还要推进法治文化软实力建设。其三,在法治建设的层次上,不仅要实现国家法治,还要实现地方法治、部门法治、社会法治,促进国家法治、地方法治、部门法治和社会法治的协调发展;不仅要致力于国内法治建设,还要统筹国内法治和国际法治两个大局,推动国际关系法治化和全球治理民主化。[2]

二、人权保障

人权是法所追求的价值目标之一。作为社会主体对法的需要,人权价值一方面要求法律积极地确认人权并为人权提供有效保护,另一方面也要求法律不剥夺或者过度地限制人权。为了实现对人权的保障,防范对人权的过度限制,各国在立法和司法实践中建立了两项重要原则:一是法律保留原则;二是比例原则。

(一)法律保留原则

1. 法律保留原则的演变

法律保留的概念由德国行政法学家奥托·迈耶提出,最初是指行政权必须依附在法律之下,行政只有获得法律的授权,方能干涉人民的自由与财产。后来随着积极行政的兴起,行政权不再绝对从属于法律,行政也有其自行作用的领域,法律

---

〔1〕 张文显:《中国法治40年:历程、轨迹和经验》,载《吉林大学社会科学学报》2018年第5期。

〔2〕 张文显:《治国理政的法治理念和法治思维》,载《中国社会科学》2017年第4期。

保留的概念随之被修正为"行政自由活动之排除",即在行政自行作用的范围以外,议会法律是行政的必要基础,行政只有获得议会法律的授权才能干涉公民的基本权利与自由。[1]

奥托·迈耶关于法律保留的阐释是对德国传统法律保留原则的经典概括,传统法律保留是适用于行政领域一般权力关系的"侵害保留"。侵害保留产生于德国的君主立宪时代,为保护人民的自由及所有权不受君主(行政)权力的侵犯,其要求侵犯人民自由及所有权之事项应由法律加以规定,亦即须经人民代表组成之议会,以法律形式之同意,始能对人民自由及所有权加以侵犯。该要求从而将法律保留的适用范围限定于干预行政,仅在行政权侵害人民权利自由或对人民科以义务、负担等不利益时,才需要有法律根据,其他行政活动则在不违反法律的范围内可以自由为之,而无须有法律授权。[2]

随着议会的发展和权利的扩张,法律保留的范围也从侵犯自由权利的事项扩展到和自由权利有关的事项。随之产生的问题是,对于众多法律保留范围内的事项,哪些必须由议会亲自立法?哪些可以授权行政机关来规范?法律的调整应精确到什么程度?为了回答这些问题,德国联邦宪法法院在一系列诉讼中发展出了"重要性理论"。按照该理论,法律保留不再以事务性质为标准,而是以该事务对共同体和公民个人的意义、分量、基础性、深远性及其强度为标准,只要是重要性事务,无论是一般权力关系还是特别权力关系,是干预行政还是给付行政,都处于法律保留的范围之内。当然,重要性事务由法律保留并不意味着所有重要事务都必须由议会制定形式意义的法律,它亦存在一个阶梯结构:完全重要的事务需要议会以法律独占调整,重要性小一些的事务可以授权行政机关调整,不重要的事务不属于法律保留范围。某一事务对公民越重要,对公民个人基本权利的影响越深远、越紧迫,对立法机关的要求就越高,法律调整就应当越精确和严格。[3] 重要性理论划定了议会亲自立法和授权行政机关立法的界限,既对议会恣意授权、推脱立法责任做出限制,也对议会如何立法提出了要求。[4] 由此,德国的法律保留原则实现了从传统到现代的转变,从传统的实际只规范行政活动的单面法律原则,发展为现代的既规范行政活动,又规范议会立法的双面法律原则。[5]

2. 我国立法关于法律保留的规定

法律保留得到了我国现行立法的认可,我国关于法律保留的规定散见于《宪

---

[1] [德]奥托·迈耶:《德国行政法》,刘飞译,商务印书馆2002年版,第72页。

[2] 翁岳生编:《行政法》(上),中国法制出版社2002年版,第180页。

[3] [德]哈特穆特·毛雷尔:《行政法学总论》,高家伟译,法律出版社2000年版,第109~110页。

[4] 陈新民:《德国公法学基础理论》(下),山东人民出版社2001年版,第361~362页。

[5] 邓毅:《德国法律保留原则论析》,载《行政法学研究》2006年第1期。

法》、《立法法》和《行政处罚法》等立法中。首先,《宪法》在第13条、第34条和第40条分别规定了私有财产权、政治权利、通信自由和通信秘密的法律保留。第13条要求国家为了公共利益的需要对公民的私有财产实行征收或征用时应依照法律规定,第34条规定剥夺政治权利应依照法律进行,第40条强调公民的通信自由和通信秘密受法律保护。

其次,《立法法》在第11~12条对法律保留作出了专门规定。根据第11条,“下列事项只能制定法律:(一)国家主权的事项;(二)各级人民代表大会、人民政府、监察委员会、人民法院和人民检察院的产生、组织和职权;(三)民族区域自治制度、特别行政区制度、基层群众自治制度;(四)犯罪和刑罚;(五)对公民政治权利的剥夺、限制人身自由的强制措施和处罚;(六)税种的设立、税率的确定和税收征收管理等税收基本制度;(七)对非国有财产的征收、征用;(八)民事基本制度;(九)基本经济制度以及财政、海关、金融和外贸的基本制度;(十)诉讼制度和仲裁基本制度;(十一)必须由全国人民代表大会及其常务委员会制定法律的其他事项”。根据第12条,上述事项尚未制定法律的,全国人大及其常委会有权作出决定,授权国务院可以根据实际需要,对其中的部分事项先制定行政法规,但是有关犯罪和刑罚、对公民政治权利的剥夺和限制人身自由的强制措施和处罚、司法制度等事项除外。

在《立法法》第11条列举的法律保留事项中,直接与公民基本权利相关的是第4项、第5项和第7项。其中,犯罪和刑罚以及对公民政治权利的剥夺、限制人身自由的强制措施和处罚属于绝对法律保留的事项,即不能授权国务院制定行政法规的事项;对非国有财产的征收、征用属于相对法律保留事项,即可以授权国务院制定行政法规的事项。

最后,一些单行立法也确认了法律保留原则。例如,《行政处罚法》第10条规定,“法律可以设定各种行政处罚。限制人身自由的行政处罚,只能由法律设定”。《行政强制法》第9条和第10条规定,限制公民人身自由,冻结存款、汇款的行政强制措施只能由法律设定。

从上述我国立法的规定可以看出,被纳入法律保留范围的事项涉及公民重要的人身自由、财产权利和政治权利,但是还有一些公民基本权利被排除在法律保留之外。据此,我国法律保留条款的完善可以从以下三个方面着手:其一,立足于防范行政权对基本权利的侵害,将限制和剥夺公民基本权利的事项全部纳入法律保留的范围。其二,借鉴重要性理论,将对公民基本权利有基础性、紧迫性、深远性影响的极为重要的事项规定为绝对保留事项。其三,增强法律的明确性:一方面,全国人大及其常委会亲自制定的法律应当“明确、具体,具有针对性和可执行性”;另一方面,法律的授权条款或者全国人大及其常委会的授权决定应当具有明确性。[1]

---

[1] 王贵松:《行政活动法律保留的结构变迁》,载《中国法学》2021年第1期。

(二)比例原则

1. 比例原则概述

比例原则最初体现在1794年的《普鲁士普通州法》中,该法将警察的职责限定在采取为维护公共事业所必需的措施。从比较法的视角看,比例原则多由法院建构的一般法律原则开始,以限制干预行政领域的行政权。随着判例的累积,其内涵不断发展完善,适用范围也冲破了行政法领域,甚至在一些国家该原则取得了宪法原则的地位。通常来说,比例原则具有宪法和行政法两个层次的含义。宪法层次的比例原则是指国家权力只有在公共利益所必要的范围内才能限制人民的权利,其约束的对象包括所有的国家权力,其中,特别要求立法机关在制定限制公民宪法权利的法律时必须考虑这种限制是否有正当目的、是否必要、是否合比例。[1]行政层次的比例原则主要拘束行政权的行使,要求"行政主体在限制个人利益的手段与实现公共利益的目的之间进行权衡,以选择一种既为实现公共利益所绝对必要,也对相对人利益限制或损害最小的手段"。[2]

2. 比例原则的内涵

比例原则的内涵在各国法制中虽有所不同,但主要要素非常相近。一般认为,比例原则由目的正当性原则、妥当性原则、必要性原则和均衡性原则四个次原则组成。

(1)目的正当性原则。目的正当性原则要求公权力行为的目的本身应具有正当性,如果立法者或执法者所追求的目的不正当,即使对公民权利的限制再轻微也是不被允许的。在对目的正当性进行判断前,应首先查明公权力行为的目的,从宣称的目的、具体的法律条文、实际行为中识别出真实目的,或者将模糊的目的明确化。对于目的正当性的判断,并不存在统一的标准,一般情况下应首先排除明显不正当的目的,再考察目的是否违背有约束力的国际文件、宪法、法律、相关判例等的明确规定,如果不存在明显违背的情况,就需要综合考察公权力行为当时的各种因素,最终作出是否符合宪法、法律所确定的目的与价值的判断。[3]

(2)妥当性原则。妥当性原则指公权力行为的手段必须有助于所追求目的的达成,从而直接排除无助于目的实现的手段,只有手段适合目的,才能进入手段是否必要的分析。关于手段是否妥当,应综合考察受侵害权利的属性与种类、权利受到侵害的方式与程度、公共利益的属性与种类、事务的专业性程度等因素进行判断。一般而言,越接近人格尊严的权利受到侵犯,或者公民权利受到侵犯的程度越

---

〔1〕 范进学:《论宪法比例原则》,载《比较法研究》2018年第5期。

〔2〕 周佑勇:《行政法原论》(第3版),北京大学出版社2018年版,第63页。

〔3〕 刘权:《目的正当性与比例原则的重构》,载《中国法学》2014年第4期。

严重,越应受到相对严格的审查,即要求手段与目的之间具有高度的实质关联性;反之,则只要求相对宽松的审查,要求手段与目的间存在合理的关联,不是明显无助于目的的实现即可。[1]

(3)必要性原则。必要性原则实际上是一个比较性原则,即在能达成目的的诸手段中,选择对公民权利侵害最小的手段。比较各手段的前提是这些手段可以以相同的妥当性实现目的,即用于比较的手段对于目的的实现程度至少应不低于当前手段,如果用于比较的手段不能以同样的达成度实现目的,那么即使它对公民权利的侵害更小或最小,也不能满足必要性的要求。在比较不同手段的侵害程度时,应综合考虑手段对公民权利限制的范围、影响、持续时间等因素。

(4)均衡性原则。公权力的行使虽然是达成目的所必要的,但是不能给公民造成超过目的价值的侵害。均衡性原则属于利益衡量的范畴,即对手段所侵害的利益和手段所增进的利益进行衡量,禁止"不合比例"的手段。在对两种利益进行衡量时,应考虑以下两个因素:其一,公民权利受侵害的强度,重点考察公民权利在价值排序中的位阶或重要性,以及公民权利受侵害的具体程度。其二,公共利益增进的程度,包括公共利益的重要性和迫切性。

三、平等

(一)平等观念的历史演变

平等是千百年来人们追求的理想目标,也是法学的基本理念和基本价值。但是,关于何为"平等",人们并没有形成一致的见解。平等的意涵充满复杂性与多元性,历史上无数的思想家从不同的角度对平等的含义进行过解读。可以肯定的是,平等是一个历史概念,具有一定的时空范围,不同时代有不同的平等观念。每个时代的平等观念都对应于一定社会的物质生活条件,而且都具有一定的合理性。

1. 古代平等观念的形成

古希腊的平等观念建立在自然形成的各种不平等状态之上,绝对的平等被认为是"恶的平等",因此古希腊的哲学家和政治家们虽然希望通过架构民主制来追求平等,但是他们仍然认为民主制之下应容忍自然所形成的不平等与随之而来的限制,并通过建立独特的平等理论来为奴隶制度、男女差别等不平等现象提供正当性。例如,亚里士多德一方面承认正义存在于某种平等之中,平等是正义的尺度,另一方面却在分配正义概念中强调比值平等来承认社会分层和特权。他认为人类社会依据每个人所拥有的不同的身份、名誉、权力,依几何学的比例进行分配才是

---

[1] 刘权:《比例原则审查基准的构建与适用》,载《现代法学》2021年第1期。

公正的,即每个人应平等获得他所属位阶的分配,智者、德者、一般人、奴隶都应在各自所属的不同领域内得到平等,平等者之间应平等;反之,不平等者之间当然不平等,这是必须面对的自然状态。[1]

古罗马的平等观念深受斯多葛派哲学的影响,斯多葛派自然法观念中一个重要因素就是平等原则。斯多葛派学者深信人在本质上是平等的,因性别、阶级、种族或国籍不同而对人进行歧视的做法是不正义的,是与自然法背道而驰的。这种人人平等的思想在罗马帝国时期的政治哲学和法理学中占有一席之地。以奴隶制度为例,包括乌尔比安在内的许多法学家都认为监禁和奴役是不符合自然法的,因为根据自然法,所有人都是生来平等的。[2] 依据自然法强调人人平等的观念,在欧洲中世纪的晚期和近代早期发挥了对抗封建特权和宗教压迫的作用,人人平等逐渐成为一种被人类社会普遍接受的价值理念。

2. 近代平等观念

虽然平等思想的渊源可以追溯到古希腊时期,但是直到近代"始确立平等原则乃是有关国家与人民的应有关系之根本原则"。[3] 近代平等思想与传统平等思想之间的差异,主要在于近代平等思想是以个人尊严、合理主义的自然法、权利保障等为基础所架构而成的一种法概念,不再只是一种哲理。[4]

17 世纪至 18 世纪古典自然法学派的代表人物,如霍布斯、洛克、孟德斯鸠、卢梭等的平等观均是一种基于自然法的平等观。英国著名的启蒙思想家洛克认为,在人类进入政治社会之前存在一种自然状态,这种自然状态是一种完好无缺的自由状态,"也是一种平等的状态,在这种状态中,一切权力和管辖权都是相互的,没有一个人享有多于别人的权力。极为明显,同种和同等的人们既毫无差别地生来就享有自然的一切同样的有利条件,能够运用相同的身心能力,就应该人人平等,不存在从属或受制关系"。在自然状态下,"有一种为人人所应遵守的自然法对它起着支配作用;而理性,也就是自然法,指导着有意遵从理性的全人类:人们既然都是平等和独立的,任何人就不得侵害他人的生命、健康自由或财产"。[5] 法国启蒙思想家卢梭也认为人生而自由平等,通过社会契约进入社会状态不应摧毁自然的平等,反而应"以道德与法律的平等来代替自然所造成的人与人之间的身体上的不平等。从而,人们尽可以在力量上和才智上不平等,但是由于约定并且根据权

---

[1] [古希腊]亚里士多德:《政治学》,吴寿彭译,商务印书馆 1965 年版,第 239 页。

[2] [美]E. 博登海默:《法理学:法律哲学与法律方法》,邓正来译,中国政法大学出版社 2004 年版,第 21 ~ 25 页。

[3] [日]阿部照哉等编著:《宪法——基本人权篇》(下),周宗宪译,中国政法大学出版社 2006 年版,第 106 页。

[4] 许庆雄:《人权之基本原理》,台北,独立作家出版社 2015 年版,第 123 页。

[5] [英]洛克:《政府论》(下篇),叶启芳、翟菊农译,商务印书馆 1964 年版,第 3 ~ 4 页。

利,他们却是人人平等的”。[1]

这些自然法思想强调人人应享有自由平等,每一个人作为独立的道德主体都应受到适当尊重,为此必须建立社会契约,为自然权利提供保护。宗教改革派也提出,不仅教会组织内部应排除特权与不平等的阶级支配,世俗的国家政治组织也应同样废除不平等的体制。在这两种思潮的共同影响下,近代平等观念得以形成,其核心是由国家保障国民法律、政治地位的平等。一方面,国家应以法律排除各种身份上的差别,使任何人不应基于个性、信念、抱负而受到国家的不利对待。另一方面,每一位国民应该拥有平等参与政治、形成国家意思的权利。这种平等观念在反对封建特权的过程中发挥了积极作用,但是其自身也存在一些局限,国家对平等的保障只局限于法律和政治领域,而在经济和社会领域则强调自由竞争,其结果是现实生活中的不平等现象仍大量存在。而且随着资本主义的发展,财富和权力越来越多地被少数人占有,多数人则生活在失业、贫困之中。由此可见,近代平等观实际上是一种形式平等观,其忽略了现实社会生活中存在的各种不平等状态,人民的生存权受到了实质性威胁。

3. 现代平等观念

19 世纪末 20 世纪初,资本主义发展到垄断阶段,形式平等内在的矛盾日益凸显,平等实质化成为现代平等观念的核心。一方面,必须对传统自由放任的竞争体制加以约束;另一方面,强调对社会不利人群提供特别保障,使平等从形式转向实质。学者们从不同角度对实质平等进行了论证,马克思、恩格斯主张废除私有财产制,以生产资料公有制作为纠正经济上不平等的手段,在所有个人的需要都能够得到满足的前提下实现真正的平等。罗尔斯、德沃金和阿玛蒂亚·森则从实现平等所需的基本物品、资源和能力等角度出发,分别提出差别原则、资源平等和可行能力平等等理论来化解社会上的对立冲突,缓和因形式平等和自由竞争所引发的危机。也有学者认为实质平等应被视为一个多维的概念,它追求四个重叠交织的目标:一是在再分配维度上,打破弱势群体因为身份或其他受保护特征而遭受的弱势循环;二是在承认维度上,促进对人的尊严和价值的尊重,消除某个群体因为其身份而背负的污名;三是在变革维度上,包容差异,致力于实现结构性变革;四是在参与维度上,促进社会中所有人在社会和政治领域的全面参与,实现社会融合。[2]

现代平等思想对国家权力和公民权利都带来了影响:首先,国家权力不再处于消极避免介入社会的状态,为了实质保障生存易受威胁者,使其可以维持基本的生活条件,国家必须积极主动地处理社会中的不平等现象。其次,随着现代平等思想

[1] [法]卢梭:《社会契约论》,何兆武译,商务印书馆 1980 年版,第 34 页。

[2] [南非]桑德拉·弗里德曼:《反歧视法》(第 2 版),杨雅云译,中国法制出版社 2019 年版,第 23~30 页。

的发展，一些新的权利出现，宪法必须保障生存权、环境权、学习权、工作权等社会基本权利，才能保障人们有权利要求实质平等。最后，为了协助弱者确保基本的生存权利，国家有时必须介入自由领域，也必须对传统的财产权、经济自由进行限制，平等与自由面临互相调整的状态。[1]

（二）各国宪法对平等的确认和保护

虽然在历史上，法律也曾维护并认可了许多不平等现象，但是近现代各国的宪法都不约而同地承认平等的价值，将平等作为一项法律原则或一项法律权利加以确认和保护。英国是近代宪法的发源地，它的众多宪法性法律，如《自由大宪章》《权利请愿书》《人身保护法》《权利法案》等都内含平等的精神，《国民参政法》《种族歧视法》《禁止歧视残疾人法》等法律还对具体领域的平等作出了规定。

虽然美国的建国者在《独立宣言》中宣示了"人人生而平等"的理念，但是平等作为一项宪法权利是在内战后通过的第14条宪法修正案中得以确认的。该修正案第1款规定："所有在合众国出生或归化合众国并受其管辖的人，都是合众国的和他们居住州的公民。……在州管辖范围内，不得拒绝给予任何人以平等法律保护。"此后通过的第15条修正案和第19条修正案分别确认了黑人和妇女的平等选举权。

法国关于平等权的规定集中体现在1789年《人权宣言》、1946年《宪法》序言和1958年《宪法》中。《人权宣言》第1条规定："人生来就是而且始终是自由的，在权利方面一律平等。社会差别只能建立在公益基础之上。"第6条规定："法律对于所有的人，无论是施行保护或是惩罚都是一样的。在法律的眼里一律平等的所有公民皆能按照他们的能力平等地担任一切公共官职、职位与职务，除他们的德行和才能以外不受任何其他差别。"这两个条款对平等和合理差别作出了规定。1946年《宪法》序言在此基础上增加了种族、宗教和性别等具体平等权条款，还将平等权的保护范围扩大到社会经济领域，明确保护公共负担和教育机会的平等。1958年《宪法》除了在序言部分承认平等原则，还在正文第2条重申："法兰西……保证所有公民，不分出身、种族或者宗教，在法律面前一律平等。"

在英国、美国和法国等国家的影响下，越来越多的资本主义国家在宪法中确认了平等权。如德国《基本法》在第3条规定："法律之前人人平等。男女有平等之权利，国家应促进男女平等之实际贯彻，并致力消除现存之歧视。任何人不得因性别、出身、种族、语言、籍贯、血统、信仰、宗教或政治见解而受歧视或享特

---

[1] 许庆雄：《人权之基本原理》，台北，独立作家出版社2015年版，第126～127页。

权。任何人不得因其残障而受歧视。”日本1946年《宪法》第14条规定：“所有国民，于法之下，不因人种、信仰、性别、社会身份及门第，于政治、经济以及社会关系中受到差别。”第26条规定：“所有国民，均有依法律规定，按其能力平等受教育之权利。”加拿大1982年《自由和权利宪章》第15条规定：“（一）每个人在法律面前和法律之下一律平等，并且享有平等的法律保护和平等的权益，不受歧视，特别是不受基于种族、民族出身、肤色、宗教、性别、年龄或身心缺陷的歧视。（二）第一款的规定并不排斥旨在改善处境不利的个人或集体的条件而制定的法律、规划或者活动。”

1918年《俄罗斯社会主义联邦苏维埃共和国宪法》是世界上第一部社会主义性质的宪法，该法第22条规定：“俄罗斯社会主义联邦苏维埃共和国承认公民不分种族和民族享有平等权利的同时，宣布在这一基础上规定或容许任何特权或任何特许，以及对少数民族的任何压迫或对其平等权利的任何限制，均属于违背共和国的各项基本原则。”1936年苏联《宪法》第123条第1款规定：“苏联公民，不分民族和种族，在经济的、国家的、文化的和社会政治生活的各方面，一律平等，这是确定不移的法律。”与资本主义国家的宪法相比，社会主义国家的宪法不仅在法律上确认平等，而且在经济、政治、社会和文化各方面对平等予以保证。

各国宪法关于平等权的表达模式虽然不尽相同，但也存在一些共通之处：其一，许多国家的宪法都同时包含平等保护条款和禁止歧视条款，既从正面规定法律面前人人平等，又从反面规定禁止性差别事由，如种族、民族、宗教、性别等。其二，宪法中通常包含两类平等权条款：一般性平等权条款和具体平等权条款，前者多表述为“所有公民在法律面前一律平等”或“每个人都享有平等对待的权利”，后者则体现为选举平等、男女平等、种族平等、民族平等、教育平等、工作平等等具体事项的平等。[1] 其三，宪法平等条款体现出鲜明的时代特征。受近代平等观的影响，近代宪法中的平等条款具有很强烈的绝对平等意涵，要求绝对禁止身份的差别，否定封建特权；在适用范围上仅限定于法律及政治地位上的平等，对社会经济领域的平等关注较少。而现代宪法受现代平等观念的影响，在形式平等的基础上增加了实质平等的内容，赋予差别对待以合法地位，尤其是允许国家采取积极措施对社会弱势群体进行特别保护。

我国宪法对平等权的确认和保护也体现了上述特征。首先，《宪法》除在第33条第2款明确规定“中华人民共和国公民在法律面前一律平等”外，还确认了三项具体平等权，分别是第4条第1款规定的民族平等、第34条规定的选举平等和第48条规定的性别平等。其次，我国宪法虽然没有一般性的禁止歧视条款，但在第34条关于选举平等权的规定中包含了通过禁止歧视实现平等权保护的思想，明确

[1] 朱应平：《论平等权的宪法保护》，北京大学出版社2004年版，第72～78页。

规定中华人民共和国年满18周岁的公民,不分"民族、种族、性别、职业、家庭出身、宗教信仰、教育程度、财产状况、居住期限",都有选举权和被选举权。最后,我国关于平等权的保护是形式平等和实质平等的统一,既保护人身自由、选举权、宗教信仰自由等领域的形式平等,也保护少数民族、女性、老年人、残疾人等社会弱势群体的实质平等。如《宪法》第45条规定,公民在年老、疾病或丧失劳动能力的情况下,有从国家和社会获得物质帮助的权利,国家和社会保障残废军人的生活,帮助安排盲、聋、哑和其他有残疾的公民的劳动、生活和教育。

【练习题】

1. 什么是法?法有哪些要素?
2. 什么是法律体系?中国特色社会主义法律体系由哪些法律部门组成?
3. 什么是形式法治和实质法治?如何理解中国特色社会主义法治理念?

第二章　我国网络安全法律体制

典型案例

案例一：2013 年 6 月，美国前中情局职员爱德华·斯诺登披露，美国国家安全局存在一项名为"棱镜"的项目，通过电信和网络巨头监控用户的通话、邮件、聊天记录，以及视频照片等秘密资料，同时也针对境外的非美国人搜集情报。一时间国际舆论哗然，经过此事，建立全球网络新秩序、维护互联网主权、加强网络相关的法律规制显然已经刻不容缓。[1]

案例二：2020 年 12 月，国家市场监督管理总局对阿里巴巴集团涉嫌实施滥用市场支配地位展开调查，并在 2021 年作出行政处罚决定。围绕阿里巴巴在网络零售平台服务市场中滥用支配地位，实施"二选一"及限制平台内经营者商业活动等行为，国家市场监督管理总局确认其违反了《反垄断法》第 17 条第 4 项。该案对于探讨互联网相关产品市场具有重要参考意义，也被许多学者称为中国互联网反垄断调查"第一案"。[2]

第一节　我国网络法律体系

一、我国网络法律体系背景概述

（一）我国网络法律体系建构完善的背景

根据中国互联网络信息中心（CNNIC）第 48 次《中国互联网络发展状况统计报

---

〔1〕 储昭根：《浅议"棱镜门"背后的网络信息安全》，载中国互联网络信息中心，https://www.cnnic.cn/n4/2022/0404/c88－1132.html。

〔2〕《市场监管总局依法对阿里巴巴集团控股有限公司在中国境内网络零售平台服务市场实施"二选一"垄断行为作出行政处罚》，载国家市场监督管理总局，https://www.samr.gov.cn/xw/zj/202104/t20210410_327702.html。

告》,截至2021年6月,我国网民规模约10.11亿,互联网普及率达71.6%。[1] 互联网自产生以来,就呈现高速膨胀的发展态势。互联网技术的不断成熟造成人们生产、生活格局的极大转变,社会主体交往范式的转变又必将呼吁法律体系的革新,我国的网络法律体系也随着网络社会的逐步形成而渐次完善。以互联网技术在我国开始推广普及为起点,社会时代背景不断发展变化,推动了我国网络法律体系的产生和发展,其建构完善的背景概述如下:

第一,网络社会的迅速形成。自1994年中国正式全面接入互联网以来,基于互联网的社会关系系统便以极为惊人的速度快速建立起来。网络信息时代带来的网络社会高速化、结构化的发展特征结合中国人口基数大的本土性特征,对传统的社会交往模式产生了诸多冲击。我国幅员辽阔,在网络社会形成早期,各地经济发展水平相对不平衡,互联网覆盖水平存在地区性差异,对网络的利用水平不高,但已经展现出一些有关网络安全、网络设备维护、网络技术运用的问题,国内却对此没有立法规制,因此对网络相关法律的立法要求应运而生。在网络社会加速形成时期,我国的网络接入率极大提升,早期《中国互联网络发展状况统计报告》曾关注过的关于接入速度过慢、所在地并无互联网接入条件等问题已经得到了充分解决。中国互联网法治发展面临的新问题是:网络形成了基于共享经济和互联经济的动态多元的产业链,多层次、纵深化地嵌入社会,围绕其所产生的法治需求,从原先的技术性问题向国家治理、社会结构、群体交往、个体身份等更加深入的问题转变。同时,网络社会加速发展阶段产生的类似"棱镜门"等网络信息安全事件,也加强了完善网络法律体系的呼吁。这些问题的产生,推动我国网络法律从零散化向体系化的转变,从从无到有的建构向探索完善的发展转变。

第二,全球化视野下域外法治化进程提供的参考。互联网加速了全球化的进程,也让我国能够适当地借鉴国际社会的互联网规制经验,同时结合本土实际对网络法律法规作出增补、调整,进一步塑造网络法律体系。例如,《网络犯罪公约》《通用数据保护条例》等,虽然在价值取向、针对问题、规制思路方面同我国的现实需求存在一定差距,但均在规制技术层面为我国的网络法律体系完善提供了可资借鉴的素材。

(二)网络法律体系的概念和特性

与互联网应用普及对应的是关涉互联网的立法数量增加,在网络发展早期,互联网的规制主要围绕技术手段,概念用语包括"law of cyberspace/internet"

---

〔1〕《第48次〈中国互联网络发展状况统计报告〉》,载中国互联网络信息中心,http://www.cnnic.net.cn/hlwfzyj/hlwxzbg/hlwtjbg/202109/P020210915523670981527.pdf。

“information technology law”等[1]，其概念特征为：初步关注网络这一新型空间与法律之间的联结，但二者之间的耦合逻辑较为直观，前期多关注计算机安全、技术防护等事项。随着网络对社会的影响逐渐深入，研究者逐步开始重视相关行为规范，并形成了规范的领域意识，将互联网所关涉的方方面面作为相互关联的整体而展开类型化的规制。

网络法律体系，顾名思义，是指与网络有关的法律法规的整体。其概念具体来说存在三个不同阶层的范畴。在我国，最狭义的网络法律体系指全国人大及其常委会专门针对网络空间、网络技术等出台的法律，如《网络安全法》；相对狭义的网络法律体系概念的范畴扩大至专门指向互联网领域的相关行政法规、部门规章、地方性法规、司法解释等，如国务院《信息网络传播权保护条例》，最高人民法院、最高人民检察院《关于利用网络云盘制作、复制、贩卖、传播淫秽电子信息牟利行为定罪量刑问题的批复》等；广义的网络法律体系指各种涉及互联网相关规范的总集，它既包含规制网络相关领域的专门性法律法规，也包含其他法律法规中有关互联网事项的相关条款，如《著作权法》第 44 条、《民法典》第 1028 条等。本书将在广义的网络法律体系概念范畴上展开介绍。

关于网络法律体系性质的认识，应当从三个层次展开考察。在学理层次上，当前有关网络法律体系究竟属于哪一类部门法律体系抑或自成系统，学界尚没有达成共识。网络法产生早期，其立法分散、层级较低，散见于民事法律部门、刑事法律部门、行政法律部门之中。随着网络法律法规的不断充实，有学者认为，网络法围绕虚拟与现实交互的问题，其规范内容独特、规范时效更迅捷、基本原则有别于传统部门法，具有独立部门法属性的价值，应当将其作为与民事、刑事等法律部门并列的新兴类别。[2] 近年来，一种“领域法”[3]的划分范式逐渐兴起，多数学者表示，网络法律体系虽然暂时难以成为一套边界森严的部门法体系，但是作为领域法的坐标定位是不言而喻的。在政策文件层次上，2008 年《中国的法治建设》白皮书在“中国特色的立法体制和法律体系”一节中，将法律部门划分为七个类别：宪法及宪法相关法、民法商法、行政法、经济法、社会法、刑法、诉讼与非诉讼程序法，此后的政策性文件整体上遵循了学界传统的部门法划分框架，尚未将网络法作为一个独立的法律部门。在法治现状层次上，我们应当尊重并正视的事实是：网络法律体系与网络社会的特征具有内在的逻辑关联性，互联网所具有的即时性、共享性、

[1] 张平：《互联网法律规制的若干问题探讨》，载《知识产权》2012 年第 8 期。

[2] 张小鹏：《论作为独立法律部门的网络法》，载《法学杂志》2019 年第 11 期。

[3] 指在传统部门法分类方法的基础上，融贯具有领域共性的调整对象所形成的一种法的分类，以多元、动态、开放视角研究特定社会领域的法规范和法现象。刘剑文：《论领域法学：一种立足新兴交叉领域的法学研究范式》，载《政法论丛》2016 年第 5 期。

虚拟性、高度交互性等都决定了与之密切关联的网络法律体系应当侧重于双重空间、技术关照、人机交互、全球协调、网络主权,并依托这些特性形成区别于传统立法原则的特殊原则。

二、我国网络法律体系发展的历史

(一)初步探索期(1994~2000年)

在1994年之前,在《会计法》(1993年)、《著作权法》(1991年)等法律规范中,虽然出现了有关"计算机"和"计算机软件"的表述,但多将其定位为工具性应用,对计算机背后所关联的互联网关注不多。当时,我国的网络技术尚处于发展初期,主要的政策导向倾斜于鼓励研发、推广应用,对于互联网角度的法律规制尚未产生足够重视。1994年我国全功能接入互联网,在《计算机信息系统安全保护条例》(1994年)第3条提出计算机信息系统的安全保护包含网络的安全保护,此后相继发布了《计算机信息网络国际联网管理暂行规定》和《计算机信息网络国际联网安全保护管理办法》,海关总署等部门在各自的职责范围内发布了以管理互联网基础设施为主要内容的部门规章,最高人民检察院也发布了《检察机关域名管理办法》等司法解释性质的文件。

该时期的立法特征表现为:立法主体以国务院及其部委为主,内容集中于互联网相关设施、信息系统、域名管理等领域,网络立法并未形成体系。其成因有二:第一,该时期我国立法主体扩张,但依然没有脱离中央集中立法的结构惯性,国务院的行政法规成为全国人大及其常委会立法的重要补充;第二,该时期网络服务以提供静态信息为主,对社会生活的渗透并不深入,所展现出的具有规制必要性的领域十分有限,统一立法条件尚不成熟。

(二)集中立法期(2000~2016年)

2000年,国务院发布《电信条例》《互联网信息服务管理办法》,对利用电信系统传输信息活动和互联网信息服务活动进行集中统一的规制。其后,《电子签名法》(2004年)、全国人大常委会《关于维护互联网安全的决定》(2000年制定,2009年修正)、全国人大常委会《关于加强网络信息保护的决定》(2012年)相继出台,这些文件均属于正式法律或决议性质的互联网规范。国务院进一步制定的行政法规以及全国人大层面出台的顶层设计为部门规章、地方性法规和规章、行政规范性文件等其他层级较低的规范提供了立法依据。同时,随着互联网技术日益深入生活,以网络为基础媒介的社会交往、商业贸易、行业管理活动更加普遍,互联网治理面临的主要问题从原先的基础设施保障不足转向涉互联网行为的失范。在合法性基础逐步完善与实践需求的双重推动下，我国网络法律体系迎来了集中立法的发展阶段。

该时期，网络法律体系的发展特征主要表现为两个方面：第一，网络立法出现了全国人大层面的顶层设计，但专门性立法尚存可扩展的空间。这一阶段高层次的立法主体仅为单一的全国人大常委会，相关文件为一部非基本法律和两部决定。立法主体上，学术界和实务界要求由全国人大出台基本法律的呼声日益高涨；立法性质上，全国人大常委会决定的定性存在诸多争议，[1]不足以完成专门性立法的使命；立法事项上，法律层面的规制范围依然比较狭窄，专门性规定仅围绕电子签章的认证和服务管理，其余决定更关注一般原则的设定，指导性、概括性条款偏多，其具体展开需要依托《刑法》和《治安管理处罚法》的关联性条款，专门性与系统性不足。第二，网络立法数量急剧上升，内容覆盖面迅速扩大，总体侧重对网络服务提供者的行政监管。法律性质的规范从无至有的突破催动了国务院及其部委、地方各级立法机关以及司法机关对于互联网新兴问题更为积极的回应。据统计，从2000年至2016年11月《网络安全法》颁布期间，在中央层面，由国务院发布的各类行政法规、行政法规解释、国务院规范性文件有40余件，由最高人民法院、最高人民检察院发布的司法解释及司法解释性质的文件有30余件，由国务院各部委发布的部门规章和部门规范性文件有近700件，此外，还有数百件批复性、工作性文件，规制事项涉及信息安全、网络交易、信息服务、行业管理等多类事项，地方性的立法更是一度呈现膨胀态势。另外，一些互联网行业的自律规范也成为相关法律法规的重要补充，如《中国互联网行业自律服务公约》《互联网新闻信息服务自律公约》等。其虽不具有法律渊源的地位，但也构成了网络规范化治理的重要素材。总体上，这一时期网络法律体系已经初步形成。

（三）成熟发展期（2016年以后）

网络安全问题在网络治理中属于关键性问题，我国在该方面的分散立法已经有了相对丰富的经验积累。2016年全国人大常委会通过了《网络安全法》，《网络安全法》相较于《电子签名法》而言，规制范围更加宽广，相较于前一阶段

---

[1] 全国人大常委会的决定存在多种类型，针对不同类型的决定，学界对其性质认定产生了差异性观点：第一，准立法或立法说，认为全国人大常委会在形式和名义上行使决定权，在实质效果上行使立法权；第二，法律修改说，认为全国人大常委会的决定在实质上构成了对既有法律的修改，特别是围绕授权产生的诸项决定；第三，独立性质说，认为全国人大常委会决定的性质认定应当同立法分割，属于决定权行使的一种独立表现形式。王竹：《我国到底有多少部现行有效法律——兼论"准法律决定"的合宪性完善》，载《社会科学》2011年第10期；郑磊、王逸冉：《全国人大常委会"试点授权"要素论——基于〈立法法〉第13条的规范性思考》，载《浙江社会科学》2017年第8期；金梦：《立法性决定的界定与效力》，载《中国法学》2018年第3期。

全国人大常委会所作的决定而言，规定更加具体、形制更加正式。它承继了此前《互联网信息服务管理办法》《关于维护互联网安全的决定》《关于加强网络信息保护的决定》中的基本原则、规制思路、权责设定的规定并加以延伸，标志着我国网络法律体系的发展迈向新阶段。以此为契机，国家互联网信息办公室（以下简称国家网信办）独立或联合其他部委发布了一系列规章，围绕《网络安全法》，在信息搜索、信息传输、声像服务等不同领域的落实作出了具体的配套规定。除此之外，为跟进新型互联网技术的推广应用，与网络服务、网络犯罪、涉互联网未成年人保护相关的立法也进一步细化，有关信息服务算法推荐规制、互联网金融犯罪裁判规则、互联网账号管理等事项的部门规章、司法解释相继出台。2019 年公安部发布《互联网个人信息安全保护指南》，技术性地定义了个人信息相关概念群，并从个人信息的管理机制和个人信息获取、保存、应用、披露、转让、应急处置、删除的流转全环节对个人信息的保护展开实质性指引。此后，突发公共卫生事件也引发了社会对于个人信息妥善管理、安全保护等方面集中性、爆发性和长期性的需求。在《互联网个人信息安全保护指南》的基础上，2021 年全国人大常委会出台《个人信息保护法》，再一次从法律的高度较为系统地确认了个人信息保护的规则，巩固了宪法统合下部门法规制的法秩序统一治理思维，极大地促进了网络法律体系的完善。

该阶段我国网络法律体系的发展特征表现为两个方面：第一，相关网络立法总结了此前低层级、分散式的立法经验，推动以法律为核心、其他配套性规定协同跟进的健康发展格局。第二，在立法内容上，完善网络治理机制，侧重于对信息安全立法的补充。网络法律体系的基本框架、不同规范的治理范式、一定历史时段内的发展方向已经基本明晰。

三、我国网络法律体系的现状

（一）我国网络法律体系的结构

我国网络法律体系已经形成了在多元法律统合下以行政立法和地方立法为主的多层次格局，在不同的类型化标准下可以从多个层面展开分析。其基本结构概述如下：

第一，在事项层次上，我国的网络法律体系规制事项涉及若干领域，其中既包括基于互联网应用而产生的新兴独立事项，也包括传统法律关系在互联网领域的映射，主要包含网络基础资源管理、网络平台和网络服务提供、网络安全等。具体分述如下。

其一，网络基础资源管理。网络基础资源管理是指因互联网接入而产生的，为了满足用户以网络空间为主要交互介质的需求的一系列必须的公共互联网基础资源配置管理。这些基础资源包括IP地址、域名、邮件系统、身份信息识别系统，对应的规制如《电子签名法》《检察机关域名管理办法》《互联网IP地址备案管理办法》《互联网用户账号名称管理规定》等。此类规制的主要内容为：采用以行政许可为主要手段的管理方式，对互联网基础资源分配的管理职责进行划分，确定使用网络基础资源的程序性规则。

其二，网络平台和网络服务提供。网络社会关系的发展是以互联网平台和互联网服务为基础的，网络平台和网络服务支撑起了网络空间行为的基本架构和活动空间，也成为勾连现实空间与虚拟空间的中介桥梁。网络平台与网络服务提供的相关主体既包括行政主体，也包括不具有行政主体资格的中介平台、组织机构等。对应的规制如《电子商务法》《政府信息公开条例》《互联网上网服务营业场所管理条例》《互联网著作权行政保护办法》《互联网信息服务管理办法》等。此类规制的主要特征为：广泛涉及互联网所关联的电子商务、医疗、信息服务、金融业务等方面，在确保国家安全、公共利益和网络服务使用者合法权益的基础上，促进市场要素公平公开竞争，对未成年人的互联网使用予以特别保护，对平台的违约责任、侵权责任作出规定。出于鼓励互联网产业发展的目的，在一般网络服务的提供上，上述规范对于平台责任的界定遵循避风港原则，[1]对平台责任进行一定程度的豁免。

其三，网络安全。这是我国网络法律体系规制的重点领域，也是立法质量相对较高的领域。盖因网络技术发展的迅捷性、开放性，网络安全概念本身也具有外延的扩展性，其包含的子项目众多，囊括网络系统安全保护、网络信息安全保护、网络犯罪规制等。其目的是保障网络运行环境、网络交往行为、网络整体空间以及网络信息在形式上与实质上的双重安全性。当前的网络安全具体应当包括：网络主权独立安全、网络行为健康文明、网络运行环境稳定、网络系统风险控制、网络技术服务符合标准、网络信息流动有序自由。对应的相关立法包括《网络安全法》《个人信息保护法》《关于维护互联网安全的决定》《关于加强网络信息保护的决定》《计算机信息网络国际联网安全保护管理办法》等。在该领域的立法中，随着网络社会不断壮大，突破时空局限的虚拟空间犯罪规制也日渐成为相对独立的议题，在涉及网络系统、网络信息的安全维护和网络行为规制时，依托罪刑法定的原则，对刑

---

[1] 避风港原则首次明确出现于美国1998年《数字千年版权法》(Digital Millennium Copyright Act of 1998)。我国则是在最高人民法院《关于审理涉及计算机网络著作权纠纷案件适用法律若干问题的解释》(已失效)中首次规定该原则，2006年《信息网络传播权保护条例》重申了这一原则，为网络著作权保护的平台责任划定了边界。其后，该原则的适用范围得到扩展，先后被2009年公布的原《侵权责任法》和2021年施行的《民法典》确认，成为处理一般网络侵权平台责任的一项重要原则。

事责任的承担往往通过引致条款导向专门的刑事法律规范。由于技术发展水平和客观现实条件的限制,我国早期的刑事立法对相关犯罪的规制口径狭小,限定于针对计算机信息系统的犯罪以及利用计算机危害国家事务、国防、尖端科学技术、国家秘密、国家财政等国家重大事项的犯罪。其更多指向作为网络载体的系统固件,而非在真正意义上关注“网络犯罪”。2000 年,随着《关于维护互联网安全的决定》发布,网络安全的外延获得扩展,网络犯罪的维度也更加立体。其后发布的《刑法修正案(七)》《刑法修正案(九)》《刑法修正案(十一)》对网络犯罪的行为方式进行了补充,加强了对信息数据的保护,增补了关于利用信息网络犯罪的规制,增设了基于平台网络安全管理义务的刑事责任和对应的证据收集等刑事程序规定。

第二,在效力层次上,我国的网络法律体系是一般法律体系的组成部分,同样承继了一元两级多层次的效力格局。从广义上说,目前关于网络的相关立法在中央层面包括法律、行政法规、部门规章、国务院及其部门的规范性文件;在地方层面则包含一般地方性法规和规章、规范性文件,经济特区也在授权立法的基础上展开了积极尝试。例如,2021 年深圳经济特区发布了《深圳经济特区数据条例》,对“大数据杀熟”、未成年人敏感信息认定、个人数据处理规则等作出了创新规定。

第三,在表现形式层次上,网络法律体系呈现三种类型规范并行的状态:第一种是专门规定涉网事项的法律法规,如《电子商务法》《网络安全法》等。第二种是在综合性规范或其他领域的规范中,对利用网络展开的行为增设特别条款予以规制,如《著作权法》第 53 条。第三种是从相对广义的视角来看,虽然条文中没有明确提及网络规制,但是发生于网络空间的行为如果涉及其所指向的领域,同样能够发挥对应作用。它往往同其他关涉网络的原则性条款共同适用,如《民法典》中有关合法私有财产保护的规定,在其他法律没有特别规定的情形下,该规定能够被援引作为处理数据及网络虚拟财产争议的依据。

第四,在法律体系的更迭方式上,网络法律体系的变迁主要通过两种路径展开:一种是对此前已经制定的、非以专门规制网络空间新型法律关系的法律规范的解释和适用。例如,在司法实践中,利用论坛发帖或网络词条诋毁他人名誉的案件时有发生。在较长的一段历史时期内,我国主要通过《民法通则》的相关条款保护公民的人格权。《民法通则》对公民的姓名权、肖像权、名誉权、荣誉权进行了确认,规定若其受到侵害,被侵害人有权要求停止侵害,恢复名誉,消除影响,赔礼道歉,并可以要求赔偿损失。利用网络实施的侵权行为,可以被视为传统侵权行为在网络空间的延展和映射。当时司法机关的一般立场是,对已经存在的法律法规在网络纠纷领域直接适用;《侵权责任法》《民法总则》(均已失效,现可参照《民法典》的有关规定)出台以后,司法机关的裁判依据更加明确,这一立场也依然在实践中得以沿用。[1]

另一种网络法律体系的变迁路径是专门制定针对网络空间新型法律关系的法律法规。一方面,网络空间的扩展不仅造成了现实社会关系的延伸,同样也催生了许多不能为既有法律规范所囊括的新型法律关系,这加大了对某些事项予以特别规制的必要性,需要制定新的规范,保障新型权益、设置新型义务、划定新型职责。专门性法律法规如《网络安全法》《个人信息保护法》《数据安全法》;相关法律条款的增补如2020年修订的《未成年人保护法》增设了"网络保护"专章,2022年修正的《反垄断法》扩大了垄断行为的认定范畴,实质性关联了网络效应、数据处理等现实活动,综合考察了数据、算法、平台规则等网络技术要素的运用。[2] 另一方面,有些新增设的规定并不直接关系到新型的网络关系,其依然秉持传统法律关系的指向,但是由于加入了网络平台这一媒介,在我国成文法系统的背景下,有必要对相关条文进行修改、增补,以夯实网络领域执法和司法的合法性基础,同时明确、细化网络规制的技术标准与法定程序。例如,随着网络普及化和侵权频繁化,2009年发布的《侵权责任法》第36条第1款规定:"网络用户、网络服务提供者利用网络侵害他人民事权益的,应当承担侵权责任。"该规定专门强调了对网络侵权的规制,其后,《民法典》第1194条也承继了这一规定,并在第1195、1196、1197条为网络平台设置了具体的责任要件。

(二)我国网络法律体系的特征

第一,形成政策引领、宪法统合下"依法治网"的整体思路。依法治网无疑是依法治国、依宪治国政策系统的重要一环。2013年11月,党的十八届三中全会通过的《中共中央关于全面深化改革若干重大问题的决定》要求"坚持积极利用、科学发展、依法管理、确保安全的方针,加大依法管理网络力度,加快完善互联网管理领导体制,确保国家网络和信息安全"。[3] 其后,党的十八届四中全会、十九大、十九届四中全会以及2020年《法治社会建设实施纲要(2020—2025年)》逐步深化了依法治网的政策建构,从加强领域立法、完善网络安全保护到营造整体网络生态,围绕大数据、云计算、个人信息、新媒体业态等重点关键领域提出了完善法律体系

[1] 上海德瑞佳健康管理咨询有限公司与崔某名誉权纠纷案,上海市第一中级人民法院(2009)沪一中民一(民)终字第3101号民事判决书;赵某诉北京百度网讯科技有限公司名誉权纠纷案,北京互联网法院(2019)京0491民初2403号民事判决书。

[2] 《反垄断法》第9条规定:"经营者不得利用数据和算法、技术、资本优势以及平台规则等从事本法禁止的垄断行为。"

[3] 《中共中央关于全面深化改革若干重大问题的决定》,载中国共产党新闻网,http://cpc.people.com.cn/n/2013/1115/c64094-23559163-13.html。

的要求。[1] 依法治网表达的递进式发展为形成完备的网络法律体系提供了政策支撑。同时,随着依法治国实践的深化,2018 年“法律委员会”更名为“宪法和法律委员会”并承载法律草案审议的功能,将宪法的实施推进到新的层次。在法律法规的合宪性评价上,早期学界较为普遍的以事后合宪性审查为主导的机制设计在实践中逐渐转向效益更佳的草案阶段合宪性控制和事后审查并行的架构。因此,全国人大及其常委会所制定的法律中,“根据宪法,制定本法”的条款在宣示价值之外,附加了更加实质的规范意义,能够实现宪法基本权利、核心价值观等条款对网络立法的辐射和依据作用。此外,我国网络法律体系对曾经核心、高层次立法缺失的问题已经进行了一定填补,形成了宪法和法律、法律和其他更低效力层级规范之间的有效衔接,提供了有层级的合法性标准。

第二,法律渊源形成复合结构,各级立法主体广泛参与,立法层级由低向高逐渐偏转,立法的统筹性和规划性不断加强。在网络法律体系发展早期,同级主体“多头立法”现象较为普遍,在很长一段历史时期内,公安部、原信息产业部[2]、国家版权局、中国证券监督管理委员会(以下简称证监会)等围绕网络使用、网络管理、网络服务提供出台过部门规章和规范性文件。但是各个文件之间缺乏协调规划,立法的政策性较强,规范性、统一性偏弱。部分领域出现重叠规制、标准各异的情形,而部分领域则出现立法空白。其后,中共中央网络安全和信息化委员会办公室成立,高层次立法出台,网络治理体制完善,一方面加强了统筹规划,另一方面,多部门统一标准联合立法更加普遍,一定程度上消解了前述困境。但也需注意的是,行政法规、部门规章、规范性文件、司法解释总体占比依然较高,其在网络法律体系中的作用也更加显著。

第三,网络法律体系与网络标准体系协同治理。我国的网络法律体系经历了“规先法后”和“规标合治”[3]的发展阶段,除了宪法、法律、行政法规、部门规章、行政规范性文件、地方性法规和规章、经济特区法规和规章、自治条例与单行条例、特别行政区立法、司法解释等法律渊源,还有相当一部分网络技术标准文件,这些文件针对互联网相关设备、技术、服务而制定,如《公共建筑光纤宽带接入工程技术标准》(GB 51433-2020)、《信息安全技术 云计算服务安全指南》(GB/T 31167-2014)等。它们不属于网络规制和管理的法律渊源,但是依然在网络治理领域发挥了举足轻重的作用,对我国网络法律体系的发展应用发挥着重要的支持、补充、

---

[1] 《互联网法律白皮书(2021)》,载中国信通院,http://www.caict.ac.cn/kxyj/qwfb/bps/202112/t20211217_394221.htm。

[2] 根据 2008 年国务院机构改革方案,组建工业和信息化部,不再保留信息产业部。

[3] 张志安、卢家银主编:《互联网与国家治理发展报告(2021)》,社会科学文献出版社 2021 年版,第 204~214 页。

协助功能。

第四，综合性强，领域法特征明显。我国网络法律体系所囊括的内容与传统部门法以调整的法律关系类型为核心的内容大不相同，其中既包含纯粹私人之间的关系、私人与国家权力之间的关系，还包含私人与平台等“社会公权力”[1]之间的关系、平台之间的关系、平台与国家权力之间的关系等，是以与网络、大数据、人工智能等互联网科技应用相关的社会活动为核心的规范体系，具有跨部门法色彩。国内学界的研究方向也从网络法的部门化日渐转向网络法的领域化，以加强网络立法对整个法律体系的嵌入性和对实践问题的关照性[2]。

总体而言，我国网络法律体系具有以依法治网为核心，多层次复合法律渊源并存，法律法规与技术标准协同治理的特征。此后的发展趋势是，在统筹协调、分散立法的结构下继续补充核心高层次的立法，完善配套制度建构和立法、司法解释，推进立法向执行的有效转化。

第二节　我国网络安全法律体系

一、我国网络安全法律体系的结构框架

网络安全法律体系是我国网络法律体系的重要组成部分，自信息技术和互联网发展、应用时起，社会对网络安全问题的关注就开始出现并不断增强。网络技术在便捷民众生活的同时，也为各种非法活动提供了“坦途”。针对金融、电信、国防等重要领域网络系统的入侵和破坏、非法信息的流动、数据的泄密等，都是新时代网络安全法律体系亟待解决的问题。我国网络安全法律体系的发展可以《网络安全法》的出台为界点，划分为两个历史阶段。

（一）《网络安全法》出台前的网络安全法律保障状况

在《网络安全法》出台以前，我国业已存在较多涉及网络安全的规定，如《计算机信息系统安全保护条例》《计算机病毒防治管理办法》等。该时期网络安全法律体系的发展特征是：网络安全相关立法的渗透性、附带性、分散性较强，以行政法规、部门规章、规范性文件为主，体系性不足。网络技术发展初期，其普及率和社会

[1] 学界一般认为，社会公权力是相对于传统私主体而言的，其更加具有社会、政治、经济、文化等多方面的资源优势，从而对其他私主体产生事实上的支配能力，随着信息社会、数字社会的来临，网络技术的普及和明显的信息资源优势使得围绕社会公权力的讨论更加频繁。

[2] 丁晓东：《从“马法”到马克思主义之法：网络法的法理学与部门法意义》，载《地方立法研究》2021年第6期；解志勇：《法学学科结构的重塑研究》，载《政法论坛》2019年第2期。

化程度不高,往往被认为是信息技术的一项分支,大部分规范均依托于信息系统维护对网络安全进行保护,而随着网络技术日渐发展,技术运用安全问题已不能为信息系统保护所简单囊括,需要更加周全的法律保障。全国人大常委会先后于2000年和2012年发布的《关于维护互联网安全的决定》和《关于加强网络信息保护的决定》是该时期效力层级最高的法律渊源。但是从规范性质上说,其并不严格属于法律,规定也较为原则笼统,没有具体的权责设置和技术指引,缺乏统一立法应有的完整结构、规范形式、科学论证和充分的民主参与。因而在该时期,围绕权威立法不足、立法结构混乱的问题,实践中不少专家学者提出了制定专门网络安全法律的理论建议。

2014年,中央网络安全和信息化领导小组[1]成立,专门的网络安全立法也进入准备期。该时期,党的一系列政策决议和国家战略安排都为其提供了坚实的政策基础。2014年后,支撑网络安全立法的具体政策性文件如表2-1所示。

表2-1 网络安全政策

年份	文件名称	具体内容
2014	《中共中央关于全面推进依法治国若干重大问题的决定》	加强互联网领域立法,完善网络信息服务、网络安全保护、网络社会管理等方面的法律法规,依法规范网络行为
2016	《国家信息化发展战略纲要》	依法推进信息化、维护网络安全是全面依法治国的重要内容。……完善信息化法律框架。以网络立法为重点,加快建立以促进信息化发展和强化网络安全管理为目标,涵盖网络基础设施、网络服务提供者、网络用户、网络信息等对象的法律、行政法规框架。有序推进信息化立法进程。坚持急用先行,加快出台急需法律法规和规范性文件。强化网络基础设施保护,加快制定网络安全法、电信法、电子商务法,研究制定密码法
2016	《国家网络空间安全战略》	必须坚持积极利用、科学发展、依法管理、确保安全,坚决维护网络安全。 提出"尊重维护网络空间主权、依法治理网络空间、统筹网络安全与发展、坚决维护国家安全、保护关键信息基础设施"等治理原则

[1] 2018年根据《深化党和国家机构改革方案》改为中共中央网络安全和信息化委员会。以下不再逐一说明。

在学理呼吁与政策支持下,《网络安全法》被列入了十二届全国人大常委会立法工作计划,其制定条件已逐渐成熟。[1]

(二)《网络安全法》出台后网络安全法律体系的总体框架

2017年,《网络安全法》正式施行,随后《数据安全法》《个人信息保护法》也颁布实施,逐渐形成了以中心法律与相关条文为统合,以配套规定为辅助的框架。这一框架可以分解为如下三层结构:第一,从现行三部专门规制网络安全的法律来看,它们属于彼此平行的法律,规制的范围和侧重点有所不同,内容存在一定关联交叉,均在各自调整领域内具有基础性作用。首先,三部法律均是以宪法为上位法制定的一般法律。虽然仅《个人信息保护法》在终稿中加入了"根据宪法,制定本法"的表述,但并不意味着《网络安全法》与《数据安全法》就无需"根据宪法"。尽管在早期研究中,围绕"根据宪法"条款的立场是否具有自我宣示为"发挥领域宪法作用的高级法"的意义,学术界曾经以民法和宪法的关系为代表性议题展开过研讨,[2]但从法秩序统一的视野理解,宪法构成了该三部法律的效力来源,提供了其必须遵循的客观价值秩序,更为个人相关数据权益的保护提供了合宪性基础,是三部法律共同的上位法。而同时,这三部法律的制定主体均为全国人大常委会,不属于"刑事、民事、国家机构的和其他的基本法律",[3]而属于"一般法律"。其次,三部法律在内容上存在关联,但彼此之间并行独立,并不构成一般法和特别法的关系。网络安全、个人信息安全、数据安全在某种意义上是融贯的,如果从最广义的网络安全视野考察,个人信息安全和数据安全都是网络安全的一个侧面。《网络安全法》第四章"网络信息安全"部分对个人信息和数据的处理作出了一定的原则性规定,并在附则中对"个人信息"和"网络数据"概念给出了明确定义。从形式上看,《数据安全法》和《个人信息保护法》似乎是《网络安全法》第四章内容的扩展。然而,具体比对三部法律的规定却会得出并非如此的结论。《网络安全法》关注的是网络所形成的电子数据,而《数据安全法》中对数据的定义则同时包含了以非电子形式呈现的信息记录;《网络安全法》着重处理网络运营者对个人信息的收集、管理和保存,《个人信息保护法》除此之外更加全面地规制了加工、传输、提供、公开、删除等信息处理活动,并且丰富了国家机关处理个人信息的特别规定。两部法律的调整范围相较于《网络安全法》而言都在各自的事项领域有了一定的扩展,同

---

[1] 《十二届全国人大常委会立法规划》,载中国人大网,http://www.npc.gov.cn/zgrdw/npc/xinwen/2015-08/03/content_1942908.htm。

[2] 童之伟:《立法"根据宪法"无可非议——评"全国人大立法不宜根据宪法说"》,载《中国法学》2007年第1期;苗连营、程雪阳:《"民法帝国主义"的虚幻与宪法学的迷思——第三只眼看"根据宪法,制定本法"的争论》,载《四川大学学报(哲学社会科学版)》2008年第2期。

[3] 《宪法》第62条,《立法法》第10条第2款。

时设置了更加具体的保护义务、处理规则与法律责任。从历史情况来看,基于语言学意义上的概念完整性要求与治理系统的客观构成情况,网络安全的维护势必包含数据安全与个人信息保护,而《网络安全法》出台之时,《个人信息保护法》与《数据安全法》均未出台,对相关事项作出笼统规定是有必要的。但是,随着立法条件成熟,个人信息保护和数据安全保护亦需要更加完善、体系化的规则,在更广阔的概念范围下进行更细致的单独立法。因此,后续法律在制定时已经关注到彼此的衔接协调,减少重复、避免冲突。如《数据安全法》第 31 条中规定,"关键信息基础设施的运营者在中华人民共和国境内运营中收集和产生的重要数据的出境安全管理,适用《中华人民共和国网络安全法》的规定"。

第二,一些非专门性立法中,也存在与网络安全保障关联性较强、应用广泛的条文。以全国人大及其常委会制定的法律为例,《民法典》中规定了网络数据和财产安全;《反有组织犯罪法》《刑法》中规定了网络犯罪的规制;《治安管理处罚法》中规定了违反网络安全规定的行政处罚规则;《海南自由贸易港法》中规定了具体金融领域的网络安全等级保护制度;《国防法》中则要求国家采取必要措施维护在网络空间这一重大安全领域展开的活动;《预防未成年人犯罪法》与《未成年人保护法》中规定了网络内容安全的具体标准;《国旗法》《密码法》《广告法》等则从各自的规制领域设置了具体行为中公民、组织维护网络安全的义务。

第三,为了配合顶层立法,《关键信息基础设施安全保护条例》《网络产品安全漏洞管理规定》《关于加强车联网卡实名登记管理的通知》《互联网信息服务算法推荐管理规定》《关于加强互联网信息服务算法综合治理的指导意见》《网络信息内容生态治理规定》等配套规定相继出台,地方立法也围绕新出台的法律持续调整。

二、我国网络安全法律体系的内容梳理

(一)网络安全的规范内涵

《网络安全法》第 76 条对相关概念进行了明确,该条规定:网络是"由计算机或者其他信息终端及相关设备组成的按照一定的规则和程序对信息进行收集、存储、传输、交换、处理的系统";网络安全则是"通过采取必要措施,防范对网络的攻击、侵入、干扰、破坏和非法使用以及意外事故,使网络处于稳定可靠运行的状态,以及保障网络数据的完整性、保密性、可用性的能力"。《数据安全法》第 3 条第 3 款指出,"数据安全,是指通过采取必要措施,确保数据处于有效保护和合法利用的状态,以及具备保障持续安全状态的能力"。《个人信息保护法》中虽未明确给出"个人信息安全"的定义,但是参考该法第 4 ~ 10 条的表述,可以总结出个人信

息安全应当包含一切可识别自然人有关信息在收集、存储、使用、加工、传输、提供、公开、删除全过程中确保信息被合法依规流转，不危害国家安全、公共利益和个人合法权益。综合三部主要法律的核心概念界定，我国网络安全法律体系所指向的网络安全，应当具有如下内涵：第一，网络安全指向的规制领域是以网络空间为核心的，即通过信息终端媒介处理信息流的专业系统，包含网络环境、网络程序系统、网络信息数据。相比于传统安全保障指向的领域，网络空间的特性使得网络安全更具有开放性下的脆弱特征、动态性下的易变特征。第二，信息和数据是构成网络空间动态运作的要素，它们的安全在时间跨度上指向流转的全过程，在评价标准上则包括完整性、保密性、可用性。

（二）网络安全法律体系规则框架

我国现行的网络安全法律体系以《网络安全法》《数据安全法》《个人信息保护法》为核心，以其他相关法律条文为补充，以行政法规、部门规章、地方性法规和规章、规范性文件等为配套，遵循网络空间主权原则、网络安全与发展并重原则、安全风险预防原则和协同治理原则，[1]形成了相对完备的规则框架。

1. 网络安全法律关系主体的法律遵从

从主体上说，网络安全法律关系的参与主体往往包括三方主体，即国家、网络服务使用者、网络运营者。三者在进行网络交往活动时，基于网络安全维护的需求，都需要遵循以下三项普遍性、共通性义务：(1)遵守法律法规的相关规定；(2)遵守社会公德和商业道德，遵循伦理要求，诚实守信；(3)履行对应义务，不得危害国家安全、公共利益、个人及其他组织的合法权益。[2] 此外，该三类主体基于各自角色所对应的规范设计大致如下：

其一，国家。该主体指向的主要是负有维护网络安全职责的机构，具体职责包括：(1)为维护网络空间安全和秩序进行战略、制度的完善工作。根据三部核心法律的相关规定，国家负有建立健全网络安全相关配套制度，制定相关重大方针决策、发展战略、议事协调规则的责任，从而确保网络安全规制的有序开展。[3] (2)推动良好、安全网络环境的营造，主要体现于国家的整体宣传功能。例如，《网络安全法》第6条规定，“国家倡导诚实守信、健康文明的网络行为，推动传播社会主义核心价值观，采取措施提高全社会的网络安全意识和水平，形成全社会共同参与促进网络安全的良好环境”；《个人信息保护法》第11条规定，国家应当“加强个人信息保护宣传教育，推动形成政府、企业、相关社会组织、公众共同参与个人信息

〔1〕 马民虎主编：《网络安全法律遵从》，电子工业出版社2018年版，第58～60页。

〔2〕 《网络安全法》第9、12条；《个人信息保护法》第8、10条；《数据安全法》第8、28条。

〔3〕 《网络安全法》第4、7条；《个人信息保护法》第11、12条；《数据安全法》第5条。

保护的良好环境”;《数据安全法》第9条规定,“国家支持开展数据安全知识宣传普及,提高全社会的数据安全保护意识和水平,推动有关部门、行业组织、科研机构、企业、个人等共同参与数据安全保护工作,形成全社会共同维护数据安全和促进发展的良好环境”。(3)具体的机构职责。相关国家机关应当依托自身的具体职责,履行各自职能。例如,司法机关应当依法惩治网络违法犯罪活动;公安机关、国家安全机关调取数据应当依照程序履行批准手续;负有网络安全监管职责的主管部门应当履行监督管理职责,能够依职权评估数据处理活动的安全风险并要求整改等;相应的政府部门在作为个人信息或其他数据的收集、处理者活动时,也应当承担对应的安全保护义务,开展风险监测、信息管理、网络安全事件演练应对等工作,确保信息的合法收集、规范使用。

其二,网络服务使用者。该主体包括公民、法人、其他组织。在概括的意义上说,互联网使用者享有依法使用网络、确保数据信息安全的权利,同时,应当承担遵守法律法规、社会公德、不损害他人利益等普遍性义务。

其三,网络运营者。网络运营者包括网络所有者、管理者、服务提供者,以及信息收集、处理者。它包含一般网络运营者、服务者和关键信息基础设施运营者。该主体在开展服务经营活动时,以前述第一部分中网络安全的规范内涵为遵循,接受国家和社会公众的监督、承担对应的法律义务和社会责任,采取必要措施。其具体的义务指向确保网络环境安全和运行的总目标。有关网络运营者义务的具体内容,本书将在第四章进行详细介绍。

2. 网络安全法律体系的规制事项

从事项上说,网络安全具体包含的领域有四:其一,网络空间主权安全。在《网络安全法》出台之前,《国家安全法》第25条就提出了“维护国家网络空间主权、安全和发展利益”,《网络安全法》更是明确将维护网络空间主权作为立法目的[1]和国家维护网络安全的主要任务[2]。《数据安全法》在立法目的中,虽提及出于“维护国家主权”之目的而未强调网络空间主权,然而,网络空间主权已然是国家主权的重要组成部分,而且其也规定了违法在境外开展、向境外提供数据的法律责任[3],因此这些规定亦属于对网络空间主权安全维护的制度安排。

---

〔1〕《网络安全法》第1条规定:“为了保障网络安全,维护网络空间主权和国家安全、社会公共利益,保护公民、法人和其他组织的合法权益,促进经济社会信息化健康发展,制定本法。”

〔2〕《网络安全法》第5条规定:“国家采取措施,监测、防御、处置来源于中华人民共和国境内外的网络安全风险和威胁……”

〔3〕《数据安全法》第2条第2款规定:“在中华人民共和国境外开展数据处理活动,损害中华人民共和国国家安全、公共利益或者公民、组织合法权益的,依法追究法律责任”;第46条规定:“违反本法第三十一条规定,向境外提供重要数据的,由有关主管部门责令改正,给予警告,可以并处十万元以上一百万元以下罚款……”

其二,网络运行安全。网络运行安全包括网络基础设备安全、网络运行环境安全、网络运行产生的产品安全。网络基础设备和网络运行环境安全早在网络立法产生之初就已有规定。1994年《计算机信息系统安全保护条例》第3条就规定应当保障“计算机及其相关的和配套的设备、设施(含网络)的安全,运行环境的安全”,该规定在新时代的网络安全立法中被继承,并将信息系统扩展到更具联结性的整体网络中。同时,基于行业重要性,《网络安全法》对涉及国家安全、国计民生、重要公共利益的关键信息基础设施还设置了专章保护。这一保护不仅针对静态的网络运行硬件、软件环境安全,还针对动态的网络运行过程安全,要求网络运营者积极承担安全等级制度下的义务,实现全过程动态监测和技术防范。网络运行产生的产品安全,既包括专门的网络安全专用产品,也包括基于网络运行产生的各种信息。

其三,网络数据信息安全。网络信息安全是网络运行安全的一项重要分支,包括个人信息安全保护与非个人信息的数据保护。2012年全国人大常委会《关于加强网络信息保护的决定》对此专门设定了11条规则,后续网络安全立法继承了相关立法思路,对数据和信息安全建构了对应的保护机制:(1)网络身份认证和保护机制。一方面,要求网络运营者应当以用户提供真实身份信息作为提供网络服务的前提;另一方面,规定身份信息收集条件、收集程序、存储使用规则,同时确保网络信息数据的安全性与溯源性,增强网络活动的可认证性,并将其作为整体网络安全管理的基础。(2)网络服务提供者的信息安全维护义务与协助义务。网络运营者、信息处理者在处理数据和信息时,应当符合数据信息取得、公开、流转、删除的不同规则;对国家安全机关、网络安全主管部门进行安全监测、处理违法信息、侦查犯罪活动等提供技术协助。

其四,网络内容安全。网络数据信息安全指向数据信息在网络登录和流通过程中的程序性保护,而网络内容安全则指向数据信息的实质性内容规制。在《网络安全法》出台之前,我国主要通过全国人大常委会出台的两部决定、国务院发布的《计算机信息系统安全保护条例》、《互联网信息服务管理办法》和公安部的《计算机信息网络国际联网安全保护管理办法》确立了网络内容安全的基本治理原则和规则。其以维护国家利益、公共利益、公民合法权益为一般原则,以“违法信息”的界定和规制为核心,确定了网络服务提供者的法律义务与责任。《网络安全法》统筹继承了此前关于身份认证、违法不良信息界定标准,以及网络运营者的信息管理和安全报告义务等内容。此后制定的《网络信息内容生态治理规定》等一系列配套立法都对网络内容安全在不同领域的规制进行了具体规定,提供了更为明确的规则。对此,本书将在第十一章进行具体介绍。

(三)网络安全法律体系和外部规则系统的协调机制

网络安全法律体系是在规范意义上的国家法层面对网络安全作出强制性规

定,除此之外,网络空间安全维护与生态治理还需要依托不属于法律渊源的诸多政策战略、技术标准、行业规范。网络安全法律体系同外部规则体系之间形成了有机互助的关系,共同融合于国家网络治理这一社会系统工程之中。

1. 网络安全法律体系和网络安全战略之间的协调机制

2016 年,国家网信办发布《国家网络空间安全战略》,总结了社会结构在网络化重塑过程中面临的重大机遇和严峻挑战,并提出和平、安全、开放、合作、有序五项战略目标,以尊重维护网络空间主权、和平利用网络空间、依法治理网络空间、统筹网络安全与发展为原则,推进了维护国家安全、捍卫网络主权、保护关键信息基础设施、加强网络文化建设、打击网络违法犯罪、完善网络治理体系、夯实网络安全基础、提升网络空间防护能力、强化网络空间国际合作的九大战略任务。其后,《国家网络安全产业发展规划》《网络安全产业高质量发展三年行动计划(2021－2023 年)(征求意见稿)》发布,逐步形塑网络安全国家战略网。后续立法中也体现了从战略高度统筹规划的思路,《网络安全法》第 4 条规定,"国家制定并不断完善网络安全战略,明确保障网络安全的基本要求和主要目标,提出重点领域的网络安全政策、工作任务和措施";《数据安全法》第 5 条规定,"中央国家安全领导机构负责国家数据安全工作的决策和议事协调,研究制定、指导实施国家数据安全战略和有关重大方针政策,统筹协调国家数据安全的重大事项和重要工作,建立国家数据安全工作协调机制";《国家安全法》第 6 条中规定,"国家制定并不断完善国家安全战略"。网络安全国家战略与对应的法律体系在以下几个方面产生协同:第一,网络安全国家战略为网络安全法律体系提供必要的基础条件供给。网络安全国家战略关涉的治理面更广,一些事项并不直接关涉网络安全维护,却是其不可或缺的社会资源。例如,前述一系列战略规划先后提出了发展网络经济、网络安全产业规模化、加强培育社会主义核心价值观、打造网络安全学院和创新园区等要求,均成为网络安全立法的经济、文化基础。第二,网络安全国家战略为网络安全立法提供了框架指引。《国家网络空间安全战略》中的任务规划为《网络安全法》所吸收,形成网络安全立法的立法原则、宗旨、具体规范结构。

2. 网络安全法律体系和网络安全标准之间的协调机制

《网络安全法》第 15 条第 1 款规定:"国家建立和完善网络安全标准体系。国务院标准化行政主管部门和国务院其他有关部门根据各自的职责,组织制定并适时修订有关网络安全管理以及网络产品、服务和运行安全的国家标准、行业标准。"网络安全标准的制定、更改、废止均需要符合法律的要求。标准从性质上来看只是技术规范,并非法律规范。因此,标准本质上并无法律约束力。但是,在我国,除推荐性标准外还存在国家强制性标准。按照《标准化法》的规定,国家强制性标准必须得到实施,这也就使国家强制性标准具有了一定的约束力。事实上,我国一向认为国家强制性标准属于技术法规。在一起不正当竞争纠纷案中,被告公司利用插件外挂技术形成改机工具，使用群控软件擅自将不知情的微信用户数据移作自己储存或使用，在审理过程中，法院便以《网络安全法》的规定为媒介，引入国家标准《信息安全技术 个人信息安全规范》（GB/T 35273－2017）作为判定被告公司行为合法性的依据之一。[1] 而对于国家强制性标准以外的国家推荐性标准、行业标准、团体标准等，通过法规范的媒介也能够对人们的行为产生约束力。由此，不难看出标准与法律之间具有密切的关系。由于标准的科学性更为突出，它对法律具有重要的支撑作用；而法律的强制性属性也为部分关系到国计民生、人民生命财产安全等重要利益的标准的实施提供了坚强后盾。由于网络安全领域技术性较为突出，标准在落实网络安全法律制度上的作用较其他法律可能更为突出。本书第三章将对网络安全标准进行详细介绍。

3. 网络安全法律规制和行业自律文件之间的协调

《网络安全法》第 11 条和《数据安全法》第 10 条对行业自律均有概括性规定，二者的规制思路一致，包含以下四个方面：（1）行业组织依照法律规定和行业章程展开行业自律活动；（2）行业组织在自身职责范围内制定网络安全或数据保护的行为规范；（3）行业组织应当充分发挥对会员的指导作用；（4）行业组织自律以促进行业健康发展，提高相应安全保障水平为目标。除法律外，《互联网信息搜索服务管理规定》《电信和互联网用户个人信息保护规定》《互联网群组信息服务管理规定》等层级较低的规范中也规定了鼓励支持行业自律的条款。在行业自律文件和网络安全法规范发生交汇时，司法机关依具体情况可能采取不同的态度。例如，在一起商业诋毁纠纷案中，司法机关根据《中国大数据行业自律公约》《数据流通行业自律公约》等行业自律性文件中基于大数据行业商业道德的准确性和质量要求，并结合数据质量相关法规认定被告公司行为具有不正当性。[2] 而在另一起有关网络著作权侵权和不正当竞争的纠纷案中，被告公司依据中华全国体育总会的《全国电子竞技竞赛管理办法（试行）》，主张原告举办非法赛事，司法机关则认定该管理办法属于行业自律性文件而非法律规范性文件，不能单独据此认定原告无权举办赛事。[3]

结合规范构造与司法实务，总体来说，行业自律性文件并不具有独立的法律约束力。因此内容上，其应当符合法律法规的一般规则和原则，作为行业发展的参

---

〔1〕 深圳市腾讯计算机系统有限公司、腾讯科技（深圳）有限公司与浙江搜道网络技术有限公司、杭州聚客通科技有限公司不正当竞争纠纷案，杭州铁路运输法院（2019）浙 8601 民初 1987 号民事判决书。

〔2〕 苏州朗动网络科技有限公司与浙江蚂蚁小微金融服务集团股份有限公司等商业诋毁及不正当竞争纠纷上诉案，浙江省杭州市中级人民法院（2020）浙 01 民终 4847 号民事判决书。

〔3〕 广州斗鱼网络科技有限公司与上海耀宇文化传媒股份有限公司著作权侵权及不正当竞争纠纷案，上海知识产权法院（2015）沪知民终字第 641 号民事判决书。

考;手段上,其应当采用评价标准细化、信用评级、社会监督等行业管理手段。在司法审判中,行业自律性文件不能独立作为裁判依据,而应当作为认定事实和理解法律法规的说理论据发挥作用。

第三节 我国网络安全法律治理体制

一、我国网络安全法律治理体制的历史发展

(一)探索治理时期(1987~1999年)

在1994年我国正式接入互联网之前,有关互联网信息安全的研究和治理就早已开始准备。1987年,国家信息中心安全处正式设立,作为我国网络安全治理的专门性机构开始活动。民间组织方面,1989年中国计算机学会下成立计算机安全专业委员会,包含国家机关工作人员、专门技术人员等,挂靠在公安部十一局,对通信和信息安全进行技术研究。1994年,《计算机信息系统安全保护条例》颁布实施,该条例规定计算机信息系统安全保护工作由公安部主管,国家安全部、国家保密局在各自的职权范围内展开协作(第6条),违反条例规定的法律责任问题也主要由公安机关进行处理(第20、21、22、23条)。但是由于当时社会经济发展水平不高,网络接入层次不深、网络使用条件严苛、规范建构不足,实际上该时期的网络安全治理是相对欠缺的,治理范围在客观上仅及于少数专业部门和人士,治理领域局限于计算机系统,以针对信息系统的犯罪为主要治理目标。

(二)多元治理时期(1999~2014年)

1999年,国务院办公厅发布《关于成立国家信息化工作领导小组的通知》,[1]确定领导小组的组织协调功能,具体工作由原信息产业部承担,并具体设置计算机网络与信息安全管理工作办公室、国家信息化推进工作办公室、国家信息化专家咨询组三个常驻的工作机构,同时设置计算机2000年问题应急工作办公室作为临时工作机构,该机构在2000年相关计算机问题解决后即自行撤销。领导小组成立后,其发布了《关于加强信息安全保障工作的意见》,奠定了此后网络安全等级保护制度的基础。该时期,网络安全治理体制的系统性增强,覆盖面拓宽,但是随着网络关涉事项的增加,领导小组的组织协调功能的有限性日益凸显。全国人大常委会《关于加强网络信息保护的决定》和《关于维护互联网安全的决定》中,均未明确管理体制,而是规定"有关主管部门"具体处理安全监管、法律责任的问题。在

---

[1] 国家信息化工作领导小组几经演变,其职能现由国家网信办承担。

传统条块分割的思路下,由不同部门在各自的职权范围内对涉及网络安全的事项进行规制,形成分散管理、“九龙治水”的治理体制。当时,公安、国家安全、科学技术、信息产业、文化、发展改革、质检等多个部门在各自的职权范围内发布了涉及互联网管理的部门规章,这种多头主管的治理格局易于造成不同部门的管理领域错位,出现职权交叉、标准矛盾、管理真空等现象。

(三)统筹治理时期(2014 年至今)

网络安全涉及社会多方面,时常出现多类问题同步发生、互相转换的情况,这对跨部门综合协作治理的要求日益提升。2014 年,中央网络安全和信息化领导小组成立,其作为中央直属议事协调机构,负责网络安全领域重大工作的顶层设计、总体布局、统筹协调、整体推进、督促落实。2017 年《网络安全法》实施,该法第 8 条规定“国家网信部门负责统筹协调网络安全工作和相关监督管理工作。国务院电信主管部门、公安部门和其他有关机关依照本法和有关法律、行政法规的规定,在各自职责范围内负责网络安全保护和监督管理工作”,落实了“1 + X”的统筹治理模式。

总体而言,我国网络安全法律治理体制的历史发展同网络法律体系的完善历程具有大致同步的关系,在网络法律体系不健全、立法分散且层级低的背景下,网络安全治理体制也相对不完备、主体分散;在网络法律体系日益完备,治理客观需求上升,高层次立法逐渐增加的背景下,网络安全治理体制也呈现统筹规划的色彩,更加具有系统性和科学性。

二、我国网络安全法律治理体制的内容

(一)我国网络安全法律治理体制的总体特征

当前我国网络安全法律治理呈现从网络安全法律管理到网络安全法律治理,政府监管模式为主、行业自律模式为辅的总体特征。在行政管理的思维模式下,网络空间安全的维护在很长一段时间内单一依靠相关部门的管理,该领域立法往往体现出强烈的行业行政监管特色。2014 年国务院《关于授权国家互联网信息办公室负责互联网信息内容管理工作的通知》中指出,国家网信办“负责全国互联网信息内容管理工作,并负责监督管理执法”。但在《网络安全法》中,则新增了“积极开展网络空间治理”“建立多边、民主、透明的网络治理体系”的内容(第 7 条),展现了网络安全领域从管理到治理的范式转换。

这种范式转换具体表现为以下三点。其一,网络安全法律体系日趋优化,具有基础意义的顶层立法日趋完备,从关注静态的法律条文转向关注动态的规划执行

全链条。其二,从多部门分散式多头管理向统筹规划、多方力量参与转轨。在网信部门的统一协调下,不仅不同的行政主管部门在各自范围内有秩序展开协作,企业、研究机构、网络相关行业组织也被充分调动加入网络安全标准框架的规划之中。其三,注重多方价值平衡。国家治理是系统工程,牵涉多方利益和差异化的价值立场。《网络安全法》中明确"国家坚持网络安全与信息化发展并重,遵循积极利用、科学发展、依法管理、确保安全的方针"(第 3 条),确定了既主动适应网络水平、充分开发利用科技创新和技术成果、推进交流发展,又加强规划的科学性和安全性的基本治理原则。

(二)我国网络安全法律治理体制的具体构造

现阶段,我国网络安全的管理体制为:国家网信部门在网络安全领域担负统一规划、统一协调的职责,电信主管部门、公安部门等在各自主管领域和职责范围内负责。《网络安全法》第 8 条、《数据安全法》第 6 条以及《个人信息保护法》第 60 条都对此作出了确认。国家网信部门主要从以下两个方面展开其统筹协调工作。其一,研究制定网络安全管理相关政策战略、法治策略。政策层面,国家网信办发布《国家网络空间安全战略》《2022 年数字乡村发展工作要点》等政策性文件,将长期目标与短期目标结合,对网络安全治理格局作出统一部署;规范层面,国家网信办制定了《互联网直播服务管理规定》《网络信息内容生态治理规定》等一系列规范性文件,接轨《网络安全法》《数据安全法》等法律,为网络安全监管提供细化标准与执法依据。其二,统一部署、组织协调专项治理、联合执法。实践中,国家网信办单独或会同相关部门对电商行业等网络新业态中的违法行为展开研判和联合查处;[1] 2020 年则依托《网络信息内容生态治理规定》先后会同相关部门对网络平台展开全面巡查和集中整治,包括对平台约谈、展开专项治理,对违法违规信息进行清理、对相关账号和平台进行封禁、冻结、关闭等。[2]

---

〔1〕《十部委联合开展 2017 年网络市场监管专项行动》,载网络安全和信息化委员会办公室,http://www.cac.gov.cn/2017-05/27/c_1121047526.htm。

〔2〕张志安、卢家银主编:《互联网与国家治理发展报告(2021)》,社会科学文献出版社 2021 年版,第 19~23 页。

第四节　网络空间主权制度

一、网络空间主权的历史缘起与概念演进

（一）网络空间主权否定论

网络空间主权概念在产生初期，是以被批判的身份存在的。1996 年，约翰・P. 巴洛（John Perry Barlow）在其《网络空间独立宣言》（A Declaration of the Independence of Cyberspace）中首次表达了"网络主权"的雏形，但该文并未将其析出为一个独立的概念，并且对现代意义上的网络主权持反对态度。巴洛主张，以网络为载体形成的全球性社会空间自然独立于传统以物理存在为载体的国家政治权力，因为它的迅猛发展以及对成员的吸纳并不深度依赖于实体存在，网络空间的高度自由性与包容性决定了其准入和交流不应当有任何属地、属人或者其他的外部管辖规则，并极力反对任何国家将这些规则"强加"于网络空间。[1] 1997 年，美国学者吴修铭（W. S. Timothy）正式提出"网络主权"（cyberspace sovereignty）的概念，但是其立场同巴洛类似，维护网络空间自由、反对国家对网络空间进行干预，其定义可以说和当前通行的理解全然相反。[2] 以巴洛为首的网络空间主权否定者们认为，国家对网络的主权是一个"伪命题"，网络空间中的成员足以通过平等自由的交流形成去领土化的新社会契约，建造脱离传统国家主权的新型共同体形式，脱胎于工业革命的传统国家并没有资格主张自身天然拥有任何控制力。除网络空间特性和对传统治理结构的挑战外，近十几年来，网络空间主权的否定更多同政治博弈关联，如一些域外组织宣称网络主权的主张实际上是对言论自由的压制，是枉顾多方网络协作的独断专行。[3] 在此基础上，网络空间"全球公域"（global commons）说兴起，一些国家将网络与海洋、太空、两极地区等领域等而视之，主张其不受任何国家控制。美国国防部在 2010 年发布的《四年防务评估报告》（Quadrennial Defense Review Report）中便如此指出，并试图通过定义转换获取网络领域的政治和战略优势。

---

〔1〕［美］约翰・P. 巴洛：《网络空间独立宣言》，李旭、李小武译，载高鸿钧主编：《清华法治论衡》第 4 辑，清华大学出版社 2004 年版，第 511 页。

〔2〕W. S. Timothy, *Cyberspace Sovereignty? —The Internet and the International System*, 10 Harvard Journal of Law and Technology 647 (1997).

〔3〕郝叶力：《网络世界的原则性与灵活性——三视角下网络主权的对立统一》，载《汕头大学学报（人文社会科学版）》2016 年第 6 期。

(二)网络空间主权肯定论

随着网络空间主权概念的发展,认可、主张网络空间主权的国家日益增多,肯定论在理论与实践上均有大幅扩展。具体而言,从理论上看,持肯定论的学者从如下几个方面抨击了否定论者的主张:第一,网络空间健康运行依托于代码设计和代码控制,可规制性是其天然属性;第二,网络空间并非全然脱离物理空间,其软件、硬件设施均属于实体存在,网络的交互性和工具性使其和真实的身份、财产交互交融甚至"浑然一体";第三,互联网技术是通信技术的延伸,其规制可以类比跨境交易等,通过技术性手段得以解决,不存在国家介入落脚点的说法依据不足;第四,网络空间的实际运作状况表明,威斯特伐利亚体制下的主权并没有因为虚拟互通而衰弱,只是国家在信息流动过程中对不同向度进行权衡,适度降低了"互赖主权"的强度,而在流动的信息涉及国家安全时,国内主权便得以通过各种体制延伸至无形的网络疆域,反而获得了强化;第五,全球公域有其自身的标准,网络空间基础设施在地理分布上必然涉入特定主权国家的管辖范围,其公共性依托于基础设施控制者的决定,属于人造性资源域而非自然性资源域,不应为了战略目标而定义、为了定义而定义将网络空间纳入公域范围。[1]

从实践上看,网络空间主权逐渐在国际公约、宣言以及世界各国的国内立法中有所展现。2003 年联合国信息社会世界峰会通过的《日内瓦原则宣言》、2012 年第 12 届国际电信世界大会修改的《国际电信规则》、2013 年联合国信息安全政府专家组报告、2017 年《塔林手册 2.0》等先后确认了网络主权的原则,主要内容为:认可国家主权能够在网络空间中发挥作用,与网络相关的公共政策和决议属于国家主权的行使范围,各国的网络空间主权应当获得尊重,各国的网络空间合作应当以网络主权为基础。即使是多次通过发表政治性意见反对网络主权的国家,也发布了大量有关网络安全和主权的国内法案或者政策性文件,以维护自身的网络主权和安全。可以说网络空间主权已经是一个在理论上认可度深化、在实践操作中得以普遍化的概念,成为独立国家反抗网络霸权、争取网络自主权的正当诉求。其中,中国是网络空间主权肯定论的积极倡导者,推动了许多国家逐步走向肯定网络主权、重构治理体系的道路。

需要注意的是,在承认网络空间主权的观点中,包含"网络主权""信息主权""数据主权""网络空间国家主权"等不同称谓,这些概念在内核上一脉相承,但彼此之间存在细微的不同,这体现出主权界定在不同领域侧重点的差异。"信息主

---

[1] 张新宝、许可:《网络空间主权的治理模式及其制度构建》,载《中国社会科学》2016 年第 8 期;程卫东:《网络主权否定论批判》,载《社会科学文摘》2019 年第 1 期;刘晗:《域名系统、网络主权与互联网治理历史反思及其当代启示》,载《中外法学》2016 年第 2 期。

权”与“数据主权”是前后相继的两个概念，其基本内容为：国家基于主权能够在其管辖地区控制涉信息基础设施，制定国内的信息传播、管理政策，参与信息国际合作、缔结协定等。在信息资源的基础上，随着大数据环境的普及，原有的信息主权话语日益为数据主权话语取代，而二者在内容上是相近的，相较而言，“数据主权”更加强调对信息数据资源的管理和利用，关注安全价值。“网络主权”则是在信息主权、数据主权的基础上，更加关注网络的虚拟、开放、流通、交互等媒介特性，相比于强调主权的控制力，其进一步凸显维护国家安全的面向，同“网络空间主权”“网络空间国家主权”的用语具有意义上的互通性。但是，尽管信息、数据流通的渠道已经进入网络为主的时代，但是纸笔、遥感、卫星等传播路径依然占据较大的比重，因此“网络空间主权”的概念往往更具专门性、范围也相对狭窄聚焦，一般包括：国家拥有对其领土范围内网络基础设施、网络相关活动和网络信息数据的管辖权；国家能够通过同其他主权国家的合作管理跨界网络活动；国家能够独立自主地制定国内网络政策、参与国际网络安全合作和缔约；国家能够采取必要措施对属于本国管辖权范围内的网络设施和信息数据进行防卫。

二、我国的网络空间主权制度

（一）我国网络空间主权制度的指导思想

我国网络空间主权制度的指导思想根植于我国的国家安全观。改革开放以来，中国更深入地融入世界发展大势，在此基础上，20 世纪 90 年代，我国提出了“新安全观”，强调互信、互利、平等、合作的普遍安全价值，各国互相尊重主权和领土完整、互不侵犯、互不干涉内政、平等互利、和平共处五项原则以及其他公认的国际关系准则，构成了我国国家安全观的基本架构。该时期也正值互联网技术接入中国的起步期，国内信息和网络安全议题尚未引起重视，根据《国家信息安全报告》，20 世纪 90 年代，我国整体信息安全度处于中等偏下位置，互联网的覆盖率快速提升，国民网络安全意识却淡漠迟滞，二者不相匹配。同时，国家层面的网络攻防也成为近年来国际对抗的新手段。诸种现状推动着国家安全观的进一步更新。

2014 年，习近平总书记提出“总体国家安全观”，其基本内涵是：以人民安全为宗旨，以政治安全为根本，以经济安全为基础，以军事、文化、社会安全为保障，以促进国际安全为依托，走出一条中国特色国家安全道路。[1] 在此基础上，2015 年我国首个国家安全战略文本《国家安全战略纲要》审议通过，强调必须坚持以总体

〔1〕《坚持总体国家安全观　走中国特色国家安全道路》，载《人民日报》2014 年 4 月 16 日，第 1 版。

国家安全观为指导,做好各领域的国家安全工作。同年,《国家安全法》颁布实施,其中第3条中规定,“国家安全工作应当坚持总体国家安全观”。自此,总体国家安全观正式在网络空间主权维护方面确立了政治上、思想上与规范上的指导地位。

网络空间主权维护视角下的总体国家安全观整体布局如下。

第一,在价值角度,总体国家安全观突出了数字时代网络空间主权对国家安全整体性维护的重要作用。网络空间主权不仅是国家主权在新环境场域下的表现,而且具有其独立性价值。当前国家安全观的理论更新是为了适应国际安全风险持续性、不确定的叠加,在经济、社会、意识形态等多元风险之中,网络安全风险贯穿其中。除关键设施受到攻击、网络数据泄露等基于网络自身而产生的安全风险外,网络也往往成为政治、经济、社会风险增加的载体。利用网络技术、新媒体传播方式危害政治稳定、经济安全、社会和谐成为新秩序结构下的常态性问题。总体国家安全观决定了在展开网络空间治理、网络主权维护的过程中,需要始终从系统性视角看待问题,统筹国内条件与国际形势、综合一般领域与重点领域,总揽国家各个方向的安全议题。

第二,在实践角度,总体国家安全观决定了网络空间主权维护需要展开多方协调,在国际层次积极参与国际网络空间战略治理实践,提供中国智慧和中国方案,呼吁更多国家践行互相尊重网络空间主权的承诺,在网络空间治理领域通力合作。在国内层次树立风险预防为主、事后补救为辅,“共同、综合、合作、可持续的新安全观”,[1]指导关涉网络主权、国家安全的立法活动,最终将网络主权维护、网络空间安全同新技术发展有机关联,形成动态整体的治理模式。

(二)我国网络空间主权制度体系

我国网络空间主权制度体系的建设首先拥有坚实的政策基础和理论基础。2013年,联合国信息安全政府专家组报告明确:国家主权和由国家主权衍生出的国际准则与原则,既适用于国家开展的信息通信技术相关活动,也适用于各国对本国领土上信息通信基础设施的司法管辖。同这一报告所明确的立场一致,目前学理上相对通行的观念亦是“网络空间主权是国家主权在网络环境下的自然延伸”。国内的政治性与政策性表达也多持这一态度。2014年,中央网络安全和信息化领导小组第一次会议表明了网络安全作为国家安全重要组成部分的态度,为网络主权的提出铺设了基础背景。2015年在第二届互联网大会开幕式上,习近平主席提出构建网络空间命运共同体、推进全球互联网治理体系变

[1] 习近平:《为建设更加美好的地球家园贡献智慧和力量——在中法全球治理论坛闭幕式上的讲话》,载《人民日报》2019年3月27日,第3版。

革需要以“尊重网络主权”为首要原则。[1] 2016年国家互联网信息办公室发布《国家网络安全空间战略》指明，网络空间是“国家主权的新疆域”。2020年《全球数据安全倡议》以共同构建和平、安全、开放、合作、有序的网络空间命运共同体为目的，倡议各国在尊重网络空间主权的基础上增强数据犯罪防范治理的多边合作。在学理上，围绕网络空间主权的讨论从早期的存在之争、概念之争逐渐进入内容研讨阶段。2021年多家智库在前期成果的基础上联合发布了《网络主权：理论与实践》(3.0版)，对新时代的网络空间主权作出了系统化的总结，提供了理论性的决策支持体系。我国更是基于该智库成果进行总结，并在“联合国信息安全问题开放式工作组”中正式提交意见——《中方关于网络主权的立场》(China's Views on the Application of the Principle of Sovereignty in Cyberspace)，从政治立场与法理分析的双重角度重申网络主权的确认与维护。在立法方面，网络主权维护则集中于《国家安全法》与《网络安全法》，当前网络安全的监督管理体系从广义上说都是属于国家网络空间主权的制度构成。

综合这一系列政策理论设计，我国对网络空间主权维护形成了初步框架：在国际层面，网络空间主权指向一国基于国家主权对本国境内的网络设施、网络主体、网络行为及相关网络数据和信息等所享有的最高权和对外独立权，具体包含独立权、平等权、管辖权和防卫权。基于《联合国宪章》，网络空间主权的行使应当遵循平等、公正、合作、和平、法治原则，各国应当切实履行不侵犯、不干涉他国内政，谨慎预防其政府控制下的网络设施和信息被用于国家安全犯罪，保障网络空间秩序等义务。[2] 同时，各国应当积极展开协作，共同商谈议定科学、公平、合理的网络空间国际治理和合作规则、行动准则与冲突解决规则。

在国内层面，我国的网络空间主权制度体系的构成包括如下几个方面：第一，网络空间主权已经获得宪法和法律层面的认可，国家应当围绕网络空间主权的保护展开立法、执法、司法等一系列活动。在硬件层面建立成熟的网络基础设施；在技术层面形成完备严密的网络安全防御机制；在监管层面以法治手段确立主权保障法律体系，科学界定管理范围、管理事项、管理手段、管理程序。第二，国家应当建设网络与信息安全保障体系，提升网络与信息安全保护能力，加强网络和信息技术的创新研究和开发应用，实现网络和信息核心技术、关键信息基础设施和重要领域信息系统及数据的安全可控。第三，国家应当加强网络管理，防范、制止和依法惩治网络攻击、网络入侵、网络窃密、散布违法有害信息等网络违法犯罪行为，维护

---

〔1〕《【互联网大会】携手共建网络空间命运共同体》，载新华网，http://www.xinhuanet.com/politics/2016-11/17/c_129367444.htm。

〔2〕《网络主权：理论与实践》(3.0版)，载世界互联网大会，http://www.wicwuzhen.cn/web21/information/Release/202109/t20210928_23157328.shtml。

国家网络空间主权、安全和发展利益。

围绕网络空间主权制度的进一步深化,学界主要从网络主权技术化的视角,展开更进一步的探索。围绕网络空间的不断拓展和日益灵活化的现状,一方面,有学者注重网络安全规制领域的对应扩张,指出传统的信息数据安全应当进一步演化为算法安全,治理模型的建构应当聚焦于抵御算法霸权、保护本国算法免受攻击、在国际竞争与合作中采用更高效智能的算法等方面。[1] 另一方面,聚焦网络安全事项的类型化管理,依托"依赖性主权"概念,根据主权相互依赖的程度,对物理层、逻辑层和内容层三个阶层进行精细区分,分别对应计算机、服务器和光纤等基础设施,代码传输协议,实质信息管理和数据流动,实现实质意义上的主权法律保护。[2] 这一观点被《网络主权:理论与实践》(3.0 版)吸纳、发展,体现为四个层次:在物理层次,要求国家对境内物理基础设施和服务的管辖权;在逻辑层次,要求国家独立制定、采用技术标准的自主权;在应用层次,要求国家对应用软件开发和运营、合法网络数据信息内容传播进行依法管理、保护;在社会层次,要求国家自主管理境内网络用户、平台、环境、行为的独立权。在这四个层次的基础上对接国际层次,形成各国平等、合作的网络空间建设格局。

总体来说,以"网络空间命运共同体"为未来目标的网络空间主权制度,展现了互联互通时代环境下主权国家多边平等参与、民主科学透明的治理需求。网络空间主权原则符合《联合国宪章》精神,有助于营造健康、互信、平等、协作的网络生态环境,各国政府依法治理网络空间、维护本国网络空间主权、尊重他国网络空间主权,是网络治理国际合作有序展开的前提。应当基于对网络空间主权的确认,建立包容性的国际协作框架,以理念认同为基础、制度建构为保障、合作行动为途径,[3] 切实推动网络空间主权逐渐形成更广泛、更符合全人类共同价值的国际共识,在网络空间国际规则的基础上以实践和行动推进各国网络主权协调发展、合作。

【练习题】

1. 分析评述我国当前的网络法律体系。
2. 分析我国网络安全法律体系和其他规范体系之间如何协调。
3. 梳理我国网络安全法律治理体制的历史发展脉络。
4. 分析评述网络主权的正当性。

---

[1] 杨蓉:《从信息安全、数据安全到算法安全——总体国家安全观视角下的网络法律治理》,载《法学评论》2021 年第 1 期。

[2] 刘晗、叶开儒:《网络主权的分层法律形态》,载《华东政法大学学报》2020 年第 4 期。

[3] 《网络主权:理论与实践》(3.0 版),载世界互联网大会,http://www.wicwuzhen.cn/web21/information/Release/202109/t20210928_23157328_1.shtml。

第三章　网络安全标准

典型案例

陈某某系江苏飞虎针业有限公司职工。2007年9月13日6时20分，陈某某驾驶电动自行车上班，经过启东市聚阳线川流桥地段时，与陆某某驾驶的金邦牌电动自行车发生碰撞，致陈某某受伤。启东市公安局交通巡逻警察大队作出的启公交巡(2007)第4000161号交通事故认定书认定，陈某某负事故主要责任，陆某某负事故次要责任。当时的《工伤保险条例》第14条第6项规定，在上下班途中受到机动车事故[1]伤害的认定为工伤，启东市劳动和社会保障局认为事发时陆某某所驾驶的电动车不属于机动车，故而作出启劳社工决字[2007]295号工伤认定决定书，认定陈某某所受事故伤害不符合《工伤保险条例》第14条第6项的规定，不属于工伤。

陈某某向法院提起诉讼。法院认为，金邦牌电动自行车安全车速为30km/h，仪表盘显示最高车速为50km/h，远远大于非机动车20km/h的最高限速。根据《电动自行车通用技术条件》(GB 17761－1999)的规定，电动自行车的最高车速应不大于20km/h这一技术要求属于强制性规定。故而，法院最终推翻了启东市劳动和社会保障局的决定，认定陈某某所受事故伤害属于工伤。[2]

第一节　标准概述

一、标准的产生与发展

(一)近代标准的产生与发展

作为人类经济技术活动共同遵循的准则，标准古已有之。例如，度量衡本质上

---

[1] 已于2010年修订为“交通事故”。

[2] 《第62号案例：职工上下班途中发生电动车事故伤害可以认定为工伤》，载江必新主编：《中国行政审判案例：第40－80号案例》第2卷，中国法制出版社2011年版。

就起着标准的作用。由于标准与社会分工关系密切,因此第一次工业革命所产生的机器大工业直接推动了标准的近代化,使其由"现象的描述和经验的总结"飞跃为"以严格的实验数据为根据的定量化"活动。[1]

如上所述,近代标准的产生与机器大工业的诞生和发展密不可分。1798 年,美国人艾利·惠特尼(Eli Whitney)成批制造了具有互换性的零部件,在为提高生产率开辟了蹊径的同时也对相应的公差和配合标准提出了要求。1902 年,英国纽瓦尔公司编辑出版了纽瓦尔标准;1906 年英国颁布了国家公差标准 BS27。此后,螺纹、各种零件和材料等也先后实现了标准化。标准的产生和发展推动了标准化管理,而标准化管理又通过提高生产率、扩大市场需要、调整产品结构并实现生产合理化而大力推动了机器大工业的发展。[2]

自 20 世纪中期开始,信息技术革命和经济全球化在人类生产方式和经济活动上带来的突飞式变革进一步推动标准实现了由近代化到现代化的发展。与近代标准相比,现代标准具有以下三个特点。[3] 第一,系统性。由于现代社会生产高度现代化、综合化,因此也就要求标准必须具有高度系统性——"不仅要从系统的观点处理问题,而且要建立同技术水平和生产发展规模相适应的标准系统"。第二,国际性。在经济全球化的推动下,标准的国际化已经成为不可阻挡的趋势。不仅第三世界国家,即使是发达国家也都积极参与国际标准化活动。第三,时代性。现代标准以现代技术为基础并为现代科学技术的发展服务,因而现代标准化活动的重点也转移到生物技术、信息技术、新材料技术等高科技领域。

(二)标准化组织的产生和发展

尽管标准化最早是一项企业活动,但很快就演变为国家规模的活动,进而扩展为世界规模的活动。可以说,国家标准化组织几乎与近代标准同步产生。1901 年,世界上诞生了第一个国家标准化组织——英国工程标准化委员会(BESC)。[4] 随即,荷兰(1916 年)、菲律宾(1916 年)、德国(1917 年)、美国(1918 年)等国家都相继成立了国家标准化组织。[5] 据统计,在 1918 ~ 1928 年,有 18 个国家正式成

---

〔1〕 李春田主编:《标准化概论》(第 6 版),中国人民大学出版社 2014 年版,第 3 ~ 5 页。

〔2〕 李春田主编:《标准化概论》(第 6 版),中国人民大学出版社 2014 年版,第 5 页。

〔3〕 李春田主编:《标准化概论》(第 6 版),中国人民大学出版社 2014 年版,第 7 ~ 8 页。

〔4〕 李春田主编:《标准化概论》(第 6 版),中国人民大学出版社 2014 年版,第 6 页。严格来说,BESC 虽然是英国国家标准化组织——英国标准学会(British Standards Institution, BSI)的前身,但 BESC 仅仅是专业标准化组织,其于 1931 年才正式转变为 BSI,并于 1942 年获得英国政府"发布国家标准的唯一组织"的确认。白殿一、王益谊等:《标准化基础》,清华大学出版社 2019 年版,第 202 页。

〔5〕 李春田主编:《标准化概论》(第 6 版),中国人民大学出版社 2014 年版,第 6 页。

立了国家标准团体。[1]

上述国家标准化组织在成立后不久，就开始意识到通过共同协作来达到标准化的国际性协调与统一的必要。由此，标准化的国际协作被提上日程。此后，在国际贸易的拉动下，国家间的标准化需求日益旺盛，国际标准化组织应运而生。1906年，国际电工委员会（International Electrotechnical Commission，IEC）成立；[2] 1921年，比利时、加拿大、荷兰、挪威、瑞士、英国和美国7个国家达成协议，定期交流有关标准的情报；1928年，上述7个国家的标准机构发起正式成立国际标准化协会（International Standards Association，ISA）。由于"二战"的爆发，ISA被迫停止工作。"二战"结束后，1946年10月，25个国家标准机构的代表在伦敦的土木工程师学会召开大会，决定在原ISA的基础上成立新的标准化组织。1947年2月23日，国际标准化组织（International Organization for Standardization，ISO）正式成立。另外，1934年，国际电信联盟（International Telecommunication Union，ITU）在诞生于1865年的国际电报联盟（International Telegraph Union）的基础上正式成立，并于1947年10月15日成为联合国的一个专门机构。ITU内设电信标准局，制定与通信有关的国际标准。[3]

IEC、ISO、ITU所进行的国际标准化活动覆盖了几乎所有的国际标准化领域，与此同时，各国对于这三个国际标准化组织的参与程度也非常高。据统计，截至2017年年底，ISO共有162个成员；截至2018年年底，IEC共有171个国家委员会，ITU共有193个成员国和800多个部门成员、部门准成员和学术成员。[4]

除国际标准化组织外，在区域层面也逐步产生了专门的标准化组织。例如，在欧洲一体化进程驱动下，欧洲诞生了几个重要的区域标准组织，如欧洲标准化委员会（Comité Européen de Normalisation，CEN）、欧洲电工标准化委员会（Comité Européen de Normalisation Électrotechnique，CENELEC）、欧洲电信标准协会（European Telecommunications Standards Institute，ETSI）等。这些标准化组织对欧洲单一市场的建立发挥了重要作用。与欧洲类似，拉丁美洲也通过成立标准化组织——泛美标准委员会（Comisión Panamericana de Normas Técnicas，COPANT）来制定统一使用的标准，促进拉丁美洲国家经济和贸易的发展。[5]

---

〔1〕 刘回春：《标准化成为国家治理的重要内容》，载《中国质量万里行》2020年第1期。

〔2〕 IEC于1947年作为一个电工部门并入ISO，1976年又分立出来，保持独立至今。参见白殿一、王益谊等：《标准化基础》，清华大学出版社2019年版，第204页。

〔3〕 白殿一、王益谊等：《标准化基础》，清华大学出版社2019年版，第204页。

〔4〕 白殿一、王益谊等：《标准化基础》，清华大学出版社2019年版，第211、213、216页。

〔5〕 白殿一、王益谊等：《标准化基础》，清华大学出版社2019年版，第204～205页。

(三)我国标准化的发展

尽管我国1931年就成立了工业标准委员会,并于1946年派代表参加了ISO成立大会并成为理事国,[1]但我国标准化真正的建设和发展还是在1949年中华人民共和国成立之后。1949年10月,我国成立了中央技术管理局;同月,中央人民政府政务院财政经济委员会审查批准了中华人民共和国第一个标准——《工程制图》。[2]

总体来说,我国标准化事业经历了"起步探索"、"开放发展"和"全面提升"三个阶段。第一阶段,从中华人民共和国成立到改革开放。在这一阶段,标准主要服务于工业生产,且由政府主导制定并强制执行。第二阶段,从改革开放到党的十八大。在这一阶段,中国标准化开始走向国际化、法制化,同时确定了强制性标准与推荐性标准并存的标准体系。第三阶段,从党的十八大至今。在这一阶段,党中央、国务院高度重视标准化工作,不仅将标准化工作改革纳入2015年重点工作,出台了《深化标准化工作改革方案》和国家标准化体系建设发展规划,而且于2017年通过了修订的《标准化法》,确立了新型标准体系的法律地位,形成了政府主导制定标准与市场自主制定标准协同发展、协调配套的机制。[3] 截至2020年,我国共有国家标准36,877项,备案的行业标准62,262项,备案地方标准37,818项,团体标准9790项,企业自我声明公开的标准有114万项。此外,我国组建的全国标准化的专业技术委员会、分技术委员会已达到1321个,专家有近5万名,承担国际标准组织的秘书处达到89个,主导制定国际标准583项,在国际标准组织注册的中国专家近5000名。[4]

回望我国标准化工作70多年的发展历程,可以发现我国标准化工作稳步推进、紧贴经济技术发展重大问题,已经具有了雄厚的基础和相当的规模。在《标准化法》推动我国标准化工作完成战略转型的背景下,我国标准化必将为我国的社会主义建设事业作出更大的贡献。

二、标准的界定与辨析

(一)标准的定义与特征

1. 标准的定义

根据《标准化工作指南　第1部分:标准化和相关活动的通用术语》(GB/T

---

[1] 李春田主编:《标准化概论》(第6版),中国人民大学出版社2014年版,第16页。

[2] 李春田主编:《标准化概论》(第6版),中国人民大学出版社2014年版,第16页。

[3] 刘回春:《田世宏:我国标准化工作实现三个历史性转变》,载《中国质量万里行》2019年第11期。

[4] 刘回春:《标准化成为国家治理的重要内容》,载《中国质量万里行》2020年第1期。

20000.1－2014)，标准即“通过标准化活动，按照规定的程序经协商一致制定，为各种活动或其结果提供规则、指南或特征，供共同使用和重复使用的文件”，“标准宜以科学、技术和经验的综合成果为基础”。该国家标准修改采用了ISO/IEC第2号指南，而ISO/IEC第2号指南对标准所下的定义为：标准是由一个公认的机构制定和批准的文件，它对活动或活动结果规定了规则、导则或特性值，供共同和反复使用，以实现在预定领域内最佳秩序效益；制定标准要发扬技术民主，与有关方面协商一致。[1] 与之相对照，世界贸易组织（WTO）在《技术性贸易壁垒协定》（TBT）中对标准的界定为：“经公认机构批准的、规定非强制执行的、供通用或重复使用的产品或相关工艺和生产方法的规则、指南或特性的文件。该文件包括或专门关于适用于产品、工艺或生产方法的专门术语、符号、包装、标志或标签要求。”可以看到，WTO/TBT对标准所下的定义与ISO/IEC（以及我国）对标准所下的定义最大的区别就在于，前者认为标准必须是“自愿的”。[2]

与标准相关的另一个基本概念是标准化。为了明确对标准的认识，这里也将对标准化的概念做一简单介绍。所谓“标准化”，是指“为了在既定范围内获得最佳秩序，促进共同效益，对现实问题或潜在问题确立共同使用和重复使用的条款以及编制、发布和应用文件的活动”。[3] 标准是标准化活动的主要成果，但并非其唯一成果。除标准外，标准化活动还可能产生标准样品和包括规范或规程、技术报告、指南、协议等在内的其他标准化文件。其他标准化文件与标准之间的区别在于：后者履行了协商一致程序并且达到了形成标准所要求的协商一致程度。[4]

2. 标准的特征

从以上对标准界定的介绍可以看出，标准具有以下三个特征：[5]

第一，标准必须经过协商一致，按照规定的程序制定。如上所述，标准与其他标准化文件的区分标准就在于，标准化活动所产生的文件是否满足标准制定程序的要求，特别是是否满足“协商一致”的要求。这是因为标准从本质上而言是供各方共同使用和重复使用的文件，其目的在于“获得最佳秩序”“促进最佳共同效益”。要使标准获得充分应用，并达到制定目的，就需要获得各利益相关方的认同。可以说，协商一致是标准制定在程序方面最核心的要求，贯穿了从预备到批准各标准制定阶段。当然，协商一致并不要求全体一致同意。例如，根据《全国信息

---

[1] 李晓林：《法律与标准关系简析》，载《标准科学》2009年第11期。

[2] 《技术性贸易壁垒协定》附件1“2. 标准”之“解释性说明”。

[3] 《标准化工作指南　第1部分：标准化和相关活动的通用术语》（GB/T 20000.1－2014），定义3.1及其注1、注2。

[4] 白殿一、王益谊等：《标准化基础》，清华大学出版社2019年版，第21页。

[5] 李春田主编：《标准化概论》（第6版），中国人民大学出版社2014年版，第9～10页；白殿一、王益谊等：《标准化基础》，清华大学出版社2019年版，第6～7页。

安全标准化技术委员会标准制修订工作程序》(信安字〔2021〕22 号)的规定,投票表决经参加投票委员 2/3 以上同意,且反对意见不超过参加投票委员的 1/4,即视为通过。

第二,标准产生的基础是“科学、技术和经验的综合成果”。由此,标准具有技术属性,并具有科学性。标准是对科学、技术和经验加以消化、融会贯通、提炼和概括的过程;从本质而言,标准就是到某一截止时间点为止,对社会所积累的科学技术和实践经验成果予以规范化。因此,在标准形成的过程中,具有代表性的技术专家会参与其中,以保证其科学性;而标准的科学性同时也是它得以发挥“获得最佳秩序”“促进最佳共同效益”之功能的基础。标准的科学性和技术属性是它区别于其他规范性文件的主要特征。

第三,标准是供人们重复使用的、具有规范性的文件。标准的这一特点说明标准化对象具有“重复性”特征。也就是说,标准化的对象不仅仅及于技术领域,而且扩展到了人类生活的其他领域,广泛涵盖了所有具有重复性这一属性的事物。同时,作为具有规范性的文件,标准“为各种活动或其结果提供规则、指南或特性”,从而建立起“最佳秩序”。

综合标准的上述特征,可以认为,标准的本质即“公认的技术规则”。[1]

(二)标准的分类[2]

1. 范围维度分类

从标准化活动的范围这一维度出发,标准可划分为国际标准、区域标准、国家标准、行业/专业/团体标准和地方标准。范围维度的分类以标准化机构的影响范围为标准,故而我们可从中了解到标准适用的领域或地域范围。其中,国际标准即“由国际标准化组织或国际标准组织通过并公开发布的标准”,[3]国际标准发布后在世界范围内适用;区域标准是“由区域标准化组织或区域标准组织通过并公开发布的标准”,[4]区域标准发布后在区域范围内适用;国家标准是“由国家标准机构通过并公开发布的标准”,[5]国家标准发布后在某个国家的范围内适用;行业/专业/团体标准是由某个国家的行业标准化机构或学协会/团体标准化组织通过并公开

---

〔1〕 白殿一、王益谊等:《标准化基础》,清华大学出版社 2019 年版,第 7～8 页。

〔2〕 白殿一、王益谊等:《标准化基础》,清华大学出版社 2019 年版,第 8～21 页。

〔3〕《标准化工作指南　第 1 部分:标准化和相关活动的通用术语》(GB/T 20000.1－2014),定义 5.3.1。

〔4〕《标准化工作指南　第 1 部分:标准化和相关活动的通用术语》(GB/T 20000.1－2014),定义 5.3.2。

〔5〕《标准化工作指南　第 1 部分:标准化和相关活动的通用术语》(GB/T 20000.1－2014),定义 5.3.3。

发布的标准;[1]地方标准则是在国家的某个地区通过并公开发布的标准。

2. 领域维度分类

按照标准化对象所属的不同专业领域,标准被划分为不同类型,此为领域维度分类。在领域维度类别中,我们将主要围绕国际标准分类法(International Classification for Standards,ICS)[2]和中国标准文献分类法(China Classification for Standards,CCS)来进行介绍。

ICS是ISO于1992年推出的标准分类方法。具体而言,ICS采用的是层累制分类法,由三级类目构成。第一级设40个大类,如机械制造、电气工程等;一级类下分为392个二级类,其中的144个二级类又被分为909个三级类。以ICS号35.040.01为例,一级类35为"信息技术",二级类35.040为"信息编码",三级类35.040.01为"通用信息编码"。CCS由原国家技术监督局于1989年发布。CCS采用字母与数字的混合标识制度,由两级类目构成。其中,一级类目设24类,用字母标识,如L表示"电子元器件与信息技术",M表示"通信、广播";二级类目用双位数字标识,如L80表示"数据加密",M19表示"通信网设备互通技术要求和通信网接口"。

由于我国同时采用ICS和CCS,因此在我国标准的封面上能同时看到ICS号和CCS号。例如,《信息安全技术　远程人脸识别系统技术要求》(GB/T 38671-2020)封面标注的ICS号为35.040,CCS号为L80。

3. 对象维度分类

根据标准化对象,可以将标准分为三类:产品标准、过程标准和服务标准。[3]其中,产品标准是"规定产品需要满足的要求以保证其适用性的标准",[4]其对象为具体的产品,制定标准的目的是保证产品的适用性,标准的内容是"产品应满足的要求"。当然,按照对象,产品标准还可以进一步细分为原材料标准、零部件或元器件标准、制成品标准或系统标准等。过程标准是"规定过程需要满足的要求

---

[1] 在我国,行业标准与团体标准有不同含义。此处介绍的行业/专业/团体标准在我国称为"团体标准"。详情参见本章第二节。

[2] ICS最新版本为2015年发布的第7版,具体文本参见ISO官网:https://www.iso.org/files/live/sites/isoorg/files/archive/pdf/en/international_classification_for_standards.pdf。

[3] 另有观点认为,按照标准化对象的基本属性,标准还可分为技术标准和管理标准。其中,技术标准是对标准化领域中需要协调统一的技术事项制定的标准,而管理标准则是对标准化领域中需要协调统一的管理事项制定的标准。技术标准是标准体系的主体。但技术标准与管理标准的分类是相对的,因为管理标准也会涉及技术事项,而技术标准也适用于管理。管理标准又可分为管理基础标准、技术管理标准、经济管理标准、行政管理标准等。李春田主编:《标准化概论》(第6版),中国人民大学出版社2014年版,第25~30页。

[4] 《标准化工作指南　第1部分:标准化和相关活动的通用术语》(GB/T 20000.1-2014),定义7.9。

以保证其适用性的标准",[1]其对象为过程,制定标准的目的是保证过程的适用性,标准的内容是"过程需要满足的要求"。服务标准是"规定服务需要满足的要求以保证其适用性的标准",[2]其对象为服务,制定标准的目的是保证服务的适用性,标准的内容是"服务需要满足的要求"。

除以上介绍的分类外,按照编制目的,还可以将标准分为基础标准、技术标准、安全标准、卫生标准、环保标准和资源利用标准;按照内容的功能,可以将标准分为术语标准、符号标准、分类标准、试验标准、规范标准、规程标准和指南标准。

(三)标准之概念辨析

作为公认的技术规则,标准与法律[3]一样能够对人们的行为产生规范作用。正如上文所说,标准是具有规范性的文件。在这一基础上,标准与法律就具有了一定的相似性。与此同时,随着高科技,尤其是信息科技的不断发展,标准与法律之间的互融也日益明显。[4] 在这一背景下,对标准与技术法规、法律做一辨析就非常有必要了。

1. 标准与技术法规

在展开标准之辨析前,我们首先需要厘清"技术法规"这一概念。技术法规(technical regulations)是 WTO/TBT 中使用的概念。按照 WTO/TBT 的规定,所谓技术法规,即"规定强制执行的产品特性或其相关工艺和生产方法,包括适用的管理规定在内的文件。该文件还可包括或专门适用于产品、工艺或生产方法的专门术语、符号、包装、标志或标签要求"。欧盟委员会发布的"新方法指令"就属于典型的技术法规。

在 WTO/TBT 中,标准与技术法规的区别在于:"标准被定义为自愿的,技术法规被定义为强制性文件。"[5] WTO/TBT 之所以认为标准应以自愿性为根本特征,主要是因为其认为标准是市场对贸易需求的反应。故而,凡是体现国家对贸易干预的技术规则就不能称为标准,而只能称为技术法规。[6]

---

[1] 《标准化工作指南 第 1 部分:标准化和相关活动的通用术语》(GB/T 20000.1-2014),定义 7.10。

[2] 《标准化工作指南 第 1 部分:标准化和相关活动的通用术语》(GB/T 20000.1-2014),定义 7.11。

[3] 此处"法律"为广义的法律。

[4] 法律与标准的融合主要表现在法律对标准的引进以及标准对法律的吸收。柳经纬:《标准与法律的融合》,载《政法论坛》2016 年第 6 期。

[5] 《技术性贸易壁垒协定》附件 1"2. 标准"之"解释性说明"。需要再次提醒读者注意的是,ISO 所说的标准是包括强制性标准的。

[6] 李春田主编:《标准化概论》(第 6 版),中国人民大学出版社 2014 年版,第 30 页。

从以上介绍可以看出，一方面，技术法规具有强制执行力；另一方面，技术法规又与标准具有密切的关系——技术法规对技术要求的规定主要通过直接规定、引用或抄录其他标准化文件中的规定这三种形式来实现。[1] 因此，我国主流观点认为，我国的强制性标准属于技术法规。[2] 如同上文介绍过的，在我国标准化发展的第一阶段，所有的标准都是由政府主导制定并具有强制力的。也就是说，我国在第一阶段所制定的标准都是强制性标准。而这显然不符合 WTO 对标准的界定。故而，我国政府在"入世"文件中把强制性标准作为技术法规来处理，将我国的强制性标准向世界贸易组织通报。[3]

但是，需要指出的是，尽管我国的强制性标准可以被认为"就是"技术法规，我们还是应该注意，二者处于不同的话语体系，不可在一般意义上将二者混为一谈。[4] 如上所述，技术法规属于 WTO/TBT 话语体系，而我国的强制性标准这一概念则是源自《标准化法》。离开 WTO/TBT 语境，就谈不上技术法规。在为我国标准化工作与 WTO/TBT 构建沟通平台时，可以说我国的强制性标准是技术法规，但不可在抽象的意义上将强制性标准混同为技术法规。[5] 必须看到，我国《立法法》对法规的分类仅有行政法规和地方性法规，并无所谓的"技术法规"。强制性标准的强制执行力并非如法律法规一样源自其性质本身，而是来源于《标准化法》第 2 条第 3 款的规定——"强制性标准必须执行"。也就是说，强制性标准具有强制执行力，如同土地承包经营权互换、转让经登记机构登记，得对抗善意第三人[6]一样，是法律构建的行为规范，其效力是以法律规范为后盾的。因此，即使我们认同强制性标准属于技术法规，但也不能就此得出强制性标准具有法律属性的结论。

标准与技术法规的关系如图 3－1 所示。

---

[1] 白殿一、王益谊等：《标准化基础》，清华大学出版社 2019 年版，第 26 页。需要指出的是，该书作者认为技术法规的制定主体是国家权力机关或行政机关，但根据 WTO/TBT 的规定，技术法规不仅可能由中央政府和地方政府制定，还有可能由非政府机构制定。具体参见 TBT 第 2、3 条。

[2] 柳经纬：《评标准法律属性论——兼谈区分标准与法律的意义》，载《现代法学》2018 年第 5 期。

[3] 杨辉：《技术法规与标准的定位及我国技术法规体系的建设》，载《航天标准化》2011 年第 2 期。

[4] 我国有学者就提出技术法规范围较强制性标准更广。李玫：《加快我国技术法规体系建设的几点思考》，载《西南政法大学学报》2002 年第 2 期。

[5] 柳经纬：《评标准法律属性论——兼谈区分标准与法律的意义》，载《现代法学》2018 年第 5 期。

[6] 《民法典》第 335 条。

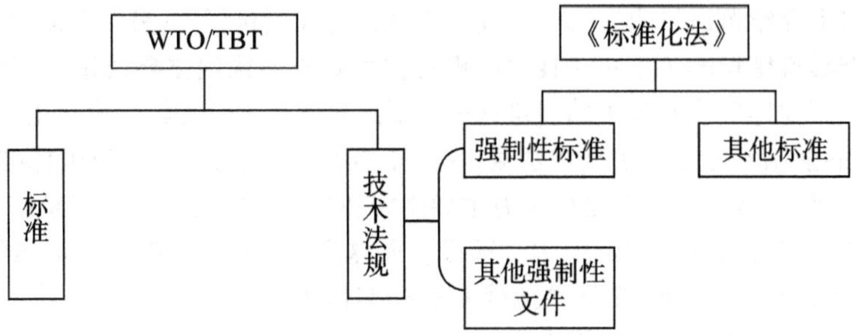

图3－1 标准与技术法规

2. 标准与法律

如上所述,标准是“为各种活动或其结果提供规则、指南或特征,供共同使用和重复使用的文件”。由此可见,标准与法律具有一定的相似性,具体表现在以下四个方面:(1)二者都具有规范性。标准与法律类似,不仅在内容上均设定了一定的行为准则,并对人们的行为具有规范作用,而且在文件体系结构上也同样具有严谨性和一致性,其条款表述也经常使用“应”“不应”等词语。[1] (2)二者均以秩序为目的。制定标准的目的在于获得最佳秩序,即通过制定和实施标准,使标准化对象的有序化程度达到最佳状态。[2] 而秩序无疑也是法律所追求的价值之一。“法律秩序是通过法律对社会关系的调整而形成的社会关系以及社会行为的规范化状态,是法律所设定的权利义务关系的现实生活状态。”[3]法治所要求的普遍守法正是法律秩序的直接反映。(3)二者在制定上均有较高的程序性要求。《立法法》《行政法规制定程序条例》《规章制定程序条例》等对法律制定程序作出了严格的规定。例如,依据《立法法》第二章第三节,全国人大常委会的立法程序包括“提出法律案—审议—听取意见—表决—公布”等环节,且在不同情形下对审议的程序也有不同的要求。而标准的制定通常也应经历“预备—立项—起草—审查—批准—发布”等阶段,且在多个阶段均需要征求意见或听取意见。[4] (4)在一定的条件下,标准与法律一样具有拘束力。除强制性标准具有强制执行力外,自愿性标准在被法律引用和合同约定的条件下也将产生拘束力。

正是因为标准在以上几个方面表现出了与法律的相似性,且近年来标准与法

---

〔1〕 柳经纬:《标准的规范性与规范效力——基于标准著作权保护问题的视角》,载《法学》2014年第8期。

〔2〕 李春田主编:《标准化概论》(第6版),中国人民大学出版社2014年版,第9页。

〔3〕 柳经纬:《标准与法律的融合》,载《政法论坛》2016年第6期。

〔4〕 白殿一、王益谊等:《标准化基础》,清华大学出版社2019年版,第74~81页。

律的融合趋势越来越明显,故而不少学者都认为标准具有法律属性。[1] 但本书认为,标准与法律具有本质区别,即使是在二者发生密切关联的今天,也不能混淆标准与法律。

首先,二者本质特征不同。从本质而论,标准以各利益相关方的"协商一致"为基础,是"私"的产品;而法律则以维护公共利益、保障人权为根本目的,是国家权力运行的结果,是"公"的产品。[2] 由此出发,二者在以下三个方面存在区别:(1)制定主体不同。法律只能由国家制定,而标准则主要由组织、企业等非政府机构制定。也就是说,法律是国家公权力运行的结果,但标准却不是。虽然也有政府制定的标准,如我国的国家标准和行业标准,但从全球范围来看,大多数标准还是由标准化机构、企业等非政府机构制定的。归根结底,标准与国家暴力机器关联不大,即使是在承认强制性标准的情况下,自愿性也仍然是标准的主要特征。[3] (2)目的不同。尽管二者均以秩序为目的,但法律还以维护公共利益、保障人权为目的,除秩序外,公平、平等、正义等也是法律的价值追求。标准则无关乎正义,而更重视科学性。虽然标准的制定也强调"协商一致",但标准在此对"民主性"和"公正性"的强调只是为了增强其在执行中的权威,[4] 从而获得更为广泛的应用。(3)效力不同。关于强制性标准与法律在效力上的区别,上文在分析标准与技术法规时已有具体分析,此处不再赘述。

其次,二者的规范性不同。法律与标准在规范性上的区别主要表现在以下三个方面:(1)规范结构不同。法律规范由行为模式和法律后果构成,而标准规范则不具有与法律后果相对应的结构。换言之,标准本身不对行为进行评价。[5] (2)规范表述不同。法律规范可划分为授权性规范、禁止性规范和命令性规范,而标准条款则包括要求、指示、推荐、允许、陈述五种类型。也就是说,除了使用法律规范中常见的"应""能""可"等词语,标准中还会大量使用法律规范中罕见的词语和句型,如"宜""不宜",以及祈使句(如"开启记录仪")。[6] (3)规范范围不同。例如,对于《立法法》明确规定必须制定法律、法规和规章等的事项,如设定行政许可,执行法律、国务院行政法规、决定、命令、地方性法规需要作出具体规定的

〔1〕 柳经纬:《评标准法律属性论——兼谈区分标准与法律的意义》,载《现代法学》2018 年第 5 期。

〔2〕 柳经纬:《评标准法律属性论——兼谈区分标准与法律的意义》,载《现代法学》2018 年第 5 期。

〔3〕 柳经纬:《标准的规范性与规范效力——基于标准著作权保护问题的视角》,载《法学》2014 年第 8 期。

〔4〕 李春田主编:《标准化概论》(第 6 版),中国人民大学出版社 2014 年版,第 9 页。

〔5〕 王世川、马艳霞:《小议我国标准与法律的关系》,载《标准科学》2012 年第 3 期;柳经纬:《标准的规范性与规范效力——基于标准著作权保护问题的视角》,载《法学》2014 年第 8 期。

〔6〕 白殿一、王益谊等:《标准化基础》,清华大学出版社 2019 年版,第 130—132 页。

事项等,不得制定标准。[1]

再次,二者的核心内容不同。法律最主要的功能是明确权利和义务,故而法律的核心内容在于确定权利和权力的内容、范围与行使程序、保障机制等。而标准本身无关权利和义务,它只是对生产、管理、服务的技术性要求,体现的是科学性和合理性。[2] 简言之,法律主要回答的是"可为"还是"不可为"的问题,而标准则包含许多定量要求,主要回答"如何为"的问题,具有较强的可操作性。[3]

最后,标准文本受版权保护,而法律文本不受版权保护。标准出版物的版权归标准化组织所有,这一原则是国际标准化组织版权政策中最基本、最古老的一条原则。例如,ISO 不仅规定了 ISO 出版物的文本使用权归 ISO 所有,而且要求其成员"均应在其本国法律允许下采取行动"。[4] 基于此,《ISO 和 IEC 标准出版物版权保护管理规定(试行)》第 1 条明确规定,保护 ISO 和 IEC 标准出版物的版权。但法治要求法律必须公开,且法律文本应该易于为公众获得。因此,法律文本不受版权保护。[5]

综上,标准与法律虽然具有密切的联系和一定的相似性,但二者同样具有明显的区别。如同有学者所指出的,党中央提出的"政策、法律、标准三位一体"的要求是对标准与法律之间关系的最好诠释。[6]

三、标准的维护与应用

(一)标准的维护

标准是技术进步的新成果和实践中积累的先进经验的结合。由于技术在不断进步,人们的经验也在不断累积,所以标准并非一经制定就一劳永逸,而是需要不断对照标准化实践以及新技术、新经验进行维护,以保证其科学性、合理性和适用性。[7]

具体来说,标准维护的主体是技术委员会,维护的主要目标是使标准在应用过程中继续保持其适用性。标准的维护主要由两方面内容构成:(1)勘误和修正。对于起草或印刷过程中由于疏忽引起的错误或意义不明的地方,或更改和/或增加

---

[1] 李晓林:《法律与标准关系简析》,载《标准科学》2009 年第 11 期。

[2] 柳经纬:《标准与法律的融合》,载《政法论坛》2016 年第 6 期。

[3] 赵笑天、何柳:《关于标准与法律服务的思考》,载《中国标准化》2018 年第 1 期。

[4] 李春田主编:《标准化概论》(第 6 版),中国人民大学出版社 2014 年版,第 287 页。

[5] 《著作权法》第 5 条。

[6] 赵笑天、何柳:《关于标准与法律服务的思考》,载《中国标准化》2018 年第 1 期。

[7] 李春田主编:《标准化概论》(第 6 版),中国人民大学出版社 2014 年版,第 9、10、11 页。

现有国际标准中已达成一致的技术条款，通过既定程序，在征得有关技术专家同意的情况下，发布用于勘误和修正的文件。(2)复审。在标准正式发布之后，由技术委员会对所制定的标准的适用性进行评估。一般而言，标准化机构均要求对标准进行周期化复审。复审的结果包括：继续有效、修改、修订、转换为其他标准性文件或废止。我国《标准化法》将复审列为标准制定程序的一个具体阶段，但从国际层面来看，标准的维护一般不被单独列为标准制定程序的具体阶段，但属于标准制定活动的重要内容。[1]

(二)标准的应用

法律的生命在于实施，标准也同样如此。人们制定标准的目的不在于实现标准的增量，而在于使产品、过程或服务具有适用性。正因为如此，有学者才指出："有了再多、再好的标准，没有被运用，那就什么效果也收不到。"[2]

标准的应用可以分为直接应用和间接应用。[3] 标准的直接应用可分为产品生产或服务提供中应用标准、供需双方的贸易中应用标准、第三方合格评定活动中应用标准[4]、管理活动中应用标准、交流与合作中应用标准等。标准的间接应用即通过直接应用标准化文件 B 而间接应用标准 A，而标准化文件 B 与标准 A 之间的关系则可能为采用、引用或编制文件使用。其中，采用即"某一机构以另一机构的标准化文件为基础编制并说明和标识了两个文件之间差异的标准化文件的发布"，[5] 而国家标准对国际标准的采用按照一致性程度又可分为等同采用[6]、修改采用[7]和非等效[8]。但是，只有前两种情况被认为国家标准采用了国际标准，在"非等效"的情况下，则该国家标准不被认为采用了国际标准，而只能认为在二者之间存在"一致性程度"的对应关系。标准通过引用而得到间接应用则包括被标准引用和被法律法规引用两种情况。其中后者是我国强制性

---

[1] 白殿一、王益谊等：《标准化基础》，清华大学出版社 2019 年版，第 83 页。

[2] 李春田主编：《标准化概论》(第 6 版)，中国人民大学出版社 2014 年版，第 11 页。

[3] 白殿一、王益谊等：《标准化基础》，清华大学出版社 2019 年版，第 141～162 页。

[4] 典型者如本书中反复提到的认证活动和检测活动。

[5] 白殿一、王益谊等：《标准化基础》，清华大学出版社 2019 年版，第 143 页。

[6] 等同采用即国家标准与对应的国际标准相比，技术内容和文本结构相同，仅含有最低限度的编辑性改动。白殿一、王益谊等：《标准化基础》，清华大学出版社 2019 年版，第 143 页。

[7] 修改采用即国家标准与对应的国际标准相比，存在技术差异和/或文本结构调整，同时标准中对技术差异及其原因清楚地进行了说明，对文本结构调整情况与所采用的国际标准进行了清楚对比。白殿一、王益谊等：《标准化基础》，清华大学出版社 2019 年版，第 144 页。

[8] 非等效即国家标准与对应的国际标准相比，存在技术差异和/或文本结构调整，但在标准中没有清楚地说明和比较这些技术差异和结构调整的情况，或者只保留了少量或不重要的国际标准条款。白殿一、王益谊等：《标准化基础》，清华大学出版社 2019 年版，第 144 页。

标准以外的标准获得强制执行力的主要途径。由于标准对于法律所具有的日益增长的支撑作用,世界各国的法律法规中引用标准已经成为普遍现象。至于编制文件使用,指的则是“以遵守或符合某标准中的规定为目的而编制形成适于直接应用的标准化文件”。[1] 这种类型具体又包括以指南标准为指导形成具体的标准化文件,以及编制符合规范标准要求的规程[2]或操作手册等标准化文件。

为促进标准的宣传和应用,在国家市场监督管理总局(国家标准化管理委员会)的领导下,国家市场监督管理总局国家标准技术审评中心已经搭建起了“全国标准信息公共服务平台”(https://std.samr.gov.cn/),可供社会公众查询包括国家标准、行业标准、地方标准、团体标准、企业标准在内的各项标准。

第二节 我国标准的法律规制

一、我国标准法律规制体系

(一)我国标准立法进程[3]

如上文所述,我国标准化起步较早,但发展过程较为曲折。我国标准立法进程与标准化进程基本同步。早在 1962 年,国务院就发布了我国第一个标准化管理法规《工农业产品和工程建设技术标准管理办法》,为我国标准立法奠定了一定的基础。但 1966 年后,在较长的一段时间内,我国标准化和标准立法都处于停步不前的阶段。这一情况直到 1979 年才得到了改善。该年 7 月 31 日,国务院批准颁布了《标准化管理条例》。作为一部承前启后的标准化管理法规,在改革开放的背景下,《标准化管理条例》对于提高产品质量管理和科学管理水平、促进企业挖潜和革新等均发挥了重要作用。

为进一步推动标准法治化进程,我国于 1988 年通过了《标准化法》。《标准化法》的颁布对于推进标准化工作管理体制改革、发展社会主义经济具有极为重大的意义。为落实《标准化法》的原则性规定,国务院又于 1990 年制定发布了《标准化法实施条例》,后又颁布了《认证认可条例》[4]。以上法律法规的制定颁布标志

---

[1] 白殿一、王益谊等:《标准化基础》,清华大学出版社 2019 年版,第 149 页。

[2] 规程是标准化文件的一种,指的是为活动的过程规定明确的程序并且描述了判定该程序是否得到履行的追溯/证实方法的标准化文件。我国制定的有关活动过程的指导性技术文件(GB/Z)即属于规程。白殿一、王益谊等:《标准化基础》,清华大学出版社 2019 年版,第 22~23 页。

[3] 李春田主编:《标准化概论》(第 6 版),中国人民大学出版社 2014 年版,第 16~17 页。

[4] 《认证认可条例》的前身是 1991 年发布的《产品质量认证管理条例》,后者随着前者的施行已经被废止。《认证认可条例》已分别于 2016 年、2020 年进行了两次修改。

着我国标准化正式走上了法治化发展的道路。

随着我国标准化进入第三个发展阶段,《标准化法》在某些方面已经难以适应我国标准化工作的实际需要。由此,《标准化法》的修订工作被提上了议事日程。2017 年 11 月,经第十二届全国人大常委会第三十次会议审议通过,《标准化法》正式得到修订,并自 2018 年 1 月 1 日起实施。下文所称《标准化法》即经过 2017 年修订的现行《标准化法》。

(二)我国现行标准法律法规体系[1]

我国现行标准法律法规体系已经形成了以国家政策方针为宏观指导、以《标准化法》为核心、以配套法规规章为支撑、以其他涉及标准化事项的法律为补充的较为完善的体系结构(如图 3－2 所示)。

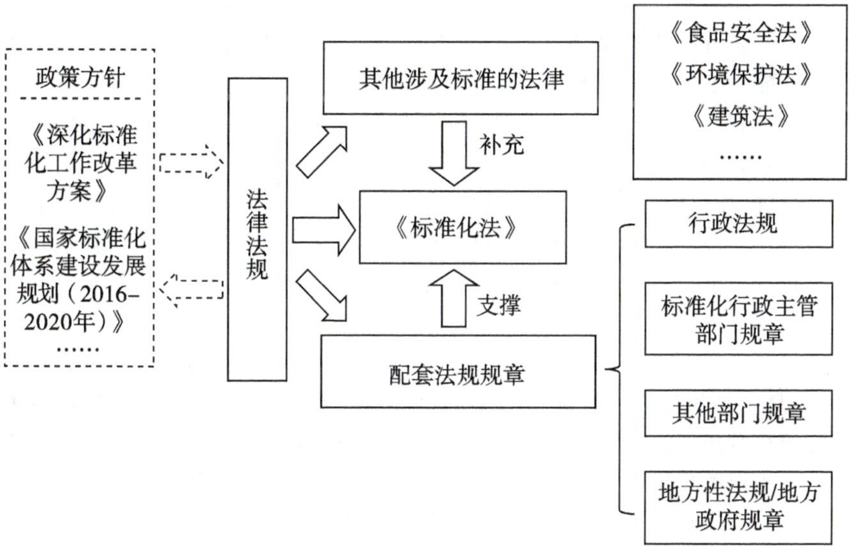

图 3－2　我国标准法律法规体系

具体来说,在法规层面上,其主要由行政法规和地方性法规构成,而这两者都是《标准化法》的具体化形式。其中,前者主要由《标准化法实施条例》和《认证认可条例》构成,后者则由各地方的标准化管理条例或实施条例,如《浙江省标准化条例》《重庆市标准化条例》《内蒙古自治区标准化条例》等构成。在规章层面上,其同样是由部门规章和地方政府规章组成。其中,部门规章又可细分为国务院标

〔1〕 柳经纬、刘云、周宇:《新〈标准化法〉时代标准化法律体系的完善》,载《中国标准化》2021 年第 5 期。

准化行政主管部门规章和其他行政主管部门规章:前者主要规定贯彻落实《标准化法》的要求、管理全国标准化工作的细化措施,内容较为全面;后者则主要规定本部门权限范围内的行业标准制定、实施等管理措施。具体而言,国务院标准化行政主管部门制定的标准化规章包括《国家标准管理办法》《地方标准管理办法》《强制性国家标准管理办法》《全国专业标准化技术委员会管理办法》《国家标准样品管理办法》等;其他行政主管部门制定的标准化规章则主要包括《生态环境标准管理办法》《医疗器械标准管理办法》《交通运输标准化管理办法》《民用航空标准化管理规定》《工程建设国家标准管理办法》等。至于地方政府规章,其对标准的规范则主要集中于本行政区域内执行《标准化法》的细化措施,地方标准的管理措施,以及国家标准、行业标准的实施细则等。

(三)我国标准化管理体制

如上所述,自我国标准化工作建立之日起,我国一直实行由标准化行政主管机构管理标准化工作的管理体制。具体来说,在中央层面上,这一管理机构的变迁过程如下:(1)1949 年 10 月至 1956 年,为中央技术管理局内设的标准化规格化处;(2)1957 年至 1978 年,为国家技术委员会内设的标准局;(3)1978 年 5 月至 1988 年,为国家标准总局;(4)1988 年 7 月至 2001 年,为国家技术监督局;(5)2001 年 4 月至 2018 年,为国家质量监督检验检疫总局(国家标准化管理委员会、国家认证认可监督管理委员会);(6)2018 年至今,为国家市场监督管理总局(国家标准化管理委员会、国家认证认可监督管理委员会)。[1]

需要指出的是,尽管在 1993 年以前,我国标准化管理行政色彩较为浓厚,但自 1993 年开始,我国逐渐开始加强与 WTO/TBT 的接轨工作,按照市场经济的要求和国际通行做法下放、转移、取消了部分行政管理职能,如将国家标准的技术审查工作下放给有关科研单位等。尤其是 2015 年国务院发布的《深化标准化工作改革方案》,针对我国标准化管理体制存在的种种问题,提出了以"简政放权、放管结合""国际接轨、适合国情""统一管理、分工负责""依法行政、统筹推进"为原则,改革标准化管理体制。在这一思路指导下,2017 年修订后的《标准化法》明确规定了统筹协调、分工合作、社会主体积极参与的管理体制。

就目前而言,我国已经形成了"统一协调、运行高效、政府与市场共治"的标准化管理体制,具体如图 3－3 所示。

---

〔1〕 国家标准化管理委员会、国家认证认可监督管理委员会为国家市场监督管理总局(原国家质量监督检验检疫总局)的分管机构。

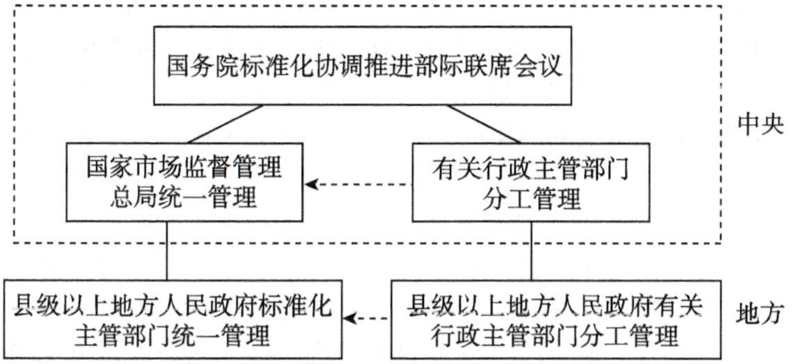

图3－3　我国标准化管理体制

其中,标准化行政管理体系由中央和地方两个层次共同构成。在中央层面上,我国建立了标准化协调机制(国务院标准化协调推进部际联席会议制度),对标准化工作进行统筹协调;在此基础上,以国务院标准化主管部门为主要依托,统一管理全国标准化工作;以各有关行政主管部门为重要支撑,落实管理本部门、本行业的标准化工作。在地方层面上,对接中央标准化管理体系,在根据工作需要建立标准化协调机制的基础上,由县级以上地方人民政府标准化主管部门统一管理本行政区域内的标准化工作,县级以上地方人民政府有关行政主管部门分工管理本行政区域内本部门、本行业的标准化工作。与此同时,我国还建立了以全国专业标准化技术委员会为核心,以行业标准化技术委员会、地方标准化技术委员会为补充的标准化技术组织体系,负责标准的起草、制定等工作。[1]

除行政管理部门外,社会主体对于标准化工作的积极参与也构成了我国标准化管理体制的重要内容。为此,《标准化法》第7条明确规定:"国家鼓励企业、社会团体和教育、科研机构等开展或者参与标准化工作。"

二、《标准化法》要览

(一)《标准化法》的主要发展

如上所述,我国《标准化法》制定于1988年,是计划经济的产物。随着我国社会主义市场经济体制改革的展开,以及加入WTO步伐的加快,这一法律已经不能适应我国标准化工作的需要,甚至在一定程度上制约了我国社会经济的发展。《深化标准

[1] 其中,全国专业标准化技术委员会由国务院标准化行政主管部门设立,行业标准化技术委员会由国务院有关行政主管部门、具有行政管理职能的行业协会在专业领域内设立,地方标准化技术委员会则由省级标准化行政主管部门设立。

化工作改革方案》指出，当时我国标准化体系和标准化管理体制存在标准缺失老化滞后、交叉重复矛盾，以及标准体系不够合理、标准化协调推进机制不完善、政府与市场的角色错位、市场主体活力未能充分发挥等问题，亟须大力推进标准化工作改革。

正是在这一背景下，《标准化法》以"建立政府主导制定的标准与市场自主制定的标准协同发展、协调配套的新型标准体系，健全统一协调、运行高效、政府与市场共治的标准化管理体制，形成政府引导、市场驱动、社会参与、协同推进的标准化工作格局"为目标，进行了大幅度的修订。应该说，修订后的《标准化法》与修订前相比，除上文已经谈到过的标准管理体制方面的变化外，主要在以下四个方面展现了重要的发展与转变。第一，扩大了标准的范围，重新明确了标准的性质，为社会主体参与"共治"创造了必要条件；第二，重新调整了标准的分类，突破了原有标准体系的层级化关系，为建立现代化标准管理体制奠定了基础；第三，更新了标准制定过程管理的具体制度措施，创设了标准公开、标准编号规则、标准化军民融合、标准化试点示范等制度；第四，丰富了标准管理的内涵，强化了标准的宣传、维护与应用，为提高标准供给质量奠定了基础。

下面，本书就将对《标准化法》的主要内容做一具体介绍。

（二）《标准化法》的主要内容

1. 标准的界定、性质与体系

与修订之前相比，《标准化法》最根本的变化在于实现了"从技术法规到技术规范的回归"，[1]从计划经济下的政府主导向市场经济下的共同治理[2]的转变。

首先，《标准化法》明确了标准的界定，并扩大了标准的范围。1988 年《标准化法》并未对标准作出界定，但是将标准的范围限定在了工业产品、工程建设和环保领域（第 2 条第 1 款）。修订后的《标准化法》对标准作出了明确的界定，指出标准是"农业、工业、服务业以及社会事业等领域需要统一的技术要求"（第 2 条第 1 款）。由此，标准的范围就扩大到了农业、工业、服务业以及社会事业等领域，从而得以对社会经济各方面质量保障发挥支撑作用。

其次，进一步明确标准的"技术规范"属性，淡化标准的强制性色彩。虽然 1988 年《标准化法》已经将作为"技术要求"的标准与技术法规做了一定的区分，但强制性标准仍大量存在。与《深化标准化工作改革方案》中提出的整合精简强制性标准、优化完善推荐性标准、培育发展团体标准、放开搞活企业标准相呼应，《标准化法》大幅度调整了我国的标准体系，突出了标准的"自愿""协商"特点。

---

〔1〕 柳经纬、聂爱轩：《我国标准化法制的现代转型——以〈标准化法〉的修订为对象》，载《浙江大学学报（人文社会科学版）》2021 年第 1 期。

〔2〕 于连超：《〈标准化法〉的新理念与新制度评析》，载《标准科学》2018 年第 1 期。

最后，调整标准体系，构建平等的标准关系。标准体系的调整可以说是《标准化法》最大的发展，这一调整主要表现在两个方面。(1)标准体系的构成。1988 年《标准化法》将标准划分为国家标准、行业标准、地方标准、企业标准四类，且实行"即行废止"原则[1]以及企业标准备案制度，显示了标准间较为森严的等级关系和行政监管色彩。而修订后的《标准化法》删除了"即行废止"条款和企业标准备案制度，转而采用"最低要求准则"，从而使地方标准、行业标准等其他标准在技术要求不低于强制性国家标准的条件下，能够与强制性国家标准共存。此外，《标准化法》在企业标准之外还创设了团体标准，对于激发学会、协会、商会、联合会、产业技术联盟等社会团体协调相关市场主体参与标准制定和管理的积极性具有重要作用。由此我国形成了政府主导标准（国家标准、行业标准、地方标准）和市场主导标准（团体标准、企业标准）共存的体系。(2)标准的效力。从整合精简强制性标准的角度出发，《标准化法》将修订前的强制性行业标准和强制性地方标准一律整合精简至强制性国家标准，大幅度精简了强制性标准的数量，并且明确行业标准、地方标准均为推荐性标准，从而从效力方面推动《标准化法》实现了对标准之"技术规范"属性的回归。总体而言，根据《标准化法》，我国标准体系如图 3－4 所示。

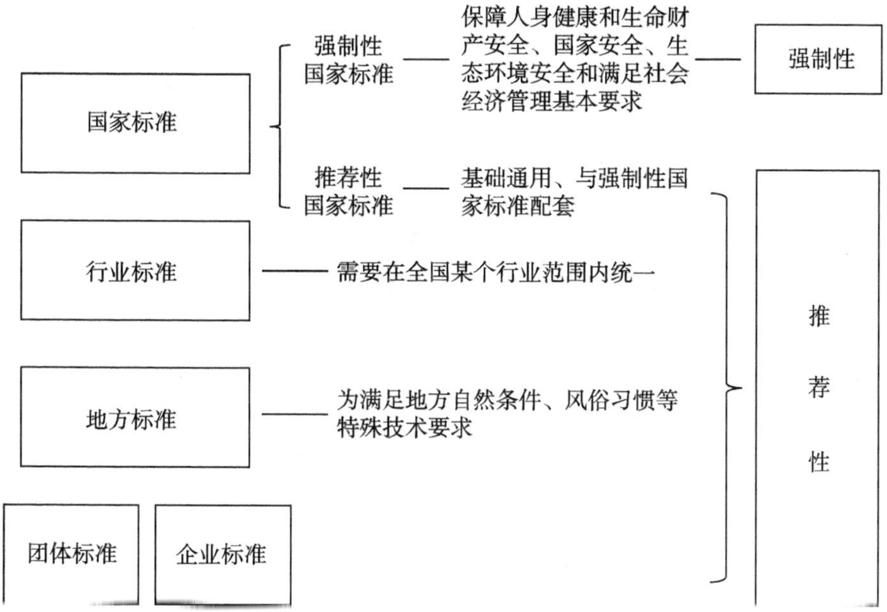

图 3－4　我国标准体系

[1] "即行废止"，即在同一领域内一旦制定了国家标准，则原有行业标准或地方标准即行废止。参见 1988 年《标准化法》第 6 条第 1 款。

2. 标准的制定程序

《标准化法》的另一个主要内容就是在明确标准制定的协商一致、科学规范等原则的基础上，以程序正义之贯彻为抓手，以提高标准制定质量、增进标准实施效益为目的，对标准的制定，尤其是制定程序作出了具体的规定。

具体来说，根据《标准化法》第二章，我国标准的制定包括预备（项目提出、调查、评估等）、立项、起草、征求意见、审查、批准、发布等阶段。[1] 例如，根据《标准化法》第10条，国家强制性标准的制定程序与对应主体如图3－5所示。

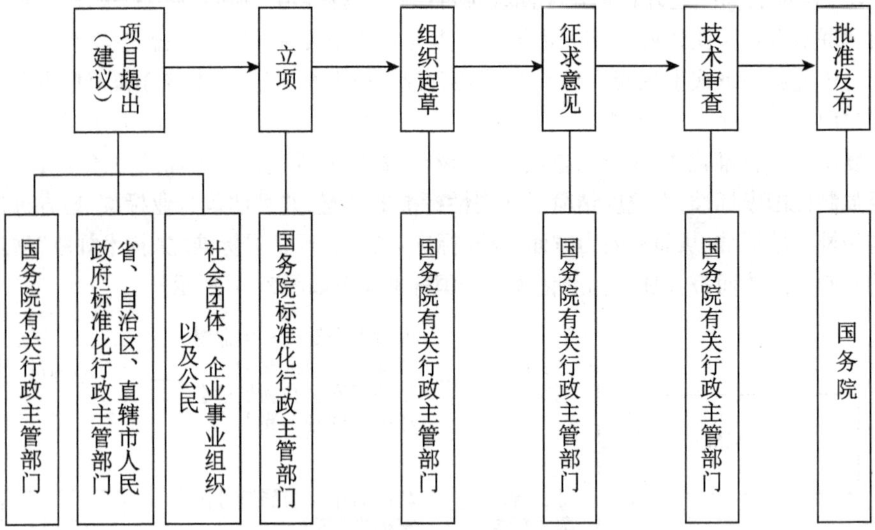

图3－5 国家强制性标准制定程序

除此之外，《标准化法》还在多个条款中重点强调了标准制定过程中听取多方意见、进行民主协商以及发挥专家作用的重要性。其中，第15条总括性地对标准制定过程中采取多种方式进行调研、评估和征求意见作出了规定；第18条第2款则重点规定，制定团体标准应“遵循开放、透明、公平的原则，保证各参与主体获取相关信息，反映各参与主体的共同需求”；另外，第16条明确规定了应充分发挥标准化技术委员会和专家组在标准制定中的引领作用，尤其是在制定推荐性标准时，“应当组织由相关方组成的标准化技术委员会，承担标准的起草、技术审查工作”。以上规定均是对标准之“技术规范”属性的尊重和反映，回应了标准的科学性、民主协商性的特征。

---

[1] 根据《国家标准管理办法》等标准法配套规范性文件，我国标准制定程序实际上被划分为项目提出、立项、组织起草、征求意见、技术审查、对外通报、编号、批准发布8个阶段。

3. 标准的实施

如上文所述,标准的生命不仅在于制定,更在于实施。而标准的实施则具体包括标准实施的监督与标准的应用。与此同时,为保证标准的时效性、科学性和规范性,加强对标准的维护,对标准进行定期实施效果调查评估以及复审具有重要意义。为此,《标准化法》第三章对这一部分内容作出了全面规定。具体来说,《标准化法》规定了团体标准和企业标准自我声明公开和监督制度、强制性标准实施情况统计分析报告制度、标准实施信息反馈和评估机制、试点示范与宣传机制等来强化标准的实施。在这里,本书将以标准复审机制为例对标准的实施做一具体介绍。

上文已有介绍,标准制定公布之后,由于种种原因需要定期进行复审,以保证标准的科学性与规范性。具体而言,根据《标准化法》,我国的标准复审机制包括以下四项要素:(1)复审主体为国务院标准化行政主管部门和国务院有关行政主管部门、设区的市级以上地方人民政府标准化行政主管部门;(2)复审周期一般不超过5年;(3)复审的托底机制为标准实施信息反馈和评估机制;(4)经复审,对不适应经济社会发展需要和技术进步的标准应当及时修订或者废止,有关标准之间重复交叉或者不衔接配套的,应当会同国务院有关行政主管部门对其作出处理或者通过国务院标准化协调机制处理。

第三节 我国网络安全标准的体系与内容

一、全国信息安全标准化技术委员会

(一)性质与结构

上文已经谈到,我国的标准化管理部门主要是国家市场监督管理总局(具体由国家标准化管理委员会承担),其负责的是标准的行政监管。国家标准化管理委员会下设作为标准化技术组织的全国专业标准化技术委员会,接受国家市场监督管理总局的统一管理,具体负责国家标准的制定事宜。而国家标准化管理委员会下设的负责制定网络安全方面国家标准的标准化技术组织就是全国信息安全标准化技术委员会(以下简称信安标委)。通过以上介绍可以看出,信安标委为国家标准化管理委员会内设的非法人组织,属于标准化机构内的技术组织,其职责主要在于:提出本专业领域标准化工作的政策和措施建议;编制本专业领域国家标准体系;根据需求,提出制定、修订国家标准的项目提案;开展国家标准的起草、征求意见、技术审查、复审及国家标准外文版的组织翻译和审查

等工作;开展本专业领域国家标准的贯彻和培训工作等。[1] 信安标委除接受国家标准化管理委员会的领导外,在业务上同时也接受中共中央网络安全和信息化委员会办公室(以下简称中央网信办)[2]的指导。

从结构方面来看,信安标委的结构较为清晰明了,主要由下设的9个工作组[3]构成,没有另设分委员会。信安标委具体的组织结构如图3-6所示。

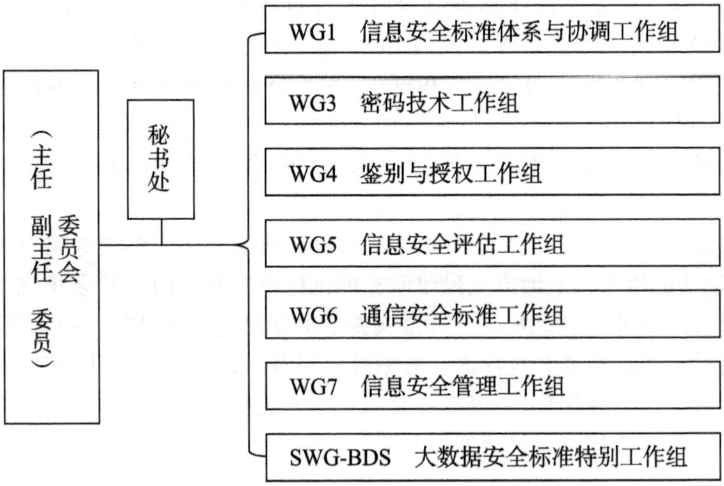

图3-6 信安标委组织结构

资料来源:“机构设置”,载全国信息安全标准化技术委员会,https://www.tc260.org.cn/front/tiaozhuan.html?page=/front/gywm/jgsz_Detail。

(二)工作流程

根据《全国信息安全标准化技术委员会标准制修订工作程序》(信安字〔2021〕22号),网络安全国家标准制修订程序分为一般程序和快速程序。其中,一般程序主要包括标准立项、标准起草和征求意见、标准审查和报批三个阶段;快速程序则采取“随时申报,即时评审”的方式进行评审,对象主要为“国家网络安全工作的痛点、难点、堵点问题”。下面,本书将分别对这两种程序进行介绍。

如上所述,一般程序主要由三个阶段构成。第一个阶段,即标准立项。信安标委秘书处每年第一季度集中组织项目申报,且标准项目应由3家以上(含3家)单位联合提出申请。标准牵头单位向秘书处提交《网络安全国家标准项目申请书》

[1] 《全国专业标准化技术委员会管理办法》(2020年修订)。

[2] 暨国家网信办。

[3] WG2工作组负责涉密网络安全标准的研究与制定工作,故而未在图3-6中显示。

和标准草案，其中标准草案应符合《标准化工作导则　第1部分：标准化文件的结构和起草规则》（GB/T 1.1－2020）的要求。具体而言，立项阶段主要流程如图3－7所示。

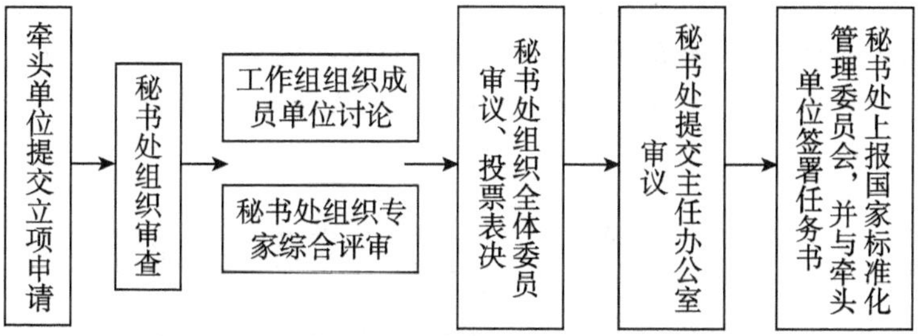

图3－7　一般程序标准立项流程

需要特别注意的是，为了突出标准“协商一致”的特点，投票表决要求参加投票的委员不得少于全体委员的3/4，参加投票委员2/3以上赞成，且反对意见不超过参加投票委员的1/4，方为通过。

第二个阶段，即标准起草和征求意见。该阶段同样突出了标准“协商一致”的特点，要求标准牵头单位（编制组）要广泛征求和吸收各方意见，且在工作组组织成员单位和专家进行讨论达成一致意见后，根据上述意见完善后形成标准征求意见稿。而征求意见具体包括秘书处书面征求相关部门的意见，以及通过全国标准信息公共服务平台和信安标委网站面向社会公开征求意见。征求意见时间一般不少于60天。在秘书处将意见反馈给工作组后，由工作组组织编制组对反馈意见进行研究处理，最终在协调处理的原则上完善形成标准送审稿。

第三个阶段，即标准审查和报批。该阶段可细分为标准审查与报批两个环节，由秘书处组织，主要流程如图3－8所示。

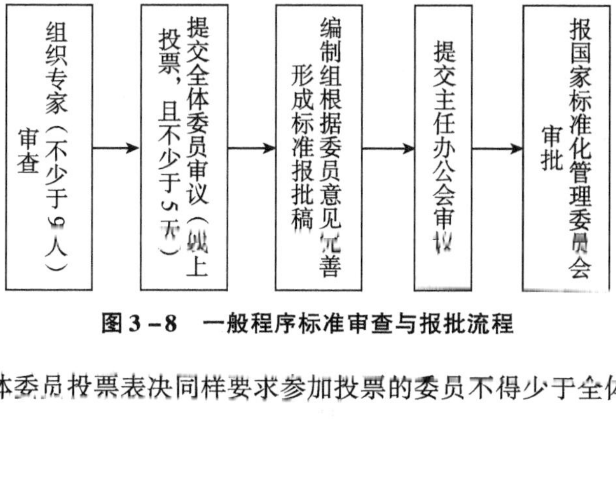

图3－8　一般程序标准审查与报批流程

其中，全体委员投票表决同样要求参加投票的委员不得少于全体委员的3/4，参加投票的委员2/3以上赞成,且反对意见不超过参加投票的委员的1/4的,方为通过。而专家审查虽然原则上应协商一致,但不能协商一致的,也应投票表决,同样也要求参加投票专家2/3以上赞成,且反对意见不超过参加投票专家的1/4,方为通过。

快速程序除上文介绍的不受立项申报受理时间的限制外,其他流程也更为简化,主要流程如图3-9所示。当然,其中投票表决在通过的判定上与一般程序的要求并无二致。

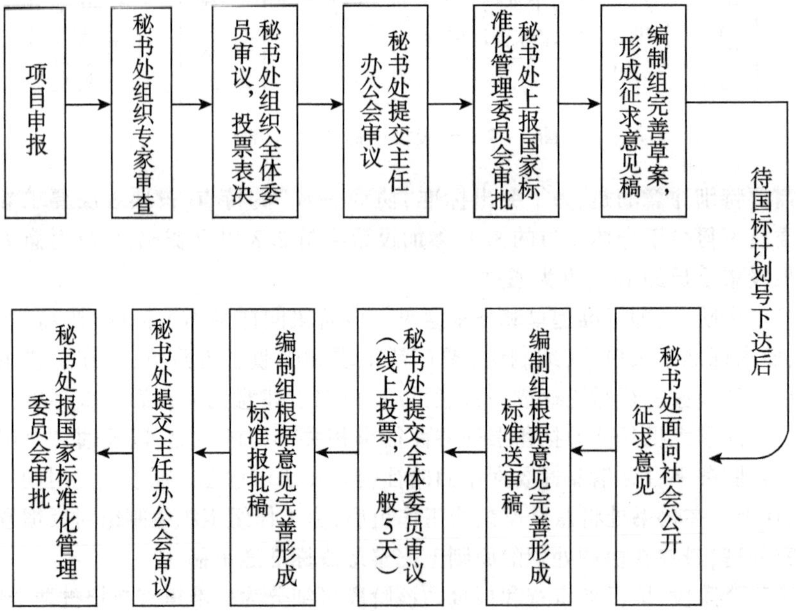

图3-9 快速程序主要流程

二、我国网络安全国家标准的体系

(一)我国网络安全国家标准概况

根据信安标委官网的统计结果,截至2022年7月18日,我国已发网络安全国家标准共计340项。[1] 其中,从归口的工作组来看,归属WG3工作组的标准共43项;归属WG4工作组的标准共67项;归属WG5工作组的标准共116项;归属

〔1〕《已发布网络安全国家标准清单》,载全国信息安全标准化技术委员会2022年7月18日,https://www.tc260.org.cn/front/bzcx/yfgbqd.html。

WG6 工作组的标准共 24 项；归属 WG7 工作组的标准共 69 项；归属 SWG-BDS 特别工作组的标准共 21 项。从发布年份来看，网络安全国家标准的分布如图 3 - 10 所示。

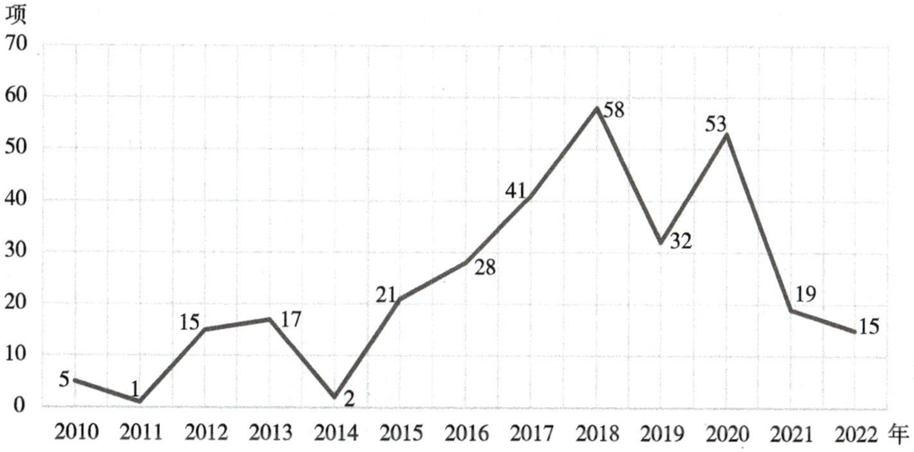

图 3 - 10　网络安全国家标准年份分布

从图 3 - 10 可以看出，我国网络安全国家标准的制定随着《网络安全法》的颁布、实施逐步进入高潮，于 2018 年达到顶点(58 项)。此后每年发布国家标准的数量虽有波动，但多维持在高于《网络安全法》制定之前的水平，或至少与之持平。[1] 同时，在所有已发网络安全国家标准中，测评标准(WG5 工作组)数量最多，信息安全管理标准(WG7 工作组)和公钥基础设施/授权管理基础设施标准(WG4 工作组)次之，大数据安全标准(SWG-BDS 特别工作组)数量最少。当然，不同工作组负责编制的标准在数量上的区别并不能说明其重要性上的不同。例如，大数据安全标准之所以数量少，主要还是因为大数据相关应用是新兴技术，大数据安全标准的制定起步相对较晚。

此外，如同上文提到过的，我国还有一类标准化文件为"国家标准化指导性技术文件"(代号为 GB/Z)。国家标准化指导性技术文件的制定具体由《国家标准化指导性技术文件管理规定》进行调整，其是为仍处于技术发展过程中(如变化快的技术领域)的标准化工作提供指南或信息，供科研、设计、生产、使用和管理等有关人员参考使用而制定的标准文件。[2] 由于网络安全领域中许多子领域，如大数据、人工智能、云计算、智慧城市等均属于尚在发展中、变化较快的领域，因此也存

[1] 因统计数据截止时间为 2022 年 7 月 18 日，故 2022 年统计数据不能反映该年度水平。
[2] 《国家标准化指导性技术文件管理规定》第 2 条。

在大量的国家标准化指导性技术文件。例如,《信息安全技术　重要工业控制系统网络安全防护导则》(GB/Z 41288－2022)即为其中之一。

按照党中央、国务院的部署,我国在网络安全国家标准的制定上,除了在国家关键信息基础设施保护、涉密网络等领域加强国家强制性标准的制定,同时还应优化国家推荐性标准,尤其是大力推动关键信息基础设施保护、网络安全审查、网络空间可信身份、关键信息技术产品、网络空间保密防护监管、工业控制系统安全、大数据安全、个人信息保护、智慧城市安全、物联网安全、新一代通信网络安全、互联网电视终端产品安全、网络安全信息共享等领域国家标准的制定。[1] 此外,我国网络安全国家标准采用国际标准的情况虽然有了长足进步,但仍不容乐观。根据信安标委官网提供的数据,在所有已发国家标准中,等同采用的仅 38 项,另有 16 项修改采用,还有 1 项非等效采用。[2] 可以说,我国在网络安全标准的"引进来""走出去"上仍然任重而道远。

简言之,我国在网络安全国家标准建设上虽然已经取得了令人瞩目的成就,但对照我国网络安全标准体系建设的目标,仍然有大量的工作亟待完成。

(二)我国网络安全国家标准的分类

我国网络安全国家标准从内容上来看大致可分为三类。[3] 第一类是对网络空间安全提出基本要求和程序性规范,形成系统的网络安全保护基本框架的标准。例如,我国在网络安全等级保护方面发布的《信息安全技术　网络安全等级保护实施指南》(GB/T 25058－2019)、《信息安全技术　网络安全等级保护定级指南》(GB/T 22240－2020)等标准,以及风险评估、应急响应方面发布的《信息安全技术　信息安全风险评估实施指南》(GB/T 31509－2015)、《信息安全技术　网络安全事件应急演练指南》(GB/T 38645－2020)等均属此类。第二类是对金融、政务、电子商务等行业领域进行规范的标准。例如,《信息安全技术　政务信息共享数据安全技术要求》(GB/T 39477－2020)、《信息安全技术　基于互联网电子政务信息安全实施指南　第 1 部分:总则》(GB/Z 24294.1－2018)、《信息安全技术　金融信息服务安全规范》(GB/T 36618－2018)、《信息安全技术　智慧城市安全体系框架》(GB/T 37971－2019)等即属此类。第三类则是对大数据、人工智能、云计算等新兴技术领域进行规范的标准。例如,《信息安全技术　大数据安全管理指

[1] 《关于加强国家网络安全标准化工作的若干意见》(中网办发文〔2016〕5 号)。

[2] "已发国标查询",载全国信息安全标准化技术委员会 2022 年 8 月 28 日,https://www.tc260.org.cn/front/bzcx/yfgbcx.html。

[3] 夏燕、赵长江主编:《网络安全法教程》,西安电子科技大学出版社 2019 年版,第 283～284 页。

南》(GB/T 37973－2019)、《信息安全技术　远程人脸识别系统技术要求》(GB/T 38671－2020)、《信息安全技术　云计算服务运行监管框架》(GB/T 37972－2019)等即属此类。

三、网络安全领域其他标准

(一)行业标准

除了国家标准,行业标准在网络安全标准体系中也起到了重要作用。如上文介绍,行业标准是主要由各行业主管部门领导制定发布、用于规范该行业领域的标准。网络安全领域的行业标准广泛涉及通信、密码、金融、交通、医疗、教育等领域,如《金融网络安全　网络安全众测实施指南》(JR/T 0214－2021)、《交通运输行业信息系统安全等级保护定级指南》(JT/T 904－2014)、《医用电气设备网络安全基本要求》(YY/T 1843－2022)等都属于网络安全行业标准,这些行业标准对于落实《网络安全法》规定的法律制度发挥了重要作用。

当然,由于主管行业的性质与网络安全具有紧密的联系,工业和信息化部(以下简称工信部)和公安部发布的行业标准在网络安全行业标准中占据了主要地位。其中,工信部发布的网络安全行业标准主要由网络安全管理局负责制定、修订和实施,主要涉及组织拟订电信网、互联网及其相关网络与信息安全规划、政策和标准并组织实施;公安部发布的网络安全行业标准则主要以公安部信息系统安全标准化技术委员会为技术归口单位,主要涵盖网络安全等级保护、网络监测预警和应急响应、网络安全产品等与公共安全相关的领域。

(二)团体标准和企业标准

在我国标准化改革强调"政府与市场共治"的大背景下,团体标准和企业标准的发展可以说是方兴未艾。同时,由于网络安全是一个新兴的领域,故而相关的团体标准和企业标准都还处于起步阶段,其与国家标准和行业标准相比,所占比例较小。应该说,这与我国标准化改革的目标是存在较大差距的。因此,国家高度重视对团体标准和企业标准的规划、培育和鼓励。《"十三五"信息化标准工作指南》中,特别指出要强化信息化团体标准的供给能力,"推动优秀团体标准、企业标准转化为地方标准、行业标准和国家标准,扩大其适用范围"。相信在不远的将来,我国团体标准和企业标准必将在丰富网络安全标准体系、提升网络安全标准质量上做出更大的贡献。

【练习题】

1. 什么是标准？标准的性质是什么？

2. 我国标准管理体制是怎样的？

3. 我国标准包括哪几个类别？各自调整的范围或领域是怎样的？

4. 我国网络安全标准体系是怎样的？

第四章　网络运行安全制度一般规定

典型案例

2013年年初,B市保密局在检查中发现,某文档共享类网站刊登了一份涉密信息系统设计方案,涉及秘密级国家保密标准的有关内容,随即展开调查。经查,某某科技有限公司是涉密信息系统集成乙级资质单位,这份文件的上传人是公司主要负责智能化系统工作的工程师高某。2012年年底,高某在承接某大型国有企业涉密项目时,为了撰写承接项目的设计方案,向该公司部门负责人秦某索要这份秘密级国家保密标准。秦某在明知高某不属于文件知悉范围人员的情况下,未经审核批准,私自将上级发放的秘密级国家保密标准文件复印后提供给高某。高某获得文件复印件后,擅自扫描并存储在自己连接互联网的计算机中。同时,高某将根据该保密标准撰写的该企业涉密项目的设计方案,隐去委托单位、设计单位和建设单位等信息,上传至某文档共享类网站换取积分,造成泄密。最终,高某被公司辞退,秦某被给予行政警告处分。[1]

第一节　网络运行安全概述

一、网络运行安全的主要内容

总体来说,《网络安全法》是我国网络安全领域的基本法律,极具全局性、战略性及实践性:它不仅从法律层面将网络安全提升到国家战略高度,确立了包括网络空间主权原则、网络安全与发展并重原则、网络安全风险防御原则和协同治理原则在内的基本原则,[2]而且建立了包括网络安全等级保护制度、关键信息基础设施运行安全保护制度等在内的多项网络安全法律制度,广泛涵盖了网络运行安全(包括静态的网络设施安全和动态的网络运行安全)、网络信息安全等网络安全领

[1] 宋筱婷:《不该传递的保密标准》,载《保密工作》2014年第3期。

[2] 马民虎主编:《网络安全法律遵从》,电子工业出版社2018年版,第58~61页。

域。其中,网络运行安全是网络安全的基础性内容,根据《网络安全法》第三章的规定,其基本内容如图 4－1 所示。

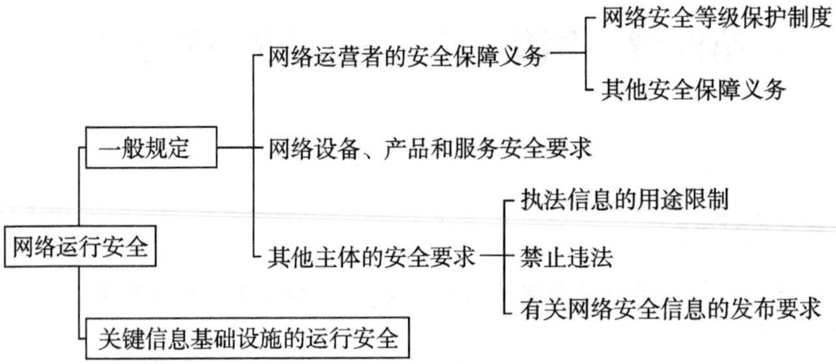

图 4－1 网络运行安全

由图 4－1 可知,根据《网络安全法》第三章的规定,网络运行安全主要分为网络运行的一般规定与关键信息基础设施的运行安全两大部分。前者是适用于所有的网络运营者及其他主体的通用安全要求,后者则是专门适用于关键信息基础设施运营者的安全要求。需要指出的是,尽管监测预警与应急处置在《网络安全法》中独立成章,但这一内容通过第 25、26、29 条与网络运行安全在体系上发生直接勾连,故而本章将在第三节对其进行介绍。此外,网络运行安全不仅涉及《网络安全法》,而且还涉及《保守国家秘密法》《密码法》等涉密法律法规,故而本章第四节将结合上述法律法规对涉密网络的运行安全进行介绍。鉴于关键信息基础设施的重要性,本书将在第六章专门对其进行介绍。而在网络运行安全的一般规定中,网络安全等级保护制度又构成了网络运营者安全保障义务展开的基础。考虑到网络安全等级保护制度的基础性、重要性以及内容的复杂性,本书同样将以专章(第五章)对其进行介绍。

本节将集中介绍网络运行安全一般规定中的网络设备、产品和服务安全要求以及其他主体的安全要求。

二、网络设备、产品和服务安全要求

根据《信息安全技术　网络产品和服务安全通用要求》(GB/T 39276－2020)(以下简称《网络产品和服务安全通用要求》)3.2 的规定,所谓网络产品,即作为网络组成部分以及实现网络功能的硬件、软件或系统,按照一定的规则和程序实现信息的收集、存储、传输、交换和处理。由于网络设备、产品和服务是网络用户进行网络活动的重要载体,其安全状况直接关系到网络用户网络活动的安全,包括是否会遭遇信息泄露、数据篡改、服务中断、非法远程控制等不当控制,故而网络产品和服务提供者有义务保障其提供的产品和服务具有安全性、可靠性、可控性。[1]

根据《网络安全法》第22、23条之规定,我国网络设备、产品和服务安全要求可分为网络产品和服务的通用安全要求、网络关键设备和网络安全专用产品的特殊要求两大类。而后者还可能涉及《网络安全法》与《密码法》的衔接适用问题。下面就将分别予以介绍。

(一)网络产品和服务的通用安全要求

根据《网络安全法》第22条的规定,网络产品和服务提供者除应遵守个人信息保护义务外,还应遵守四项基本的通用安全要求:符合相关国家标准的强制性要求;不得设置恶意程序;发现安全风险时采取补救措施并告知用户、报告主管部门;在规定或约定期限内持续提供安全维护。

首先,网络产品和服务提供者应符合相关国家标准的强制性要求。在《网络安全法》颁布之时,我国的网络产品与服务标准多为推荐性的行业标准。为响应《网络安全法》的这一规定,信安标委组织起草了《网络产品和服务安全通用要求》(主要内容见图4-2),并于2020年正式发布。这一国家标准虽然对网络产品和服务的通用安全要求作出了较为全面的规范,但它并不属于强制性国家标准,而是属于推荐性国家标准。由此,网络产品和服务提供者如果按照这一国家标准的要求来规范自己的产品和服务,固然能够为自己的合规加分,但如果不执行这一国家标准,也并不属于违法违规。也就是说,《网络产品和服务安全通用要求》并不对应《网络安全法》第22条第1句提出的要求。当然,如果这一国家标准将来为法律法规所引用,则将具有强制约束力,构成"相关国家标准的强制性要求"。此外,还需要注意的是,按照《产品质量法》的规定,网络产品和服务必须符合保障人体健康和人身、财产安全的要求。[2]

---

[1] 马民虎主编:《网络安全法律遵从》,电子工业出版社2018年版,第394~395页。

[2] 杨合庆主编:《中华人民共和国网络安全法解读》,中国法制出版社2017年版,第52页。

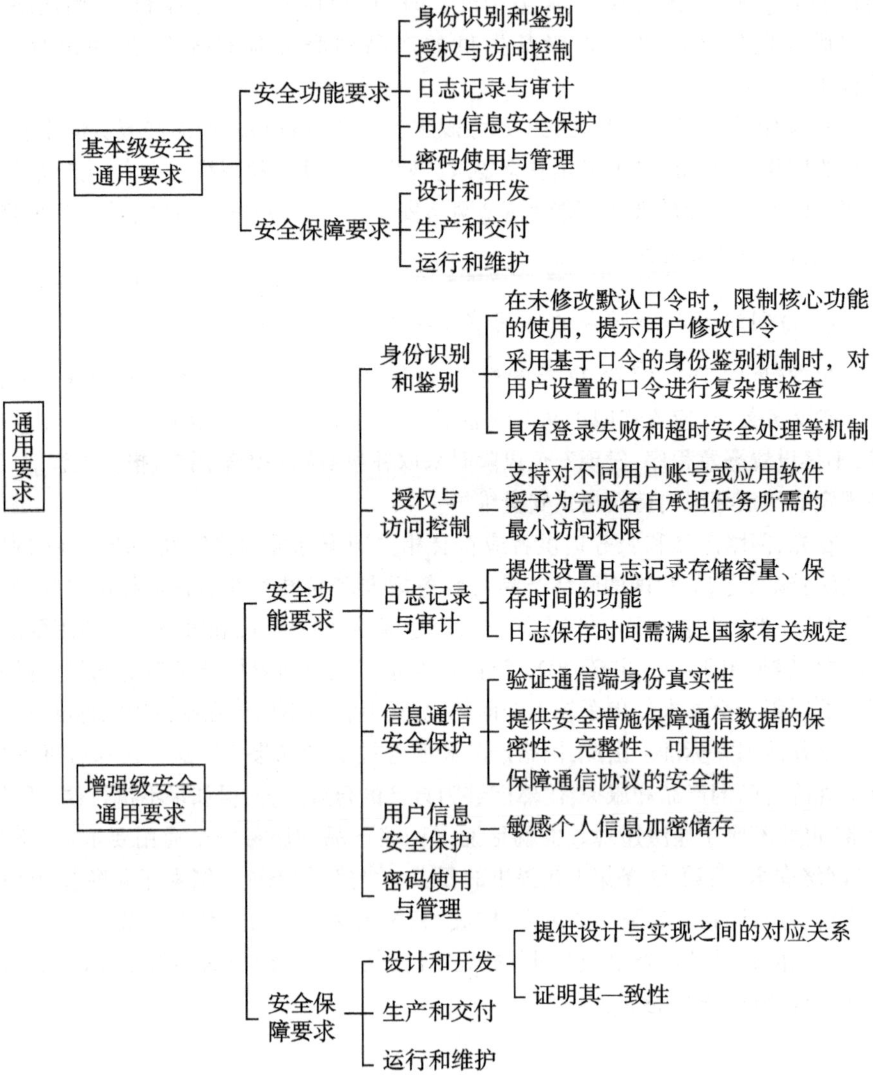

图 4－2 《网络产品和服务安全通用要求》主要内容

无论如何，作为国家标准，《网络产品和服务安全通用要求》的重要性仍不可小觑。故而，这里将对这一标准做简要介绍。安全通用要求主要分为基本级安全通用要求和增强级安全通用要求。这两种不同级别的安全要求在结构上一致，均由安全功能要求和安全保障要求两部分构成，但在具体内容上存在较大差别。其中，基本级安全功能要求包括身份识别和鉴别、授权与访问控制、日志记录与审计、用户信息安全保护、密码使用与管理五个方面；增强级安全功能要求在基本级安全功能要求的基础上增加信息通信安全保护的要求。安全保障要求虽然均包括设计和开发、生产和交付、运行和维护三个环节，但增强级安全保障要求的内容更为丰富。以生产和交付环节为例。基本级安全保障要求包括三项要求：第一，采取完整性保护措施降低网络产品和服务中关键组件、过程和数据被篡改、伪造的风险；第二，向用户说明包含在网络产品和服务中的所有与用户相关的功能模块和访问接口；第三，通过用户协议、产品使用说明书或网站通报等途径，声明所提供的网络产品和服务中没有故意留有或者设置漏洞、后门、木马等程序和功能。而增强级安全保障要求则在此基础上又增加了三项要求：第一，建立和实施规范的产品生产和服务交付流程，在关键环节实施安全检查和验证，减少产品生产和服务交付过程中的安全风险；第二，为用户提供验证所交付产品完整性必需的安全措施，减少产品交付过程中的篡改风险；第三，为用户提供操作指南等指导性文档，明确产品典型部署环境应满足的安全要求，描述产品使用过程中涉及的各用户角色和安全责任，给出风险提示和应急响应措施。

其次，不得设置恶意程序。所谓恶意程序，即专门编写的用于实施网络攻击、干扰网络正常使用、窃取网络数据等行为的程序，包括计算机病毒和恶意软件。[1]由于恶意软件将对网络安全和他人合法权益造成严重损害，故而《网络安全法》要求网络产品、服务提供者不得设置恶意程序。除此之外，按照《网络产品和服务安全通用要求》的规定，网络产品、服务提供者还应有防范恶意程序的基本措施。具体来说，网络产品和服务提供者禁止从事以下行为：(1)在网络产品和服务的研发、生产、交付、运维等过程中植入恶意程序；(2)在网络产品和服务中设置隐蔽借口或未明示功能模块；(3)加载能够禁用或绕过安全机制的组件，不存在硬编码方式的默认口令和隐藏账号。同时，网络产品和服务提供者还应履行以下义务：(1)建立和实施网络产品和服务的完整性保护措施，减少产品和服务的关键组件、过程和数据被篡改、伪造的风险；(2)保护用户对软件安装、使用、升级、卸载的知情权和选择权；(3)通过用户协议、产品使用说明书、门户网站等途径，承诺提供的网络产品和服务不包含恶意程序、隐蔽借口或未明示功能模块等。[2]

再次，发生网络风险及时采取应对措施。与《消费者权益保护法》第19条相衔接，《网络安全法》第22条规定了网络产品、服务提供者在发生网络风险时的及时应对义务。具体来说，网络产品、服务提供者在发现其网络产品、服务存在安全缺陷、漏洞等风险时，应立即采取补救措施，按照规定及时告知用户并向有关主管部门报告，以避免损害发生或防止风险扩大。[3]可以看出，《网络安全法》第22条

〔1〕 杨合庆主编：《中华人民共和国网络安全法解读》，中国法制出版社2017年版，第52页。

〔2〕 马民虎主编：《网络安全法律遵从》，电子工业出版社2018年版，第398页。

〔3〕 杨合庆主编：《中华人民共和国网络安全法解读》，中国法制出版社2017年版，第53页。

这一规定相对而言较具原则性。事实上，这一风险及时应对义务与本章第三节所谈到的监测预警与应急处置是相互衔接的。具体而言，这一义务与网络安全漏洞披露[1]具有密切联系。为规范网络安全漏洞披露并对其加强管理，工信部、公安部与国家网信办于2021年共同发布了《网络产品安全漏洞管理规定》。后文将对此进行详细介绍。

最后，安全维护义务。在网络产品和服务快速迭代的背景下，如何在网络产品和服务提供者停止对产品和服务的维护的情况下，仍然保证网络产品和服务的可用性与可持续性就成为一个极具紧迫性和现实性的问题。以微软公司为例。2020年，微软公司宣布对Windows 7终止服务；2021年，宣布对Windows 10版本1909终止服务；2022年，对Windows 10版本20H2终止服务。一旦终止服务，微软公司将停止对相应操作系统的更新，包括安全补丁，用户如果不愿意花费高昂的代价升级到新的操作系统，就将面对严重的网络安全风险。事实上，这种情况并不少见。[2]为防范由此产生的网络安全风险，《网络安全法》要求网络产品、服务提供者为其产品、服务持续提供安全维护，在规定或者当事人约定的期限内，不得终止提供安全维护。在实践中，可综合产品、服务的重要程度、使用范围、终止安全服务后可能造成的后果等因素合理确定应当提供安全维护的期限。[3]

（二）网络关键设备和网络安全专用产品的特殊要求

根据《网络安全法》第23条，网络关键设备和网络安全专用产品的特殊要求包括两个方面：一是符合相关国家标准的强制性要求；二是必须经过安全认证或安全检测（方可销售和提供）。同时，该条最后一句授权国家网信部门会同有关部门公布网络关键设备和网络安全专用产品目录，落实对网络关键设备和网络安全专用产品的认定。据此，2017年国家网信办会同工信部等四部门发布了《网络关键设备和网络安全专用产品目录（第一批）》[4]，具体内容如表4-1所示。

---

[1] 有关网络安全漏洞披露，可参见黄道丽：《网络安全漏洞披露规则及其体系设计》，载《暨南学报（哲学社会科学版）》2018年第1期。

[2] 夏燕、赵长江主编：《网络安全法教程》，西安电子科技大学出版社2019年版，第119页。

[3] 杨合庆主编：《中华人民共和国网络安全法解读》，中国法制出版社2017年版，第54页。

[4] 2023年7月3日，国家网信办会同工信部、公安部、国家认监委发文对该目录进行了调整，原目录已废止。新的目录主要增加了网络安全产品的种类，并以“产品描述”替代了“范围”的参数设定。详见《关于调整〈网络关键设备和网络安全专用产品目录〉的公告》，载中央人民政府网2023年7月3日，https://www.gov.cn/zhengce/zhengceku/202307/content_6889847.htm。

表 4－1　网络关键设备和网络安全专用产品目录(第一批)

	设备或产品类别	范围
网络关键设备	1. 路由器	整系统吞吐量(双向)≥12Tbps 整系统路由表容量≥55 万条
	2. 交换机	整系统吞吐量(双向)≥30Tbps 整系统包转发率≥10Gpps
	3. 服务器(机架式)	CPU 数量≥8 个 单 CPU 内核数≥14 个 内存容量≥256GB
	4. 可编程逻辑控制器(PLC 设备)	控制器指令执行时间≤0.08 微秒
网络安全专用产品	5. 数据备份一体机	备份容量≥20T 备份速度≥60MB/s 备份时间间隔≤1 小时
	6. 防火墙(硬件)	整机吞吐量≥80Gbps 最大并发连接数≥300 万 每秒新建连接数≥25 万
	7. WEB 应用防火墙(WAF)	整机应用吞吐量≥6Gbps 最大 HTTP 并发连接数≥200 万
	8. 入侵检测系统(IDS)	满检速率≥15Gbps 最大并发连接数≥500 万
	9. 入侵防御系统(IPS)	满检速率≥20Gbps 最大并发连接数≥500 万
	10. 安全隔离与信息交换产品(网闸)	吞吐量≥1Gbps 系统延时≤5ms
	11. 反垃圾邮件产品	连接处理速率(连接/秒)＞100 平均延迟时间＜100ms
	12. 网络综合审计系统	抓包速度≥5Gbps 记录事件能力≥5 万条/秒
	13. 网络脆弱性扫描产品	最大并行扫描 IP 数量≥60 个
	14. 安全数据库系统	TPC-E tpsE(每秒可交易数量)≥4500 个
	15. 网站恢复产品(硬件)	恢复时间≤2ms 站点的最长路径≥10 级

资料来源:《关于发布〈网络关键设备和网络安全专用产品目录(第一批)〉的公告》,载中国网信网,http://www.cac.gov.cn/2017-06/09/c_1121113591.htm。

接下来,本书将分别对相关国家标准的强制性要求和安全认证与安全检测进行介绍。

1. 相关国家标准的强制性要求

为响应《网络安全法》,2021 年 2 月 20 日,国家市场监督管理总局(国家标准化管理委员会)发布 2021 年第 1 号公告,批准了《网络关键设备安全通用要求》(GB 40050－2021)。这一强制性国家标准由工信部提出并归口,为网络关键设备安全认证和安全检测提供了统一规范。

根据《网络关键设备安全通用要求》的规定,所谓网络关键设备,即支持联网功能,在同类网络设备中具有较高性能的设备,通常应用于重要网络节点、重要部位或重要系统中,一旦遭到破坏,可能引发重大网络安全风险。具体而言,这一国家标准对网络关键设备提出了两个方面的要求:安全功能要求与安全保障要求。前者聚焦于保障和提升设备的安全技术能力,包括设备标识安全、冗余备份恢复与异常检测、漏洞和恶意程序防范、预装软件启动及更新安全、用户身份标识与鉴别、访问控制安全、日志审计安全、通信安全、数据安全以及密码要求等十个部分;后者则聚焦于规范网络关键设备提供者在设备全生命周期的安全保障能力,涵盖了设计和开发、生产和交付、运行和维护三个环节。

2. 安全认证与安全检测

可以说,《网络安全法》第 23 条的核心在于安全认证和检测机制,它是保证网络关键设备和网络安全专用产品安全性的核心与灵魂。为规范检测认证,国家认证认可监督管理委员会(以下简称认监委)联合工信部、公安部和国家网信办于 2018 年发布了第一批承担网络关键设备和网络安全专用产品安全认证和安全检测任务机构名录(具体内容见表 4－2)。其中,根据《关于建立国家信息安全产品认证认可体系的通知》(国认证联〔2004〕57 号)"在体系建立的初期阶段只设立一个认证机构、多个检查机构和检测实验室"的规定,仅有"中国网络安全审查技术与认证中心"1 家网络关键设备和网络安全专用产品安全认证机构(认证结果报认监委),另有 11 家网络关键设备安全检测机构(检测结果报工信部),4 家网络关键设备安全检测机构(检测结果报公安部)。为推动检测认证结果互认,所有机构的认证检测结果由国家网信办三方汇总后统一公布。

表 4－2 承担网络关键设备和网络安全专用产品安全认证和安全检测任务机构名录(第一批)

序号	机构名称	对应法人单位	机构安全认证/检测范围	说明
1	中国信息安全认证中心	中国信息安全认证中心	网络关键设备和网络安全专用产品安全认证	选择认证方式的网络关键设备和网络安全专用产品,安全认证合格后,由认证机构报认监委

续表

序号	机构名称	对应法人单位	机构安全认证/检测范围	说明
2	中国信息通信研究院/中国泰尔实验室	中国信息通信研究院	网络关键设备安全检测	选择检测方式的网络关键设备,安全检测符合要求后,由检测机构报工信部
3	国家计算机网络与信息安全管理中心	国家计算机网络与信息安全管理中心		
4	国家工业控制系统与产品安全质量监督检验中心	工业和信息化部电子科学技术情报研究所(工业和信息化部电子第一研究所)		
5	中国电子技术标准化研究院赛西实验室	中国电子技术标准化研究院		
6	工业和信息化部电子第五研究所	工业和信息化部电子第五研究所		
7	信息产业数据通信产品质量监督检验中心	北京通和实益电信科学技术研究所有限公司		
8	国家电话交换机质量监督检验中心	电信科学技术第一研究所		
9	信息产业无线通信产品质量监督检验中心	西安通和电信设备检测有限公司		
10	信息产业有线通信产品质量监督检验中心	成都泰瑞通信设备检测有限公司		
11	信息产业光通信产品质量监督检验中心	武汉网锐实验室(信息产业光通信产品质量监督检验中心)		
12	信息产业广州电话交换设备质量监督检验中心	中国电信集团公司广东分公司		

续表

序号	机构名称	对应法人单位	机构安全认证/检测范围	说明
13	公安部计算机信息系统安全产品质量监督检验中心	公安部第三研究所	网络安全专用产品安全检测	选择检测方式的网络安全专用产品，安全检测符合要求后，由检测机构报公安部
14	公安部安全与警用电子产品质量检测中心	公安部第一研究所		
15	国家计算机病毒应急处理中心计算机病毒防治产品检验实验室	国家计算机病毒应急处理中心		
16	信息产业信息安全测评中心	中国电子科技集团公司第十五研究所		

资料来源：《国家认监委　工业和信息化部　公安部　国家互联网信息办公室　关于发布承担网络关键设备和网络安全专用产品安全认证和安全检测任务机构名录（第一批）的公告》，载中国网络安全审查技术与认证中心（原为中国信息安全认证中心）2018 年 6 月 20 日，https://www.isccc.gov.cn/zxyw/cprz/wlgjsb/tzgg/2018/06/891506.shtml。

为规范认证机构的认证行为，认监委于 2018 年发布了《网络关键设备和网络安全专用产品安全认证实施规则》（CNCA-CCIS－2018）。这一实施规则对认证的基本环境、实施流程、认证时限、认证证书（有效期 5 年）、认证标志的管理作出了规定，并明确了认证模式与认证流程。该规章与《认证认可条例》共同构成了网络关键设备和网络安全专用产品安全认证的重要法律渊源。除此之外，认证机构还将适用或参照相关国家标准，具体如表 4－3 所示。

表 4－3　网络关键设备和网络安全专用产品安全认证依据标准列表

序号	设备或产品类别	标准名称
1	路由器	GB 40050－2021《网络关键设备安全通用要求》
2	交换机	GB 40050－2021《网络关键设备安全通用要求》
3	服务器（机架式）	GB 40050－2021《网络关键设备安全通用要求》
4	可编程逻辑控制器（PLC 设备）	GB 40050－2021《网络关键设备安全通用要求》
5	数据备份一体机	GB/T 29765－2013《信息安全技术　数据备份与恢复产品技术要求与测试评价方法》①
6	防火墙（硬件）	GB/T 20281－2020《信息安全技术　防火墙安全技术要求和测试评价方法》

续表

序号	设备或产品类别	标准名称
7	WEB 应用防火墙(WAF)	GB/T 20281 -2020《信息安全技术　防火墙安全技术要求和测试评价方法》
8	入侵检测系统(IDS)	GB/T 20275 -2021《信息安全技术　网络入侵检测系统技术要求和测试评价方法》
9	入侵防御系统(IPS)	GB/T 28451 -2012《信息安全技术　网络型入侵防御产品技术要求和测试评价方法》
10	安全隔离与信息交换产品(网闸)	GB/T 20279 -2015《信息安全技术　网络和终端隔离产品安全技术要求》
11	反垃圾邮件产品	GB/T 30282 -2013《信息安全技术　反垃圾邮件产品技术要求和测试评价方法
12	网络综合审计系统	GB/T 20945 -2013《信息安全技术　信息系统安全审计产品技术要求和测试评价方法》
13	网络脆弱性扫描产品	GB/T 20278 -2022《信息安全技术　网络脆弱性扫描产品安全技术要求和测试评价方法》
14	安全数据库系统	GB/T 20273 -2019《信息安全技术　数据库管理系统安全技术要求》
15	网络恢复产品(硬件)	GB/T 29766 -2013《信息安全技术　网站数据恢复产品技术要求与测试评价方法》

资料来源:《网络关键设备和网络安全专用产品安全认证依据标准列表》,载中国网络安全审查技术与认证中心,https://www.isccc.gov.cn/images/zxyw/cprz/wlgjsb/qt/2021/09/26/D94FF599DC393D454FCAD55A141B7D4F.pdf。

①该标准现已修订,新版本为:《信息安全技术　数据备份与恢复产品技术要求与测试评价方法》(GB/T 29765 -2021)。

三、其他主体的安全要求

网络运行安全的维护不仅依赖网络运营者诚实履行合规义务,而且也有赖于其他社会主体的积极参与。故而《网络安全法》第 26、27、30 条专门对其他主体提出了网络运行安全方面的要求。具体来说,包括以下三项内容:第一,禁止“任何个人和组织”从事危害网络安全的行为,包括不得从事侵入他人网络、干扰他人网络正常功能、窃取网络数据等危害网络安全的活动,不得为他人从事危害网络安全的活动提供专门程序、工具,不得为他人从事危害网络安全的活动提供帮助等。[1]第二,开展网络安全认证、检测、风险评估等活动,向社会发布网络安全信息应当遵

[1] 本书第七章将专门对此进行介绍。

守国家有关规定。第三,对主管部门在执法过程中获取的信息进行用途上的限制(只能用于维护网络安全的需要)。

其中第2项要求中有关网络安全信息披露的规定与网络运营者发现网络风险时及时应对义务中的信息披露之间的区别主要在于主体的不同。此处所针对的是不特定的一般社会主体,主要是从事网络产品安全漏洞发现的个人和组织。为呼应该项要求,《网络产品安全漏洞管理规定》第4、9~11条对于从事网络产品安全漏洞发现的个人、组织进行了具体规范,要求其加强内部管理,鼓励其向官方漏洞平台和数据库报送网络产品安全漏洞信息,同时在向社会公布网络安全漏洞信息时应遵循必要、真实、客观以及有利于防范网络安全风险的原则,并遵循相关具体要求。同时,该规定第5、6条也为从事网络产品安全漏洞发现的个人、组织提供了相应的支持和鼓励措施。具体内容如表4-4所示。

表4-4 从事网络产品安全漏洞发现的个人、组织相关规范内容

类别	条款	具体内容
限制性规定	第4条	任何组织或者个人不得利用网络产品安全漏洞从事危害网络安全的活动,不得非法收集、出售、发布网络产品安全漏洞信息;明知他人利用网络产品安全漏洞从事危害网络安全的活动的,不得为其提供技术支持、广告推广、支付结算等帮助
	第9条	从事网络产品安全漏洞发现、收集的组织或者个人通过网络平台、媒体、会议、竞赛等方式向社会发布网络产品安全漏洞信息的,应当遵循必要、真实、客观以及有利于防范网络安全风险的原则,并遵守以下规定: (1)不得在网络产品提供者提供网络产品安全漏洞修补措施之前发布漏洞信息;认为有必要提前发布的,应当与相关网络产品提供者共同评估协商,并向工信部、公安部报告,由工信部、公安部组织评估后进行发布。 (2)不得发布网络运营者在用的网络、信息系统及其设备存在安全漏洞的细节情况。 (3)不得刻意夸大网络产品安全漏洞的危害和风险,不得利用网络产品安全漏洞信息实施恶意炒作或者进行诈骗、敲诈勒索等违法犯罪活动。 (4)不得发布或者提供专门用于利用网络产品安全漏洞从事危害网络安全活动的程序和工具。 (5)在发布网络产品安全漏洞时,应当同步发布修补或者防范措施。 (6)在国家举办重大活动期间,未经公安部同意,不得擅自发布网络产品安全漏洞信息。 (7)不得将未公开的网络产品安全漏洞信息向网络产品提供者之外的境外组织或者个人提供。 (8)法律法规的其他规定

续表

类别	条款	具体内容
限制性规定	第 10 条第 1 款	任何组织或者个人设立的网络产品安全漏洞收集平台,应当向工信部备案。工信部及时向公安部、国家网信办通报相关漏洞收集平台,并对通过备案的漏洞收集平台予以公布
	第 11 条	从事网络产品安全漏洞发现、收集的组织应当加强内部管理,采取措施防范网络产品安全漏洞信息泄露和违规发布
支持性规定	第 5 条	网络产品提供者、网络运营者和网络产品安全漏洞收集平台应当建立健全网络产品安全漏洞信息接收渠道并保持畅通,留存网络产品安全漏洞信息接收日志不少于 6 个月
鼓励性规定	第 6 条	鼓励相关组织和个人向网络产品提供者通报其产品存在的安全漏洞
	第 10 条第 2 款	鼓励发现网络产品安全漏洞的组织或者个人向工信部网络安全威胁和漏洞信息共享平台、国家网络与信息安全信息通报中心漏洞平台、国家计算机网络应急技术处理协调中心漏洞平台、中国信息安全测评中心漏洞库报送网络产品安全漏洞信息

第二节　网络运营者的安全保障义务

网络运营者安全保障义务的履行是网络运行安全保障的重中之重。《网络安全法》第 21 条对其作出了总括性规定,并在第三章其他条款、第四章、第五章中分别作出了具体性规定。根据第 21 条第 1、2 句,网络运营者的安全保障义务以网络安全等级保护制度为依托;换言之,网络安全等级保护制度全面贯穿于网络运营者的安全保障义务之中。尽管本书将网络安全等级保护制度设为专章进行介绍,但请读者务必注意,不能将二者剥离开来进行理解。究其实质,网络安全等级保护制度就是将网络依其重要性分为不同等级,并针对不同等级的网络运营者提出不同的安全保障义务(尤其是安全管理义务)具体要求。

具体来说,网络运营者的安全保障义务包括以下内容:安全管理义务、协助执法与配合执法义务、网络实名认证与信息披露义务、安全保证义务、内容管理义务、个人信息处理合规义务。其中,安全保证义务对应网络产品、服务安全要求,上文已对其进行了介绍;个人信息处理合规义务和内容管理义务将分别在第九章、第十一章进行介绍,本节不再赘述。

一、安全管理义务

网络运营者的安全管理义务由《网络安全法》第 21 条规定，其基本内容如图 4－3 所示。

网络运营者的安全管理义务（网络安全等级保护制度）
- 制定内部安全管理制度和操作规程，确定网络安全负责人
- 采取防范危害网络安全行为的技术措施
- 监测网络安全，留存网络日志
- 数据分类、重要数据备份和加密

图 4－3　网络运营者的安全管理义务

图 4－3 中的第 1、2 项义务，即制定内部安全管理制度和操作规程、采取防范危害网络安全行为的技术措施，主要依托网络安全等级保护制度展开，第 4 项义务则应结合《数据安全法》《网络安全审查办法》《数据出境安全评估办法》等来进行理解。以上内容将集中在第五章和第十章中进行介绍。第 3 项义务则将在第三节中进行介绍。此处拟对“留存网络日志”这一义务加以简要介绍。

在《网络安全法》施行之前，我国对网络服务提供者虽然也规定了留存网络日志的义务，但留存期限的规定与《网络安全法》有所不同。依据《互联网信息服务管理办法》，网络服务提供者应保留网络日志不少于 60 日。然而，从实际运行状况来看，60 日留存期限的规定已经不能满足网络安全保障的需要。网络日志一方面为网络安全监测信息的主要来源之一，对网络安全全链条动态保障发挥着重要的作用；另一方面也为网络安全执法提供了支撑，对于公安机关、国家安全机关等执法机关掌握网络违法犯罪行为的证据，以及跨国执法协作具有重要意义。然而，由于网络犯罪的复杂性、隐蔽性、组织性，且大部分网络犯罪已经演变为跨国犯罪，所以当公安机关向网络运营者调取网络日志时往往已经超过了 60 日的留存期限，而无法获得相关证据。故而，《网络安全法》将留存期限延长至 6 个月。并且考虑到网络日志种类较多，《网络安全法》规定网络运营者应当按照规定留存相关的网络日志不少于 6 个月，至于哪些需要留存不少于 6 个月，则需要根据维护网络安全的实际情况来确定。[1]

---

〔1〕 杨合庆主编：《中华人民共和国网络安全法解读》，中国法制出版社 2017 年版，第 54 页。

二、协助执法和配合执法义务

鉴于互联网的特性以及网络运营者所处的特殊地位，网络安全执法在很大程度上需要网络运营者的配合与协助才能实现良好的执法效果。上文在谈到网络日志留存期限时对网络运营者协助执法（向执法机关提供网络日志）已有初步涉及。具体来说，《网络安全法》对协助执法义务的规定主要在第 28 条，而配合执法义务则主要体现在第 49 条第 2 款。

根据《网络安全法》第 28 条，网络运营者协助执法所对应的执法机关限定为公安机关和国家安全机关；协助事由限定为“依法维护国家安全和侦查犯罪的活动”；协助的内容主要包括提供技术支持和协助，具体可能包括配合通信侦控、数据留存与提供（用户基础数据、用户上网行为数据、互联网信息服务者许可备案数据）、协助解密、协助取证等。在此，考虑到其与用户的通信秘密可能存在的紧张关系，本书将集中对通信监控配合这一协助执法形式进行详细介绍。

通信监控，又称网络通信截取，是为了收集证据、查明犯罪事实，利用通信技术对通信数据与通信内容予以实时探知并收集记录的措施。[1] 常见的通信监控形式包括通过互联网接入服务、邮件服务、智能终端设备、社交媒体等对通信内容和通信流量信息进行监控；而网络运营者的通信监控配合义务则主要包括安装专门设备、提供技术接口、建设专门执法系统模块、实施特定数据保护、为执法部门提供技术支持以使其可以实时访问网络运营者的数据库或服务器等。

综观现代各国，大都在网络通信截取方面进行大量的立法，其中典型者包括美国的《外国情报监听法》（FISA）[2]、《电子通信隐私法》（ECPA）[3]、《通信执法协助法》（CALEA）[4]，英国的《侦查权规制法》[5]《数据保留与侦查权力法案》《侦

---

〔1〕 马民虎、果园：《网络通信监控法律制度研究》，法律出版社 2013 年版，第 29 页。

〔2〕 Foreign Intelligence Surveillance Act，50 U. S. C. § 1801 et seq.

〔3〕 Electronic Communications Privacy Act of 1986，18 U. S. C. § § 2510 – 2523。ECPA 由三个部分构成：《窃听法》（The Wiretap Act，18 U. S. C. § § 2511 – 2522）、《电话记录器法》（The Pen Register Statue，18 U. S. C. § § 3121 – 3127）和《存储通信法》（The Stored Communications Act，SCA，18 U. S. C. § § 2701 – 2711）。

〔4〕 The Communications Assistance to Law Enforcement Act，47 U. S. C. § § 1001 – 1010.

〔5〕 也有翻译为《调查权管理法》，英文原文为 Regulation of Investigatory Powers Act 2000。

查权力法案》,[1]以及德国的《限制信件、邮件以及远程通信秘密法》[2]等。从以上立法可以看出,各国不仅普遍规定了网络服务提供者需履行为通信截取提供技术支持和协助的义务,而且通常对于外国公民(企业)的通信截取在程序控制上更为宽松。

我国并无专门的通信截取立法,但是在《刑事诉讼法》《反恐怖主义法》《反间谍法》《网络安全法》《邮政法》《电信条例》等法律法规中作出了相关规定。据此,侦查人员在获得公安机关或者人民检察院批准的情况下即可"检查"公民的通信,而邮政、电信(包括互联网)运营者均有义务予以协助。具体到网络通信截取,如上所述,《网络安全法》除一般性地规定网络运营者对于网络安全的管理、监测、预警以及对执法部门的监督检查的配合义务外,更是专门在第28条规定了网络运营者对公安部门和国家安全部门的侦查活动提供技术支持和协助的义务。该条在立法背景上参考了美国的CALEA等外国立法,与《反恐怖主义法》第18条共同明确了电信和互联网经营者对网络通信截取的协助义务。[3]

必须看到,在网络条件下,通信截取日益呈现形式多样性、常态性、广泛性和不具有可感知性等特点。通信截取固然能为国家防范和打击犯罪、维护国家安全提供重要助力,但若疏于规范也可能损害公民权益,甚至降低网络的安全性能。[4]具体来说,国家所进行的通信截取必须符合法律保留原则、比例原则和正当程序原则的要求。以此观之,我国上述法律规范一方面过于宏观和抽象,如对技术支持和协助义务具体包括的内容、通信截取的具体方式、通信截取的对象均未作明确规定;另一方面在正当程序的控制上较粗糙,如《刑事诉讼法》第143条仅对邮件、电报的扣押程序作出了规定,对于其他"通信"之其他"检查"程序未置一词,这就难以在极为广泛的领域内进行类推适用。此外,《网络安全法》《反恐怖主义法》也均未明确规定相应的程序要求,从而导致实践中执法机关的通信截取缺乏法定程序控制。[5]

除第28条外,《网络安全法》第49条第2款还规定了网络运营者的配合执法

---

[1] 孙明泽:《英国通讯截取程序立法:历程、特征及启示》,载《中国人民公安大学学报(社会科学版)》2019年第4期。

[2] Gesetz zur Beschränkung des Brief-, Post-und Fernmeldegeheimnisses (G10)(1968年制定,2017年最后修改). 有关该法案的介绍和评价,参见 Christian Schaller, *Strategic Surveillance and Extraterritorial Basic Rights Protection: German Intelligence Law After Snowden*, 19 German Law Journal 941 (2018)。

[3] 杨合庆主编:《中华人民共和国网络安全法解读》,中国法制出版社2017年版,第66~67页。

[4] 关于大规模的网络监控可能降低网络的安全性能,参见英国《2000年调查权管理法》课题组:《对英国〈2000年调查权管理法〉的分析研究报告》,载陈光中、江伟主编:《诉讼法论丛》第7卷,法律出版社2002年版。

[5] 应晨林、马民虎:《紧急状态下我国通信协助执法的困境与规制》,载《兰州学刊》2016年第10期。

义务。这一义务与协助执法义务存在以下三点不同:第一,针对部门不同。配合执法义务针对的是国家网信部门等行政主管部门。第二,事由不同。配合执法义务的事由为网信部门和有关部门依法实施的监督检查。第三,义务内容不同。配合执法义务主要体现为接受监督检查,不得拒绝、阻碍,根据有关部门的要求,如实说明情况,提供有关信息和资料,为监督执法活动提供便利等。[1]

三、网络实名认证与信息披露义务

互联网天生具有匿名性。然而,互联网的匿名性也为网络安全的维护平添了诸多阻碍,包括但不限于滋生违法犯罪行为,如造谣、诽谤,甚至色情、赌博、贩毒等;给案件侦查增加了困难,并导致民事侵权案件难以确定侵权人,以致权利难以得到救济;更易引发网络暴力等。所以,许多国家都通过立法对网络用户身份管理制度作出了规定。[2]

我国网络实名制立法起步较早,具体发展进程如图4－4所示。

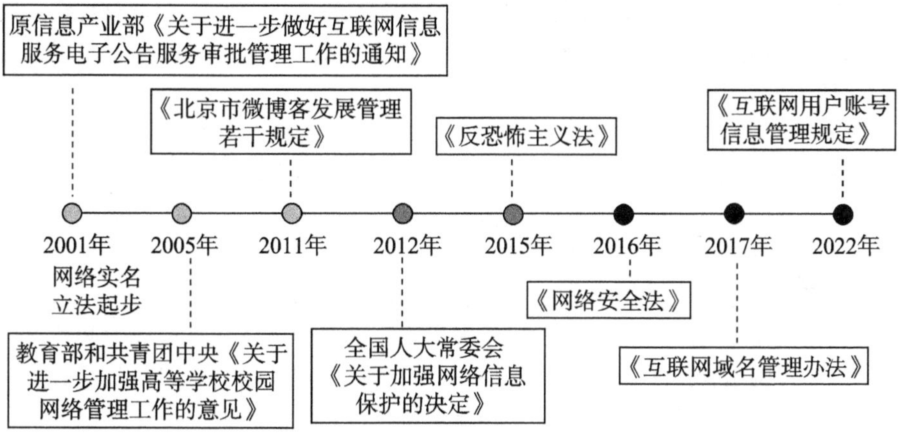

图4－4　我国网络实名制立法进程

从图4－4中我们可以看到,我国自网络立法早期即确定了网络实名制:2001年原信息产业部颁布《关于进一步做好互联网信息服务电子公告服务审批管理工作的通知》,要求电子公告服务实行实名制,从而开启了我国网络实名认证立法的进程。然而,在2001－2012年,我国有关网络实名制的立法层级效力都比较低,以规章和其他规范性文件为主,且多集中于某一特定网络服务(如电子公告板和微

[1] 杨合庆主编:《中华人民共和国网络安全法解读》,中国法制出版社2017年版,第107页。
[2] 杨合庆主编:《中华人民共和国网络安全法解读》,中国法制出版社2017年版,第57页。

博客)。2012 年,全国人大常委会通过《关于加强网络信息保护的决定》,要求网络服务提供者为用户办理网站接入服务,办理固定电话、移动电话等入网手续,或者为用户提供信息发布服务,应当在与用户签订协议或者确认提供服务时,要求用户提供真实身份信息。该决定从法律位阶层面在全国范围内针对所有的网络服务提供者确立了网络实名认证制度。但由于决定与法律毕竟在形式上存在一定的区别,而且当时我国网络行政监管体系还没有完全理顺,因此网络实名制在执行落实上还存在诸多不尽如人意之处。2015 年,《反恐怖主义法》首次以法律的形式规定了网络实名制(第 21 条)。当然,《网络安全法》的通过是我国网络实名制立法进程中的一个里程碑。在此之后,有关主管部门又发布了一系列的规章制度,包括《互联网新闻信息服务管理规定》(2017 年施行)、《互联网域名管理办法》(2017 年施行)、《互联网用户账号信息管理规定》(2022 年施行)等,以完善、细化和落实《网络安全法》的要求。以《互联网用户账号信息管理规定》为例,该规定不仅在第 9 条重申了《网络安全法》有关实名认证的规定,而且在第 10、15 条规定了动态核验制度。由于我国实行的是"前台匿名,后台实名"制度,平台展示的用户注册信息对于社会公众仍处于匿名状态,在有些情况下不利于公众监督,因此该规定在第 12、13 条还规定平台应在前台展示个人和公众账号部分信息,如 IP 地址归属地信息,以便于公众为公共利益实施监督。

由于实名认证的过程中伴随大量个人信息,甚至是敏感个人信息的收集、存储等处理活动,因此保证这些个人信息的安全也成为了网络运营者的义务。而且,身份认证可信度越高,所要收集的个人信息敏感程度也就越高。例如,动态人脸识别被认为是可信度最高的身份验证手段之一,但这一认证方式就需要收集用户的生物识别信息。为了尽量避免过度收集用户个人信息、减轻网络运营者的个人信息保护义务和保障用户个人信息安全,发展网络可信身份认证技术就成为必然的选择。故此,《网络安全法》第 24 条第 2 款规定,国家实施网络可信身份战略。事实上,由于网络可信身份技术对于促进网络健康发展、提高网络诚信、减少网络创新和交易成本等均具有重要意义,[1] 因此许多国家都高度重视网络可信身份体系的建设。我国亦开发推广了 eID 身份认证系统。[2]

我们还必须看到,实名认证本身不是目的,通过网络实名制来防范、化解网络匿名所带来的网络安全风险才是目的。因此,网络运营者不仅在用户注册、与用户签订协议时有义务核验和记录用户真实身份信息,而且在有关部门调取相关信息

[1] 夏燕、赵长江主编:《网络安全法教程》,西安电子科技大学出版社 2019 年版,第 110 页。

[2] eID 是由公安部三所主导研发的以国产自主密码技术为基础、以智能安全芯片为载体的身份认证系统,不仅能够在不泄露身份信息的前提下在线识别自然人主体,还能用于线下身份认证。详情参见《eID 介绍》,载 eID 官网,https://eid.cn/knoweid/whatiseid.html。

时有义务予以提供。此即为与网络实名制相关联的信息披露义务。具体来说，这里主要存在两种情况。其一，在公安机关、国家安全机关、检察机关或国家网信部门等主管部门追查网络违法犯罪行为或展开网络监督检查工作、要求网络运营者提供用户身份信息时，基于协助和配合执法义务，网络运营者应予提供。其二，在发生网络侵权纠纷、需要通过平台确定侵权人真实身份时，被侵权人可在提起诉讼时向法院提出申请，由法院向网络运营者发出协助调查通知书，要求平台提供相应用户的真实身份信息。若侵权人真实身份信息无法确定，在满足《民法典》第1194～1197条规定的情形下，被侵权人可追加平台为被告，要求平台承担连带侵权责任。若侵权人真实身份信息无法确定是由于平台未落实网络实名认证义务所致，则主管部门应根据《网络安全法》第61条之规定对其予以行政处罚。

第三节　网络监测预警与应急处置制度

一、网络监测预警与应急处置制度概览

（一）网络监测预警与应急处置规范体系

现代社会是风险社会。由此，加强全链条风险防控的应急法制体系就成为了现代国家法治建设任务的重要组成部分。早在2003年，中国共产党第十六届中央委员会第三次全体会议通过的《中共中央关于完善社会主义市场经济体制若干问题的决定》中就提出了国家要“建立健全各种预警和应急机制，提高政府应对突发事件和风险的能力”。但是从法制建设的角度来看，当时我国的应急法律体系主要还是由《传染病防治法》《防震减灾法》《防洪法》《破坏性地震应急条例》《突发公共卫生事件应急条例》等零散立法组成，缺乏统一的综合应急基本法。[1] 2006年，我国出台了《国家突发公共事件总体应急预案》；2007年，第十届全国人大常委会第二十九次会议通过了《突发事件应对法》。由此，我国开始进入应急法制建设体系化时代。此后，为规范应急预案的制定与管理，国务院办公厅又于2013年下发了《突发事件应急预案管理办法》，为突发事件应急处置奠定了一定的基础。上述立法也构成了网络监测预警与应急处置制度建设的基础性规范。

在风险社会的背景下，考虑到网络安全风险的动态性、不确定性和不可逆性对风险持续监控并及时应对所提出的要求，西方主要发达国家将网络监测预警与应急处置制度建设提高到了网络空间国家战略的高度。我国同样也高度重视网络监测预警与应急处置制度的建设工作。整体而言，我国网络监测预警与应急处置制

[1] 赵颖：《突发事件应对法治研究》，中国政法大学2006年博士学位论文，第129～130页。

度建设起步不晚,但过程较为曲折。[1] 2003 年,原国家信息化领导小组[2]发布《关于加强信息安全保障工作的意见》(中办发〔2003〕27 号),提出建设和完善信息安全监控体系、重视信息安全应急处理工作,提高对网络攻击、病毒入侵、网络失窃密的防范能力,进一步完善国家信息安全应急处理协调机制,建立健全指挥调度机制和信息安全通报制度,加强信息安全事件的应急处置工作。早在 1994 年,《计算机信息系统安全保护条例》中就规定了"公安部在紧急情况下,可以就涉及计算机信息系统安全的特定事项发布专项通令"。2000 年制定的《电信条例》也在第 53、64 条等条款中涉及了网络应急处置的内容。在这一过程中,工信部出台了一系列规范,包括 2009 年《公共互联网网络安全应急预案》(已于 2017 年废止)与《互联网网络安全信息通报实施办法》(已于 2019 年废止)、2010 年《通信网络安全防护管理办法》等,对网络监测预警与应急处置制度的建立和完善发挥了重要作用。2016 年,《网络安全法》对网络监测预警与应急处置作出了顶层设计。[3] 为细化《网络安全法》的规定,2017 年,中央网信办印发了《国家网络安全事件应急预案》;同年,工信部发布了《公共互联网网络安全突发事件应急预案》及《公共互联网网络安全威胁监测与处置办法》。[4] 至此,我国的网络监测预警与应急响应法律体系初步建立。

此外,在国家标准建设方面,我国也取得了一系列成果。早在 2007 年,我国就发布了相关指导性技术文件——《信息安全技术 信息安全事件分类分级指南》(GB/Z 20986 - 2007)。[5] 截至目前,我国已发布了《信息安全技术 信息安全应急响应计划规范》(GB/T 24363 - 2009)、《信息安全技术 网络安全监测基本要求

---

〔1〕 马民虎、贺晓娜:《我国网络信息安全应急的法律基础与立法对策》,载《信息网络安全》2004 年第 1 期。

〔2〕 根据《国务院关于机构设置的通知》(国发〔2008〕11 号)(已失效),原国家信息化领导小组的具体工作由工信部承担。

〔3〕 这一设计也包括了关键信息基础设施的监测预警与应急响应。由于关键信息基础设施对国计民生具有关键意义,《网络安全法》第 52、53 条要求负责关键信息基础设施安全保护工作的部门(根据《关键信息基础设施安全保护条例》第 3 条的规定,即公安部)建立相应的监测预警与应急响应制度,包括制定应急预案。《关键信息基础设施安全保护条例》第 5、6、15、17、18 条以及第四章等条款对关键信息基础设施运营者的监测应急方面的义务与相关制度作出了相应的规定。具体参见本书第六章。

〔4〕 按照《突发事件应急预案管理办法》《国家突发公共事件总体应急预案》的规定,在国家总体预案之下,各部门、各行业、各地方以及相关企事业单位还应分别制定相应的应急预案,以及专项应急预案,以组成一个协调的应急预案体系。网络安全应急预案也是由这样的体系构成的。考虑到工信部在网络通信管理中的重要地位,除《国家网络安全事件应急预案》外,本章中重点介绍了《公共互联网网络安全突发事件应急预案》。

〔5〕 信安标委已于 2020 年启动了国家标准《信息安全技术 信息安全事件分类分级指南》的修订工作,并于 2021 年 1 月 22 日向社会公开征求意见。

与实施指南》(GB/T 36635－2018)、《信息安全技术　工业控制网络监测安全技术要求及测试评价方法》(GB/T 37953－2019)、《信息安全技术　网络安全事件应急演练指南》(GB/T 38645－2020)、《信息安全技术　恶意软件事件预防和处理指南》(GB/T 40652－2021)等国家标准,为网络监测预警与应急处置的顺利开展起到了重要的参照作用。

我国网络监测预警与应急处置相关的主要法律规范与国家标准如表4－5所示。

表4－5　网络监测预警与应急处置主要法律规范与国家标准

类别	名称	发布时间	发布主体
法律	突发事件应对法	2007年	全国人大常委会
	网络安全法	2016年	全国人大常委会
行政法规	关键信息基础设施安全保护条例	2021年	国务院
规章	公共互联网网络安全威胁监测与处置办法	2017年	工信部
	网络产品安全漏洞管理规定	2021年	工信部、公安部与国家网信办
	网络产品安全漏洞收集平台备案管理办法	2022年	工信部
一般规范性文件①	突发事件应急预案管理办法	2013年	国务院办公厅
	国家网络安全事件应急预案	2017年	中央网信办
	公共互联网网络安全突发事件应急预案	2017年	工信部
推荐性国家标准	信息安全技术　网络安全监测基本要求与实施指南(GB/T 36635－2018)	2018年	国家标准化管理委员会
	信息安全技术　网络安全事件应急演练指南(GB/T 38645－2020)	2020年	国家标准化管理委员会

①有关应急预案的性质,学界与实务界尚未形成定论,由于我国的应急预案在实然层面具备一定的法规范特性,因此本书将其归类为一般规范性文件。参见林鸿潮:《论应急预案的性质和效力——以国家和省级预案为考察对象》,载《法学家》2009年第2期。

(二)网络监测预警与应急处置管理体系

如上所述,在《网络安全法》颁布之前,我国虽然对网络监测预警与应急处置也制定了相应规章制度,但缺乏体系性,较为分散。故而,在2016年之前,我国网络监测预警与应急处置的管理体系尚不明朗。《网络安全法》第五章对网络监测预警与应急处置的监管制度作出了明确的规定,确立了国家网信部门的统筹协调地位。按照《网络安全法》的原则性规定,国家网信办与工信部在2017年相继出台了相应的应急预案和管理办法。在此特别需要指出的是,工信部出台的《公共互联网网络安全突发事件应急预案》明确说明其编制依据包括《国家网络安全事件应急预案》。也就是说,对前者的理解应放在后者所确立的整体框架下来进行。综合以上文件的相关规定,我们可以总结出我国的网络监测预警与应急处置管理体系,具体如图4－5所示(其中部门层面管理体系以工信部为例进行说明)。

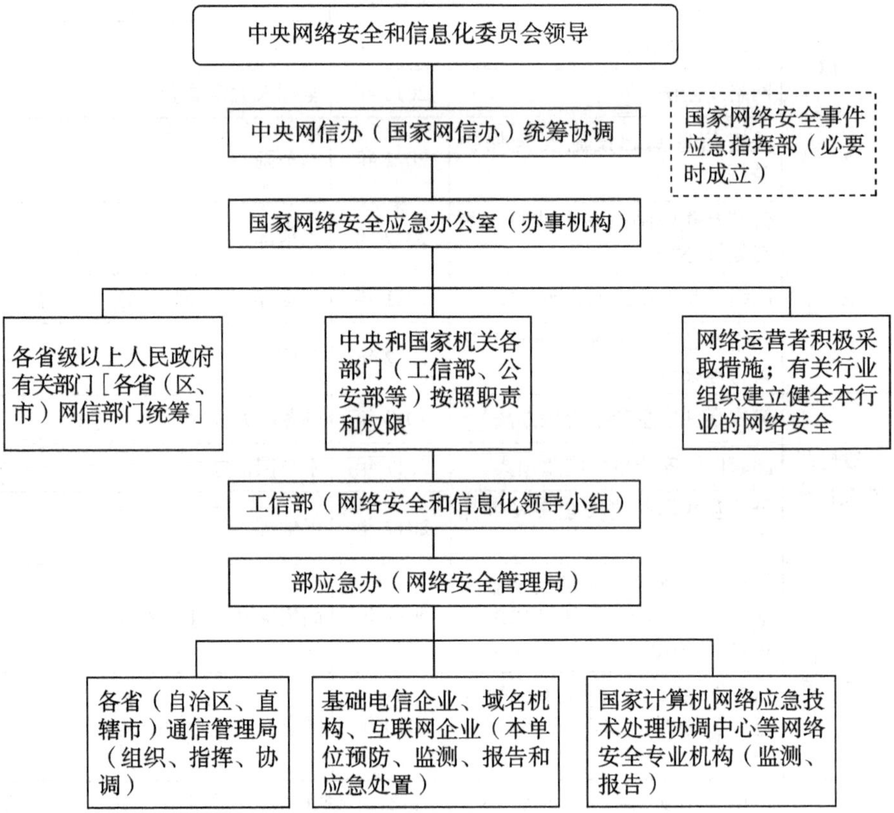

图4－5 我国网络监测预警与应急处置管理体系

综合相关法律法规与国家标准可以发现,网络监测预警与应急处置主要可分为"监测预警"与"应急响应"两大阶段,具体包括"网络监测—预警研判—预警发布—预警响应—应急响应—应急结束—调查评估"等环节。其中,预警研判与预警发布环节涉及网络安全信息披露管理，应急处置还包含网络通信临时管制等内容。下面本书将按照“监测预警”与“应急响应”两大阶段对网络监测预警与应急处置制度的具体内容展开介绍。

二、网络监测预警

（一）网络监测与预警分级

持续性的网络监测是发布预警及启动应急响应的基础。故而，包括《网络安全法》在内的多部法律法规都强调了网络运营者监测网络安全的义务。根据《信息安全技术　网络安全监测基本要求与实施指南》，所谓网络安全监测，即通过对网络和安全设备日志、系统运行数据等信息进行实时采集，以关联分析等方式对监测对象进行风险识别、威胁发现、安全事件实时告警及可视化展示。网络安全监测又可分为信息安全事件监测、运行状态监测、威胁监测和策略与配置监测。下面分别从监测主体和监测对象两个方面对网络监测进行具体介绍。

网络监测主体呈现多元化样态。如上所述，《网络安全法》第21条规定，网络运营者应“采取监测、记录网络运行状态、网络安全事件的技术措施”。与之相适应，《国家网络安全事件应急预案》在网络监测主体的规定上也采取了“谁主管谁负责、谁运行谁负责”的原则，将监测任务落实到“各单位”。工信部在《公共互联网网络安全突发事件应急预案》中则将国家网信办的上述原则性规定进一步具体描述为两个层次：(1)基础电信企业、域名机构、互联网企业负责本单位网络安全事件的监测；(2)国家计算机网络应急技术处理协调中心（又称国家互联网应急中心，CNCERT）、中国信息通信研究院、中国软件评测中心、国家工业信息安全发展研究中心等网络安全专业机构负责公共互联网网络安全突发事件的监测。

网络监测的对象包括物理环境、通信环境、区域边界、计算存储环境、安全环境等，[1]主要表现为网络安全事件。《信息安全技术　信息安全事件分类分级指南》将安全事件分为有害程序事件、网络攻击事件、信息破坏事件等7类安全事件，并根据信息系统的重要程度、系统损失和社会影响这三个因素，将网络安全事件分为特别重大事件（Ⅰ级）、重大事件（Ⅱ级）、较大事件（Ⅲ级）与一般事件（Ⅳ级）四级。[2]这一分级思路基本上为国家网信办和工信部制定的文件所继承，并成为了预警分级的基础。例如，《国家网络安全事件应急预案》对网络安全事件同样分为四级，具体

[1] 《信息安全技术　网络安全监测基本要求与实施指南》5.2。

[2] 信安标委2021年发布的《信息安全技术　信息安全事件分类分级指南（征求意见稿）》虽然将安全事件的分类由7类改为了8类，对分级具体标准也作了部分修订，但仍然延续了将安全事件按照上述三个因素分为四级的基本做法。

如表4－6所示。

表4－6　网络安全事件分级

级别	名称	分级标准
Ⅰ级	特别重大网络安全事件	1. 重要网络和信息系统遭受特别严重的系统损失，造成系统大面积瘫痪，丧失业务处理能力； 2. 国家秘密信息、重要敏感信息和关键数据丢失或被窃取、篡改、假冒，对国家安全和社会稳定构成特别严重威胁； 3. 其他对国家安全、社会秩序、经济建设和公众利益构成特别严重威胁、造成特别严重影响的网络安全事件
Ⅱ级	重大网络安全事件	1. 重要网络和信息系统遭受严重的系统损失，造成系统长时间中断或局部瘫痪，业务处理能力受到极大影响； 2. 国家秘密信息、重要敏感信息和关键数据丢失或被窃取、篡改、假冒，对国家安全和社会稳定构成严重威胁； 3. 其他对国家安全、社会秩序、经济建设和公众利益构成严重威胁、造成严重影响的网络安全事件
Ⅲ级	较大网络安全事件	1. 重要网络和信息系统遭受较大的系统损失，造成系统中断，明显影响系统效率，业务处理能力受到影响； 2. 国家秘密信息、重要敏感信息和关键数据丢失或被窃取、篡改、假冒，对国家安全和社会稳定构成较严重威胁； 3. 其他对国家安全、社会秩序、经济建设和公众利益构成较严重威胁、造成较严重影响的网络安全事件
Ⅳ级	一般网络安全事件	除上述情形外，对国家安全、社会秩序、经济建设和公众利益构成一定威胁、造成一定影响的网络安全事件

注：《公共互联网网络安全突发事件应急预案》的分级标准更为具体，例如较大网络安全事件为：(1)1个省内大量互联网用户无法正常上网；(2)在省内有影响力的网站或平台访问出现严重异常；(3)100万以上互联网用户信息泄露；(4)网络病毒在1个省范围内大面积爆发；(5)其他造成或可能造成较大危害或影响的网络安全事件。

而在预警分级上，《国家网络安全事件应急预案》和《公共互联网网络安全突发事件应急预案》均规定：网络安全事件预警等级由高到低分为四级，即红色预警、橙色预警、黄色预警和蓝色预警，分别对应发生或可能发生特别重大、重大、较大和一般网络安全事件。

(二)预警研判与预警发布

各监测主体对网络监测信息进行收集、分析，对网络安全事件发生的可能性以及可能发生的网络安全事件的级别进行初步评估，并按照规定报有关部门以及采取必要的措施。总体来说，各监测主体发现网络安全威胁后，“属于本单位自身问题的,应当立即进行处置,涉及其他主体的,应当及时将有关信息按照规定的内容要素和格式提交至工业和信息化部和相关省、自治区、直辖市通信管理局”[1]。为实现信息共享,工信部建立了网络安全威胁信息共享平台,统一汇集、存储、分析、通报、发布网络安全威胁信息。这一平台的建设和日常维护由国家互联网应急中心负责。在此基础上,各省(区、市)、各部门将重要的监测信息报国家网络安全应急办公室(以下简称应急办),由国家应急办组织开展跨省(区、市)、跨部门的网络安全信息共享。[2]

根据《公共互联网网络安全突发事件应急预案》4.2 的规定,相关单位和机构应当通过多种途径监测、收集网络安全隐患和预警信息,经过分析评估认为可能发生特别重大或重大突发事件的,应当立即向部应急办报告;认为可能发生较大或一般突发事件的,应当立即向相关省(自治区、直辖市)通信管理局报告。

在收到各监测主体报送的预警信息后,有关部门应进行预警信息研判,[3]并按照规定发布预警信息。具体而言,《国家网络安全事件应急预案》确定了预警信息发布的基本原则:(1)应急办组织研判,确定和发布红色预警和涉及多省(区、市)、多部门、多行业的预警。(2)各省(区、市)、各部门可根据监测研判情况,发布本地区、本行业的橙色及以下预警。在这一框架下,《公共互联网网络安全突发事件应急预案》4.4 规定了预警信息的具体发布规则(如表 4－7 所示)。

表 4－7　预警信息发布规则

预警级别	预警发布规则
红色预警	部应急办报国家应急办统一发布,并报部领导小组
橙色预警	部应急办统一发布,并报国家应急办和部领导小组
黄(蓝)色预警	相关省(自治区、直辖市)通信管理局可在本行政区域内发布,并报部应急办,同时通报地方相关部门
未达级别	部应急办和各省(自治区、直辖市)通信管理局发布风险提示信息

(三)预警响应与预警解除

《国家网络安全事件应急预案》3.4 规定的预警响应机制如表 4－8 所示。

---

〔1〕《公共互联网网络安全威胁监测与处置办法》第 6 条。

〔2〕《国家网络安全事件应急预案》3.2。

〔3〕《公共互联网网络安全威胁监测与处置办法》第 7 条规定,“电信主管部门委托国家计算机网络应急技术处理协调中心、中国信息通信研究院等专业机构对相关单位提交的网络安全威胁信息进行认定,并提出处置建议……”

表4-8　网络安全预警响应机制

预警级别	预警响应措施
蓝色、黄色预警	有关地区、部门网络安全事件应急指挥机构启动相应应急预案，指导组织开展预警响应
橙色预警	1. 有关省（区、市）、部门网络安全事件应急指挥机构启动相应应急预案，组织开展预警响应工作，做好风险评估、应急准备和风险控制工作。 2. 有关省（区、市）、部门及时将事态发展情况报应急办。应急办密切关注事态发展，有关重大事项及时通报相关省（区、市）和部门。 3. 国家网络安全应急技术支撑队伍保持联络畅通，检查应急车辆、设备、软件工具等，确保处于良好状态
红色预警	1. 应急办组织预警响应工作，联系专家和有关机构，组织对事态发展情况进行跟踪研判，研究制定防范措施和应急工作方案，协调组织资源调度和部门联动的各项准备工作。 2. 有关省（区、市）、部门网络安全事件应急指挥机构实行24小时值班，相关人员保持通信联络畅通。加强网络安全事件监测和事态发展信息搜集工作，组织指导应急支撑队伍、相关运行单位开展应急处置或准备、风险评估和控制工作，重要情况报应急办。 3. 国家网络安全应急技术支撑队伍进入待命状态，针对预警信息研究制定应对方案，检查应急车辆、设备、软件工具等，确保处于良好状态

《公共互联网网络安全突发事件应急预案》4.5 规定的预警响应机制则如表4-9所示。

表4-9　公共互联网网络预警响应机制

预警级别	预警响应措施
黄色、蓝色预警	1. 要求有关单位、机构和人员及时收集、报告有关信息，加强网络安全风险的监测； 2. 组织有关单位、机构和人员加强事态跟踪分析评估，密切关注事态发展，重要情况报部应急办； 3. 及时宣传避免、减轻危害的措施，公布咨询电话，并对相关信息的报道工作进行正确引导
红色、橙色预警	在采取黄色、蓝色预警响应措施的基础上，采取以下措施： 1. 要求各相关单位实行24小时值班，相关人员保持通信联络畅通； 2. 组织研究制定防范措施和应急工作方案，协调调度各方资源，做好各项准备工作，重要情况报部领导小组； 3. 组织有关单位加强对重要网络、系统的网络安全防护； 4. 要求相关网络安全专业机构、网络安全企业进入待命状态，针对预警信息研究制定应对方案，检查应急设备、软件工具等，确保处于良好状态

与预警响应相呼应，相关规定中也规定了预警解除机制。《国家网络安全事件应急预案》授权预警发布部门或地区根据实际情况确定是否解除预警，并要求其及时发布预警解除信息。《公共互联网网络安全突发事件应急预案》也对预警解除作出了类似的规定。在要求预警发布动态调整的基础上，该文件之4.6要求，部应急办和省（自治区、直辖市）通信管理局"经研判不可能发生突发事件或风险已经解除的，应当及时宣布解除预警，并解除已经采取的有关措施。相关省（自治区、直辖市）通信管理局解除黄色、蓝色预警后，应及时向部应急办报告"。

（四）网络安全威胁信息的发布

网络安全威胁信息发布的管理是网络监测预警中的一个特殊问题。前文已对一般社会主体发布网络安全威胁信息的机制进行了介绍，这里将集中介绍监测主体发布网络安全威胁信息的相关法律规定。

如上文所述，我国《网络安全法》第22条规定，网络运营者在发现网络安全威胁时，除负有报告主管部门的义务外，同时还有义务告知用户，而这一告知可能通过多种形式，包括短信、弹窗、新闻发布会等进行。由此，网络运营者应如何向主管部门报送、向哪个主管部门报送，以及在何种条件下、何种时机、以何种方式告知用户，就成为法律需要回答的问题。此外，《网络安全法》特别强调了网络安全威胁信息共享的重要性，规定由国家网信部门汇总发布网络安全威胁信息；与此同时，工信部也建立了网络安全威胁信息共享平台，用以统一汇集、存储、分析、通报、发布网络安全威胁信息。除工信部建设的平台外，还有很多其他的网站和平台也从事网络安全威胁信息的发布和汇总。在这一背景下，如何更有效地实现各监测主体、信息发布平台网络安全威胁信息的共享也构成了《网络安全法》生效之后亟须回应的问题。

为规范网络安全威胁信息的发布行为，国家网信办曾于2019年发布了《网络安全威胁信息发布管理办法（征求意见稿）》，向社会公开征求意见。2021年7月12日，工信部、国家网信办和公安部联合发布了《网络产品安全漏洞管理规定》。自此，网络安全威胁信息发布的管理进入了有法可依的阶段。依据该规定，网络产品提供者在发现安全漏洞后，应立即采取措施并进行验证评估，除了及时进行漏洞修补、升级等措施，还应及时按规定将漏洞信息报送相关部门。而漏洞公布（包括报送）的监管机制则是由国家网信办统筹协调、工信部综合管理并承担电信和互联网行业产品的监管、公安部负责监管并依法打击相关违法犯罪活动。由此，统一的网络安全威胁信息共享也就成为可能。整体而言，网络产品提供者安全漏洞信息报送的要求〔1〕如图4-6所示。

---

〔1〕《网络产品安全漏洞管理规定》第7条。

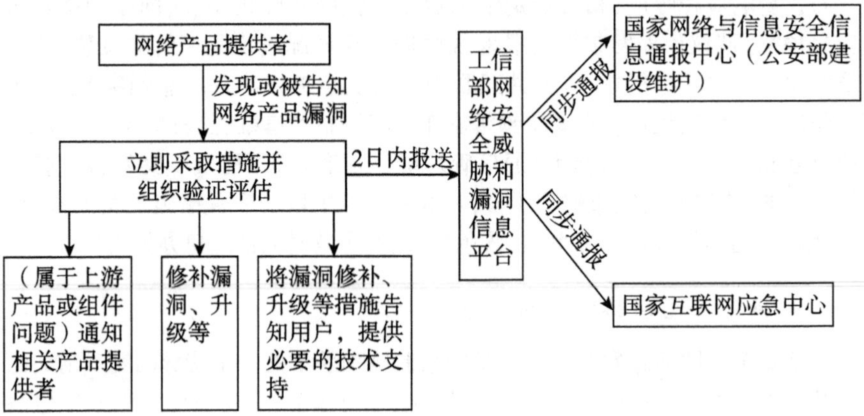

图4-6　网络产品提供者安全漏洞信息报送要求

尽管《网络产品安全漏洞管理规定》是我国网络安全威胁信息发布管理法制化进程中的重要突破，但我们也要看到，网络安全威胁信息不仅只有网络产品安全漏洞。相关主体应及时吸收通过这一规定而在管理体系、平台建设和信息报送等方面取得的经验，争取早日实现我国网络安全威胁管理的全面法制化。

三、网络应急处置

网络安全监测预警与应急处置虽然被划分为两个阶段，但实际上这两个阶段并不能截然分开。监测预警阶段的预警响应与应急处置是直接沟通衔接的，预警响应的具体措施实际上就是按照评估的网络安全事件级别启动应急预案。以下将分别从应急响应、应急结束、网络通信临时管制三个方面加以具体介绍。

（一）应急响应

网络安全事件发生后，事发单位应立即启动本单位应急预案，采取处置措施，尽最大努力恢复网络和系统运行，尽可能减少对用户和社会的影响，并及时报送信息。[1] 各有关地区、部门立即组织先期处置，控制事态，消除隐患，同时组织研判，注意保存证据，并做好信息通报工作。[2] 在此基础上，应按照网络安全事件级别启动应急响应。具体应急响应机制[3]如表4-10所示。

---

〔1〕《国家网络安全事件应急预案》4.1；《公共互联网网络安全突发事件应急预案》5.2。

〔2〕《国家网络安全事件应急预案》4.1。

〔3〕《国家网络安全事件应急预案》4.2。

表4-10　网络应急响应

响应级别	负责主体	具体措施
Ⅰ级响应	网络安全事件应急指挥部（指挥部）	1. 应急办24小时值班。 2. 有关省（区、市）、部门应急指挥机构进入应急状态，在指挥部的统一领导、指挥、协调下，负责本省（区、市）、本部门应急处置工作或支援保障工作，24小时值班，并派员参加应急办工作。 3. 有关省（区、市）、部门跟踪事态发展，检查影响范围，及时将事态发展变化情况、处置进展情况报应急办。指挥部对应对工作进行决策部署，有关省（区、市）和部门负责组织实施
Ⅱ级响应	有关省（区、市）和部门	1. 事件发生省（区、市）或部门的应急指挥机构进入应急状态，按照相关应急预案做好应急处置工作。 2. 事件发生省（区、市）或部门及时将事态发展变化情况报应急办。应急办将有关重大事项及时通报相关地区和部门。 3. 处置中需要其他有关省（区、市）、部门和国家网络安全应急技术支撑队伍配合和支持的，商应急办予以协调。相关省（区、市）、部门和国家网络安全应急技术支撑队伍应根据各自职责，积极配合、提供支持。 4. 有关省（区、市）和部门根据应急办的通报，结合各自实际有针对性地加强防范，防止造成更大范围影响和损失
Ⅲ级、Ⅳ级响应	事件发生地区和部门	按相关预案进行应急响应

（二）应急结束

网络安全事件的影响和危害得到控制或消除后，应按照相关规定结束应急响应。其中，《国家网络安全事件应急预案》4.3仅对Ⅰ级、Ⅱ级应急结束作出了规定。具体而言，Ⅰ级响应结束由应急办提出建议，报指挥部批准后，及时通报有关省（区、市）和部门；Ⅱ级响应结束由事件发生省（区、市）或部门决定，报应急办，应急办通报相关省（区、市）和部门。《公共互联网网络安全突发事件应急预案》5.6除呼应《国家网络安全事件应急预案》的规定，对Ⅰ级、Ⅱ级应急结束作出规定外，还对Ⅲ级、Ⅳ级应急结束作出了规定。具体而言，Ⅲ级、Ⅳ级应急响应由相关省（自治区、直辖市）通信管理局决定结束，并报部应急办。

(三)网络通信临时管制

网络通信临时管制,除限制网络通信以外,还包括限制或禁止使用电子邮件系统传输相关信息、限制或停止使用即时通信软件、关闭相关网站、封堵部分网络路由、屏蔽消息等。[1] 实施网络通信临时管制是处置重大突发事件时的国际通行做法。例如,2005 年,英国伦敦"7·7"恐怖爆炸发生后,英国政府曾实行蜂窝通信管制;2016 年 6 月 5 日,哈萨克斯坦发生恐怖袭击,阿克托别市也暂停了网络通信服务。[2]

《网络安全法》第 58 条规定:"因维护国家安全和社会公共秩序,处置重大突发社会安全事件的需要,经国务院决定或者批准,可以在特定区域对网络通信采取限制等临时措施。"在网络安全直接关联国家安全、网络空间风险泛在的宏观背景下,从法律层面对网络通信临时管制作出规定具有充分的必要性。事实上,在《网络安全法》出台之前,《突发事件应对法》《反恐怖主义法》等就对包括网络通信在内的通信临时管制作出了规定。而《网络安全法》第 58 条则在此基础上进一步明确了网络通信临时管制的条件、目的、决定主体以及管制范围等,对于在法治的基础上及时有效控制、减轻和消除安全事件引起的社会危害以及保护人民生命财产安全具有重要意义。

具体来说,依据《网络安全法》第 58 条实施网络通信临时管制应满足以下四个条件:第一,管制目的为维护国家安全和社会公共秩序,处置重大突发社会安全事件[3]。第二,决定或批准主体为国务院。第三,实施区域为特定区域,具体区域范围、时限由国务院在作出采取网络通信限制措施的决定或者批准时确定。第四,采取的网络通信限制措施应当与国家安全危机或者突发重大社会安全事件可能造成的危害的性质、程度和范围相适应;有多种措施可供选择的,应选择有利于最大限度地保护公民、组织权益的措施,且应在威胁或危害得到控制或消除后,及时恢复正常网络通信。[4]

---

[1] 马民虎主编:《网络安全法律遵从》,电子工业出版社 2018 年版,第 180~181 页。

[2] 夏燕、赵长江主编:《网络安全法教程》,西安电子科技大学出版社 2019 年版,第 253 页。

[3] 虽然《突发事件应对法》对于"突发事件"的四个分类中并没有"突发社会安全事件"的类别,但《国家突发公共事件总体应急预案》1.3 规定的突发公共事件的分类中包含了社会安全事件,并且规定:"各类突发公共事件按照其性质、严重程度、可控性和影响范围等因素,一般分为四级:Ⅰ级(特别重大)、Ⅱ级(重大)、Ⅲ级(较大)和Ⅳ级(一般)。"更为具体的"重大突发社会安全事件"的判断标准可参见《特别重大、重大突发公共事件分级标准(试行)》。

[4] 杨合庆主编:《中华人民共和国网络安全法解读》,中国法制出版社 2017 年版,第 122~123 页。

四、调查评估与应急演练

（一）调查评估

调查评估对于完善应急预案、提高应急处置能力具有重要意义。所以《国家突发公共事件总体应急预案》3.3.2 专门规定，对特别重大突发公共事件的“起因、性质、影响、责任、经验教训和恢复重建等问题”应进行调查评估。网络安全领域亦是如此。应急结束并非标志着网络安全事件处置的终结。网络安全事件，尤其是特别重大网络安全事件应急结束后，应启动调查评估，分析查找事件发生的原因以及网络系统、应急预案等存在的漏洞或欠缺，进行总结并加以完善，以提高各单位、各部门（地区）的网络风险防控能力。

根据《国家网络安全事件应急预案》之 5 的规定，事件的调查处理和总结评估工作原则上应在应急响应结束后 30 天内完成。具体流程为：特别重大网络安全事件由应急办组织有关部门和省（区、市）进行调查处理和总结评估，并按程序上报；重大及以下网络安全事件由事件发生地区或部门自行组织调查处理和总结评估，其中，重大网络安全事件相关总结调查报告报应急办。

根据《公共互联网网络安全突发事件应急预案》6.1 的规定，事发单位应在应急响应结束后 10 个工作日内形成总结报告，报电信主管部门；电信主管部门汇总并研究后，在应急响应结束后 20 个工作日内形成报告，按程序上报。

（二）应急演练

制度化、常态化的应急演练对于提高各企业单位、各地方、各部门的应急处置能力，甚至及时发现应急预案中存在的问题并进行动态调整都具有重要意义。事实上，《突发事件应对法》第 26、29 条就已经强调了进行“必要的应急演练”的重要性。《突发事件应急预案管理办法》第 22、23 条也明确规定，应急预案编制单位应当建立应急演练制度，应急演练组织单位应当组织演练评估。与此相呼应，《网络安全法》第 53 条在规定国家网信部门对网络监测预警与应急响应机制的统筹协调地位的同时，明确要求其“定期组织演练”，并对关键信息基础设施运营者的应急演练作出了规定。[1] 上述规定均为网络安全应急演练奠定了基础。

为落实上述规定，《国家网络安全事件应急预案》6.2 对应急演练作出了具体

---

[1] 《网络安全法》第 53 条第 2 款规定：“负责关键信息基础设施安全保护工作的部门应当制定本行业、本领域的网络安全事件应急预案，并定期组织演练。”与此相呼应，《关键信息基础设施安全保护条例》第 15、25 条也分别规定了专门安全管理机构和保护工作部门应定期开展、组织应急演练。

的安排;为检验和完善预案、提高实战能力,中央网信办应协调有关部门组织演练;各省(区、市)、各部门每年至少组织一次预案演练,并将演练情况报中央网信办。为落实这一规定,《公共互联网网络安全突发事件应急预案》7.2 规定了电信主管部门应组织应急演练;基础电信企业、大型互联网企业、域名机构要积极参与电信主管部门组织的应急演练,并应每年组织开展一次本单位网络安全应急演练,以及将应急演练情况报电信主管部门。

第四节 涉密网络的运行安全制度

我国一向非常重视国家秘密保护工作,在新中国成立后更是不断加强国家秘密保护法治化建设。[1] 具体而言,从世界各国来看,只有少数国家有专门的保密法,[2]而我国早在 1951 年就由政务院制定了《保守国家机密暂行条例》,1988 年颁布了《保守国家秘密法》。在 2010 年对这部法律进行修订时,我国更是将"依法管理"作为国家保密工作的方针写进了《保守国家秘密法》。随着互联网技术的发展和推广,保密工作的重心逐渐由线下转移到线上。在国家保密制度的基础上落实和加强涉密网络的保护工作,成为实现总体国家安全的一个重要内容。《网络安全法》第 77 条规定,"存储、处理涉及国家秘密信息的网络的运行安全保护,除应当遵守本法外,还应当遵守保密法律、行政法规的规定",从而明确了网络运营者的保密义务,为涉密网络的运行安全制度奠定了基础。[3] 当然,这一制度的主体法律渊源还是保密法律法规及保密标准。[4]

一、我国保密法律体系概述

从目前来看,我国已经基本形成了以宪法为根本依据,以《保守国家秘密法》为基本遵循,保密行政法规、部门规章、地方性法规、地方政府规章与一系列保密规范性文件、保密标准及具体实施细则层层细化落实,结构完整、布局合理的保密法

[1] 冯军:《在法治轨道上不断推进保密治理现代化——保密法 30 年的经验与启示》,载《保密工作》2018 年第 9 期。

[2] 张陆源:《西方保密法制的基本特点》,载《保密工作》2017 年第 4 期。

[3] 关键信息基础设施保护制度中的保密义务(《网络安全法》第 36 条)与此处讲述的涉密网络运行安全制度对应的保密义务含义不尽相同。具体请参见本书第六章。

[4] 需要说明的是,标准虽然并非法律,但国家保密标准为强制性国家标准,故而具有强制约束力,属于技术法规。参见黄伟庆:《国家保密标准的法学内涵研究》,载《保密科学技术》2010 年第 7 期。

律法规体系。[1] 下面,本书就将对这一体系做一简要介绍。

(一)管理体制与基本原则

1. 我国国家秘密保护管理体制

坚持党的统一领导是我国保密工作的优良传统和宝贵经验。具体而言,这一原则主要体现在中央保密委员会[2]通过中央保密委员会办公室(以下简称中央保密办)(国家保密局)对保密工作的领导上。[3] 而在建立健全社会主义法制体系、建设社会主义法治国家的背景下,不断健全和强化保密行政管理体系也构成了我国保密管理体制的一大亮点。总体而言,我国国家秘密保护管理体制如图4-7所示。

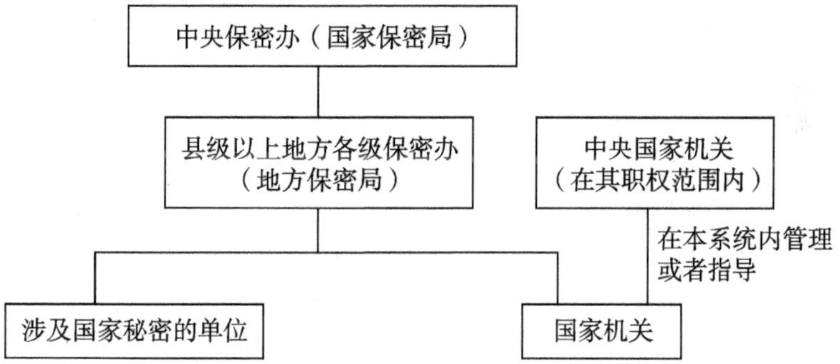

图4-7　我国国家秘密保护管理体制

2. 我国保密法的基本原则

坚持党的统一领导是我国保密工作必须始终坚持的根本原则。在坚持这一根本原则的基础上,我国现行的保密法律体系在全面建设社会主义法治国家的大背景下还突出了依法管密治密、保密与政府信息公开统筹兼顾等原则。[4] 具体来说,包括以下三个基本原则:[5]

(1)安全优先原则。所谓安全优先原则,即确保国家秘密安全、维护国家安全和利益是保密法的首要考虑,当国家秘密安全与政府行政效率、信息资源利用、社

---

〔1〕《不断提升依法治密水平——纪念保密法修订实施十周年》,载《保密工作》2020年第9期。

〔2〕有关中央保密委员会的发展历史,参见夏勇主编:《保密法学教程》,金城出版社2013年版,第40、46页。

〔3〕中央保密办(国家保密局)"一套班子、两块牌子"的机制始自1993年,其发展经历了三个阶段。详情参见沈鸿英、王阳:《听老局长讲述保密工作往事》,载《保密工作》2021年第4期。

〔4〕冯军:《在法治轨道上不断推进保密治理现代化——保密法30年的经验与启示》,载《保密工作》2018年第9期。

〔5〕夏勇主编:《保密法学教程》,金城出版社2013年版,第80~88页。

会局部利益或者公民个人利益发生冲突时,应当首先维护国家秘密安全。安全优先原则是由保密法的立法宗旨和保密法的性质决定的,体现了保密法的核心价值,奠定了保密法的立法基础。适用安全优先原则是各国保密立法的通行做法。

(2)法定原则。所谓法定原则,即国家履行保密职责、行使保密权力必须依法进行。可以说,保密法定原则是确保保密权力健康运行不可或缺的重要保障。具体而言,法定原则要求保密权力的授予坚持法律优先原则,国家秘密的确定、变更和解除必须依法进行,国家秘密的管理和保护也必须依法进行。

(3)均衡原则。均衡原则要求行政机关行使保密权力不仅应当在合法的范围之内,还应当在维护公民知情权、促进信息资源合理利用之间保持平衡。均衡原则是法定原则的一个重要补充,即政府行使保密权力不仅要合法,还要合理,在国家安全和利益、社会利益和公民个人利益之间找到一个合适的平衡点。具体而言,均衡原则要求保密行为应符合比例原则的要求。

(二)体系结构与主要内容

1. 体系结构

如上所述,我国目前已经基本形成了结构完整、布局合理的保密法律法规体系。在这一体系中,法律效力层级最高的是《宪法》,最为核心的当属《保守国家秘密法》与《保守国家秘密法实施条例》。围绕《保守国家秘密法》与《保守国家秘密法实施条例》的落实,国家保密局持续推进保密法规建设,加快相关配套法规规章以及国家保密标准的制定修订工作,为我国保密法律法规体系的建设和完善发挥了重要作用。

具体而言,在规章方面,国家保密局除出台《国家秘密定密管理暂行规定》《国家秘密鉴定工作规定》《国家秘密载体印制资质管理办法》等规章外,还针对不同行业领域特点,会同有关部门制定出台了金融、军工、教育、测绘等行业领域保密规章制度。[1] 可以说,以《保守国家秘密法》为核心的中国特色社会主义保密法律体系已基本形成。

除了法律法规和规章,国家秘密标准也构成了保密法律体系的重要补充和支撑。《保守国家秘密法》第23条第2款、第32条均引用了国家保密标准,同时该法第41条还授权国家保密行政管理部门制定国家保密标准。上述条款赋予了国家保密标准"技术法规"的性质。具体而言,自1992年国家保密局和原国家质量技术监督局标准化司联合启动第一个国家保密标准编制工作以来,截至2018年,共

---

[1] 《依法管理国家秘密,大力维护国家信息安全——国家保密局负责人就保密法修订公布两周年接受记者专访》,载《保密工作》2012年第4期。

发布现行有效保密标准36个。[1] 2018年11月20日,全国保密标准化技术委员会(以下简称保密标准委)正式成立,[2]这标志着我国国家秘密标准的建设又迈上了一个新台阶。此外,信安标委下设的WG2工作组的主要工作也是研究制定国家保密标准。

2. 主要内容

总体而言,保密法的核心内容主要包括三个方面:定密制度、国家秘密保护制度和责任追究制度。下面本书将主要根据《保守国家秘密法》和《保守国家秘密法实施条例》,并参照国家保密局颁布的相关规章对保密法的主要内容做一介绍。

首先,在定密制度方面,需要解决的主要问题包括定密权限、定密范围、及时解密,以及妥善处理保护国家秘密与保障公民知情权(政府信息公开)之间的关系等。其中,后者与前三者之间又存在密切的内在联系。具体来说,《保守国家秘密法》在确定将国家秘密分为秘密、机密和绝密三级的基础上,[3]坚持"定密工作最小化、精准化原则",一方面,将定密权限上收(具体如表4-11、表4-12所示),并明确相应的保密期限[4]、健全解密制度;另一方面,为落实保密工作责任制,《保守国家秘密法》还建立了定密责任人制度,由定密责任人负责本机关、本单位的国家秘密确定、变更和解除工作。除此之外,《保密事项范围制定、修订和使用办法》还明确规定了定密应严格禁止比照类推。

表4-11 法定定密权限

主体	定密级别
中央国家机关、省级机关	绝密级、机密级和秘密级
设区的市、自治州一级的机关	机密级和秘密级
公安机关、国家安全机关	在其工作范围内按照规定的权限确定

注:《保守国家秘密法》第13条。

---

[1] 《加快保密标准化发展,为保密工作转型升级保驾护航》,载国家保密局网,http://www.gjbmj.gov.cn/n1/2018-10-24/c411145-30360542.html。

[2] 《全国保密标准化技术委员会成立大会暨第一届委员会第一次全体会议召开》,载国家保密局网,http://www.gjbmj.gov.cn/n1/2018-12-10/c409082-30453524.html。

[3] 根据《保守国家秘密法》第11条第2款的规定,军事方面的国家秘密及其密级的具体范围,由中央军事委员会另行规定。

[4] 《保守国家秘密法》第15条第2款规定:"国家秘密的保密期限,除另有规定外,绝密级不超过三十年,机密级不超过二十年,秘密级不超过十年。"

表 4-12 定密授权

授权主体	授权范围	授权定密级别	授权备案	备注
中央国家机关	主管业务工作范围内	绝密级、机密级和秘密级	报国家保密行政管理部门备案	定密授权应当以书面形式作出。授权机关应当对被授权机关、单位行使定密授权的情况进行监督。定密授权不得超出授权机关的定密权限。被授权机关、单位不得再行授权
省级机关	主管业务工作范围内或者本行政区域内	绝密级、机密级和秘密级	报国家保密行政管理部门备案	
设区的市、自治州一级的机关	主管业务工作范围内或者本行政区域内	机密级和秘密级	报省、自治区、直辖市保密行政管理部门备案	

《保守国家秘密法》第 13 条规定，有定密权限的国家机关可授权其他机关、单位定密，此即定密授权。《保守国家秘密法实施条例》第 11 条、《国家秘密定密管理暂行规定》第二章对定密授权作出了具体规定。被授权单位一般是"本机关定密权限内的涉密科研、生产或者其他涉密任务的机关、单位"（主动授权）和"没有定密权但经常产生国家秘密事项的机关、单位，或者虽有定密权但经常产生超出其定密权限的国家秘密事项的机关、单位"（依申请授权）。

其次，在国家秘密保护制度方面，我国围绕国家秘密载体管理、涉密人员和单位管理、国家保密监督管理等方面作出了周密的安排。[1] 第一，从载体管理来看，我国采取了全生命周期、分级管理的思路。我国规定国家秘密载体的制作、收发、传递、使用、复制、保存、维修和销毁，以及属于国家秘密的设备、产品的研制、生产、运输、使用、保存、维修和销毁都必须符合国家保密规定。由此，我国法律对国家秘密的管理制度就覆盖了国家秘密的全生命周期。同时，我国还采取了依照密级进行分级管理的思路，对绝密级国家秘密载体规定了更为严格的管理制度。第二，从涉密人员和单位管理来看，我国保密法律法规也作出了全面的规定。对于涉密人员，我国按照涉密程度分为核心涉密人员、重要涉密人员和一般涉密人员，进行分类管理。对于涉密单位，我国则规定了从采购、对外交往与合作、举办会议到国家秘密载体安全保护、涉密人员管理等一系列的保密制度。第三，从国家秘密监督管理来看，我国围绕国家保密行政管理部门构建了一系列的监管机制，具体包括监督检查、宣传教育、查处泄密案件、秘密鉴定等。

最后，在责任追究制度方面，我国《保守国家秘密法》和《保守国家秘密法实施

---

〔1〕 由于国家秘密保护工作的主战场已经逐渐由线下转移到线上，故而国家秘密保护制度中的一大主要内容即涉密网络的安全保护。对此本书将在下文进行集中介绍。

条例》等规定了包括内部处分及行政处罚等责任追究形式,并明确规定对构成犯罪者追究刑事责任。由此,我国在保密法律法规体系中构建起了严密的责任追究制度。

二、涉密网络[1]的一般安全保护制度

如上所述,随着我国综合国力显著增强、国际地位和影响力不断上升,围绕我国国家秘密信息的斗争更加尖锐复杂,保密工作的重心逐渐由线下转移到线上。涉密网络的安全保护成为保密工作的重点和难点。总体来说,我国在涉密网络的安全保护制度上仍然延续了分级保护的思路。下面,本书就将围绕法律规范、分级保护、测评审批与风险评估、委托服务管理等内容进行具体介绍。

(一)法律规范

我国从国家政策层面强化对涉密网络的安全保护始自2003年,随后国家保密局即先后制定颁布多部部门规章,开启了涉密网络安全保护的法制化进程。2010年,《保守国家秘密法》修订,涉密信息系统分级保护正式写入法律。由此,涉密网络法律保护发展进入快车道,相关部门不仅出台了多部法规规章对《保守国家秘密法》条款进行细化,而且还加快制定了技术法规和国家标准,为涉密网络的安全保护提供了坚实的规范基础。

具体来说,2003年中共中央办公厅、国务院办公厅印发的《国家信息化领导小组关于加强信息安全保障工作的意见》对涉密网络的安全保护提出了总体性要求;2004年,中央保密委员会印发了《关于加强信息安全保障工作中保密管理的若干意见》,明确提出将涉密信息系统分为秘密、机密、绝密三级,并进行分级管理。上述构想最终在2010年修订《保守国家秘密法》时转化为法律规范。以《保守国家秘密法》和《保守国家秘密法实施条例》为依据,国家保密局制定了相应的配套规章,如《涉密信息系统集成资质管理办法》《涉密信息系统运行维护委托服务管理规定》等,并制定(修订)了一批配套科技法规和国家保密标准,包括有关信息系统和信息设备的保密管理规定,以及网络系统安全保密、安全保密产品、电磁泄漏发射等方面的国家保密标准。[2]

---

[1] 涉密网络,也称涉密信息系统,是指由计算机及其相关和配套设施、设备构成的,按照一定应用目标和规则存储、处理、传输国家秘密信息的系统或网络。它与非涉密网络的根本区别在于:前者能够存储、处理国家秘密信息,而后者绝对不能存储、处理国家秘密信息。参见杨芸:《涉密信息系统分级保护制度的基本问题(上)》,载《保密工作》2013年第12期。

[2] 《依法管理国家秘密,大力维护国家信息安全——国家保密局负责人就保密法修订公布两周年接受记者专访》,载《保密工作》2012年第4期。

(二)分级保护

如上所述,分级保护是我国涉密网络管理的基本思路。概言之,《保守国家秘密法》第23条明确规定对涉密网络采取分级保护,且应落实"三同步"的要求,即涉密网络配备的保密设施、设备应当与涉密网络"同步规划,同步建设,同步运行"。这一规定为我国涉密网络的法律规范指明了道路。以此为基础,《保守国家秘密法实施条例》对涉密网络的分级保护作出了具体规定。依据其第23条的规定,涉密网络应按照涉密程度分为绝密级、机密级、秘密级三级,且应根据涉密网络存储、处理信息的最高密级定级。而公安部、国家保密局、国家密码管理局、原国务院信息化工作办公室[1]等四部门于2007年6月联合发布的《信息安全等级保护管理办法》(公通字〔2007〕43号)则将涉密网络的分级保护与网络安全等级保护制度进行了衔接,要求涉密网络建设使用单位在实施分级保护时应保证保护水平总体上不低于网络安全等级保护的第三级(秘密级)、第四级(机密级)、第五级(绝密级)的水平。

为进一步落实法律法规的规定,国家保密局制定了《涉及国家秘密的计算机信息系统分级保护技术要求》(BMB 17-2006)、《涉及国家秘密的信息系统分级保护管理规范》(BMB 20-2007)、《涉及国家秘密的计算机信息系统分级保护测评指南》(BMB 22-2007)、《涉及国家秘密的信息系统分级保护方案设计指南》(BMB 23-2008)等标准,对涉密网络的分级保护作出了更为具体的规定。其中,《涉及国家秘密的计算机信息系统分级保护技术要求》在三个密级的划分基础上,又从技术和管理两个方面划分了四个保护等级,即绝密级保护、机密级(增强)保护、机密级(一般)保护、秘密级保护。故而,这一定级系统在系统定级中被确定为机密级的信息系统还需要进一步依据单位的重要性,系统中机密级信息的数量、重要程度和单位对系统的依赖程度等因素,确定是否选择"增强"要求进行保护。[2]

(三)测评审批与风险评估

按照《保守国家秘密法实施条例》第24条的要求,涉密网络的安全保密设施、设备在投入使用前必须经过安全保密测评和保密行政管理部门的审查批准。此即测评审批程序。具体而言,测评审批又可以分为系统测评和系统审批两个子程序。其中,系统测评指的是涉密信息系统建成后,由机关单位保密部门向国家保密行政

---

〔1〕 2008年3月,国家大部制改革启动,决定不再保留国务院信息化工作办公室。2011年5月4日,国家网信办设立,原国务院信息化工作办公室职能现由国家网信办承担。

〔2〕 杨芸:《涉密信息系统分级保护制度的基本问题(上)》,载《保密工作》2013年第12期。

管理部门授权的系统测评机构提出申请，由测评机构按照涉密信息系统测评标准，对系统进行安全保密检测评估，验证安全保密措施能否满足安全保密需求和国家保密标准要求。各地区党政机关的涉密信息系统由本地区测评分中心负责测评，军工集团系统内的涉密信息系统由本机关测评分中心负责测评。[1] 而系统审批则由具有相应审批权限的保密行政管理部门负责。保密行政管理部门对涉密网络组织审查，认为其符合安全保密的要求后，应向该机关单位颁发《涉及国家秘密的信息系统使用许可证》。获得使用许可证后，该信息系统方可存储、处理国家秘密信息。需要注意的是，涉密信息系统审批主要包括资料审查和现场审查。只有资料审查和现场审查都通过，保密行政管理部门才能颁发使用许可证。[2] 另外，由于测评审批是保证涉密网络安全的关键环节，故而我国实行的是"谁审批，谁负责"的原则，一旦获得使用许可证的涉密机关单位发生泄密事件，审批部门即需为此承担责任。

而风险评估则是保证涉密网络在投入运行之后能够保持动态安全的重要手段。网络安全等级保护制度即设置了定期评估环节。涉密网络更需要进行定期的安全保密风险评估。具体而言，安全保密风险评估主要依据涉密网络分级保护的规定和标准展开，采取机关单位自查和保密行政管理部门检查相结合的方式进行；秘密级、机密级网络，每两年至少进行一次安全保密风险评估；绝密级网络每年至少进行一次安全保密风险评估。[3]

（四）委托服务管理

涉密网络安全保护法律法规和国家标准对涉密网络的建设和日常维护、管理提出了非常高的要求。在实践中，一些机关单位需要储存、处理国家秘密信息，但由于自身工作力量不足，无法达到涉密网络建设维护要求的标准，因此会将涉密网络委托给其他单位承担或参与。针对这一情况，为了保证涉密网络委托服务的安全、规范，国家保密局先后出台了《涉密信息系统集成资质管理办法》《涉密信息系统运行维护委托服务管理规定》等规章。下面，本书就将主要围绕这两部规章对委托服务管理做一介绍。

首先，在资格设定上，只有具有涉密信息系统集成资质的单位才能够从事涉密信息系统集成业务，具体包括规划、设计、建设、监理和运行维护等活动。同时，涉密信息系统集成资质分为甲级、乙级两个等级，其中甲级资质单位可以从事绝密级、机密级和秘密级涉密集成业务；乙级资质单位仅可从事机密级、秘密级涉密集

---

[1] 杨芸：《涉密信息系统分级保护制度的基本问题（下）》，载《保密工作》2014 年第 1 期。

[2] 杨芸：《涉密信息系统分级保护制度的基本问题（下）》，载《保密工作》2014 年第 1 期。

[3] 杨芸：《涉密信息系统分级保护制度的基本问题（下）》，载《保密工作》2014 年第 1 期。

成业务。而保密行政管理部门不仅应通过审查颁发涉密信息系统集成资质证书的形式对涉密信息系统集成资质单位的保密能力进行控制,而且还应通过“双随机”抽查、飞行检查等形式的保密检查及其他动态管理对其进行监督。另外,为加强对涉密信息系统集成资质的控制,规章明确规定资质单位不得将涉密集成业务分包或者转包给无相应涉密资质的单位。

其次,在委托服务管理上,除了需要严格遵照涉密信息系统集成资质管理的相关规定限定委托服务单位以及遵守禁止转包的规定,还有以下四个重要内容需要注意。[1] (1)对分包履行合同的形式进行严格管理。分包的对象只能是非主体、非关键性工作(如涉密信息系统机房中空调的维修维护),且分包应满足以下条件:分包应当经建设使用单位书面批准;在服务合同中明确分包承担主体;分包承担主体应当具有相应的保密资质(格)与保密管理条件。(2)对委托服务人员进行严格管理。涉密信息系统运维委托服务人员接受运维单位和机关单位的“双重管理”,除了要满足涉密人员的基本条件,还应当具备做好涉密信息系统运维工作的专业知识、专业能力、保密意识和保密常识。(3)严格限定涉密网络委托服务管理的范围。具体而言,机关单位可结合自身人员力量和涉密信息系统运维实际需求,委托运维单位在涉密信息系统“三员”[2]的指导监督下,开展台账管理、环境和状态监测、设备运维、应用系统运维、账号与授权管理、例行巡检、软件升级、告警处置、审计分析、应急演练、安全评估等具体工作,并在与运维单位签订运维委托服务合同时予以明确。(4)多主体配合加强监督检查。保密行政管理部门应当加强对涉密信息系统运维委托服务工作的指导、监督和检查;各行业主管部门应当在其职权范围内,加强对本系统涉密信息系统运维委托服务工作的指导、监督和检查,并及时向保密行政管理部门通报有关情况;各机关单位则应当对本机关单位的涉密信息系统运维工作负主体责任。

三、网络运行中密码的法律保护制度

由于涉密网络用于存储、处理国家秘密信息,因此对于网络安全的要求非常高。而密码(核心密码、普通密码)对于保障涉密网络和涉密网络中存储、处理的国家秘密信息的安全具有关键性意义。除此之外,作为网络安全核心技术,密码还

---

[1] 《切实加强涉密信息系统运行维护委托服务管理——国家保密局有关部门负责同志答记者问》,载《保密工作》2021 年第 2 期。

[2] 即系统管理员、安全保密管理员和安全审计员这三类安全保密管理人员。

构成了网络信任体系的基石，是我们党和国家的"命门""命脉"。[1] 由于密码直接关系国家政治安全、经济安全、国防安全和信息安全，是保护党和国家根本利益的战略性资源，故而我党密码工作自1930年1月诞生以来一直坚持党的领导。近年来，随着我国信息化的高速发展，我国密码事业加速转型升级，密码应用已不再局限于党政军领导机关及部门，而是遍及经济社会生活各领域各方面。为了建立健全密码法治实施、监督、保障体系，规范密码产业秩序，促进密码科技进步，提升密码自主创新水平和供给能力，我国在坚持党的领导的基础上不断推进法治化进程，继1999年制定《商用密码管理条例》（该条例已于2023年4月27日修订）后，又于2014年启动了《密码法》的制定程序，历经长达5年的修订、审议，最终于2019年10月正式通过，并于2020年1月1日开始施行。

《密码法》的施行对于我国完善密码的法治化管理具有重要意义。下面本书就将围绕《密码法》的内容对我国网络运行中密码的法律保护制度做一简要介绍。

（一）密码的界定

根据《密码法》第2条的规定，所谓密码，即采用特定变换的方法对信息等进行加密保护、安全认证的技术、产品和服务。由此可见，密码的功能主要表现为加密保护和安全认证；而从表现形式上来看，密码则全面涵盖了技术、产品和服务。因此，密码又可以细分为密码技术、密码产品和密码服务。

需要指出的是，《密码法》所规范之"密码"与日常生活中人们所接触的"密码"和作为密码学研究对象的密码都存在些许区别。日常生活中所说的"密码"，如网站登录密码，实际上是"口令"。而口令是一种简单、初级的身份认证手段，也是最简易的密码。而密码学所研究的密码主要指的是密码技术，包括密码算法设计分析理论和技术、密码协议设计分析理论和技术、密码工程技术等。与之相比，《密码法》拓宽了密码的范围，使"密码"这一范畴涵盖了密码技术以外的密码产品和密码服务，包括区块链等。[2]

除此之外，基于分类管理的思路，《密码法》在"密码"这一基础范畴之下还规定了核心密码、普通密码和商用密码这三个子范畴。所谓核心密码和普通密码，即用于保护国家秘密信息的密码，二者的区别在于，前者保护信息的最高密级为绝密级，后者保护信息的最高密级为机密级；而商用密码即保护不属于国家秘密的信息的密码。

---

〔1〕 范春玲：《建立以密码等技术为核心的技术保障体系　落实国家网络安全等级保护制度》，载《中国信息安全》2018年第8期。

〔2〕 吕尧、李东格：《〈密码法〉解读及影响分析》，载《网络空间安全》2019年第11期。

(二)立法基本原则

第一,党的领导的原则。党的领导是我党密码工作自创立以来直到今天都一直坚持的基本原则,也是我党密码工作积累的宝贵经验。尽管随着我国政治、经济、文化等的全面发展,尤其是信息化科技的快速发展,密码已经广泛运用到党政军以外的经济社会生活各领域各方面,但这一变化并未改变密码对于国家安全的重要性,反而进一步巩固了密码作为网络安全支撑基础的地位。正如有学者指出的,现在和未来相当长一段时间内,密码都将在网络安全的可信计算、身份认证、安全隔离、信息加密和完整性保护等方面继续发挥着难以替代的重要作用。[1] 故而,我们可以毫不夸张地说,密码是“国之重器”。在这一背景下,坚持党的领导自然就成为《密码法》最为根本的原则。只有坚持党的领导,才能保证密码管理沿着正确的方向不偏离、不走样,才能真正发挥密码在维护国家安全中的效能。[2]

第二,分类管理的原则。将密码分为核心密码、普通密码和商用密码,实行分类管理,是党中央确定的密码管理原则,是保障密码安全的基本策略,也是长期以来密码工作经验的科学总结。[3]《密码法》继承了这一管理原则。这既是党的领导原则的具体体现,也有利于保持密码管理工作的平稳性和连续性。具体来说,核心秘码、普通密码用于国家秘密信息和涉密网络的安全保护,故而对其应实行从严依法科学管理;而商用密码用于非国家秘密信息的保护,对其则采用了“宽严相济、张弛有度、内外有别”的适度宽松监管模式,以健全统一、开放、竞争、有序的商用密码市场体系,鼓励和促进商用密码产业发展。总而言之,《密码法》在核心密码、普通密码方面,深入贯彻总体国家安全观,将现行有效的基本制度、特殊管理政策及保障措施法治化;在商用密码方面,则明确公民、法人和其他组织均可依法使用。[4]

第三,平衡保障国家安全与促进产业发展的原则。上文已经谈到过,随着我国信息化科技和产业的发展,密码已经从单纯服务党政机关和军队发展到全面服务社会各领域各方面。例如,《网络安全法》《个人信息保护法》《数据安全法》等法律法规中要求网络信息服务提供者对部分数据加密储存即是密码的典型运用场景。与此同时,为了推进国民经济的良性发展、加快政府职能转变、深化行政体制

---

[1] 范春玲:《建立以密码等技术为核心的技术保障体系　落实国家网络安全等级保护制度》,载《中国信息安全》2018 年第 8 期。

[2] 陈亦超:《构建国家安全法律制度体系的重要环节——〈中华人民共和国密码法〉几个问题解读》,载《中国信息安全》2019 年第 11 期。

[3] 陈亦超:《构建国家安全法律制度体系的重要环节——〈中华人民共和国密码法〉几个问题解读》,载《中国信息安全》2019 年第 11 期。

[4] 《关于密码和密码法,请看这九个问答》,载《中国信息安全》2019 年第 11 期。

改革,我国自2015年开始推行"放管服"[1]改革。在这一背景下,《商用密码管理条例》对商用密码确立的"全环节许可管理"制度就亟须作出适应时代变化的调整。《密码法》大幅度削减了行政许可数量,放宽市场准入;同时,鼓励商用密码技术的研究开发、学术交流、成果转化和推广应用,为商用密码行业的发展提供了有力的制度供给。

(三)密码监管体制

密码监管体制解决的是"谁来管密码"的问题。如上所述,党的领导是我党密码工作中始终坚持的基本原则,同时也是《密码法》明确规定的根本原则。《密码法》就是要旗帜鲜明地把这一根本原则写入法律,把中央确定的领导管理体制通过法律形式固定下来,以法律的形式明确规定密码工作大政方针必须由党中央决定,密码工作重大事项必须向党中央报告。[2] 为此,《密码法》在监管体制上首先规定中央密码工作领导小组(国家密码管理委员会)对全国密码工作实行统一领导,负责制定国家密码重大方针政策,统筹协调国家密码重大事项和重要工作,推进国家密码法治建设。

在中央密码工作领导小组(国家密码管理委员会)的统一领导之下,《密码法》确立了国家、省、市、县四级密码管理体制。其中,国家密码管理部门,即国家密码管理局,负责管理全国的密码工作;县级以上地方各级密码管理部门,即省、市、县级密码管理局,负责管理本行政区域的密码工作;国家机关和涉及密码工作的单位在其职责范围内负责本机关、本单位或者本系统的密码工作。[3]

(四)密码管理机制

密码管理机制解决的是"怎么管密码"这一核心问题,构成了《密码法》的主体内容。在密码的具体管理机制上,首先需要明确的是,与《网络安全法》对网络安全建设"三同步"的要求相适应,密码应用部署也必须与网络信息系统的建设齐步走,必须在网络信息系统设计之初、建设之时,就把密码融入网络信息系统整体架构中,方能实现对网络安全的有效保障。[4] 下面,本书就将分类对密码管理机制进行具体介绍。

---

[1] 即简政放权、放管结合、优化服务。

[2] 陈亦超.《构建国家安全法律制度体系的重要环节——〈中华人民共和国密码法〉几个问题解读》,载《中国信息安全》2019年第11期;国家密码管理局政策法规室:《〈中华人民共和国密码法〉解读》,载《秘书工作》2019年第11期。

[3] 国家密码管理局政策法规室:《〈中华人民共和国密码法〉解读》,载《秘书工作》2019年第11期。

[4] 霍炜:《贯彻落实密码法推动网络可信体系发展》,载《信息安全研究》2020年第1期。

1. 核心密码和普通密码管理机制

由于核心密码和普通密码本身就是国家秘密,因此对核心密码和普通密码必须按照《保守国家秘密法》等法律法规的要求进行严格统一管理。

具体而言,《密码法》要求从事核心密码、普通密码科研、生产、服务、检测、装备、使用和销毁等工作的机构必须按照规定建立健全安全管理制度,采取严格的保密措施和保密责任制;配合密码管理部门的监督、指导和检查;发现核心密码、普通密码泄密或者影响核心密码、普通密码安全的重大问题、风险隐患的,及时采取措施并报告保密行政管理部门和密码管理部门;严格人员管理,建立健全严格的监督和安全审查制度。同时,为了确保核心密码和普通密码的有效管理和高效联动,《密码法》还规定密码管理部门应根据工作需要会同有关部门建立核心密码和普通密码的安全监测预警、安全风险评估、信息通报、重大事项会商和应急处置等协作机制。

2. 商用密码管理机制

与1999年《商用密码管理条例》相比,《密码法》在商用密码管理机制上最突出的特色就在于,在维护国家安全的前提下,妥善处理维护国家安全与促进产业发展的关系,平衡“放”与“管”,减轻企业负担。[1]

具体而言,《密码法》对商用密码的监管从1999年《商用密码管理条例》规定的全流程事前审批改为侧重事中事后监管,以自愿检测认证和自行或者委托第三方评估为基本原则,同时在销售和提供、应用、进出口等几个重点环节的部分重点领域设置有关强制检测认证、许可和审查制度。具体而言,商用密码管理机制包括商用密码的标准化制度、检测认证制度、市场准入管理制度、使用要求、进出口管理制度、电子政务电子认证服务管理制度以及商用密码事中事后监管制度等。以进出口管理制度为例,《密码法》改变了以前对商用密码进行“一刀切”式严格涉外管制的做法,仅以清单的形式对涉及国家安全、社会公共利益且具有加密保护功能的商用密码实施进口许可,对涉及国家安全、社会公共利益或者中国承担国际义务的商用密码实施出口管制。[2] 这一转变对于国内密码企业、密码产品“走出去”,国外先进经验和关键技术“引进来”无疑是重大利好。

3.《密码法》与其他法律的衔接机制

如上所述,由于核心密码和普通密码本身就是国家秘密,且其功能就是保护国家秘密信息和涉密网络,因此,《密码法》就需要与《保守国家秘密法》做好衔接。对此,上文已有介绍,此处就不再赘述。此外,在商用密码管理和相应法律责任设

---

[1] 陈亦超:《构建国家安全法律制度体系的重要环节——〈中华人民共和国密码法〉几个问题解读》,载《中国信息安全》2019年第11期。

[2] 《密码法》同时规定大众消费类产品所采用的商用密码不实行进口许可和出口管制制度。

定方面，也存在大量与《网络安全法》《数据安全法》《关键信息基础设施安全保护条例》等法律法规有关的内容，如关键信息基础设施保护、强制检测认证、安全性评估、国家安全审查等。例如，《密码法》第26条规定，涉及国家安全、国计民生、社会公共利益的商用密码产品，应当依法列入网络关键设备和网络安全专用产品目录，依法进行检测认证；同法第27条规定，关键信息基础设施的运营者采购涉及商用密码的网络产品和服务，可能影响国家安全的，必须依法进行国家安全审查。由此，在《密码法》实施的过程中就特别需要加强与上述法律法规的衔接，尤其是需要注意避免重复认证检测和评估审查。为解决上述问题，《密码法》特别明确规定，商用密码产品检测认证适用《网络安全法》的有关规定，商用密码应用安全性评估应当与关键信息基础设施安全检测评估、网络安全等级测评制度相衔接，国家安全审查应当按照《网络安全法》的规定进行等。[1]

【练习题】

1. 网络运营者有哪些安全保障义务？
2. 网络监测预警与应急响应由哪些环节构成，监管体制如何？
3. 涉密网络的基本法律保障制度是怎样的？
4. 我国对商用密码的基本监管思路如何？

[1] 陈亦超：《构建国家安全法律制度体系的重要环节——〈中华人民共和国密码法〉几个问题解读》，载《中国信息安全》2019年第11期。

第五章　网络安全等级保护制度

典型案例

2017年7月22日，四川省宜宾市翠屏区“教师发展平台”网站因网络安全防护工作落实不到位，导致其网站存在高危漏洞，发生了网站被黑客攻击的网络安全事件。经宜宾市公安机关调查，该网站自上线运行以来，一直未进行网络安全等级保护的定级备案、等级测评等工作，未落实网络安全等级保护制度，未履行网络安全保护义务。根据《网络安全法》第59条第1款的规定，公安机关决定给予翠屏区教师培训与教育研究中心和直接负责的主管人员法定代表唐某某行政处罚决定，对翠屏区教师培训与教育研究中心处1万元罚款，对法人代表唐某某处5000元罚款。这是《网络安全法》提出“网络安全等级保护制度”并正式实施后，四川公安机关依法开出的第一张罚单。[1]

第一节　网络安全等级保护制度的发展历史

网络安全等级保护制度是我国网络安全保障工作的基本制度，是实现对重要网络、信息系统、数据资源等进行重点保护的重大措施，也是保护国家关键信息基础设施的重要手段。2016年11月7日，《网络安全法》发布，其中第21条规定：“国家实行网络安全等级保护制度。网络运营者应当按照网络安全等级保护制度的要求，履行下列安全保护义务”；第31条规定：“……关键信息基础设施，在网络安全等级保护制度的基础上，实行重点保护。”这是“网络安全等级保护制度”提法的首次问世。关于我国的网络安全等级保护制度，其发展经历了由等级保护1.0到等级保护2.0时代的历史性变革。以《网络安全法》的落地为分水岭，在《网络安全法》以前，以《信息安全等级保护管理办法》作为核心的等级保护规范体系通常被称作“等级保护1.0体系”。《网络安全法》则将“网络安全等级保护制度”正

---

〔1〕《〈网络安全法〉后四川开出首张罚单　宜宾一教育机构被罚1万元》，载四川在线2017年9月21日，https://sichuan.scol.com.cn/ybxw/201709/55996398.html。

式升级到法律层面，将我国的等级保护制度从“信息系统安全”拓展至“网络安全”，并将其作为网络运行安全的基本制度。以《网络安全法》的出台实施为标志，我国网络安全等级保护制度由等级保护 1.0 迈向等级保护 2.0 时代。

一、等级保护 1.0 阶段

（一）信息系统安全等级保护制度

我国目前的网络安全等级保护制度由计算机信息系统安全等级保护、信息安全等级保护逐步发展演进而来。我国网络安全等级保护制度最早可追溯至 1994 年。1994 年 2 月 18 日，国务院令 147 号发布《计算机信息系统安全保护条例》，规定“计算机信息系统实行安全等级保护”，首次确立计算机信息系统安全等级保护制度。这里的“计算机信息系统”，是指“由计算机及其相关的和配套的设备、设施（含网络）构成的，按照一定的应用目标和规则对信息进行采集、加工、存储、传输、检索等处理的人机系统”。

1999 年 10 月，《计算机信息系统安全保护等级划分准则》（GB 17859－1999）发布，这是我国计算机信息系统安全保护方面第一个强制性国家标准，为等级保护制度实施提供了技术支持。2003 年，原国家信息化领导小组《关于加强信息安全保障工作的意见》（中办发〔2003〕27 号）提出，“信息安全已经成为国家安全的重要组成部分”，“要重点保护基础信息网络和关系国家安全、经济命脉、社会稳定等方面的重要信息系统，抓紧建立信息安全等级保护制度，制定信息安全等级保护的管理办法和技术指南”。2004 年 9 月，《关于信息安全等级保护工作的实施意见》（公通字〔2004〕66 号）发布，该文件将信息安全等级保护的主要保护对象规定为“信息安全”和“信息系统安全”，将“信息安全等级保护”定义为“对国家秘密信息、法人和其他组织及公民的专有信息以及公开信息和存储、传输、处理这些信息的信息系统分等级实行安全保护，对信息系统中使用的信息安全产品实行按等级管理，对信息系统中发生的信息安全事件分等级响应、处置”。同时该文件对信息安全等级保护的基本原则、管理规范、工作要求等进行明确，将等级保护制度确定为“保障和促进信息化建设健康发展的一项基本制度”。信息安全等级保护“是国家信息安全保障工作的基本制度、基本策略、基本方法。分等级保护网络安全和信息系统安全，既是当今发达国家保护关键信息基础设施的通行做法，也是我国多年来信息安全工作的经验总结”〔1〕。

〔1〕 高朝勤：《信息系统等级保护中的多级安全技术研究》，北京工业大学 2012 年博士学位论文，第 1、33 页。

2007 年 6 月 22 日,《信息安全等级保护管理办法》(公通字〔2007〕43 号)提出,“国家通过制定统一的信息安全等级保护管理规范和技术标准,组织公民、法人和其他组织对信息系统分等级实行安全保护,对等级保护工作的实施进行监督、管理”,并对等级划分与保护、等级保护的实施与管理等方面均作出详细的规定。该办法明确,将信息系统的安全保护等级按照对国家安全、社会秩序和公共利益的影响程度分为五级,最高一级为第五级,即“信息系统受到破坏后,会对国家安全造成特别严重损害”。该管理办法自发布之日起施行,《信息安全等级保护管理办法(试行)》(公通字〔2006〕7 号)同时废止。至此,网络安全等级保护 1.0 机制正式拉开序幕,我国的信息安全等级保护制度开始启动。网络安全等级保护 1.0 体系主要依托于 2007 年发布的《信息安全等级保护管理办法》。2007 年 7 月 16 日四部委又联合发出《关于开展全国重要信息系统安全等级保护定级工作的通知》(公信安〔2007〕861 号),根据通知,四部委定于 2007 年 7 月至 10 月在全国范围内组织开展重要信息系统安全等级保护定级工作。为配合公通字〔2007〕43 号和公信安〔2007〕861 号的贯彻实施,2007 年 10 月 26 日,公安部又制定了《信息安全等级保护备案实施细则》(公信安〔2007〕1360 号),严格规范等级保护备案管理工作。

此后 2008 ~ 2012 年,《信息安全技术　信息系统安全等级保护基本要求》(GB/T 22239 – 2008)、《信息安全技术　信息系统安全等级保护定级指南》(GB/T 22240 – 2008)、《信息安全技术　信息系统安全等级保护实施指南》(GB/T 25058 – 2010)、《信息安全技术　信息系统等级保护安全设计技术要求》(GB/T 25070 – 2010)、《信息安全技术　信息系统安全等级保护测评要求》(GB/T 28448 – 2012)、《信息安全技术　信息系统安全等级保护测评过程指南》(GB/T 28449 – 2012)等一系列国家标准陆续出台,构成了信息安全等级保护的相关配套标准及规范。

在 2017 年《网络安全法》实施以前,我国信息安全等级保护制度停留在等级保护 1.0 时代。从内容规范来看,等级保护 1.0 体系以信息系统为对象,确立了五级安全保护等级,明确公安机关负责信息安全等级保护工作的监督、检查、指导,并从信息系统安全等级保护的定级方法、基本要求、工作原则、实施过程、评审测评等方面入手,形成了一套相对完整的、有明确标准的等级保护规范体系。但在等级保护 1.0 时期,等级保护制度涉及的领域不够,执法力度及范围也有限。

(二)从信息系统安全保护到网络安全保护的必要性

信息安全等级保护制度是国家信息安全保障工作的基础,也是一项事关国家安全、社会稳定的重要政治任务,其广泛应用于各行业指导企事业单位开展信息系统安全等级保护的建设整改、等级测评等。通过开展等级保护工作,可以发现系统存在的安全隐患，通过整改提高信息系统的安全防护能力，降低系统遭受攻击的风险。等级保护1.0普及了信息系统安全等级保护的概念，从单系统到部门、行业，再上升至国家层面，从合规到攻防对抗，强化了整个社会的信息安全意识，整体提升了网络安全保障能力，实现了相关技术人才的积累，这些都对等级保护2.0阶段的到来提供了有力的支撑。

在等级保护1.0时代，等级保护的对象为狭义的信息系统。《关于信息安全等级保护工作的实施意见》(公通字〔2004〕66号)规定，"信息系统是指由计算机及其相关和配套的设备、设施构成的，按照一定的应用目标和规则对信息进行存储、传输、处理的系统或者网络；信息是指在信息系统中存储、传输、处理的数字化信息"。随着信息时代的发展，仅以信息系统为等级保护对象已经不合时宜。

在信息时代，国际网络安全形势与风险挑战日益严峻复杂。网络空间对抗趋势更加突出，大规模针对性网络攻击行为日趋增加，安全漏洞、数据泄露、网络诈骗等风险不断提升。多国网络基础设施和重要信息系统成为网络攻击重点目标，木马僵尸网络、钓鱼网站等非传统网络安全威胁愈演愈烈，给国家安全和社会稳定带来巨大风险。习近平总书记在2014年2月27日中央网络安全和信息化领导小组第一次会议上指出："没有网络安全就没有国家安全，没有信息化就没有现代化。""网络安全和信息化是一体之两翼、驱动之双轮，必须统一谋划、统一部署、统一推进、统一实施。"[1]这一系列重要论断阐明了网络安全在国家安全体系中的重要战略地位，标志着网络安全上升至国家战略高度。

随着移动应用、大数据、云计算、物联网、人工智能、区块链、数字孪生、元宇宙等新技术飞速发展并落地应用，网络安全风险隐患不断增多，关键信息基础设施安全面临严峻挑战。2021年5月26日，国家互联网应急中心编写的《2020年我国互联网网络安全态势综述》报告称，"APT攻击威胁、个人信息保护、供应链安全、关键信息基础设施安全、远程协作安全风险、大数据安全等是2021年我国网络安全领域应关注的热点"。新技术新应用的发展倒逼传统的网络安全技术防线和旧的管理规定与时俱进。原有的"信息系统安全等级保护"已不适应新的技术环境和社会发展，其覆盖范围、既有架构、技术设计、管理要求等需要进一步迭代更新，等级保护对象需要从狭义的信息系统跳出，进行升级扩展。"原标准体系只有针对通用系统环境的相关标准要求，但缺乏针对以上新技术平台的定级流程规范及相关的技术要求，规范定级、安全建设整改和等级测评工作。"[2]在此背景下，等级保护1.0开始向等级保护2.0迈进，新的等级保护制度应运而生。

---

〔1〕《中央网络安全和信息化领导小组第一次会议召开》，载中国政府网，http://www.gov.cn/ldhd/2014-02/27/content_2625036.htm。

〔2〕傅钰：《网络安全等级保护2.0下的安全体系建设》，载《网络安全技术与应用》2018年第8期。

在此背景下，等级保护制度的重心从信息系统安全到网络安全的变化，并非简单的名称变更，而是“为顺应网络空间安全需求的变化，对等级保护制度内涵和外延的一次整体化系统化升级”。[1] 基于新形势、新变化、新技术、新应用、新威胁、新手段提出新的分级防护机制、完善管理手段成为等级保护2.0制度必须考虑的内容。为适应新形势下网络信息安全发展和监管保护的需要，新的等级保护制度需要把传统网络安全、云计算平台、物联网、移动互联、工业控制、大数据等在内的所有新技术都纳入监管范围，突破传统信息系统安全的界限，这是一次跨越式升级。从信息系统安全到网络安全的变化，反映了信息时代的发展，是技术迭代升级在法律层面的映射。从强调“系统”到强调“网络”，也反映出当前网络安全处于日益重要的地位。

二、等级保护2.0阶段

（一）网络安全等级保护制度

2017年6月实施的《网络安全法》首次提出“网络安全等级保护制度”的概念，并提出相关具体要求，以此为分水岭，网络安全等级保护制度的法律地位首次得到明确。《网络安全法》发布并实施后，《网络安全等级保护测评机构的管理办法》（公信安〔2018〕765号）于2018年3月23日生效，国家信息安全等级保护工作协调小组办公室于2018年7月20日正式发布了《全国网络安全等级保护测评机构推荐目录》。其他关于网络安全等级保护制度的零星规定散见于司法部、国家税务总局、人民银行、水利部等部委出台的规范性文件中，彼时尚缺少实施网络安全等级保护制度的统筹性、系统性、可操作性规定。

作为《网络安全法》的重要配套规则，2018年6月27日，公安部发布了《网络安全等级保护条例（征求意见稿）》（以下简称《等级保护条例（征求意见稿）》），向全社会公开征求意见。《等级保护条例（征求意见稿）》提出，“国家实行网络安全等级保护制度，对网络实施分等级保护、分等级监管”。《等级保护条例（征求意见稿）》对于网络安全等级保护的工作要求、工作流程、网络等级、密码管理等方面均做出了细致的规定，是对等级保护制度的一次重大升级。

2019年5月10日，网络安全等级保护2.0系列标准中三个重要的核心标准正式发布，即《信息安全技术　网络安全等级保护基本要求》（GB/T 22239－2019）、《信息安全技术　网络安全等级保护测评要求》（GB/T 28448－2019）、《信息安全技术　网络安全等级保护安全设计技术要求》（GB/T 25070－2019）。这三个标准

---

〔1〕 徐震：《网络安全等级保护：从1.0到2.0》，载《保密工作》2019年第7期。

文件于 2019 年 12 月 1 日实施。这三个核心标准的更新发布,也被视为等级保护 2.0 阶段开启的标志。2020 年 4 月 28 日,作为国家等级保护标准体系的重要标准之一的《信息安全技术　网络安全等级保护定级指南》(GB/T 22240－2020)发布,代替了旧版标准。新的标准在 2008 年版的基础上,对等级保护对象进行重新定义,增加了特定定级对象的定级说明,明确了定级流程。至此,等级保护 2.0 的系列标准陆续构建完成。相关等级保护国家标准的正式颁布,顺应了当前加强网络安全等级保护的国家要求,以及“没有网络安全就没有国家安全”的新时期网络安全形势,标志着我国“等级保护 2.0”进入正式实施阶段。

(二)两个阶段的主要承接

经过 20 多年的历程,我国网络安全等级保护制度从“等级保护 1.0”时代实现了向“等级保护 2.0”时代的跨越式发展。其中既有基本原则的传承,也有比较重大的新变化。

第一,等级保护制度的五项安全级别没有变。等级保护 1.0 将信息系统的安全保护等级分为五级,等级保护 2.0 同样将网络分为五个安全保护等级。这五个安全保护等级基本没有变,按照信息系统或网络受到破坏后对国家、社会和公共利益的影响程度,一级为自主保护级,以不损害国家安全、社会秩序和公共利益为前提;二级是指导保护级,又即系统保护审计级,会对社会秩序和公共利益造成损害,但不损害国家安全;三级是监督保护级,又即安全标记保护级,会对国家安全造成损害;四级为强制保护级,又即结构化保护级,会对社会秩序和公共利益造成特别严重损害,或者对国家安全造成严重损害;五级为专控保护级,又即访问验证保护级,会对国家安全造成特别严重损害。等级保护制度要求不同安全等级的信息系统或网络应具有不同的安全保护能力。

第二,等级保护制度的五个规定流程没有变。等级保护 1.0 确定了五项流程,即信息系统定级、备案、等级测评、建设整改和监督检查。等级保护 2.0 阶段保留了这五个规定流程,并在内容上进行了一定的扩充,如增加了测评活动安全管理、产品服务采购使用管理、风险评估、安全监测、通报预警、案事件调查、数据防护、灾难备份、应急处置、技术维护管理、数据和信息安全保护要求等新安全管理要求。

第三,等级保护制度的两个基本维度没有变。等级保护 1.0 标准体系中确定了其基本要求由技术要求和管理要求构成,等级保护 2.0 的标准体系保留了技术和管理两个维度。等级保护 1.0 中的安全通用要求共计 10 项,其中技术要求和管理要求各占 5 项。等级保护 2.0 同样规定了 10 项安全通用要求,同时又在具体架构上进行了一些整合和调整。如在技术要求上,将原来的“网络安全”要求拆分为“安全通信网络”和“安全区域边界”要求,将“主机安全”“应用安全”“数据安全”整合到“安全计算环境”,新增了“安全管理中心”要求。在管理要求上,除对具体名称进行微调外,等级保护 2.0 基本沿用了等级保护 1.0 的相关规定。

第四,等级保护制度的四个主体职责没有变。《信息安全等级保护管理办法》中规定了四个主体职责:“运营使用单位对信息系统的安全保护职责、上级主管单位对所属单位的安全管理职责、第三方测评机构对信息系统的安全评估职责、公安机关对信息系统的备案受理和监督检查职责。”[1]在等级保护 2.0 阶段,这四项主体职责仍保持不变。

(三)两个阶段的主要变化

从总体来看,在新形势新要求下,根据有关文件规定,等级保护 2.0 经历了效力位阶、保护对象、主管部门、防护思路以及工作方式的变化。整体来说,“等保 2.0 体系相对等级保护 1.0 体系,地位变高了、标准变广了、体系变大了、过程变难了”。[2]

一是效力位阶的变化。无论是从自身定位,还是其上位法的效力位阶来看,等级保护 2.0 的法规体系层级均高于等级保护 1.0。等级保护 1.0 的核心依据——《信息安全等级保护管理办法》为部门规章,而等级保护 2.0 时期,《等级保护条例(征求意见稿)》则属于行政法规。再从它们各自的上位依据来看,《信息安全等级保护管理办法》的制定依据是《计算机信息系统安全保护条例》这一行政法规。而等级保护 2.0 阶段制定的一套法规标准的上位依据是《网络安全法》。如《等级保护条例(征求意见稿)》第 1 条就提出,其立法宗旨与依据是《网络安全法》《保守国家秘密法》等法律,其效力位阶明显更高。

二是保护对象的变化。如上文所述,在等级保护 1.0 阶段,围绕“信息系统安全”,保护对象主要是各类重要信息系统以及政府机关网站,与人工智能、大数据、云计算等新科技新产业存在不兼容问题。在此基础上,等级保护 2.0 扩大了保护对象和监管范围,明确所有的网络运营者都有责任和义务“保障网络基础设施安全、网络运行安全、数据安全和信息安全,有效应对网络安全事件”。根据相关规定,等级保护 2.0 的保护对象拓展为网络和信息系统,将网络基础设施、重要信息系统、网站、大数据中心、云计算平台、物联网系统、工业控制系统、公众服务平台、移动互联等全部纳入等级保护对象。基于保护对象的扩充,“系统管理的标准就要比以前更加繁重,同时要管理物理的和虚拟的资源可信;安全管理的范围要求也更广,既要保证信息处理流程中的主客体授权和策略的正确,又要保证关于云管理

[1] 葛泓、赵伟、金维佳:《中国人民大学:分四阶段深入落实等保 2.0》,载《中国教育网络》2020 年第 5 期。

[2] 王国丽:《论网络安全等级保护的演变及主要变化》,载《数字通信世界》2022 年第 2 期。

者等授权和策略正确，由它统一实施”。[1] 在“等级保护 2.0”新标准体系中，安全要求表述为“安全通用要求+新型应用安全扩展要求”，即加入了对各种新应用场景的保护要求。根据新的要求，所有网络运营者都受到网络安全等级保护制度的约束，并有相应的法律责任予以威慑。可以说，等级保护 2.0 实现了三个全覆盖：首先，实现了全社会覆盖，包括各地区、各单位、各部门、各企业、各机构；其次，实现了对所有保护对象的覆盖升级，各类网络技术和新应用无一例外都要严格落实网络安全等级保护制度；最后，实现了对网络安全保护领域的全覆盖，更加突出技术思维和立体防范。

三是主管部门的变化。在等级保护 1.0 的监管体系中，根据《信息安全等级保护管理办法》第一章第 3 条的规定，公安机关负责信息安全等级保护工作的监督、检查、指导。国家保密工作部门负责等级保护工作中有关保密工作的监督、检查、指导。国家密码管理部门负责等级保护工作中有关密码工作的监督、检查、指导。涉及其他职能部门管辖范围的事项，由有关职能部门依照国家法律法规的规定进行管理。原国务院信息化工作办公室及地方信息化领导小组办事机构负责等级保护工作部门间协调。等级保护 2.0 在进一步明确上述部门职责的基础上，规定中央网络安全和信息化领导机构统一领导网络安全等级保护工作，国家网信部门负责网络安全等级保护工作的统筹协调，规定地市级以上人民政府应当建立网络安全监测预警和信息通报制度。负责网络安全等级保护的领导机构和统筹协调部门发生了变化。

四是防护思路的变化。在安全等级保护的基本思路上，等级保护 1.0 所处的阶段决定了其保障理念处在纵深防御阶段，缺乏完整、系统的防护思路，以传统的被动防御式思路为主，以静态网络和信息系统防护为防御基线，对风险的主动感知能力较弱。等级保护 2.0 则具有了完备的体系思路，从等级保护 1.0 防御审计的被动保障向感知预警、动态防护、突出重点、应急响应的主动保障思路转变。“等保 2.0 具有更加完整的体系思路，包括事前、事中、事后的防护，一旦出现问题还能进行事后的溯源分析。”[2] 等级保护 2.0 标准要求网络安全技术设计的总体思路为“一个中心，三重防护”。“一个中心”即安全管理中心，“三重防护”即安全计算环境、安全区域边界、安全通信网络。在具体防护措施上，等级保护 2.0 包括事前、事中、事后防护和溯源分析，还增加了风险评估、通报预警、态势感知等新要求。等级保护 2.0 体系要求从被动防护变为主动防护，从静态防护变为动态防护，从单点防护变为整体防护，从粗放防护变为精准防护，相比旧标准旧思路有了突破性发展。由此，

---

[1] 沈昌祥：《云计算安全与等级保护》，载《信息安全与通信保密》2012 年第 1 期。

[2] 李丹、杨向东、马卓元、马金玉：《等保 2.0 视域下的网络安全工作思考》，载《网络安全技术与应用》2019 年第 10 期。

等级保护2.0不仅能够满足相关法律法规的合规性要求，更能从前端到后端布局完备的防护体系，从而有效提升整体网络的综合安全防护能力，实现网络及关键基础设施的全方位安全防护。

五是工作方式的变化。与防护思路的变化相对应，等级保护2.0进一步丰富和细化了监管手段和工作措施，网络安全保护“是一项整体复杂的系统工程，需要采用多层次、在各个技术框架区域中实施的保障机制，等级保护机制大体包括4个重要环节：防护、检测、预警以及响应，以最大限度降低风险、防止攻击，保障用户信息及其信息系统的安全”。[1] 在明确等级的基础上，等级保护2.0增强了保护力度，确定了常态监督。在工作管理上，等级保护2.0增加了测评活动安全管理、网络服务管理、产品服务采购使用管理、技术维护管理、监测预警和信息通报管理、数据和信息安全保护要求等管理内容。在安全要求上，针对新型应用领域的行业特点，等级保护2.0将远程监测、现场检查、通案事件调查、数据防护、灾难备份、应急处置、紧急断网、安全员培训等安全措施全部纳入等级保护制度。在安全控制措施分类结构上，等级保护2.0控制措施由原标准的10个分类合并为8个分类，分别为：技术部分——物理和环境安全、网络和通信安全、设备和计算安全、应用和数据安全；管理部分——安全策略和管理制度、安全管理机构和人员、安全建设管理、安全运维管理。

第二节　网络安全等级保护制度的重要意义

一、筑牢我国网络空间安全防线

网络安全等级保护制度是我国网络安全保障的基本制度、基本策略、基本方法，“是我国网络安全保障工作的伟大创举、是国家网络安全的基石、是网络安全领域广大工作者的智慧结晶”。[2] 等级保护制度在网络安全领域地位特殊，意义重大。

第一，在当前日益严峻的网络安全形势下，实施网络安全等级保护制度是应对网络安全风险挑战的现实需要。“从公安机关开展网络安全事件处置，以及打击黑客攻击类网络违法犯罪案件的情况看，有超过80%的网络安全事件（案件）都是因为网络运营者自身安全保护重视不够，基本安全保护措施不落实等原因造

---

[1] 吴其聪、沈亮、唐迪：《等保2.0时代网络安全产品标准分级必要性》，2020年中国网络安全等级保护和关键信息基础设施保护大会论文。

[2] 郭启全：《网络安全等级保护制度是国家网络安全的基石》，载《中国国情国力》2019年第6期。

成。"[1]从现实层面来看,等级保护制度建立之前,社会网络安全保护意识淡薄、信息安全管理与技术体系基本空白,等级保护制度开启了安全技术与管理体系建设进程,增强了全社会的网络安全意识,推动了重要信息系统管理单位安全合规机制的形成。面对来自境内外的各类网络安全风险,只有严格履行等级保护制度的相关要求,才能及时发现、有效处置网络风险隐患,才能全面落实网络安全保护措施,才能适应互联网发展带来的新变化。实施等级保护制度是网络空间领域贯彻总体国家安全观,应对当前国际形势新变局,维护网络空间主权安全的应有之义。

第二,网络安全等级保护制度全面促进了国家网络安全工作体系化。网络安全等级保护是当今发达国家保护关键信息基础设施、保障网络安全的通行做法,也是我国多年来网络安全工作实践和经验的总结。从制度层面来看,我国等级保护制度特别是等级保护2.0国家标准体系的建立,为指导各地区、各部门开展等级保护工作提供了政策保障和标准保障,标志着国家网络安全等级保护工作步入新时代。等级保护制度的一系列规范标准,让有关部门的监管工作更加有章可循、有法可依,为网络安全管理提供指导和依据,同时也保障了网络安全管理工作的有效落实。等级保护制度的确立全面推进了国家网络安全工作的体系化,有力促进了我国网络安全工作法制化、规范化和标准化,构建了开展网络安全保护工作的长效机制。

第三,网络安全等级保护制度从根本上保障了国家安全和网络安全、社会秩序和公共利益。开展网络安全等级保护工作是一项事关国家安全、社会稳定、国家利益的重要决策部署。等级保护制度的根本宗旨是保护国家安全和网络安全,维护社会秩序和公共利益,保障和促进经济社会信息化健康发展。国家机关、企事业单位开展等级保护工作,有助于从基础和根本层面推进网络安全防护。[2] 实施网络安全等级保护制度,是对《网络安全法》的有效落实和对我国网络空间治理的完善。根据网络安全等级保护制度,我国对关键信息基础设施实行重点保护,保障网络免受干扰、破坏或者未经授权的访问,防止网络数据泄露或者被窃取、篡改。网络安全等级保护制度同时确保网络运营者在网络建设过程中,同步规划、同步建设、同步运行网络安全保护措施,真正履行《网络安全法》所提出的相关合规责任和义务。因此,等级保护制度能够从根本上保障我国网络空间主权不受侵犯,保障国家安全、网络安全、社会秩序和公共利益,从整体上提升我国网络安全水平。

---

[1] 郭启全:《〈网络安全等级保护条例(征求意见稿)〉解读》,载《中国信息安全》2018年第8期。

[2] 宁宣凤、吴涵、包达、黎辉辉:《国际新形势下的网络安全等级保护制度研究》,载上海市法学会编:《上海法学研究》集刊2020年第15卷。

二、推动我国网络安全产业健康长远发展

网络安全等级保护制度在保护国家网络安全的同时，还推动了网络安全相关产业的健康发展，为网络安全行业发展带来了新的成长动力。

第一，等级保护 1.0 推动信息安全产业快速发展。在等级保护 1.0 时代，等级保护制度形成强大的政策驱动力，为我国信息安全产业带来了发展契机。我国信息安全产业曾在等级保护 1.0 影响下进入加速发展期。如公安部 2010 年出台《关于推动信息安全等级保护测评体系建设和开展等级测评工作的通知》（公信安[2010]303 号），其中规定“2010 年底前完成测评体系建设，并完成 30% 第三级（含）以上信息系统的测评工作，2011 年底前完成第三级（含）以上信息系统的测评工作，2012 年年底之前完成第三级（含）以上信息系统的安全建设整改工作”。根据华创证券对启明星辰、绿盟科技、卫士通、北信源、蓝盾股份 5 家信息安全上市企业收入增速（中位数法）的统计，从 2008 年到 2011 年，我国信息安全企业收入增速得到快速提升。[1]

第二，等级保护 2.0 助力网络安全行业景气度进一步提高。等级保护 2.0 的开启为我国网络安全行业带来新的成长动力，提供了新的增量空间，助力网络安全行业迈上新台阶。我国网络安全市场在政策扶持、需求扩张、供给升级与技术迭代等多维度均发生重要变化的“共振”之下，行业层面迎来发展提速期。各行各业为符合等级保护 2.0 时代网络安全等级保护政策的新要求，进一步加大信息安全产品和服务的投入。除了传统网络安全领域，等级保护 2.0 还把大数据、云计算、物联网、移动互联等在内的新行业领域纳入监管，防护对象的大幅扩充带来网络安全市场规模的显著扩容，催生出网络安全新需求。随着等级保护 2.0 一系列法律法规和新标准体系的落地，政策的加码，以及“护网行动”暴露出种种问题，网络安全市场产品与项目“颗粒度”的进一步细化成为行业趋势，国内网络安全企业呈现集聚发展的态势。[2]

第三，等级保护制度为各行业企业提供网络安全保障。等级保护制度的全面实施是面向国家基础战略需求和市场需求的基础保障，体现出产业与政策的兼容。等级保护制度为各行业提供网络安全保障。金融、电力、通信、医疗、教育、能源等

---

[1] 华创证券：《计算机行业专题报告——安全可控系列之一：等保 2.0，催生网络安全新需求》，载发现报告网 2018 年 12 月 11 日，https://www.fxbaogao.com/detail/289314。

[2] 胡又文、徐文杰：《网络安全行业深度报告：计算机六剑合璧景气升　添翼高飞迎巨变》，载新浪网 2020 年 2 月 6 日，https://stock.finance.sina.com.cn/stock/go.php/vReport_Show/kind/search/rptid/634336570393/index.phtml。

行业在等级保护制度的基础上,陆续探索并制定符合本行业特点的等级保护方案。同时,等级保护制度有效促进网络安全企业长远发展。等级保护制度确保产品生产商在网络安全产品设计制造及网络安全服务商在安全服务中落实网络安全要求,并积极适应新形势、新任务。因此,落实等级保护要求成为体现企业网络安全防护能力的指标之一。尤其是对于金融行业来说,金融企业常常通过建立安全认证体系以及开展网络安全等级保护,有效展示企业的网络安全防护能力,进而打造具有较强的网络安全防护能力的企业形象。各企业开展网络安全等级保护工作既能满足网络安全监管部门制定的合规要求,及时消除网络安全风险隐患,同时也能够向企业用户宣传其信息系统平台的安全性能,从而增强用户对企业的信心,有效促进企业未来的发展。[1]

三、实现个人信息保护和数据安全保护的制度基础

网络安全等级保护制度对我国个人信息保护、数据安全保护均作出了要求,为保护个人信息不受侵犯、实现数据分类分级规范保护提供了坚实的制度保障。

第一,为个人信息保护保驾护航。等级保护制度在规范要求和安全标准中,均规定落实个人保护措施,要求网络运营者严格履行个人信息保护的义务,要求等级保护测评等机构保守在网络服务中知悉的个人信息,要求监管部门及工作人员对在履职过程中所知悉的个人信息严格保密。等级保护安全标准设定了个人信息保护的测评项和安全控制点;规定了若信息系统或网站平台涉及大量公民个人信息,在定级时不能低于第三级;同时在个人信息的采集、存储、访问等环节确定了安全保护措施。等级保护制度为个人信息保护提供了操作性较强的规范指引,从而实现对个人信息保护的有效管控。

第二,有效提升数据安全的保障水平。随着大数据、云计算、物联网、人工智能等新技术的快速发展和广泛应用,海量全景的数据应用给国家安全、网络安全带来越发严重的威胁,数据作为重要的新型生产要素,数据安全的重要性日益凸显。等级保护制度作为数据安全保护的基础制度,将数据安全作为重点保护对象,明确规定网络运营者必须落实数据分类、重要数据备份和数据加密等数据安全保护义务,对"数据出境""数据存储""数据的完整性和保密性"等提出明确监管要求,为数据安全工作提供分类分级保护思路,有效防止数据泄露或者被窃取、篡改,防范数据跨境流动风险。等级保护制度提高了数据安全管理能力,织密数据安全网,促进我国数据安全保障体系加快建设和完善。

---

[1] 李欣、厚佳琪:《网络安全等级保护工作的创新发展》,载《中国信息安全》2018 年第 8 期。

四、对我国网络空间安全人才培养具有指导意义

网络空间的竞争归根结底是高层次人才的竞争，人才是网络安全行业核心技术自主创新的根本保障，高层次网络安全人才的培养是维护网络空间安全的重要途径之一。等级保护制度指明了网络空间安全人才需求的总体方向，对我国网络安全人才培养具有基础性、引领性、战略性作用。[1]

首先，对我国网络空间安全人才培养具有战略指导意义。等级保护制度的相关要求为网络安全人才培养提出了基本思路和根本遵循。等级保护制度构建了一系列国家网络空间安全保障及相关人才需求的纲领性文件，启发了网络空间安全人才的培养目标、培养模式、培养路径，在网络空间安全人才培养体系中发挥基础性、引领性作用。等级保护制度所体现的"主动防护、动态防护、整体防护、精准防护"网络安全防御思路和"一个中心，三重防护"的安全管理理念，被全面贯彻到网络安全人才培养的各个方面。在等级保护制度的要求下，深化网络空间人才培养改革，形成适应网络空间安全特征的创新应用型网络安全人才培养模式，成为我国网络安全人才培养的必然要求。

其次，推动网络安全人才培养策略的建立完善和落实。等级保护制度的技术要点和规范要求，为网络空间安全专业建设构建了完整的网络空间安全保障知识体系和框架。以实践为导向，面向国家网络安全需求、社会实际需求和行业发展需求，等级保护制度为培养高层次专业人才发挥了"领航灯"作用，将人才培养向社会应用方面进行"横向和纵向"立体延伸，对我国网络安全人才培养具有现实的指导意义。为贯彻落实网络安全保护和等级保护制度相关要求，相关部门发起"国家网络安全万人资助培训计划"等，建设国家级网络安全培训机构、推动基地建设和人才培养，形成国家网络安全基地人才培养、技术创新、产业发展共同促进的良性生态循环，解决我国网络安全人才紧缺难题。根据等级保护制度的发展变化，社会人才培养体系也适时地作出调整，尤其是向云计算、大数据、移动互联、物联网、工业控制系统等新方向新领域进行重点扩展，使网络安全高层次应用人才能够可持续地满足现实需求。

---

[1] 李攀攀、朱蓉、翟建宏：《网络安全等级保护 2.0 视域下网络空间安全人才的培养探索》，载《实验室研究与探索》2021 年第 8 期。

第三节　网络安全等级保护制度的规范基础

一、国外有关网络安全等级保护的重要规范标准

（一）国外等级保护重要标准

我国等级保护制度的规范标准借鉴了国外的先进经验和方法。1983 年，美国国家计算机安全中心（NCSC）发布了《可信计算机系统评估准则》（Trusted Computer System Evaluation Criteria，TCSEC）。TCSEC 的前身是由美国国防科学委员会提出的军用标准，后延伸至民用领域。TCSEC 将计算机系统的可信程度划分为 D、C1、C2、B1、B2、B3 和 A1 七个级别。这在国际上是计算机系统安全评估的第一个正式标准，具有划时代的意义。我国《计算机信息系统安全保护等级划分准则》的等级划分依据也参照了 TCSEC，取消了其中的 D 级和 A1 级，在整体框架上保留了五层定级。

TCSEC 带动了国际对计算机系统安全的评估研究。1991 年，英国、法国、德国、荷兰欧洲四国联合提出了欧洲版本的首个安全评估准则——《信息技术安全评估准则》（Information Technology Security Evaluation Criteria，ITSEC），适用于欧洲政府、军队和商业等部门。除了吸收 TCSEC 的成功经验外，ITSEC 还首次提出了信息安全的保密性、完整性、可用性"三要素"概念，成为当时欧洲共同体信息安全计划的基础。1993 年，加拿大也公布了本国版本的《可信计算机产品评估准则》（Canadian Trusted Computer Product Evaluation Criteria，CTCPEC）。CTCPEC 是 TCSEC 与 ITSEC 相结合的产物。

为解决各国不同标准的差异性问题，1991 年，美国、欧盟和加拿大联合宣布了制定《通用安全评估准则》（Common Criteria for Information Technology Security Evaluation，CC）的计划，1996 年发布了 CC 1.0 版本。[1] 它的基础是美国的 TCSEC、欧洲的 ITSEC、加拿大的 CTCPEC，以及 ISO 的 SC27WG3 安全评估标准。1999 年，CC 2.1 版本出台，并被 ISO 采纳作为 ISO 15408 标准对外发布。CC 定义了评估信息技术产品和信息系统安全性所需的基础准则，吸收了美欧等国家和地区对信息系统安全、信息安全保护的先进经验，对未来网络安全的研究与应用产生重大影响。CC 问世后完全取代了 TCSEC、ITSEC、CTCPEC 等标准，成为信息技术安全评估领域唯一的国际标准。

---

〔1〕 何占博、王颖、刘军：《我国网络安全等级保护现状与 2.0 标准体系研究》，载《信息技术与网络安全》2019 年第 3 期。

(二)美国关于等级保护的相关政策

1998 年5 月,克林顿政府发布了第63 号总统令(PDD 63)《克林顿政府对关键基础设施保护的政策》,其成为美国政府建设网络空间安全的指导性文件。2002年,美国联邦法律通过了《联邦信息安全管理法》,该法案强调了信息安全对美国国家和经济安全利益的重要性,突出对美国信息安全实施分类分级保护的发展思路。针对信息安全管理,该法制定了一套完整的评估机制和管理框架,成为美国进行信息安全等级保护的关键法案。2012 年,该法案更新为《联邦信息安全改革法》,再次强调对计算机网络进行实时、自动监控,加强联邦政府网络安全保护。

2003 年,美国发布《保护网络空间国家战略》(National Strategy to Secure Cyberspace,NSSC),提出对网络空间系统按重要程度实施五个级别的分级保护:第一级为家庭用户与小型商业,第二级为大型企业,第三级为关键部门,第四级为国家的优先任务,第五级为全球。NSSC 还要求美国国家标准与技术研究所(National Institute of Standards and Technology,NIST)统一扎口,研究与开发国家安全体系的相关标准,包括制定分类分级标准和指南。2004 年2 月,NIST 发布了《联邦信息和信息系统安全分类标准》(FIPS 199)。[1] 根据信息和信息系统安全受到破坏后造成的影响程度,FIPS 199 将信息系统分为三个级别:低度影响系统、中度影响系统、高度影响系统。

此后,NIST 陆续制定了《联邦信息系统最小安全控制标准》(SP 800 - 53)、《信息系统安全规划》(SP 800 - 18)、《信息系统风险评估》(SP 800 - 30)、《信息系统安全授权和验证》(SP 800 - 37)、《信息系统分类分级》(SP 800 - 60)、《信息系统安全控制》(SP 800 - 53)等一系列安全等级保护强制标准。2015 年,美国颁布的《网络安全法》正式将 NIST 的职能及定位写入法案。

2013 年美国发布《增强关键基础设施网络安全》行政令。按照此令,NIST 于2014 年提出了《美国增强关键基础设施网络安全框架》,将网络安全风险分为四个等级,实行识别、保护、监测、响应、恢复全过程的风险管理。之后美国相继出台《改进关键基础设施网络安全行政令》《增强联邦政府网络与关键基础设施网络安全行政令》等,对关键基础设施的保护进行布局,要求分联邦政府、关键基础设施和国家三个领域来规定将采取的增强网络安全措施。

---

[1] U. S. National Institute of Standards and Technology, 199 *Standards for Security Categorization of Federal Information and Information Systems*, NIST (Feb. 1, 2004), https://csrc. nist. gov/publications/detail/fips/199/final.

二、国内网络安全等级保护制度的法律规范体系

(一)主要法律规范文件

为保护计算机信息系统的安全,促进计算机的应用和发展,保障社会主义现代化建设的顺利进行,1994年2月18日,国务院令第147号发布并实施《计算机信息系统安全保护条例》。2011年1月8日,该条例根据国务院令第588号,即国务院《关于废止和修改部分行政法规的决定》进行修订。该条例规定,“计算机信息系统实行安全等级保护。安全等级的划分标准和安全等级保护的具体办法,由公安部会同有关部门制定。”违反计算机信息系统安全等级保护制度,危害计算机信息系统安全的,由公安机关处以警告或者停机整顿。

以上述条例为依据,等级保护制度确定了等级保护申请的强制性。所有已建和新建的信息网络必须实行等级保护制度。“安全等级申请的强制性是实行安全等级保护制度的基本要求之一。新建信息网络的安全等级未经申请确定,不得投入使用。对已投入使用的信息网络,使用单位应在安全定级以后,限期申请确认。”[1]

2007年,《信息安全等级保护管理办法》发布。该管理办法从信息安全等级保护的总则、等级划分与保护的要求、等级保护的实施与管理办法、涉及国家秘密信息系统的分级保护管理要求、信息安全等级保护的密码管理要求、法律责任、附则七个部分进行了规定,是《计算机信息系统安全保护条例》关于等级保护的具体配套规定,也是等级保护1.0的核心依据。不过该办法在《网络安全法》出台以前,是部门规范,适用范围仅限于政府部门内部,且受其效力位阶和法律责任规定所限,只能对第三级以上信息系统运营、使用单位具有一定的约束效力。

2017年6月1日实施的《网络安全法》从法律层面正式确立了“网络安全等级保护”。《网络安全法》关于网络安全等级保护制度的规定为第21条(网络运行安全)、第31条(关键信息基础设施的运行安全)、第59条(法律责任),规定了网络运营者应按照网络安全等级保护制度的要求履行安全保护义务,同时规定了未履行安全保护义务的法律责任,为相关部门的执法和行政处罚提供了法律依据。《网络安全法》明确了等级保护工作的重点与核心是对关键基础设施的保护。以《网络安全法》为基础,国家网络安全等级保护制度得以全面有效贯彻。从《网络安全法》落地实施开始,出现了大量针对未履行等级保护义务的网络运营者的行政执法和行政处罚案例,等级保护制度的重要性引起全社会的重视,各行业陆续开展业务系统网络安全检查。

---

〔1〕 马民虎:《论我国信息网络安全等级保护的法律模式》,载《网络安全技术与应用》2001年第2期。

2018年6月27日,公安部发布了《等级保护条例(征求意见稿)》。《等级保护条例(征求意见稿)》的定位是与《网络安全法》配套的行政法规。《等级保护条例(征求意见稿)》共8个章节73条规定,明确了网络安全等级保护制度体系的基本框架、具体内容、要求和相关主体的责任义务等,提出了涉密网络安全保密总体要求等。在《网络安全法》出台后,"以'建设网络强国'为战略目标,以发展需求为牵引,以安全问题为导向,及时制定出台配套条例十分必要、紧迫。这是构建全新网络安全等级保护制度体系、保障关键信息基础设施和大数据安全、依法维护我国网络空间安全的重要举措"。[1]

等级保护制度还明确要遵守密码管理相关规定,落实密码安全防护要求,涉密网络应同时遵守保密法律和行政法规的规定。2019年10月26日第十三届全国人大常委会第十四次会议通过的《密码法》第27条规定,"商用密码应用安全性评估应当与关键信息基础设施安全检测评估、网络安全等级测评制度相衔接,避免重复评估、测评"。《密码法》也是等级保护制度所依据的上位法之一。

对于密码应用安全性评估,2020年8月20日公布的《商用密码管理条例(修订草案征求意见稿)》第38条提出了具体要求,等级保护三级及以上的网络运营者应开展商用密码应用安全性评估。"非涉密的关键信息基础设施、网络安全等级保护第三级以上网络(含第三级)、国家政务信息系统等网络与信息系统,其运营者应当使用商用密码进行保护,制定商用密码应用方案,配备必要的资金和专业人员,同步规划、同步建设、同步运行商用密码保障系统,自行或者委托商用密码检测机构开展商用密码应用安全性评估。"

2020年7月22日,公安部向中央和国家机关各部委,国务院各直属机构、办事机构、事业单位,各中央企业印发了《贯彻落实网络安全等级保护制度和关键信息基础设施安全保护制度的指导意见》(公网安〔2020〕1960号)。公网安〔2020〕1960号文强调实施分等级保护、分等级监管,重点保障关键信息基础设施和第三级以上网络的安全。具体而言,其基本原则是坚持分等级保护、突出重点;坚持积极防御、综合防护;坚持依法保护、形成合力。工作目标是确保网络安全等级保护制度深入贯彻实施,关键信息基础设施安全保护制度建立实施,网络安全监测预警和应急处置能力显著提升,网络安全综合防控体系基本形成。公网安〔2020〕1960号进一步健全完善了国家网络安全综合防控体系,是引领重要行业及全社会落实"网络安全等级保护制度和关键信息基础设施安全保护制度"的纲领性文件。

(二)主要标准体系

虽然我国的《等级保护条例(征求意见稿)》由于各种原因仍未正式公布和落

---

〔1〕 郭启全:《〈网络安全等级保护条例(征求意见稿)〉解读》,载《中国信息安全》2018年第8期。

地实施,但此后各部门加速更新了配套的相关国家标准,《等级保护条例(征求意见稿)》中的一些内容也已经融入相关国家标准的内容中。目前等级保护制度以一系列标准文件为支撑,构建了一套等级保护国家标准体系。我国现行的系列等级保护标准的上位标准是《计算机信息系统安全保护等级划分准则》。这是国家于 1999 年 9 月 13 日发布、2001 年 1 月 1 日实施的第一个关于计算机信息系统安全保护等级划分的强制性标准,是我国开展网络安全等级保护工作所遵循的第一标准、基础性标准。作为我国信息系统安全等级保护系列标准的核心,该标准规定了安全保护能力的五个等级,从低到高依次为:用户自主保护级、系统审计保护级、安全标记保护级、结构化保护级、访问验证保护级。同时明确了等级保护五个级别的不同技术保护措施要求,为网络等级划分提供了依据。其主要作用包括:一是用于规范和指导计算机信息系统安全保护有关标准的制定;二是为安全产品的研究开发提供技术支持;三是为计算机信息系统安全法规的制定和执法部门的监督检查提供依据。不过,由于历史局限性,《计算机信息系统安全保护等级划分准则》制定的出发点停留在"局域网和单机的系统",没有考虑复杂的信息系统以及互联网,其侧重于保护信息的机密性,而对信息的完整性、可用性、信息内容的可控性等考虑不多。随着时代发展和技术进步的需要,我国在《计算机信息系统安全保护等级划分准则》的基础上研究制定了一系列标准规范。

我国网络安全等级保护制度标准体系总体上由定级指南、基本要求、设计要求和测评要求 4 个部分构成。为满足这四个部分的标准建设要求,我国现行的等级保护标准文件主要有 9 个:《信息安全技术　网络安全等级保护基本要求》(GB/T 22239－2019)、《信息安全技术　网络安全等级保护实施指南》(GB/T 25058－2020)、《信息安全技术　网络安全等级保护定级指南》(GB/T 22240－2020)、《信息安全技术　网络安全等级保护安全设计技术要求》(GB/T 25070－2019)、《信息安全技术　网络安全等级保护测评要求》(GB/T 28448－2019)、《信息安全技术　网络安全等级保护测评过程指南》(GB/T 28449－2018)、《信息安全技术　网络安全等级保护测试评估技术指南》(GB/T 36627－2018)、《信息安全技术　网络安全等级保护安全管理中心技术要求》(GB/T 36958－2018)、《信息安全技术　网络安全等级保护测评机构能力要求和评估规范》(GB/T 36959－2018)。其中,GB/T 22239－2019、GB/T 25070－2019 和 GB/T 28448－2019 三个国家标准是国家标准化委员会于 2019 年 5 月 13 日统一发布的,采取了统一的框架结构,它们分别代替了 GB/T 22239－2008、GB/T 25070－2010 和 GB/T 28448－2012,形成了新的网络安全等级保护核心标准体系。

《信息安全技术　网络安全等级保护基本要求》作为基础标准,采用的安全框架结构分为安全通用要求和安全扩展要求。安全通用要求针对共性化保护需求提出,指每个等级的保护对象都要符合的要求。安全扩展要求则针对个性化保护需求提出,“是采用特定技术或特定应用场景下的等级保护对象需要增加实现的安全要求”,[1]具体包括对云计算平台、移动互联、物联网和工业控制系统四项新型应用领域的安全扩展要求。等级保护2.0的安全保护要求即“1+N模式”,“1为通用要求,适用各个行业和各个领域,N指具体的一个领域内的扩展要求,目前N为4。随着未来技术的发展,N会不断扩展”。[2]“等级保护特定对象需要根据安全保护等级、使用的特定技术或特定的应用场景实现安全扩展要求。安全保护需要同时落实安全通用要求和安全扩展要求提出的措施,从而更加有效地保护等级保护对象”。[3]例如,“传统的信息系统可能只需要采用安全通用要求提出的保护措施,而云计算平台不仅需要采用安全通用要求提出的保护措施,还要针对云计算平台的技术特点采用云计算安全扩展要求提出的保护措施”。[4]等级保护2.0的基本安全要求从具体内容上分为安全技术要求和安全管理要求(见图5-1)。

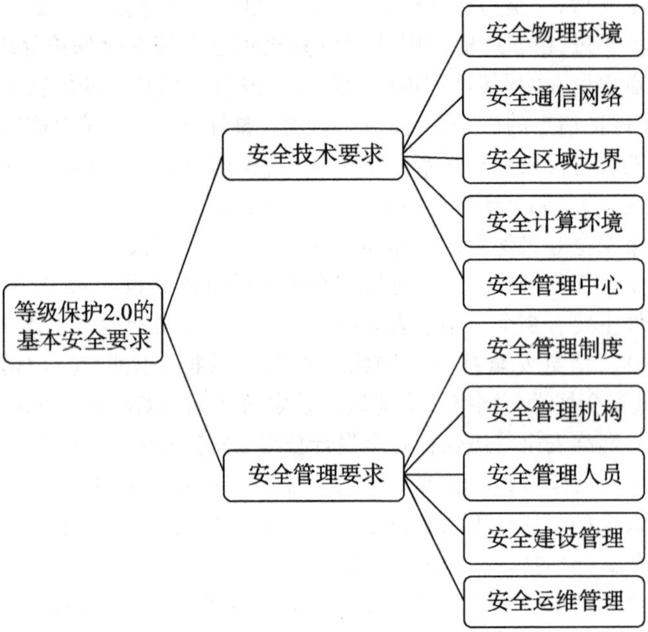

图5-1 等级保护2.0的基本安全要求

[1] 马力、祝国邦、陆磊:《〈网络安全等级保护基本要求〉(GB/T 22239-2019)标准解读》,载《信息网络安全》2019年第2期。

[2] 何占博、王颖、刘军:《我国网络安全等级保护现状与2.0标准体系研究》,载《信息技术与网络安全》2019年第3期。

[3] 马力、陈广勇、祝国邦:《网络安全等级保护2.0国家标准解读》,载《保密科学技术》2019年第7期。

[4] 马力、祝国邦、陆磊:《〈网络安全等级保护基本要求〉(GB/T 22239-2019)标准解读》,载《信息网络安全》2019年第2期。

其中,安全技术要求又包括“安全物理环境”“安全通信网络”“安全区域边界”“安全计算环境”“安全管理中心”,强调“安全通信网络”“安全区域边界”“安全计算环境”三重防御的“可信验证”。安全管理要求又包括“安全管理制度”“安全管理机构”“安全管理人员”“安全建设管理”“安全运维管理”。

通过针对等级保护技术、管理以及产品等不同要求制定标准规范,等级保护2.0架构了完整系统的防护体系。“从国家强制技术标准、制度到法律法规的逐步完善,等级保护形成了一整套行之有效的安全防护机制。”[1]等级保护2.0标准“是一部完整的以技术保障为基础、以管理运营为抓手、以监测预警为核心、以协同响应为目标的网络安全防御体系框架性指导标准与规划建设指南”。[2]

三、与其他相关法律法规相辅相成

等级保护制度的相关法律规范文件与《个人信息保护法》《数据安全法》《关键信息基础设施安全保护条例》《网络安全审查办法》《公安机关互联网安全监督检查规定》《互联网安全保护技术措施规定》《计算机信息网络国际联网安全保护管理办法》等法律法规相辅相成,共同保障国家网络安全。

(一)与关键信息基础设施保护的关系

自《网络安全法》发布实施以来,网络安全等级保护制度和关键信息基础设施保护制度的关系问题就备受关注。两者既相互联系,又有区别。尚未出台的《等级保护条例(征求意见稿)》与已经出台的《关键信息基础设施安全保护条例》分别对应《网络安全法》第21条和第31条。网络安全等级保护制度是我国网络安全保障领域普适性的基本制度,所有网络运营者均应遵守等级保护制度及其相关标准。公网安〔2020〕1960号文提出,关键信息基础设施运营者应依据等级保护标准开展安全建设并进行等级测评,发现问题和风险隐患要及时整改。《关键信息基础设施安全保护条例》第6条规定,“运营者依照本条例和有关法律、行政法规的规定以及国家标准的强制性要求,在网络安全等级保护的基础上,采取技术保护措施和其他必要措施,应对网络安全事件,防范网络攻击和违法犯罪活动,保障关键信息基础设施安全稳定运行,维护数据的完整性、保密性和可用性”。《等级保护条例(征求意见稿)》针对第三级以上网络的运营者提出了涉及

---

〔1〕 郭魏、关兴卓:《浅谈网络安全等级保护制度在〈网络安全法〉作用下的发展》,载《网络安全技术与应用》2019年第5期。

〔2〕 刁喆:《等保2.0标准体制下关键信息基础设施安全建设研究》,中国计算机用户协会网络应用分会2019年第二十三届网络新技术与应用年会论文。

网络安全管理、防护、等级测评等方面的特殊安全保护要求，这与《网络安全法》以及《关键信息基础设施安全保护条例》中对于关键信息基础设施运营者的要求有直接呼应关系。

等级保护制度是关键信息基础设施保护的基础，关键信息基础设施的安全保护应当遵守网络安全等级保护制度的相关要求。关键信息基础设施是网络安全等级保护制度保护的重中之重。等级保护制度和关键信息基础设施安全保护制度是网络安全领域的"双保制度"，都是安全风险防控的体现，是国家推进网络安全工作、提升国家网络安全防御能力的两个重要制度。

根据等级保护制度和关键信息基础设施保护制度的相关规定，关键信息基础设施的安全保护等级建议不能低于三级。信息系统运营者应当在等级保护的第三级（含）以上的系统中确定哪些是关键信息基础设施，并实行重点保护。关键信息基础设施保护制度的全部保护对象即等级保护制度的重点保护对象。关键信息基础设施运营者除了要满足等级保护要求，更要遵守《关键信息基础设施安全保护条例》及相关标准要求，开展关键信息基础设施定级备案、等级测评、安全建设整改、安全检查等强制性、规定性工作。"关键信息基础设施与网络安全等级保护制度衔接过程就是将等级保护 2.0 当中的安全控制点映射到关键信息基础设施保护主体上形成保护机制，使得安全类别拟合保护主体，能够在保护主体中找到对应的安全控制点。"[1]

在具体标准上，关键信息基础设施保护制度强调了风险评估工作的重要性。关键信息基础设施保护制度标准中要求运营单位应参照《信息安全技术 信息安全风险评估规范》（GB/T 20984－2007）标准，建立健全关键信息基础设施安全检测评估制度。同时，相比等级保护制度，关键信息基础设施保护制度又在标准规范上增加了更为全面细致的增强性规定。

从整体来看，等级保护制度和关键信息基础设施保护制度存在重叠和竞合问题。两个制度的竞合问题，是指"由于二者在保护范围、监管措施、保护方式等方面的交叉重叠，造成同一信息系统同时受到多个相同或相似监管措施的监管，给运营者带来不必要的负担"。[2] 具体表现为保护对象范围的重叠、分级认定标准的重复、监管职能和监管内容的重复，以及保护方式上的趋同。解决制度重叠和竞合问题的关键在于等级保护制度和关键信息基础设施保护制度要在《网络安全法》框架下与时俱进地科学定位、有机融合，避免重复监管给网络运营者带来

---

〔1〕 徐巍：《关键信息基础设施保护与国家网络安全等级保护制度的衔接实现途径》，2019 年中国网络安全等级保护和关键信息基础设施保护大会论文，2019 年 10 月于无锡。

〔2〕 马民虎、赵光：《等级保护与关键信息基础设施保护的竞合及解决路径》，载《西安交通大学学报（社会科学版）》2018 年第 4 期。

过重负担。

（二）与个人信息保护的关系

随着信息通信技术的快速发展，个人信息泄露等现象屡见不鲜，常见的个人信息泄露如恶意泄露、发布或贩卖他人身份信息、生物信息、银行卡信息、医疗健康信息和注册信息等个人敏感信息，这些信息泄露后常被用来实施电话诈骗、经济犯罪等。如何进行个人信息保护和防止隐私信息被恶意使用成为近年来世界各国普遍面临的棘手问题。[1]个人信息保护的紧迫性、必要性不断凸显。在《个人信息保护法》出台之前，等级保护制度已经对个人信息保护作出相关规定，要求网络运营者应当建立并落实个人信息安全保护制度，“通过制定采集、存储、利用、公开披露等个人信息处理活动应遵循的原则和安全要求，进行相关安全管理，从而加强对个人信息的保护工作”。[2] 等级保护制度在保障国家网络安全的同时为个人信息保护起到保驾护航的重要作用。

具体来看，等级保护2.0体系下，《等级保护条例（征求意见稿）》中涉及个人信息保护的规定主要包括三方面内容。一是明确网络运营者应当履行“依法收集、使用、处理个人信息，并落实个人信息保护措施，防止个人信息泄露、损毁、篡改、窃取、丢失和滥用”的安全保护义务。二是要求网络运营者应当建立并落实个人信息安全保护制度。未经允许或授权，网络运营者不得收集无关的数据和个人信息。对擅自收集、使用、提供数据和个人信息，或者泄露、非法出售或者向他人提供个人信息的，要分别依照《网络安全法》第64条第1款、第2款的规定处罚。三是要求网络安全等级测评机构等网络服务提供者应当保守服务过程中知悉的国家秘密、个人信息和重要数据。网络安全等级保护监督管理部门及其工作人员也应当对在履行职责中知悉的国家秘密、个人信息和重要数据严格保密。

从已发布的等级保护国家标准来看，等级保护基本标准中增加了个人信息保护的安全控制点。等级保护2.0在“通用要求”“安全计算环境”等安全控制点中新增了“个人信息保护”的内容。GB/T 22240－2020定级标准规定，确定安全保护等级时，涉及大量公民个人信息以及为公民提供公共服务的大数据平台/系统，原则上其安全保护等级不低于第三级。GB/T 28448－2019测评标准新增了对个人信息保护的测评项要求，在测评单元规定了以下三个方面内容：一是等级保护二级及以上级别中“个人信息保护”测评指标规定，应仅采集和保存业务必需

---

〔1〕 朱胜涛等主编：《注册信息安全专业人员培训教材》，北京师范大学出版社2019年版，第12～13页。

〔2〕 赵云、张昊昊：《基于等级保护的个人信息保护机制研究》，2019年互联网安全与治理论坛论文，2019年7月于青岛。

的用户个人信息;禁止未授权访问和非法使用用户个人信息。也就是说,对个人信息的采集、保存采取“最小必要”原则;个人信息的访问、使用应得到授权,且应在法律法规范围内。二是等级保护一级及以上级别中的“数据完整性和保密性”测评指标规定,应确保云服务客户数据、用户个人信息等存储于中国境内,如需出境应遵循国家相关规定。三是等级保护三级及以上级别中的“数据保密性”测评指标规定,应采用密码技术保证重要数据在存储过程中的保密性,包括但不限于鉴别数据、重要业务数据和重要个人信息等。GB/T 25070 - 2019 安全设计技术要求对第三级、第四级大数据系统“安全计算环境设计技术”规定,采用分类分级技术对大数据分类,应采用技术手段实现敏感信息、个人信息等重要数据的数据溯源。基于等级保护机制的相关规定和标准规范,在《个人信息保护法》出台前对各行业的个人信息保护提供了指引,同时为个人信息保护机制建设发挥了积极作用。

(三)与数据安全保护的关系

等级保护制度是进行数据安全保护的基础制度。2021 年 6 月 10 日第十三届全国人民代表大会常务委员会第二十九次会议通过,2021 年 9 月 1 日起施行的《数据安全法》第 27 条规定,利用互联网等信息网络开展数据处理活动,应当在网络安全等级保护制度的基础上,履行数据安全保护义务。2021 年 11 月 14 日发布的《网络数据安全管理条例(征求意见稿)》第 9 条规定,数据处理者应当按照网络安全等级保护的要求,加强数据处理系统、数据传输网络、数据存储环境等安全防护,处理重要数据的系统原则上应当满足三级以上网络安全等级保护和关键信息基础设施安全保护要求,处理核心数据的系统依照有关规定从严保护。在《数据安全法》、网络数据安全管理条例等数据安全保护相关法规出台以前,等级保护制度已经对数据安全保护提出相关要求。

等级保护 2.0 高度重视数据安全保护工作,强调维护数据安全的重要性。这在《等级保护条例(征求意见稿)》中主要体现为以下三点:一是明确了等级保护工作的重点保护对象之一就是涉及国家安全、国计民生、社会公共利益的数据安全。二是在安全保护等级分类中明确将“数据被篡改、泄露、丢失、损毁后,对国家安全、社会秩序、公共利益以及相关公民、法人和其他组织的合法权益的危害程度等因素”纳入划分标准。三是规定网络运营者要落实数据分类、重要数据备份和加密等措施,并对违反数据安全的网络运营者的法律责任、监督管理部门及其工作人员的监督管理责任、等级保护测评机构等网络服务提供者的相关要求分别作出规定。

数据分类分级保护的制度设计来源于等级保护制度。根据《网络数据安全管理条例(征求意见稿)》,国家对数据安全建立分类分级保护制度。按照数据对国家安全、公共利益或者个人、组织合法权益的影响和重要程度,将数据分为一般数据、重要数据、核心数据,对应不同级别的数据采取不同的保护措施。对数据安全的分类分级保护是对网络安全等级保护的进一步升级和有针对性的细化,我国数据安全保护工作主要围绕数据分类分级制度展开。不过,通过对《数据安全法》和《网络安全法》中有关数据分类分级的规定进行比较分析,“可以发现其中存在一个显著的区别:《网络安全法》中开展数据分类工作的主体是网络运营者;在《数据安全法》中,数据分类分级的主体却是国家。这也凸显了国家对数据作为基础性战略资源的认识和管理思路的进一步升级”。[1]

在《数据安全法》尚缺乏配套规则标准和分级分类实施路径的情况下,在等级保护制度的系列标准中,已经对数据安全保护提出了具体要求。GB/T 22240－2020 定级指南中,将由 1.0 版本的定级保护对象“信息和信息系统”更新为“信息系统、通信网络设施和数据资源”。GB/T 28448－2019 测评要求以及 GB/T 25070－2019 设计技术要求中,为实现对数据完整性和保密性的保护,将“确保云服务客户数据、用户个人信息等存储于中国境内”“确保虚拟机迁移过程中重要数据的完整性”“采用加密技术对云计算中保存的数据进行加密存储”“数据出境应遵循国家相关规定”等列入等级保护二级测评指标,等级保护三级更是要求“应采用密码技术保证重要数据在传输过程中的保密性”。同时 GB/T 25070－2019 设计技术要求还规定了“应提供数据脱敏和去标识化等机制,确保敏感数据的安全性;应采用技术手段防止进行未授权的数据分析”“为大数据应用提供基于数据分级分类的数据销毁机制,并明确销毁方式和销毁要求”等,以此保证数据在收集、使用、存储、传输、披露、跨境转移、销毁等全过程和全生命周期的安全。

四、我国等级保护制度建构存在的问题及相关对策

(一)等级保护制度建构方面存在的不足

第一,立法保障仍旧缺失。目前我国的网络安全等级保护制度还存在制度建构上的缺陷,其中最明显的表现之一是我国等级保护制度缺乏明确的法律支撑。公安部发布的等级保护条例只是征求意见稿,至今尚未出台正式文件。而《个人信息保护法》与《数据安全法》都已出台并上升到法律层面,与《网络安全法》比肩。《关键信息基础设施安全保护条例》也已作为行政法规出台并实施。相比之下,等级保护制度的主要行政管理依据是国务院的文件以及部门规章,缺乏权威立法保障。

[1] 洪延青:《国家安全视野中的数据分类分级保护》,载《中国法律评论》2021 年第 5 期。

第二,部门分工尚待厘清。等级保护涉及部门行业较多,不可避免地有跨部门之间的协作,各职能部门的相关权限和责任有必要通过立法予以细化。尤其是经历了大规模的机构改革之后,等级保护制度的主管和统筹协调部门重新确定,而与等级保护相关的各监管部门与行业主管部门之间的关系尚待厘清。对于金融、医疗、民航等专业性较强的特殊行业,监管部门可能缺乏相关行业经验和专业知识,等级保护工作需要由行业主管部门来具体落实。关于主要监管部门与各行业主管部门之间的关系和分工,需要在相关规定中进一步明确。

第三,制度竞合有待解决。“竞合是法律中的普遍现象,如民法请求权竞合、刑法犯罪竞合、宪法基本权利竞合等,本质上是同一行为或事实符合不同法律条款的构成的要件而导致的法律适用问题。”[1]《网络安全法》借鉴西方国家的经验,规定了关键信息基础设施保护制度,也保留了网络安全等级保护制度,这在加强网络安全保护力度的同时,也带来制度竞合问题。“这就需要清楚界定二者的适用范围,进一步协调这两个制度的关系和分工。”[2]网络安全等级保护制度和关键信息基础设施保护制度的竞合要避免重复定级和多部门重复设立定级机构,避免规定重复制定带来立法资源上的浪费,同时也要避免等级划分的冲突,避免衡量标准的差异,以实现制度之间的协调性和统一性。

第四,新老衔接并不明晰。等级保护1.0阶段适用的《信息安全等级保护管理办法》,在等级保护2.0阶段是否被“等级保护条例”取代并不明确。如前所述,当前的网络安全等级保护制度继承自信息系统安全等级保护制度。《等级保护条例(征求意见稿)》是对《信息安全等级保护管理办法》的修改和完善,但正式的等级保护条例没有出台,原有的《信息安全等级保护管理办法》已不能适应现阶段等级保护工作的需要。即使是《等级保护条例(征求意见稿)》,对该管理办法是否失效也未作出说明。在等级保护1.0和2.0阶段不同时期所适用的一些规章规范,以及不同管理部门制定的标准文件,存在若干不一致的规定内容,不同时期的等级保护文件之间是并行、替代还是互为补充,需要交代清楚。

第五,行政主导色彩过重。从当前等级保护制度中的相关规定来看,监管部门更多是充当管理者,以传统的管控思维为主导,而市场服务意识没有得到较多的体现,各类网络运营主体多以“合规”的心态被动参与,尤其是私营企业对网络安全的“效应性”主动需求得不到充分体现和释放。与此同时,网络运营者的一般安全保护义务、三级以上网络的特别安全保护义务以及网络安全等级保护的流程,给中

---

[1] 马民虎、赵光:《等级保护与关键信息基础设施保护的竞合及解决路径》,载《西安交通大学学报(社会科学版)》2018年第4期。

[2] 刘金瑞:《我国网络关键基础设施立法的基本思路和制度建构》,载《环球法律评论》2016年第9期。

小互联网企业或带来不小的合规成本。网络安全等级保护制度是否应针对企业规模、企业对网络的依赖程度等在具体流程和要求方面制定简易程序进行区别对待，值得思考。

第六，测评要求仍需改进。虽然等级保护2.0的扩展部分对物联网、云计算、大数据、移动互联等方面提出了针对性的等级保护规定，但是围绕新技术应用的等级保护实际实施和测评工作仍存在一定问题。有的是实施难度大，有的是测评范围不足，等级保护测评等工作在实际开展中仍需要改进相关要求。例如物联网部分，物联网感知层分布范围广、节点数量庞大、类型多样化，若要针对某个物联网系统进行测评，感知层的普遍性测试评估对时间、人力要求极高，实施难度较大。又如，移动App暴露出来的安全问题层出不穷，等级保护2.0虽然对移动应用管控做出了若干规定，但是保护范围还有待进一步加强。[1]

（二）强化网络安全等级保护制度的对策建议

通过与国际社会的比较，同时考虑我国国情与新形势新变化，应完善等级保护法规体系和标准体系，科学合理地推动等级保护制度的变革。我国网络安全等级保护工作仍需要通过诸多努力才能不断应对新形势新挑战，从而实现网络安全，进而维护新时代下的国家安全。

第一，尽快加强制度建设。以目前已确立的等级保护规范为基础，当务之急是尽快出台并实施与《关键信息基础设施安全保护条例》相平行的等级保护条例正式版，填补政策法规空白，为我国等级保护制度的实施提供坚强的法律保障。在立法中完善顶层设计，明确不同部门的职责分工，明确主要管理部门和网络运营主体的网络安全等级保护责任和义务。

第二，注重变革管理思路。“美国CIIP（关键信息基础设施保护）制度最大的特点在于强调全过程管理，不仅在标准上偏重评估与管理，在政策导向上，也以指导确立系统的管理流程为主，尤其重视系统的可恢复性与应急响应，我国等级保护制度在这方面做得还很不到位。”[2]我国等级保护管理可以借鉴美国的经验，强调全过程管理，重视前端安全防护，重视监测预警，采取预防为主、同步建设的原则，开展关于新的监督管理办法的研究，提高网络运营主体安全防范能力。同时应重视增强各种网络运营主体保护网络安全的积极性与主动性，采取诱因激励等方式，重视为网络运营者提供等级保护安全服务，通过制度设计和变革，构建政府与相关企业之间良性的信息共享机制。

---

[1] 任婷、于城：《从新技术角度谈等级保护2.0》，载《信息通信技术》2018年第12期。

[2] 顾伟：《美国关键信息基础设施保护与中国等级保护制度的比较研究及启示》，载《电子政务》2015年第7期。

第三，及时更新行业标准。目前我国的等级保护标准体系已经日趋完善，但国家层面的等级保护标准是为网络安全大环境而设立的，具体到以金融、能源、互联网等为首的技术迅速发展的行业领域，面对云计算、区块链、移动互联、物联网、人工智能、元宇宙等新技术新应用的挑战，不同行业的等级保护标准需要与时俱进，新旧技术需要实现兼容与延续。应在现有标准上扩展出更符合行业发展的行业标准，加大对技术手段基础研究和等级保护测评工具箱的研发投入，持续革新网络安全等级保护技术，不断拓展新保护措施，满足各行业新技术发展应用中的安全防护需求。

第四，有效解决制度竞合。“解决等级保护与关键信息基础设施的竞合，既要避免对信息系统‘评价不足’导致监管真空，也要避免过度‘重复评价’，影响信息技术创新和发展。”[1]要让等级保护制度和关键信息基础设施保护制度在《网络安全法》下协调发展、优势互补、有机融合，正确处理网络安全等级保护制度与关键信息基础设施保护制度的关系。切实解决两个制度的监管重叠和认定重复等问题，明确制度功能和各自定位，完善相关配套，强调拾遗补阙。实现实体法和程序保障并行并重，保护对象的一般性与重要性有效区别，等级保护和关键信息基础设施保护制度无缝对接。

第五，完善安全辅助措施。当前，网络安全事件频发，国家间网络空间博弈日益激烈，网络攻击事件呈现持续增长态势，数字化新基建网络安全隐患凸显，跨境数据流动风险加大，数据泄露的规模、漏洞存在的年限、影响设备的数量，都在呈扩大趋势。因此，被动静态的防御体系几近失效，很容易被网络攻击绕过，网络安全保护的形势更加严峻，“碎片化”的安全防护已不能满足防护要求。我国等级保护制度需要不断完善等级保护安全技术体系、安全管理体系，科学规划、前瞻布局，完善等级保护安全管理辅助措施，从整体上提高安全监测能力和快速响应能力，才能应对新时代网络空间安全的新挑战，才能跟得上网络安全发展的新需要。

第四节　网络安全等级保护制度的具体内容

一、等级保护制度的基本要素

（一）等级划分

等级划分是等级保护制度的基础，网络安全等级保护即是对网络分等级保护、

---

[1] 马民虎、赵光：《等级保护与关键信息基础设施保护的竞合及解决路径》，载《西安交通大学学报（社会科学版）》2018年第4期。

分等级监管。在具体流程中,定级也是等级保护工作的第一步。根据《信息安全等级保护管理办法》、GB/T 22240－2020 等相关规定,等级保护坚持自主定级、自主保护的原则。网络运营者对信息网络、信息系统、网络上的数据和信息,按照重要性和遭受损坏后的危害性分成五个安全保护等级,从第一级到第五级,逐级增高。

等级保护一级属于等级保护中的最低级别,为自主保护级。这一级别的信息系统及网络一旦受到破坏,会对相关公民、法人和其他组织的合法权益造成一般损害,但不危害国家安全、社会秩序和公共利益。根据相关规定,参照公安部相关部门的定级原则,等级保护一级一般适用于小型私营、个体企业、中小学,乡镇所属的网络信息系统、县级单位中一般的网络信息系统。[1]

等级保护二级为指导保护级,定级对象包括一旦受到破坏,会对相关公民、法人和其他组织的合法权益造成严重损害或者特别严重损害,或者对社会秩序和公共利益造成危害,但不危害国家安全的一般网络。这一级别一般适用于县级某些单位中的重要网络信息系统;地市级以上国家机关、企事业单位内部一般的网络信息系统。值得一提的是,GB/T 22240－2020 将“对相关公民、法人和其他组织的合法权益造成严重损害或者特别严重损害”的都定为第二级。而《等级保护条例(征求意见稿)》将“对相关公民、法人和其他组织的合法权益造成特别严重损害”的纳入等级保护三级。

等级保护三级为监督保护级,保护对象受到破坏后,会对社会秩序和社会公共利益造成严重损害,或者对国家安全造成一般损害。一般适用于地市级以上国家机关、企业、事业单位内部重要网络信息系统等,包括跨省或全国联网运行的用于生产、调度、管理、指挥、作业、控制等方面的重要信息系统以及这类系统在省、地市的分支系统;中央各部委、省(区、市)门户网站和重要网站等。其中,关键信息基础设施定级不得低于第三级。

等级保护四级为强制保护级,保护对象受到破坏,会对社会秩序和公共利益造成特别严重损害,或者对国家安全造成严重损害。这一等级一般适用于国家重要领域、重要部门中的特别重要网络信息系统以及涉及国家安全、国计民生的核心网络信息系统。

等级保护五级为专控保护级,保护对象为一旦受到破坏,会对国家安全造成特别严重损害的极其重要网络。这一等级一般适用于国家重要领域、重要部门中的极端重要网络信息系统。

---

[1] 《关于重要信息系统安全等级保护定级的几点意见》,载网络安全等级保护网 2017 年 9 月 11 日,http://www.djbh.net/webdev/web/SafeProductAction.do?p=getBzgfZxbz&id=8a8182565deefd0d015e6ee9603d0078。

根据 GB/T 22240－2020，定级要素与安全保护等级的关系如表 5－1 所示。

表 5－1　定级要素与安全保护等级的关系

受影响的范围	受损程度		
	一般损害	严重损害	特别严重损害
相关公民、法人和其他组织的合法权益	第一级	第二级	第二级
社会秩序和社会公共利益	第二级	第三级	第四级
国家安全	第三级	第四级	第五级

等级工作的一般流程包括确定定级对象、初步确定等级、专家评审、主管部门核准、公安机关备案审核五个步骤。安全保护等级初步确定为第二级及以上的等级保护对象，其网络运营者要依据 GB/T 22240－2020 标准进行专家评审、主管部门核准、备案审核，最终确定安全保护等级。如果等级保护对象初步确定是第一级，则不需要进行后面三个步骤，可由网络运营者直接自行确定最终的安全保护等级。

等级保护定级之后，所定级别并非一成不变。安全保护等级需要根据网络功能、服务范围、服务对象、处理数据等具体情况的变化进行等级变更调整。GB/T 22240－2020 规定，"当等级保护对象所处理的业务信息和系统服务范围发生变化，可能导致业务信息安全或系统服务安全受到破坏后的受侵害客体和对客体的侵害程度发生变化时"，需要根据定级标准重新进行定级。

（二）备案与测评

等级保护定级后，第二级（含）以上网络运营者需要到公安机关备案，公安机关对备案材料和定级准确性进行审核，审核合格后颁发备案证明。2007 年 10 月，公安部制定《信息安全等级保护备案实施细则》，该细则适用于非涉及国家秘密的第二级以上信息系统的备案。根据《信息安全等级保护管理办法》第 15 条第 1、2 款，"已运营（运行）的第二级以上信息系统，应当在安全保护等级确定后 30 日内，由其运营、使用单位到所在地设区的市级以上公安机关办理备案手续。新建第二级以上信息系统，应当在投入运行后 30 日内，由其运营、使用单位到所在地设区的市级以上公安机关办理备案手续"。《等级保护条例（征求意见稿）》第 18 条规定，"第二级以上网络运营者应当在网络的安全保护等级确定后 10 个工作日内，到县级以上公安机关备案"。在等级保护定级工作完成以后进行等级保护备案的意义在于，备案便于全国统一管理以及整合信息系统安全资源，同时可以让监管部门更系统化、书面化地直观了解到当前信息系统的各种状态。[1]

等级保护测评，是指具备等级保护测评资质的测评机构依据相关规定，按照等级保护管理规范和技术标准，对非涉及国家秘密网络安全等级保护状况进行检测评估。根据《信息安全等级保护管理办法》第14条，"第三级信息系统应当每年至少进行一次等级测评，第四级信息系统应当每半年至少进行一次等级测评，第五级信息系统应当依据特殊安全需求进行等级测评"。《等级保护条例(征求意见稿)》第23条规定，"第三级以上网络的运营者应当每年开展一次网络安全等级测评，发现并整改安全风险隐患，并每年将开展网络安全等级测评的工作情况及测评结果向备案的公安机关报告"。为使等级保护测评工作更加规范化，我国在等级保护1.0阶段出台实施了《信息安全技术　信息系统安全等级保护测评要求》(GB/T 28448－2012)、《信息安全技术　信息系统安全等级保护测评过程指南》(GB/T 28449－2012)，并在等级保护2.0阶段出台修订版《信息安全技术　网络安全等级保护测评要求》(GB/T 28448－2019)、《信息安全技术　网络安全等级保护测评过程指南》(GB/T 28449－2018)，以指导新技术、新应用情况下网络安全等级保护工作的开展。GB/T 28448－2019规定了第一级至第四级的等级保护测评要求，而第五级等级保护对象属于非常重要的监督管理对象，有特殊的管理模式和安全测评要求，因此并不在此标准描述范围内。

等级保护测评的内容框架主要包括单项测评和整体测评。单项测评针对各安全要求项，主要测评基本安全控制在信息系统中的具体实施配置情况。根据GB/T 28448－2019，"单项测评由测评指标、测评对象、测评实施和单元判定结果构成"。等级单项测评，使用测评单元方式组织。测评单元分为安全技术测评和安全管理测评两大类。

根据《信息安全技术　网络安全等级保护基本要求》，等级保护安全要求分为安全通用要求和安全扩展要求，GB/T 28448－2019也规定每一级的安全测评要求都包含安全测评通用要求和安全测评扩展要求。安全测评扩展要求包括云计算、移动互联、物联网和工业控制系统安全。安全测评通用要求和安全测评扩展要求都按照安全技术测评和安全管理测评两大类进行组织。

整体测评主要测评分析信息系统的整体安全性。前述的单项测评是系统整体安全测评的基础。整体测评基于单项测评，对等级保护对象的整体安全保护能力进行判断。整体测评包括安全控制点测评、安全控制点间测评和区域间测评，从纵深防护和措施互补两个角度来评判。安全控制点测评是指对单个控制点中所有要求项的符合程度进行分析和判定。当等级保护对象的某个安全控制点中的要求项

[1] 俞航：《信息系统安全等级保护制度实施中存在的问题及其对策》，苏州大学2016年硕士学位论文，第15页。

存在不符合或部分符合的情况时，应进一步进行安全控制点间和区域间安全测评。安全控制点间测评的目的是确定同一区域同一类内的关联安全控制点对等级保护对象整体安全保护能力的影响。区域间测评是对互连互通的不同功能区域间的关联安全控制点进行测评分析，以判断系统安全保护能力是否缺失。

等级保护 2.0 制度下，其测评方法主要包括访谈、核查和测试。"等级测评强度由测评广度和测评深度来描述。测评广度越大，范围越大，包含的测评对象就越多，测评实际投入程度越高。测评深度越深，越需要在细节上展开，测评实际投入程度也越高。""使用不同测评方法能体现出测评实施过程中访谈、核查和测试的测评强度的不同。"[1]等级测评的目的是分析安全控制点中的不符合项所产生的安全问题被威胁利用的可能性，以及其被威胁利用后对业务信息安全和系统服务安全造成影响的程度，综合评价其安全风险。

(三)建设整改与监督检查

等级保护定级、备案、测评之后，等级保护制度还规定了等级保护对象应进行安全建设整改和自查等工作。根据相关规定，网络运营者应开展自查工作，及时发现安全风险隐患，并对等级测评和自查中发现的安全风险隐患，制订网络安全建设或整改计划，建设符合等级保护要求的信息安全设施、安全管理组织和管理体系，落实整改措施，及时消除安全隐患。

同时，县级以上公安机关应对网络运营者开展的相关网络安全工作情况进行监督检查，对第三级以上网络运营者每年至少开展一次安全检查。根据《等级保护条例(征求意见稿)》第 50 条，监督检查范围内容包括"日常网络安全防范工作、重大网络安全风险隐患整改情况、重大网络安全事件应急处置和恢复工作、重大活动网络安全保护工作落实情况，以及其他网络安全保护工作情况"。

上述等级保护定级、备案、测评、整改、监督是等级保护制度的五项基本要素、基本要求，也是等级保护工作的五个基本流程。围绕这些基本要素，等级保护制度从微观到宏观，从个体到整体，从预防到整治，从保护对象到监督机构等，都作出了详细的规定，构建了一套完整的网络安全防御体系，保证等级保护工作能够顺利开展。

二、法律责任与安全保护义务等规定

(一)法律责任

在《网络安全法》出台之前，《信息安全等级保护管理办法》只对"第三级以上

[1] 陈广勇、祝国邦、范春玲：《〈信息安全技术　网络安全等级保护测评要求〉(GB/T 28448 - 2019)标准解读》，载《信息网络安全》2019 年第 7 期。

信息系统运营、使用单位”以及“信息安全监管部门及其工作人员”的相关法律责任作出了规定。该办法第40条规定,“第三级以上信息系统运营、使用单位违反本办法规定,有下列行为之一的,由公安机关、国家保密工作部门和国家密码工作管理部门按照职责分工责令其限期改正;逾期不改正的,给予警告,并向其上级主管部门通报情况,建议对其直接负责的主管人员和其他直接责任人员予以处理,并及时反馈处理结果”。从“限期改正”“给予警告”“建议予以处理”等字眼可以看出,相关处罚并不严厉。

而根据等级保护2.0制度,所有的网络运营者均受到法律条款约束。《网络安全法》第21条规定了网络运营者应履行网络安全等级保护制度的安全保护义务,并于第59条第1款规定,“网络运营者不履行本法第二十一条、第二十五条规定的网络安全保护义务的,由有关主管部门责令改正,给予警告;拒不改正或者导致危害网络安全等后果的,处一万元以上十万元以下罚款,对直接负责的主管人员处五千元以上五万元以下罚款”。

在此基础上,《等级保护条例(征求意见稿)》第七章第63条至第70条,从“违反安全保护义务”、“违反技术维护要求”、“违反数据安全和个人信息保护要求”、“违反网络安全服务责任”、“违反执法协助义务”、“违反保密和密码管理责任”、“监管部门渎职责任”和“法律竞合处理”八个方面对网络运营者和相关监管部门在等级保护制度中所涉及的法律责任进行了详细规定。在扩大责任范围的同时,其将法律责任进一步实质化、明确化,可执行度大为提高。根据规定,《网络安全法》第59、64、69条均成为对应的处罚依据。《等级保护条例(征求意见稿)》同时还规定,第三级以上网络的运营者违反相关规定的,应从重处罚。

除法律责任条款外,等级保护制度规定的监管方式也颇具威慑力。如《等级保护条例(征求意见稿)》第六章设立了“安全监督管理”“安全检查”“检查处置”“重大隐患处置”“对测评机构和安全建设机构的监管”“关键人员管理”等监管条款,增加了执法手段,提出了网络运营者和技术支持单位等应履行的执法协助义务。其中较为严格的监督管理手段主要体现如下:

其一,事件调查。《等级保护条例(征求意见稿)》第55条规定,“公安机关应当根据有关规定处置网络安全事件,开展事件调查,认定事件责任,依法查处危害网络安全的违法犯罪活动。必要时,可以责令网络运营者采取阻断信息传输、暂停网络运行、备份相关数据等紧急措施。网络运营者应当配合、支持公安机关和有关部门开展事件调查和处置工作”。公安机关在开展事件调查时,一旦发现网络安全事件,处置措施应果断且严厉,以打击网络运营者的违法犯罪行为。

其二,紧急情况断网措施。《等级保护条例(征求意见稿)》第56条规定,“网络存在的安全风险隐患严重威胁国家安全、社会秩序和公共利益的,紧急情况下公安机关可以责令其停止联网、停机整顿”。《等级保护条例(征求意见稿)》将“停止联网、停机整顿”等措施写入条款，在特定情况下，监管部门在必要时可采取紧急断网措施，以及时中止危害网络安全、国家安全的违法行为。

其三，网络安全约谈制度。网络安全等级保护的监管方式还引入了政府监管部门普遍采用的“约谈制度”。《等级保护条例（征求意见稿）》第62条规定：“省级以上人民政府公安部门、保密行政管理部门、密码管理部门在履行网络安全等级保护监督管理职责中，发现网络存在较大安全风险隐患或者发生安全事件的，可以约谈网络运营者的法定代表人、主要负责人及其行业主管部门。”网络安全“约谈制度”目前广泛适用于网络安全事件。

（二）安全保护义务

如同本书第四章介绍过的，《网络安全法》第21条对网络运营者依照网络安全等级保护制度的要求应履行的网络安全保护义务作出了五项基本规定。在此基础上，《等级保护条例（征求意见稿）》进一步区分开一般安全保护义务和特殊安全保护义务，对不同等级保护级别的网络运营者安全保护义务作出了差异化规定。

《等级保护条例（征求意见稿）》第20条规定了所有网络运营者应当依法履行11项一般安全保护义务。其中，确定网络安全等级保护工作责任人，建立安全管理和技术保护制度，落实监测、记录网络运行状态、网络安全事件等的技术措施，落实数据分类、重要数据备份和加密等措施属于对《网络安全法》第21条规定的吸纳，也属于等级保护基础性工作。同时，《等级保护条例（征求意见稿）》第20条还规定网络运营者应当落实身份识别，个人信息保护措施，违法信息发现、阻断、消除等措施，以及联网备案和用户真实身份查验等责任。

《等级保护条例（征求意见稿）》第21条规定，第三级以上网络的运营者除履行一般网络安全保护义务外，还应当履行8项特殊安全保护义务。这8项特殊安全保护义务主要包括：建立逐级审批制度，制定并落实网络安全总体规划和整体安全防护策略，对网络安全管理负责人和关键岗位的人员进行安全背景审查，落实网络安全态势感知监测预警措施，建设网络安全防护管理平台，建立网络安全等级测评制度，等等。该规定从制度、人员、平台、工具等安全保护维度入手，更强调制度建立、人员审查、平台建设。

此外，虽然《网络安全法》第21条规定的相关义务条款与等级保护2.0相关要求落实从性质上都属于法律义务，但两者仍然存在一定区别，这就要求企业在合规实践中着重关注二者之间的差异，整合现有的合规体系以避免遗漏。例如，《网络安全法》第21条第3项对网络运营者留存相关网络日志的期限存在6个月的具体要求。相较而言，在等级保护2.0制度要求中，如某网络运营者的内部办公系统被评定为等级保护二级及以下系统，按照相应的安全通用要求，“应详细记录运维操作日志，包括日常巡检工作、运行维护记录、参数的设置和修改等内容”，并不存在明确的日志留存期限要求。[1]

除规定网络运营者的责任义务外，等级保护制度还对测评机构的相关责任义务作出了规定和监管要求。根据相关规定，测评机构和测评人员应当遵守国家的有关法律法规和技术标准，保守工作秘密，承担相应的社会责任和法律责任。“追究测评机构的法律责任的核心问题是追究参与测评人员的法律责任问题。测评机构或测评人员应承担的法律责任主要有民事责任、行政责任和刑事责任，不涉及违宪责任。”[2]

（三）涉密网络的安全保护与密码安全管理

《等级保护条例（征求意见稿）》第4条第2款“工作原则”规定，“网络运营者在网络建设过程中，应当同步规划、同步建设、同步运行网络安全保护、保密和密码保护措施”。这是等级保护制度首次提出“三同步”原则。根据该规定，“在正式开展业务之初，网络运营者即应开始同步‘规划’、‘建设’或‘运行’网络安全保护等措施，如涉及保密的，还应同步实施‘保密’和‘密码保护’两项措施”。[3]

根据《等级保护条例（征求意见稿）》有关规定，个人及家庭自建自用的网络不在适用范围内。涉密网络除需遵守一般网络的等级保护义务要求外，还应当依据国家保密规定和标准，结合系统实际进行保密防护和保密监管。涉密网络是指存储、处理、传输涉及国家秘密的计算机网络。涉密网络按照涉密程度分为绝密级、机密级、秘密级，实行分级保护。根据《保守国家秘密法》《密码法》《网络安全法》等相关要求，《等级保护条例（征求意见稿）》第四章“涉密网络的安全保护”规定了涉密网络运营者有进行网络定级、方案审查论证、建设管理、信息设备及安全保密产品管理、测评审查和风险评估、预警通告等义务，保密管理部门负有监督管理涉密网络运营者履行前述义务的职责。整个章节“提出了涉密网络安全保密总体要求，以及涉密网络分级保护要求和涉密网络使用管理要求，明确了涉密网络全过程管理，规定了涉密网络密级确定、方案论证、建设实施、测评审查、风险评估、重大变化以及废止等环节的保密管理要求”。[4]《等级保护条例（征求意见稿）》第五章“密码管理”规定了网络运营者的涉密网络密码保护、非涉密网络密码保护、密码安全管理责任。其中，涉密网络的密码产品应经密码管理部门批准。

---

[1] 宁宣凤、吴涵、包达、黎辉辉：《国际新形势下的网络安全等级保护制度研究》，载上海市法学会编：《上海法学研究》集刊2020年第15卷。

[2] 王春元、冯响林、刘拥军：《信息安全等级保护测评机构的法律责任问题》，载《信息网络安全》2007年第11期。

[3] 吴卫明、李荣荣：《〈网络安全等级保护条例（征求意见稿）〉之重点解读》，载锦天城网2018年8月27日，https://www.allbrightlaw.com/CN/10475/2d2f1e21fd7570da.aspx。

[4] 郭启全：《〈网络安全等级保护条例（征求意见稿）〉解读》，载《中国信息安全》2018年第8期。

该条例还依据国家保密规定和标准要求，提出了身份鉴别、访问控制、安全审计、边界安全防护、信息流转管控、电磁泄漏发射防护、病毒防护、密码保护和保密监管等技术与管理具体措施，以加强涉密网络的安全保护和监督管理。

【练习题】

1. 等级保护 1.0 和等级保护 2.0 的“分水岭”是什么？
2. 等级保护 2.0 的主要标准文件有哪些？
3. 网络安全等级保护制度将网络安全保护等级分为哪几级？
4. 网络安全等级保护制度是如何对个人信息进行保护的？

第六章　关键信息基础设施保护制度

典型案例

2010年伊朗核设施遭“震网”病毒攻击，部分关键核设施遭到损毁，该事件拉开了关键信息基础设施网络攻击的序幕。2015年12月，乌克兰多个地区的电力系统遭到网络攻击，造成百万居民电力供应中断，引发世界各国对电力供应安全的严重担忧。2019年，委内瑞拉的电网多次遭到网络攻击，导致大规模停电，千万用户受到影响。同年，南非约翰内斯堡一家电力公司遭“勒索”病毒攻击，电力系统的部分数据库和应用程序被黑客加密，导致服务瘫痪，部分用户遭遇断电。[1]

我国的关键信息基础设施安全形势也不容乐观。2020年以来，我国电信、航空领域部分单位的内网和信息系统多次出现网络异常情况，后经国家安全部门查证，确系遭到境外情报机关精心组织策划和秘密实施的网络攻击。调查显示，部分骨干网络节点设备、核心业务系统服务器等被植入特种木马程序，部分数据被窃取并传送到境外，攻击者希望借此控制我国的关键信息基础设施以达到其不可告人之目的。[2]

第一节　关键信息基础设施的含义界定

一、国际上有关关键基础设施的定义

（一）美国对关键基础设施的界定

目前，国际上有“关键基础设施”（Critical Infrastructure，CI）和“关键信息基础

〔1〕《乌克兰电网遭遇黑客攻击　有何警示意义?》，载电力网，http://www.chinapower.com.cn/information&gzqb/20160222/15629.html；绿盟科技：《委内瑞拉遭遇全球最大规模停电，是管理不善还是网络攻击?》，载安全牛2019年3月26日，https://www.aqniu.com/vendor/45628.html；《南非约翰内斯堡的电力公司遭勒索，部分居民区停电》，载安全内参2019年7月27日，https://www.secrss.com/articles/12559。

〔2〕《国家安全机关公布多起典型案例》，载中国政府网，http://www.gov.cn/xinwen/2022-04/16/content_5685561.htm。

设施”(Critical Information Infrastructure,CII)两种概念。美国是世界上最早对关键基础设施进行界定的国家。1996年7月,克林顿政府颁布第13010号行政命令,首次提出关键基础设施面临物理威胁、信息或通信网络威胁。1998年5月,美国时任总统克林顿签署第63号总统决策指令,明确“关键基础设施是保证最低限度的经济运行和政府运作所必需的物理设施和网络系统”,包括但不限于电信、能源、银行和金融、运输、供水系统以及政府和私营的应急服务。美国2001年发布的《爱国者法案》明确“关键基础设施”这一术语专指“对美国至关重要的系统和资产,包括实体的和虚拟的”,以至于它们丧失能力或遭到破坏将对国家安全、经济安全、公共卫生或安全产生破坏性影响,并列举了归属于关键基础设施范畴的领域,包括电信、能源、金融服务、水资源和交通部门。此后的政策基本都沿用了《爱国者法案》对关键基础设施的定义,或采取与此定义相关的概念表述。这两个“定义”共同奠定了美国关键基础设施保护的基石,核心观点是把关键基础设施看作“关键的物理和信息基础设施组成的相互依赖的网络”,强调了关键基础设施的两个要素和安全原则:物理设施、信息系统和安全性。2013年,美国时任总统奥巴马颁布第21号总统政策指令,认为关键基础设施涉及通信、信息技术、金融服务、政府设施、交通系统、商业设施、关键制造、能源等16个领域。美国历届政府通过总统令的形式对关键基础设施的范围进行了界定,并不断更新完善,总体来说,包括信息通信、国防工业、化学、商业、水资源、金融、政府、食品、农业、公共医疗、核、运输、应急服务、能源、电力、制造业。这些行业和领域的关键基础设施都与国家安全、经济运行和重大民生保障息息相关,一旦遭到破坏将带来严重后果。

(二)欧盟及欧洲国家对关键基础设施的界定

欧洲委员会2004年发布的《反恐斗争中的关键基础设施保护》将关键基础设施定义为物理和信息技术设施、网络、服务和资产,其一旦遭到破坏将对经济社会、民生福祉造成重大负面影响。[1] 从定义可见,欧洲对关键基础设施的定义比美国更为宽泛,既包括信息技术的“硬件”和“软件”,还包括服务。2009年,欧洲议会、欧洲理事会、欧洲经济及社会委员会和关键信息基础设施保护区域委员会联合发布《保护欧洲免受大规模网络攻击和破坏:加强准备、安全和弹性》通告,认为信息与通信技术(Information and Communications Technology,ICT)基础设施是欧洲经济社会的重要组成部分,它们要么提供基本商品和服务,要么构成其他关键基础设施的基础平台,通常被视为“关键信息基础设施”。根据这一描述,欧盟认为,关键信息基础设施即ICT基础设施,包括ICT系统、服务、网络和基础设施。由此可以看出,关键基础设施与网络融合的趋势获得了普遍认同。

---

[1] 唐旺、宁华、陈星、朱璇:《关键信息基础设施概念研究》,载《信息技术与标准化》2016年第4期。

德国《联邦信息安全办公室法》所指的关键基础设施包括能源、信息技术和电信、交通、卫生、水资源、食品、金融或保险部门的设施、系统或其部分，它们对社会的运转至关重要，因为它们的故障或中断将导致相当大的供应短缺或对公共安全构成威胁。

英国将关键国家基础设施定义为基础设施的关键要素，即资产、设施、系统、网络或流程，以及操作和促进这些要素的重要人力，其损失或损害可能会对经济社会、国家安全、国防或国家运转产生重大不利影响。

（三）日本对关键基础设施的界定

日本在2005年发布的《关键基础设施信息安全措施行动计划》中将关键基础设施定义为"由提供高度不可代替且对人民社会生活和经济活动不可获取的服务的商业实体组成，如果其功能被暂停、削弱或根本无法运行，人们的社会生活和经济活动会遭受重大破坏"，其中，关键部门包括电信、金融、民航、铁路、电力、燃气、政务、医疗、水利和物流等行业和领域，[1] 日本于2014年5月又增加了化工、信贷、石油三个领域。[2]

总而言之，这些国家都强调关键基础设施是国家运转、经济社会、健康发展赖以存在的重要设施，一旦出现故障、遭到破坏，将产生不良影响，造成严重经济损害、巨大社会破坏甚至灾难性后果。[3]

综上，国际上有关关键基础设施的定义毫无例外关注两个核心要素：一是构成国家发展和安全的重要因素，缺失关键基础设施将导致国家、社会等层面无法正常运转；二是如果遭到破坏、损毁将带来严重后果。二者缺一不可。

（四）我国对关键信息基础设施的界定

随着网络信息化时代的到来，关键基础设施日益与网络和信息化相关联，甚至专门指代网络信息化时代下的关键基础设施。美国、澳大利亚、德国等国家提出了信息基础设施、关键信息基础设施等概念，着重强调信息和通信系统，可以简单理解为IT设施。国际电信联盟将国家关键信息基础设施定位为支撑物理基础设施的信息系统。[4]

我国采用的是"关键信息基础设施"概念，这更能体现网络和信息化的发展趋

---

〔1〕 黄道丽、方婷：《日本关键信息基础设施保护制度及对我国的启示》，载《中国信息安全》2016年第7期。

〔2〕 崔聪聪：《网络关键信息基础设施范围研究》，载《东北师大学报（哲学社会科学版）》2017年第4期。

〔3〕 唐旺、宁华、陈星、朱璇：《关键信息基础设施概念研究》，载《信息技术与标准化》2016年第4期。

〔4〕 唐旺、宁华、陈星、朱璇：《关键信息基础设施概念研究》，载《信息技术与标准化》2016年第4期。

势。2021 年 4 月 27 日国务院通过的《关键信息基础设施安全保护条例》将关键信息基础设施定义为“重要网络设施和信息系统”，如果被破坏、功能丧失或者发生数据泄露，将严重危害“国家安全、国计民生和公共利益”。《关键信息基础设施安全保护条例》采用了“特定行业范围 + 严重危害后果”的定义方式，明确关键信息基础设施原则上落在“公共通信和信息服务、能源、交通、水利、金融、公共服务、电子政务、国防科技工业”等行业和领域，以及其他造成上述危害的实体和系统。

关键信息基础设施包括网络设施和信息系统两个层面。我们认为，网络设施应该包括公共网络、内部网络以及连接、操作网络运行，支持处理网络中的信息和数据的各种设备。信息系统是指由计算机软硬件、数据库、协议、加密等构成的按特定规则运行的功能单元。在形态构成上，关键信息基础设施可以是单个网络设施或信息系统，也可以是二者的组合。[1] 显然，我国对关键信息基础设施的定义强调网络信息安全。有学者指出，我国所指的“关键信息基础设施”与美国的“关键基础设施”存在细节差异，但这两个表述可以通用。[2] 实质上，两者分别是从传统安全领域和网络安全领域来看待同一个保护对象的不同定义方法。[3]

二、关键信息基础设施的范围

我国《网络安全法》、《国家网络空间安全战略》、《关键信息基础设施安全保护条例》以及《信息安全技术　关键信息基础设施边界确定方法（征求意见稿）》等相关法律法规和标准文件对关键信息基础设施的定义均聚焦破坏程度和影响，包括设施破坏、丧失功能、数据泄露。那么哪些类型的网络设施和信息系统应该被纳入关键信息基础设施保护的范围呢？主要有两种做法：开放式定义与细化列举。采取第一种做法的，包括《网络安全法（草案）》和《关键信息基础设施确定指南（试行）》。前者将基础信息网络、重要行业和公共服务领域的重要信息系统、军事网络、政务网络和网络服务提供者所有或管理的面向广大用户的网络和系统，归入关键信息基础设施的范畴；后者则将关键信息基础设施分为网站类，如党政机关、企事业单位网站，平台类，如购物、支付、搜索等服务平台，生产业务类，如工业控制系统、云计算平台等。采取第二种做法的，主要是《关键信息基础设施安全保护条例（征求意见稿）》。该征求意见稿详细列举了包括公共基础、信息通信、科研生产、新闻在内的 23 类单位。从我国正式颁行的法律法规来看，第一种做法为通行做法。无论是正式颁

---

〔1〕《信息安全技术　关键信息基础设施边界确定方法（征求意见稿）》。

〔2〕董亚南、赵改侠、谢宗晓：《关键信息基础设施保护及其实践探讨》，载《网络空间安全》2018 年第 8 期。

〔3〕唐旺、宁华、陈星、朱璇：《关键信息基础设施概念研究》，载《信息技术与标准化》2016 年第 4 期。

行的《网络安全法》还是《关键信息基础设施安全保护条例》,均采取了开放式定义的方式。具体而言,《关键信息基础设施安全保护条例》第 2 条沿用了《网络安全法》第 31 条的开放式定义方式,明确了公共通信和信息服务、能源、交通、水利、金融、公共服务、电子政务、国防科技工业等 8 个行业和领域的关键信息基础设施。这种分行业和领域进行列举的方法也是其他国家认定关键(信息)基础设施的通行做法。

但这并不意味着不在上述范围内的就不属于关键信息基础设施。关键信息基础设施类型千差万别,同时也会随技术的发展不断演变。《关键信息基础设施安全保护条例》专门强调应由重要行业和领域的主管部门、监督管理部门(保护工作部门)负责制定认定规则,组织实施本行业、本领域的关键信息基础设施的认定。

本书认为,关键信息基础设施至少应该包括上述提到的重要行业、重点领域的网络设施和信息系统。但在实践中,网络设施和信息系统的重要性并不是一成不变的,而是随着业务调整、技术更迭或其他情况降低或提高,从而不再被认定为关键信息基础设施或被认定为关键信息基础设施。典型的例子就是移动网络技术的更迭带来的基础设施的更新换代,5G 基础设施及信息系统正取代 4G 成为主流。政务系统的重要性随着电子政务的发展日益突出,其信息系统出现的网络安全问题,如系统宕机、设备漏洞、数据泄露等,将影响电子政务的开展,严重的将带来巨大经济损失。因此,《关键信息基础设施安全保护条例》第 11 条规定,关键信息基础设施发生较大变化并可能影响其认定结果的,应该组织重新认定。

三、关键信息基础设施的识别认定

关键信息基础设施的识别是目前保护工作部门和业界正在研究和讨论的一项重要工作。仅从关键信息基础设施所涉行业和领域的角度划分某一网络设施和信息系统属于关键信息基础设施的范畴,准确性显然不够。特别是对一些处于“模糊地带”的网络设施和信息系统的界定,需更为明确的标准,否则可能导致遗漏,甚至把非关键的网络设施和信息系统纳入,增加保护成本。这也是目前关键信息基础设施识别面临的难题。这就需要确定关键信息基础设施的边界。在关键信息基础设施运营者运营的信息基础设施中,有些网络设施、信息系统对保障关键业务持续、稳定运行发挥了关键甚至不可或缺的作用,有些则并不是那么重要。开展关键信息基础设施的识别就是要将它们区分开来,这也是开展关键信息基础设施安全保护工作的前提和基础。

美国对关键信息基础设施的识别经历了四个阶段:一是依据遭到攻击造成的生命财产损失的方法。这一识别方法是从关键基础设施的定义出发进行简单的识别,没有统一标准,难以有效执行。二是阈值识别法。用具体阈值标准划定关键基础设施,如向超过 4 个州提供运输服务的公司、转账超过一定数额的券商可被认定为关键基础设施。三是基于后果的识别方法,依据死亡情况、经济损失、大规模撤离、国家安全相关标准进行认定。四是高风险设施识别法。这一方法在基于后果的基础上,进一步提出了高风险设施的概念,这类设施遭到攻击、破坏将产生某一方面的严重后果。例如,核设施遭到破坏不一定会造成较大人员伤亡,但可能造成巨大环境污染或大规模人员撤离。[1]

综合我国现有相关报告和标准,对关键信息基础设施的认定一般分四个步骤进行:一是确定重要行业和领域;二是确定关键业务和运营者;三是确定关键信息基础设施边界;四是认定关键信息基础设施并备案。

第一步在前文已经进行了论述,值得注意的是,除了关键信息基础设施安全保护工作需要重点关注的8个行业和领域外,还需要识别出可能严重危及国家安全、经济安全、社会稳定、公共健康的其他网络设施和信息系统。

第二步确定关键业务和运营者。在支撑国家安全、社会稳定运行的众多基础设施中,有些业务不具有主体性,而是起到辅助、支撑性作用,这类业务不是关键业务。关键业务必须是基础的、重要的、影响全局的业务,一旦遭到干扰、破坏、损毁将影响整个基础设施的运营。关键业务可以采取定义法、阈值法等方法进行确定。例如,金融系统的支付业务、网络运营商的数据业务、超过一定规模用户的网络服务等。各行业和领域应在保护工作的指导下,标记出关键业务,形成包含基本信息、业务特征、业务范围、系统架构的列表。关键信息基础设施的运营者是关键信息基础设施安全保护的主要责任人,二者既可以是一对一的关系,也可以是一对多的关系,即一个运营者对应多个关键信息基础设施。这将有利于加强对关键业务的运营和管理,加强关键信息基础设施安全保护。

第三步是确定关键业务运行所必需的网络设施和信息系统。它们本质上是通过信息、数据、协议等提供信息化支撑,属于关键业务的信息化部分,[2]其遭到攻击后的表现形式最终也体现在对信息的处理上。[3] 由于支撑关键业务运行的网络设施和信息系统不止一个,那么满足关键业务运行条件所需的信息流,在整个生存周期的流动轨迹构成了关键基础设施的最大可能边界,边界以内的各种网络设施和信息系统构成关键基础设施的元素集合。

第四步则是对元素集合进行关键性评估。根据集合内的网络设施和信息系统受损对关键业务持续、稳定运行的影响程度(可以从可用性、可靠性、完整性、保密性角

---

[1] 云南省互联网信息办公室:《关键信息基础设施边界识别研究报告(1.0版)》,载昆明信息港,https://m.kunming.cn/news/upload/resources/file/2019/07/05/169536.pdf。

[2] 《信息安全技术 关键信息基础设施边界确定方法(征求意见稿)》。

[3] 云南省互联网信息办公室:《关键信息基础设施边界识别研究报告(1.0版)》,载昆明信息港,https://m.kunming.cn/news/upload/resources/file/2019/07/05/169536.pdf。

度进行评估),将程度等级高或符合一票否决事项的信息资产归入关键信息基础设施。

综上,关键信息基础设施的认定流程如下:确定重要行业和领域—明确关键业务并形成详细列表—确定关键业务信息流的轨迹以及边界内的网络设施和信息系统的集合—关键性评估—认定为关键信息基础设施—备案。但关键信息基础设施的识别和认定是一个动态、持续的过程,更是一项繁杂的工程,牵扯面广、涉及元素多,既面临客观因素的限制,又有主观判断的干扰,这需要制定关键信息基础设施的识别和认定指南,引入第三方机构,充分发挥企业、专家在认定过程中的作用,以提高准确性和科学性。

四、关键信息基础设施的特点

分析关键信息基础设施的特点,有助于加深对关键信息基础设施的理解,建立有效的保护体系,提高应对网络安全威胁的能力。

首先,关键信息基础设施与一般行业和领域的网络基础设施不同,它是国家政治、经济民生、军事国防的基础,如果遭到攻击和破坏,将给国家经济、社会稳定造成巨大损失,甚至影响国家安全。关键信息基础设施也是社会转型、产业升级、数字创新的重要基础,是国家现代化的重要支撑,没有哪个国家能够承受其运营中断的后果。我们难以想象供电系统瘫痪、基础通信中断、支付系统崩溃给生产、生活带来的灾难性影响。关键信息基础设施同样关系社会个人,公共服务系统、社交平台等数据如果被大规模泄露或被恶意利用,将带来大量经济损失和政治安全风险。"剑桥分析事件"[1]就是一个典型案例。

其次,正因为关键信息基础设施具有"关键性"、"重要性"和"不可替代性",其日益成为黑客攻击、国家间网络战的目标,面临的安全威胁日益复杂,如 DDoS 攻击、跨域攻击、多域协同攻击、APT 攻击、社会工程学攻击等。网络攻击与传统军事不对称攻击不同,具备一定网络能力的任何一方都可以对目标发起攻击。这就决定了关键信息基础设施比以往任何时候都更加脆弱,需要更高级别的防护。

再次,关键信息基础设施分布广泛、内涵丰富。《关键信息基础设施安全保护条例》列举的 8 个重要行业和领域,基本涵盖了国家治理、经济社会发展所涉及的主要业务。此外,制造业、新闻、研究院所、网络平台等领域的信息系统也非常重要,其一旦遭到破坏就可能导致生产中断、核心技术被窃取、数据泄露等严重后果。关键信息基础设施结构复杂,通常是由若干网络设施、信息系统构成的。纵向来看,其包括物理层、数据链路层、网络层、传输层、会话层、表示层、应用层,即 OSI 模

[1] 关于"剑桥分析事件",参见《脸书 5000 万用户信息泄露》,载新华网,http://www.xinhuanet.com/world/2018-03/24/c_129836684.htm。

型;横向来看,其各业务互相关联,支撑关键业务的开展,如金融支付系统为了完成支付业务,需要进行数据调取、账单核查、支付清算等一系列操作,这些流程缺一不可。不同网络设施和信息系统也会根据业务的关键性,采取不同的安全保护等级和策略。例如,政府网站公开信息强调完整性,金融系统要确保数据准确性,通信及电力行业则关注服务的连续性。有研究指出,关键基础设施网络具有物理、信息、社会多域融合的特点,是典型的大规模分布式复杂信息物理系统,具有规模大(包括网络设施和信息系统以及众多用户和管理人员)、异构性(系统功能各异,并采用不同的技术手段和管理策略)、自治性(能够实现自动或半自动恢复)、相互依赖性(各系统间需要协同与合作)、动态演化(随着技术不断变化更新)的特点。[1]

最后,关键信息基础设施安全保护注重"预防在前""处置及时"。关键信息基础设施关系重大,出现安全问题势必会带来严重后果,这是运营者、政府都不愿意看到且应极力避免的事情。因此,仅仅是满足合规要求或被动应对,对关键信息基础设施保护远远不够,必须将风险管理的思维摆在突出位置并贯穿始终。因此,要建立关键信息基础设施识别认定、安全防护、检测评估、监测预警、事件处置全过程防护体系,提高安全保护能力。

第二节 关键信息基础设施保护制度的背景

本节将分析全球主要国家及我国建立和完善关键信息基础设施保护制度的背景,以便更加深入地了解关键信息基础设施的重要性和面临的威胁挑战,做好关键信息基础设施保护工作。

一、域外主要国家关键基础设施保护制度

(一)美国的关键基础设施保护制度

20世纪末,美国率先提出重点保护关键信息基础设施,以应对网络信息安全带来的新形势、新挑战。1996年以来,美国先后发布了第13010号行政命令《关键基础设施保护》、第63号总统决策指令《克林顿政府对关键基础设施保护的政策》、第13231号行政命令《信息时代的关键基础设施保护》、国土安全第7号总统令《关键基础设施标识、优先级和保护》、第13636号行政命令《改善关键基础设施

---

〔1〕 刘小雪:《关键基础设施网络信息—物理威胁模型与安全机制研究》,国防科技大学2019年博士学位论文,第1~2页。

网络安全》、第 21 号总统政策指令《关键基础设施安全和弹性》、第 13800 号行政命令《加强联邦网络和关键基础设施的网络安全》、第 13905 号行政命令《通过负责任地使用定位、导航与授时服务来增强国家弹性》等一系列行政命令，明确了关键基础设施的内涵和范围，在政策法规、保护机构、框架标准、保护责任、具体举措等方面为关键基础设施保护提供了指导性规定。

美国还通过《爱国者法案》《关键基础设施信息法》《国土安全法》《网络空间国家安全战略》《关键基础设施和重要资产物理保护国家战略》等法律和政策，强化了对关键基础设施的保护。尤其在关键基础设施保护专有领域，美国不断完善国家关键基础设施保护计划，落实关键基础设施网络安全防护的指导和要求。2000 年 1 月，美国关键基础设施保障办公室（CIAO）发布《保卫美国的网络空间：国家信息系统保护计划》（1.0 版），这是美国第一个保护关键系统和网络安全的纲领性文件。紧接着，美国于 2003 年发布《受保护的关键基础设施信息计划》、2006 年发布《国家关键基础设施保护计划》、2007 年发布《国家基础设施保障计划》，[1] 提出了关键基础设施保护的目标和举措。美国国家标准与技术研究院于 2014 年和 2018 年分别发布了《改善关键基础设施网络安全框架》1.0 版本和 1.1 版本，该文件是一个自愿性的风险管理框架，提供了提高关键基础设施安全性和弹性的原则、标准、指南和最佳实践。

2021 年 7 月 28 日，美国拜登总统签署《关于改善关键基础设施控制系统网络安全的国家安全备忘录》，强调关键基础设施保护既是政府的责任，也是基础设施所有者和运营商的责任，着重保障工业控制系统的网络安全，同时设立了关键基础设施网络安全绩效目标。2022 年 3 月 15 日，拜登总统签署《2022 年关键基础设施网络事件报告法》，建立关键基础设施网络安全强制性报告制度。

总体来说，美国的关键基础设施保护起步早、成果多、保护制度较为完善，具有三个明显特点。一是明确和调整关键基础设施的内涵和范畴。美国关键基础设施的外延处于不断变化和调整之中，[2] 从最初的八类扩展到现在的十几类。二是形成关键基础设施保护的多部门协同参与的格局。早期阶段，美国成立了“总统关键基础设施保护委员会”“国家关键基础设施保护中心”等机构，负责关键基础设施保护、修改政策、提出建议，协调关键基础设施网络安全事件的处置、调查和恢复等。随着美国国土安全部的成立，网络安全日益融入国土安全之中。2018 年成立的隶属于国土安全部的网络安全和基础设施安全局（CISA）成为关键基础设施网

---

[1] 高原、吕欣、李阳、穆琳、韩晓露、鲍旭华：《国家关键信息基础设施系统安全防护研究综述》，载《信息安全研究》2020 年第 1 期。

[2] 崔聪聪：《网络关键信息基础设施范围研究》，载《东北师大学报（哲学社会科学版）》2017 年第 1 期。

络安全保护的主责部门。此外,负责网络安全的国家情报总监办公室、国防部、网络司令部以及能源部、政府问责局、卫生与公共服务部等作为行业主管部门承担相关监管责任。三是强调关键基础设施保护的公私合作和信息共享。美国的大部分关键基础设施由私营部门拥有和运营,关键基础设施所有者和运营商必须加快努力确保它们的数字安全。[1] 美国总统行政命令和法律法规均强调与私营部门合作,加强关键基础设施保护和信息共享,共同应对网络安全危机。

(二)欧盟及欧洲主要国家的关键基础设施保护制度

2004年以来,欧盟开始关注关键基础设施保护,从物理安全、信息安全到网络安全,稳步推进关键基础设施保护工作。

第一阶段为2004年至2008年,欧盟重点推出关键基础设施安全保护计划。2004年6月,欧洲理事会要求制定一项保护关键基础设施的总体战略。欧盟委员会于2004年10月通过的《反恐斗争中的关键基础设施保护》,提出了加强欧盟预防、准备和应对关键基础设施恐怖袭击的措施。2005年11月,欧盟委员会通过《欧洲关键基础设施保护计划绿皮书》,旨在让广泛利益相关者参与进来,为关键基础设施保护和建立预警信息网络提供政策选择。2006年12月,欧盟启动《欧盟关键基础设施保护计划》(EPCIP),明确了关键基础设施保护的目标、原则和内容,促进EPCIP开发和实施的措施以及应急计划等,是欧盟保护关键基础设施的一项综合性计划。2007年,欧盟理事会通过了关于欧洲关键基础设施保护计划的结论。2008年,欧洲理事会发布《关于识别和指定欧洲关键基础设施以及评估改善其保护的必要性的指令》,建立了欧盟识别和认定欧洲关键基础设施的过程,并制定了改善保护措施的方法。

第二阶段为2009年至2015年,欧盟注重关键信息基础设施的保护,以应对网络安全风险和挑战。2009年,欧洲议会、欧洲理事会、欧洲经济及社会委员会和关键信息基础设施保护区域委员会联合发布的《保护欧洲免受大规模网络攻击和破坏:加强准备、安全和弹性》通告,重点关注关键信息基础设施的安全性和弹性,强调建立以公私合作伙伴关系为基础的CII治理模式,并建立一个由防备和预防、检测与响应、缓解和恢复、国际合作构成的框架,来应对关键信息基础设施网络安全挑战。2011年,欧盟委员会发布《关键信息基础设施保护:迈向全球网络安全》文件,总结了自2009年通过关键信息基础设施保护(CIIP)行动计划以来所取得的成果,强调促进成员国与私营部门合作解决关键信息基础设施全球互相依存带来的

---

[1] *Statement by President Biden on Our Nation's Cybersecurity*, Whitehouse. gov (March 21, 2022), https://www. whitehouse. gov/briefing-room/statements-releases/2022/03/21/statement-by-president-biden-on-our-nations-cybersecurity/.

安全问题。

第三阶段为 2016 年至今,欧盟通过《网络与信息安全指令》《欧盟安全联盟战略 2020—2025》等法律和战略,旨在通过发挥成员国和关键部门的网络安全能力来保障关键信息基础设施,提高关键基础设施的弹性。

德国对关键基础设施的保护与欧盟基本同步,将关键基础设施保护纳入国家战略,不断更新相关法规。德国早期发布了《国家信息设施保护计划》(2005 年)、《关键基础设施保护国家战略》(2009 年)、《德国网络安全战略》(含 2011 年版和 2021 年版),将关键基础设施保护纳入国家战略,强调政府、行业和社会共同努力,让足够多的安全机构安全自主地使用新技术,以保护关键基础设施和企业,从而保障数字安全。特别是近十年以来,德国对关键基础设施的保护更加精确和细致。2015 年,德国通过《IT 安全法》要求关键基础设施机构实施最新的最低信息安全标准,否则将面临最高 10 万欧元的罚款。[1] 2021 年《IT 安全法 2.0》生效,该法除加强和扩大联邦信息安全办公室(BSI)的权限外,还为关键基础设施运营商(CRITIS)、"关键组件"的使用以及"特殊公共利益公司"这一新类别引入了许多新规,[2]同时在《联邦信息安全办公室法案》(《BSI 法案》)中确立的能源、信息技术和电信、运输和交通、健康、水资源、食品以及金融和保险等关键部门的基础上新增城市废物处理部门,扩大了关键部门的范围。[3] 德国对《BSI 法案》下的《关键基础设施指定条例》(BSI-KritisV)进行了第二次修订,扩大了"关键基础设施"的定义。由此,关键基础设施运营商的数量从 1600 家增加到约 1870 家,从而扩大了德国的外国直接投资审查范围。[4]

英国则建立了以国务大臣负责的国家基础设施保护中心(CPNI)为核心、各基础设施部门具体实施的关键基础设施保护管理体系,通过《国家基础设施战略》《国家安全与投资法案》等立法,加强关键基础设施的网络安全保护,同时加强外国投资关键基础设施的审查。

---

〔1〕 Neil Ford, *New German Cyber Security Law to Protect Critical Infrastructure*, IT Governance. eu (July 13, 2015), https://www. itgovernance. eu/blog/en/new-german-cyber-security-law-to-protect-critical-infrastructure.

〔2〕 Stefan Hessel, *The New IT Security Act 2.0: An Overview*, Reuschlaw. de (Oct. 2021), https://www. reuschlaw. de/en/news/the-new-it-security-act-20-an-overview/.

〔3〕 Natallia Karniyevich, Fabian Niemann, *The German IT Security Act 2.0 Comes into Force Overview of the Most Significant Changes to the BSI Act*, Twobirds (May 26, 2021), https://www. twobirds. com/en/insights/2021/germany/the-german-it-security-act-2-0-comes-into-force.

〔4〕 Michael Masling Partner, Christian Leeder Associate, *FDI Screening Alert: Germany Broadens Definition of "Critical Infrastructures"*, Morgan Lewis (Feb. 1, 2022), https://www. morganlewis. com/pubs/2022/02/fdi-screening-alert-germany-broadens-definition-of-critical-infrastructures.

(三)其他国家的关键基础设施保护制度

自20世纪90年代,日本逐步加大关键信息基础设施安全保护的力度,建立了以法律法规为基础、以加强机构建设为重点,强化人力、技术、投入等多方面保障,注重信息共享和预警监测的关键信息基础设施保护制度。[1] 日本先后出台了《关于重要基础设施的网络恐怖主义对策特别行动计划》《构建先进信息与通信网络社会基本法》《关键基础设施信息安全措施行动计划》《保护国家信息安全战略》《网络安全战略——迈向世界领先的、弹性的、充满活力的网络空间》等法律法规和战略文件,明确了关键基础设施的内涵,建立了信息共享、跨部门响应、防护演练、风险管理、评估认证、国际合作等机制,加强了关键基础设施安全保护,同时建立了以内阁秘书处为领导,跨部门和公私合作共同参与的关键信息基础设施安全保护组织架构体系。[2]

俄罗斯强调关键信息基础设施保护的全面性和持续性,先后通过了《联邦关键信息基础设施安全法》《关于确认俄罗斯联邦关键信息基础设施客体等级划分的规定以及俄罗斯联邦关键信息基础设施客体重要性标准参数列表》,明确了等级划分和重要参数指标,建立分级安全监督流程和严格的法律制约体系。[3] 近年来,为了应对日益增加的关键信息基础设施网络攻击,俄罗斯总统普京签署总统令禁止关键基础设施部门采购外国软件,[4]同时大力推进《保护关键信息基础设施国家政策基本原则(草案)》的制定工作。普京要求加强关键信息基础设施的信息安全保障,提高国家机构信息系统和通信网络的安全性,降低对外国网络设备的依赖,逐步实现国产化。

澳大利亚通过立法和加大投入来加强关键基础设施的保护,通过了《关键基础设施安全法案》(2018年和2020年)、《2020年网络安全战略》,越来越关注关键基础设施的网络安全,这些法律和文件成为澳大利亚保护关键基础设施的里程碑。

---

[1] 黄道丽、方婷:《日本关键信息基础设施保护制度及对我国的启示》,载《中国信息安全》2016年第7期。

[2] 黄道丽、方婷:《日本关键信息基础设施保护制度及对我国的启示》,载《中国信息安全》2016年第7期。

[3] 《专家解读:〈关键信息基础设施安全保护条例〉开启我国关键信息基础设施安全保护的新时代》,载中国网信网,http://www.cac.gov.cn/2021-09/01/c_1632086524390279.htm。

[4] 国际安全智库:《从关键基础设施防护角度,观俄罗斯总统最新禁令幕后之意》,载安全客2022年4月2日,https://www.anquanke.com/post/id/271469。

二、关键信息基础设施面临多重网络安全风险

（一）关键信息基础设施成为网络攻击的重点

近年来，随着传统产业的转型、数字经济的发展、工业 4.0 的推进、生产自动化、智能化需求的增加，社会经济各领域对网络的依赖程度进一步加深。各种基础设施日益走向网络化、信息化、数字化的背后，是各种网络和系统的构建与协同。由此，支撑国家经济社会发展的关键基础设施也就成为网络攻击的首选目标，而国际国内多个安全机构报告也均证明了这一点。世界经济论坛发布的《2022 年全球网络安全展望》指出，数字化生活带来的最严重、最令人不安的新后果之一，就是网络事件的发生越来越频繁、成本越来越高、破坏性越来越大，有时甚至会导致关键服务和基础设施瘫痪。网络领导者最关心的三大网络攻击包括网络攻击导致基础设施瘫痪、身份盗窃和勒索软件。[1] 德勤指出，针对关键基础设施的威胁正在增加，有两个方面的因素值得特别关注：一是技术发展趋势和万物互联网导致其脆弱性增加，物理世界和数字世界的融合使攻击的后果更难预测，甚至可能更具破坏性；二是经济和国际趋势鼓励行动者针对这些脆弱性采取行动，地缘政治紧张局势、难以归因以及技术生态系统日益“巴尔干化”，使网络攻击成为不对称对抗的有效工具。[2] 绿盟科技在《2021 安全事件响应观察报告》中也指出，关键基础设施涉及的行业是网络攻击的重要目标，重要行业和领域的关键信息基础设施受到广泛、持续的黑客攻击。[3]

（二）国际国内关键信息基础设施面临的网络安全形势

近年来，关键基础设施遭网络攻击的案例层出不穷，呈现攻击面广、攻击形式多样、攻击技术复杂、攻击后果严重的特点，面临十分严峻的安全形势和挑战。

国外方面，基础设施和重要信息系统遭受网络攻击事件屡屡发生，给国家安全带来巨大风险隐患。政务、能源、金融、医疗等系统成为黑客攻击的目标。正如本章开篇提到的，近年来，全球多个国家电力系统遭到网络攻击。除此之外，各国政

---

〔1〕 World Economic Forum, *Global Cybersecurity Outlook 2022*, World Economic Forum (18 January 2022), https://www3.weforum.org/docs/WEF_Global_Cybersecurity_Outlook_2022.pdf.

〔2〕 *Incentives Are Key to Breaking the Cycle of Cyberattacks on Critical Infrastructure*, Deloitte.com (March 8, 2022), https://www2.deloitte.com/za/en/insights/industry/public-sector/cyberattack-critical-infrastructure-cybersecurity.html.

〔3〕《〈2021 安全事件响应观察报告〉：从安全事件中探寻安全建设发展方向》，载微信公众号“绿盟科技”2022 年 2 月 9 日，https://mp.weixin.qq.com/s/7QmYzshRZytFU56m2REyxw。

府信息系统、城市服务系统及重要行业信息系统也多次遭到攻击。2017 年，英国议会电子邮件系统遭到黑客攻击，至少 90 名议员的账户被入侵。[1] 2019 年，挪威海德鲁公司遭到勒索软件攻击，大量重要数据被破坏，生产被迫中断。[2] 美国亚特兰大(2018 年)、巴尔的摩(2019 年)、新奥尔良(2019 年)的城市基础设施先后遭到勒索软件攻击，市政 IT 网络遭到严重破坏，造成巨大经济损失。2021 年 5 月，美国最大的燃油管道商科洛尼尔管道运输公司(Colonial Pipeline)遭到勒索软件攻击，导致燃油短缺、油价暴涨，供应美国东部沿海主要城市 45% 的油气管道系统被迫下线。[3] 仅 3 周后，全球最大肉类供应商 JBS 遭到黑客攻击，该公司在北美和澳大利亚的信息系统功能受到影响，部分工厂生产陷入瘫痪状态。[4] 这几起网络安全事件引起美国当局对关键信息基础设施的高度重视，出台了多部关键基础设施网络安全保护法案，多个州敲响关键基础设施网络安全警钟，也引发全球对加强关键信息基础设施安全保护的思考。

目前，我国暂未发生影响较大的关键信息基础设施网络安全事件，但我国部分行业信息系统安全问题仍较为突出。2018 年，华住集团发生用户数据泄露事件，约 5 亿条信息被黑客窃取并公然在境外兜售，涉及身份信息、家庭住址、开房记录等敏感信息。[5] 万豪酒店也在近年内发生多起大规模用户敏感数据遭泄露事件。[6] 网络攻击具有隐蔽性、潜伏时间长、不易察觉的特点。我国很多关键信息基础设施面临潜在网络信息安全风险，如果不加以重视，假以时日可能会严重影响国家安全和经济社会稳定。有研究指出，工业控制系统安全风险较为严峻，20% 的能源、轨道交通的生产管理系统存在高危安全漏洞。[7]

我国关键信息基础设施安全保护主要面临以下几个方面的风险和挑战：一是国家背景的高级持续性威胁(Advanced Persistent Threat，APT)组织或大型黑客组

---

〔1〕《黑客攻击英国议会邮件系统：或波及 90 位议员账号》，载新浪科技，http://tech.sina.com.cn/roll/2017-06-26/doc-ifyhmpew3426366.shtml。

〔2〕《挪威海德鲁公司遭勒索软件攻击》，载移动安全网 2019 年 3 月 21 日，https://ydhacker.com/m/view.php?aid=43475#。

〔3〕《刚刚，美国宣布进入国家紧急状态》，载人民日报网 2021 年 5 月 10 日，https://wap.peopleapp.com/article/rmh20453240/rmh20453240。

〔4〕《全球最大肉类生产商 JBS Foods 因网络攻击导致停产》，载安全客 2021 年 6 月 3 日，https://www.anquanke.com/post/id/243093。

〔5〕《华住 5 亿条用户信息疑遭泄露　警方介入调查》，载新华网，http://www.xinhuanet.com/politics/2018-08/29/c_1123343941.htm。

〔6〕《万豪又有 20G 数据泄露，涉及客人信用卡信息》，载环球旅讯网 2022 年 7 月 7 日，https://m.traveldaily.cn/article/163767。

〔7〕《2020 年中国互联网网络安全报告》，载国家互联网应急中心 2021 年 7 月 21 日，https://www.cert.org.cn/publish/main/upload/File/2020%20Annual%20Report.pdf。

织日益针对我国重要行业和领域的信息系统,企图窃取情报、破坏系统等。二是我国很多关键信息基础设施面临“卡脖子”风险,核心网络设备、操作系统、数据库、关键软件受制于人,存在漏洞风险。二是新技术迅猛发展、新业务广泛应用,这在丰富数字资产的同时带来技术风险,关键信息基础设施安全可能面临新的挑战。四是关键信息基础设施供应链全球化,增加了网络信息安全风险,网络审查成为确保供应链安全的重要举措。

三、关键信息基础设施保护上升到国家安全战略高度

(一)习近平总书记有关关键信息基础设施保护的论述

党的十八大以来,党中央高度重视网络安全。2014 年 2 月 27 日,中央网络安全和信息化领导小组宣告成立,充分彰显我国保障网络安全、推动信息化,实现网络大国迈向网络强国的决心。关键信息基础设施安全保护工作也因此成为网信工作的重点。习近平总书记多次就关键信息基础设施安全保护作出批示指示,奠定了关键信息基础设施保护制度的基础,开启了我国关键信息基础设施保护的新起点。

习近平总书记在中央网络安全和信息化领导小组第一次会议上指出,“要抓紧制定立法规划,完善互联网信息内容管理、关键信息基础设施保护等法律法规,依法治理网络空间,维护公民合法权益”。[1] 2016 年 4 月 19 日,习近平总书记在网络安全和信息化工作座谈会上的讲话中多次提到关键信息基础设施,指出“特别是国家关键信息基础设施面临较大风险隐患,网络安全防控能力薄弱,难以有效应对国家级、有组织的高强度网络攻击”。“金融、能源、电力、通信、交通等领域的关键信息基础设施是经济社会运行的神经中枢,是网络安全的重中之重,也是可能遭到重点攻击的目标。”习近平总书记表示,我们要“加快构建关键信息基础设施安全保障体系”。“我们必须深入研究,采取有效措施,切实做好国家关键信息基础设施安全防护。”[2]2017 年 2 月 17 日,习近平总书记主持召开国家安全工作座谈会并强调,“要筑牢网络安全防线,提高网络安全保障水平,强化关键信息基础设施防护,加大核心技术研发力度和市场化引导,加强网络安全预警监测,确保大

〔1〕《中央网络安全和信息化领导小组第一次会议召开》,载中国政府网,http://www. gov. cn/ldhd/2014-02/27/content_2625036. htm。

〔2〕《习近平总书记在网络安全和信息化工作座谈会上的讲话》,载中国网信网,http://www. cac. gov. cn/2016-04/25/c_1118731366. htm。

数据安全,实现全天候全方位感知和有效防护”。[1] 2017 年 12 月 8 日,习近平总书记在中共中央政治局第二次集体学习上发表重要讲话,强调“要加强关键信息基础设施安全保护,强化国家关键数据资源保护能力,增强数据安全预警和溯源能力”。[2] 2018 年 4 月 21 日,习近平总书记在全国网络安全和信息化工作会议上强调,“要落实关键信息基础设施防护责任,行业、企业作为关键信息基础设施运营者承担主体防护责任,主管部门履行好监管责任”。[3]

保护关键信息基础设施安全,要立法先行、制度护航。习近平总书记对关键信息基础设施安全保护的重要论述,将保护工作提升到国家安全、政治安全和公共安全的高度,强调了关键信息基础设施安全保护的极端重要性,指出了我国关键信息基础设施面临的网络安全风险、挑战,为加强关键信息基础设施安全保护、构建安全保障体系、落实防护责任指明了方向。在这一背景下,研究、建立和实施关键基础设施安全保护制度尤为迫切。网络安全关系国家安全,关键信息基础设施安全更是网络安全的重中之重,只有加强关键信息基础设施保护立法,建立行之有效的关键信息基础设施保护制度,才能切实维护网络空间安全,保障国家安全。

(二)国家战略规划有关关键信息基础设施保护的表述

与此同时,关键信息基础设施保护被逐步纳入国家战略,关键信息基础设施保护的重要性由此得到了强化,具有重要的战略意义。

随着网络安全形势发生变化、信息化发展呈现复杂多样的趋势,《国民经济和社会发展第十三个五年规划纲要》(以下简称《“十三五”规划纲要》)在第二十八章“强化信息安全保障”第三节中提到,建立关键信息基础设施保护制度,强化重要信息系统的安全保障;加大力量实现关键技术的突破,提高自主保障能力;加强关键信息基础设施核心技术准备威胁感知和持续防御能力建设,提高保护能力和水平;实现重点行业、重点地区、重要信息系统的协同联动安全保障。

《国家信息化发展战略纲要》站在促进信息化发展环境不断优化的背景下,认为加强关键信息基础设施保护是维护网络空间安全的重要内容,其从制度构建和网络安全审查两个层面、两个制度上来保障关键信息基础设施的安全,并要求重点保护党政机关和重点领域网站的安全,政府、行业与企业共享网络安全信息形成广泛合力。

---

[1] 《习近平主持召开国家安全工作座谈会》,载新华网,http://www.xinhuanet.com/politics/2017-02/17/c_1120486809.htm。

[2] 《习近平主持中共中央政治局第二次集体学习并讲话》,载中国政府网,http://www.gov.cn/xinwen/2017-12/09/content_5245520.htm。

[3] 《习近平出席全国网络安全和信息化工作会议并发表重要讲话》,载中国政府网,http://www.gov.cn/xinwen/2018-04/21/content_5284783.htm。

作为维护我国网络空间安全和主权的纲领性文件,《国家网络空间安全战略》将关键信息基础设施保护纳入九大网络空间安全战略中,将国家关键信息基础设施界定为"关系国家安全、国计民生,一旦发生数据泄露、遭到破坏或者丧失功能可能严重危害国家安全、公共利益的信息设施"。《国家网络空间安全战略》将关键信息基础设施分为三类:基础信息网络(如电信服务、广播电视网络)、重要领域和国家机关的重要信息系统(如电力系统、发电站控制系统、电子政务系统)以及重要互联网应用系统(如微信、淘宝、网络出行服务),基本划定了关键信息基础设施的范围。根据《国家网络空间安全战略》的要求,关键信息基础设施保护有以下几项重要任务。一是建立关键信息基础设施保护制度,加大人财物的投入力度,切实保护关键信息基础设施的安全和数据安全。二是强调关键信息基础设施保护是政府、企业和全社会的责任,建立包括政府及其以外参与者的广泛的网络安全信息共享机制,发挥企业在保护工作中的重要作用和优势,使之成为保护关键信息基础设施的中坚力量。三是注重技术能力建设和管理水平的提高,重点在识别、防护、检测、预警、响应、处置等重要环节确保关键信息基础设施安全并实现快速恢复。四是加强关键信息基础设施风险要素评估,原则上要评估以及整改之后再使用,以确保安全可控。五是加强党政机关和重点领域网站的安全防护。这一要求与《国家信息化发展战略纲要》的要求一致,表明网站作为政务和服务的窗口,面临严峻的安全形势,需要重点防护。这些要求成为我国后续制定相关法律法规的重要参考和依据。

还要看到,数字化发展在进一步赋能关键信息基础设施的同时,也带来了更多的威胁。《国民经济和社会发展第十四个五年规划和 2035 年远景目标纲要》(以下简称《"十四五"规划纲要》)在第十八章"营造良好数字生态"的第三节提到,建立健全关键信息基础设施保护体系,将关键信息基础设施安全与维护政治安全结合起来,强调关键信息基础设施安全对网络安全的重要性。同时,《"十四五"数字经济发展规划》也强调要提高关键信息基础设施安全的防护能力,推行常态化安全风险评估,致力于加强数字经济安全。由此可见,关键信息基础设施保护已经融入国家发展大势之中,写入国家数字经济、网络信息安全战略规划之中,在战略层面得到了大力推进。

四、关键信息基础设施保护的立法背景

(一)《国家安全法》

相比美国的基础设施保护制度的发展历程,我国关键信息基础设施保护制度形成较晚,但经过近几年的努力,已经取得显著成效,关键信息基础设施保护的法

律体系正逐步完善。

2015 年 7 月出台的《国家安全法》在第二章“维护国家安全的任务”第 19 条中规定“保障关系国民经济命脉的重要行业和关键领域、重点产业、重大基础设施”安全，第 20 条规定加强金融基础设施建设，防范和化解系统性、区域性金融风险，第 25 条规定，建设网络和信息安全保障体系，确保关键基础设施和重要领域信息系统及数据的安全可控。《国家安全法》分别强调了关键基础设施和重要信息系统的重要性——它们在保障国家安全中发挥重要作用。《国家安全法》虽然没有界定关键信息基础设施的范围，但规定应保护关键基础设施的网络安全以及信息系统的安全，为关键信息基础设施的定义和安全保护奠定了基础。

(二)《网络安全法》

2016 年 11 月颁布的《网络安全法》明确提出保护关键信息基础设施，使关键信息基础设施保护上升到了法律规范层面。这既是对习近平总书记重要讲话精神的落实，也是应对日益复杂的网络安全风险的迫切需要，以及贯彻《国家安全法》的必然要求。《网络安全法》对关键信息基础设施安全保护做了以下三个方面总体性的规定。

一是总体目标。《网络安全法》第一次正式明确了关键信息基础设施的内涵和范围，明确在网络安全等级保护制度的基础上，采取更高、更严、更全的保护措施，在法律层面上规定我国现行并存的两套网络安全保护制度的适用层级，旨在使关键信息基础设施免受攻击、侵入、干扰和破坏，以维护国家经济社会的正常运行。

二是保护主体。《网络安全法》规定政府部门按职责分工，负责指导和监督本行业和领域的关键信息基础设施保护工作，制定关键信息基础设施安全规划，建立网络安全监测预警和信息通报机制，制定网络安全事件应急预案并组织演练。关键信息基础设施运营者则要在组织机构建设、人员培训和考核、容灾备份、网络安全事件应急处置等方面履行安全保护义务。此外，关键信息基础设施运营者在采购网络安全产品和服务时，必须接受网络安全审查、与提供者签订安全保密协议；收集境内个人信息和重要数据须遵从本地化存储原则，数据出境须经过安全评估。

三是统筹协调。《网络安全法》授予了网信部门统筹协调网络安全保护和监管的职权。网信部门的职责包括：关键信息基础设施的风险监测和评估，指导进行网络安全应急演练，促进网络安全信息共享。《网络安全法》还鼓励多方自愿参与关键信息基础设施安全保护。

总而言之，《网络安全法》是我国第一部较为详细规定确保关键信息基础设施安全运行的基本法，为关键信息基础设施保护奠定了坚实的法律基础。

（三）《关键信息基础设施安全保护条例》

为贯彻落实《网络安全法》的相关规定，2021 年 4 月 27 日，国务院正式通过《关键信息基础设施安全保护条例》，该条例成为我国制定的保护关键信息基础设施安全的首个专门立法，标志着我国关键信息基础设施保护进入了新的阶段。《关键信息基础设施安全保护条例》共六章，对关键信息基础设施的定义、认定、运营者责任以及保障和促进作出了详细的规定。《关键信息基础设施安全保护条例》对关键信息基础设施范围的界定基本沿袭了《网络安全法》，但新增了国防科技工业类别，明确关键信息基础设施必须满足重要行业和领域以及重大危害性两个条件。这也是国际上的通行做法。《关键信息基础设施安全保护条例》还规定，网信部门、公安部门、安全保护工作部门、运营者，负责关键信息基础设施的安全保护，同时注重发挥其他社会力量的作用。这实质上确认了“谁主管、谁负责”“谁运营、谁负责”的原则，为落实关键信息基础设施安全保护奠定了坚实的组织领导基础。此外，《关键信息基础设施安全保护条例》还从网络安全人才队伍建设、教育培训、军民融合、技术攻关等方面提出促进措施。

（四）推进法律和标准体系建设

以上法律和条例是加强关键信息基础设施保护的法律依据，也是构建关键信息基础设施保护制度的根本。此外，《数据安全法》《个人信息保护法》《网络安全审查办法》《贯彻落实网络安全等级保护制度和关键信息基础设施安全保护制度的指导意见》等也对关键信息基础设施安全保护作出了相应的规定。

在标准体系方面，我国正在加强关键信息基础设施标准规范工作。截至 2023 年 5 月，列入国家标准制定计划的包括：《信息安全技术　关键信息基础设施网络安全应急体系框架》（正在征求意见）、《信息安全技术　关键信息基础设施安全控制措施》（正在审查）、《信息安全技术　关键信息基础设施信息技术产品供应链安全要求》（正在审查）、《信息安全技术　关键信息基础设施安全保障指标体系》（正在审查）、《信息安全技术　关键信息基础设施安全检查评估指南》（正在审查）、《信息安全技术　关键信息基础设施安全防护能力评价方法》（正在征求意见）、《信息安全技术　关键信息基础设施安全保护要求》（已发布）等。这些标准可以归纳为框架类、测评类、实施类标准。

综上，我国正在逐步完善关键信息基础设施保护法律及标准规范体系，形成上、中、下三个层级法律法规和标准规范体系。[1]

---

〔1〕 刘蓓：《国内外关键信息基础设施安全保护现状综述》，载《信息安全研究》2020 年第 11 期。

第三节　关键信息基础设施保护制度的内容

党的十八大以来,我国高度重视关键信息基础设施保护工作,从法律法规、战略规划、标准规范等多个层面,不断完善关键信息基础设施保护制度。当前,我国关键信息基础设施保护工作还存在许多不足的地方,亟待进一步加强制度设计,加快政策落实。本节将介绍我国关键信息基础设施保护制度的理论基础和主要内容,并提出保护工作相关建议。

一、关键信息基础设施保护理论基础

中央网络安全和信息化领导小组成立之前,我国在关键信息基础设施安全保护方面制度存在欠缺。《网络安全法》的出台填补了这一空白,明确了关键信息基础设施保护的目标和基本要求,奠定了关键信息基础设施保护制度的基本框架。从关键信息基础设施的定义以及国外关键基础设施的保护情况来看,关键信息基础设施强调的是网络安全的保障。而对网络安全的认识先后出现了两种主流观点。一种观点认为,网络安全是伴随互联网的诞生、发展一直存在的问题,应该发挥技术治网的作用,更多依靠技术来解决内生安全问题。另一种观点认为,互联网发展至今已经深刻融入经济社会发展当中,网络安全不仅是虚拟空间的演化物,也是物理世界或者说物理与虚拟相结合的混合空间面临的突出问题。特别是关键基础设施的信息化使得网络安全成为发展与破坏的主要矛盾。基于网络安全治理的现实状况展开制度建设,是对网络安全需求真正有效的回应之道。[1]

学界对关键信息基础设施保护机制的研究主要聚焦立法重点、制度框架、技术治网三个层面。围绕关键信息基础设施立法,早在2007年,马民虎就指出,网络安全立法应该着重体现预防和控制风险,采取程序性法律规范,用以明确责任和义务,从评估、责任和应急三方面展开过程控制的制度设计。[2] 在《网络安全法》研究起草期间,周汉华提出,底层的关键信息基础设施、中间层的互联网服务提供商、应用层的互联网信息三者构成互联网法的三个主要调整对象,其中关键信息基础设施立法追求的是安全,其所有者或运营者必须承担相应的社会责任和法律

---

〔1〕 陈越峰:《关键信息基础设施保护的合作治理》,载《法学研究》2018年第6期。

〔2〕 马民虎:《网络安全:法律的困惑与对策》,载《中国人民公安大学学报(社会科学版)》2007年第1期。

义务。[1]

围绕制度框架的构建,不少学者提出了非常有益的建议。例如,刘金瑞在分析美国关键基础设施保护立法的制度架构后,认为建立关键基础设施保护制度要坚持国家安全和公共安全观,区分关键基础设施保护和信息安全等级保护,一般设施保护与关键设施保护、公共设施保护与私营设施保护三者之间的关系,构建政企协作和信息共享机制,确立反制网络攻击的合法性,同时授权网信部门制定关键基础设施范围认定、保护国家计划等权利。[2] 顾伟认为,应该从明确关键信息基础设施保护部门、认定标准和程序、主体责任、网络安全信息共享、风险评估和应急响应五个层面制定具体办法。[3] 孙佑海认为,必须建立网络设施的进口审查制度。[4] 马宁主张,应实现国家网络安全审查制度的保障功能。[5] 马民虎等分析等级保护与关键信息基础设施保护的异同和两套制度的融合解决之道。[6] 可以说,围绕关键信息基础设施保护的制度框架的研究成果最多,而这一内容也正是完善关键信息基础设施保护制度的重点和难点。

在技术治网层面,有学者主张采取可信计算 3.0 构筑关键信息基础设施安全防线;[7] 还有学者提出了立体化监测发现、智能化分析挖掘、可视化综合防控的关键信息基础设施安全保护的要求,从技术层面的多个维度构建安全框架。[8]

这些研究既有基于现有立法的分析和建议,也有对加强保护措施的前瞻性探索,为我国关键信息基础设施安全保护提供了理论基础和现实指导。总体而言,学界对关键信息基础设施及其制度建设的研究多聚焦在政策方面,在管理和技术方面着墨较少,这与不断变化的网络信息安全形势相比仍显不足。我们需结合当前实际,探索适合我国关键信息基础设施现状的保护之道,以满足时代发展的需求。

---

〔1〕 周汉华:《论互联网法》,载《中国法学》2015 年第 3 期。

〔2〕 刘金瑞:《我国网络关键基础设施立法的基本思路和制度建构》,载《环球法律评论》2016 年第 5 期。

〔3〕 顾伟:《关键信息基础设施保护制度的国际接轨与中国特色——〈网络安全法〉亮点解读》,载《信息安全与通信保密》2016 年第 11 期。

〔4〕 孙佑海:《我国网络信息安全立法急需解决的若干重大问题》,载《中国信息安全》2014 年第 9 期。

〔5〕 马宁:《国家网络安全审查制度的保障功能及其实现路径》,载《环球法律评论》2016 年第 5 期。

〔6〕 马民虎、赵光:《等级保护与关键信息基础设施保护的竞合及解决路径》,载《西安交通大学学报(社会科学版)》2018 年第 4 期。

〔7〕 沈昌祥:《按照〈关键信息基础设施安全保护条例〉筑牢网络空间安全底线》,载《信息安全研究》2021 年第 10 期。

〔8〕 郭启全、张海霞:《关键信息基础设施安全保护技术体系》,载《信息网络安全》2020 年第 11 期。

二、关键信息基础设施保护主要内容

(一)关键信息基础设施保护的重要性认识

我们必须认识到加强关键信息基础设施保护已经上升到国家战略高度,重在保障国家安全与经济社会利益不受损害,这是关键信息基础设施保护制度的根本出发点。前文已经论述,加强关键信息基础设施保护是落实党中央和国务院决策部署,加快推进网络强国建设的必然之举,也是与国际接轨,开展关键信息基础设施保护交流合作的前提条件。我国已经基本形成基本法、专门法和各种规范标准等配套政策互为保障的关键信息基础设施保护制度,相关法规标准环环相扣,共同织牢织密关键信息基础设施安全保护网。

此外,关键信息基础设施安全保护具体工作正在加快推进,融入网络安全保护的各个层面。2016 年 7 月,我国启动首次全国范围的关键信息基础设施网络安全检查工作,厘清、摸底关键业务、信息系统、网络设施的种类、可能面临的风险挑战,准确掌握关键信息基础设施的安全状况和风险表,为构建和完善保护制度提供基础性数据和参考。2016 年 8 月发布的《关于加强国家网络安全标准化工作的若干意见》(中网办发文〔2016〕5 号)提出,"按照深化标准化工作改革方案要求,整合精简强制性标准,在国家关键信息基础设施保护、涉密网络等领域制定强制性国家标准"。网信部门、公安部门、保护工作部门等也积极开展关键信息基础设施保护工作。关键信息基础设施保护已经被纳入国家网络安全宣传周活动中宣传,各项保护执行框架和标准正在制定之中。《关键信息基础设施安全保护条例》最终出台的正式版本将征求意见稿中的负责安全保护的地方政府层级由县级提高到了省级,无疑也考虑了保护和监管的重要性。

但是在实践中,我国关键信息基础设施保护工作仍存在认识不足、保护不充分的问题。《关于进一步加强中央企业网络安全工作的通知》(国资厅发综合〔2017〕33 号)指出,"中央企业面临的网络安全形势复杂严峻,网络安全意识不强、重点防护不到位、监测预警能力不足、应急演练能力不够以及协作共享不充分等问题较为突出"。部分科技公司、网络平台在网络安全保护方面也存在不足,导致信息泄露、数据安全风险增加。关键信息基础设施广泛分布于国有和私营各单位和部门。面对这一形势,我国必须要加强安全意识,提高保护水平和能力。本书认为,重要性认识是关键信息基础设施保护制度的重要内容之一,必须进一步予以强化。

(二)关键信息基础设施的认定程序和规则

在本章第一节中,我们从研究探讨的角度分析了关键信息基础设施识别认定的基本思路和步骤。目前,我国尚未出台具体、详细的关键信息基础设施认定标准和实施办法。基于《关键信息基础设施安全保护条例》第9条、第10条的规定,保护工作部门负责制定本行业和领域的认定规则,报国务院公安部门备案,并依此开展认定工作,将最终结果通知运营者,同时通报国务院公安部门。如果关键信息基础设施发生变化,应当按照“运营者及时报告—重新认定—反馈给运营者并通报国务院公安部门”的流程进行。《关键信息基础设施安全保护条例》并没有详细规定认定规则,仅给出重要程度、危害程度及关联性影响三个考虑因素,给后续认定规则的制定划定了重点。

2016年6月发布的《关键信息基础设施确定指南》(试行)对关键信息基础设施的认定提供了参考。该指南给出了认定关键信息基础设施的三个步骤:根据本地区、本部门、本行业实际确定关键业务—确定支撑关键业务的信息系统或工业控制系统—根据相关量化标准进行认定。例如,县级(含)以上党政机关网站、重点新闻网站、造成100万人个人信息泄露的网站,注册用户数超过1000万、网络安全事件的直接经济损失超过1000万元的平台,规模超过1500个标准机架的数据中心、发生安全事故影响10万人的水电气油服务的信息系统,可被认定为关键信息基础设施。该指南是目前在关键信息基础设施认定上比较具有操作性的文件之一。

(三)关键信息基础设施保护的具体举措

《网络安全法》《关键信息基础设施安全保护条例》明确了关键信息基础设施保护的基本框架。

一是保护主体。我国已经形成了国家网信部门统筹协调、公安部门指导监督、政府行业主管部门即保护工作部门保护监督,以及运营者具体执行和落实的“三位一体”的保护格局。相比征求意见稿,《关键信息基础设施安全保护条例》删除了网信部门“监督管理工作”的表述,将“国家安全、国家保密行政管理、国家密码管理”改为“电信主管部门和其他部门”,强调了后者扎口管理的作用。这是我国关键信息基础设施保护的组织架构,与关键信息基础设施的定义一脉相承,厘清了各部门和单位的职责,避免职权交叉与冲突,有利于保护工作的开展。我国关键信息基础设施的后续配套制度、落地执行也将顺着这一组织架构进行。

二是职责分工。其中,公安部门负责关键信息基础设施认定相关备案,开展网络安全检查,打击违法犯罪活动以及进行处罚。网信部门的主要任务就是发挥统筹协调作用,做好网络安全威胁、网络信息安全漏洞、网络安全事件的分析汇总、综合研判,及时发布结果和预警信息,以促进网络安全信息共享;协调公安部门、保护工作部门各方力量,开展网络安全检查检测,对不足之处提出整改要求,以完善安全举措。而保护工作机构的职责主要包括以下内容:其一,制定本行业、本领域的关键信息基础设施安全规划，明确目标、要求、任务和措施。这是健全关键信息基础设施保护体系的一个重要步骤，也是关键信息基础设施保护的行业基础，以此才能建立科学精准、覆盖全面的保护制度。其二，对本行业、本领域的关键信息基础设施的状况、趋势进行画像，建立网络安全监测预警制度，及时发现风险隐患。其三，制定和不断完善网络安全事件应急预案，定期举行演习演练、组织安全巡查，及时发现问题，指导运营者做好应对处置。

三是两项否定原则。其一，对在保护工作中获取的信息实行最小化原则，严禁将信息用于与保护工作无关的用途，遵守信息保护原则、确保信息安全；其二，禁止对关键信息基础设施进行资产探测、漏洞扫描、渗透性测试等危害性活动，除非获得授权，并要及时报告给电信主管部门。

四是优先保障和执法。具体而言，其一，优先保障能源、电信行业关键信息基础设施；其二，公安机关、国家安全机关在职责范围内防范打击违法犯罪活动。

（四）关键信息基础设施运营者的责任义务

《关键信息基础设施安全保护条例》规定了运营者的 9 项基本义务：一是安全保护措施要求与关键信息基础设施的规划、建设和使用同步进行（“三同步”要求）；二是加大和保证保护工作的有效投入，建立健全网络安全保护制度和责任制，并实行主要负责人负责制；三是设置专门安全管理机构，并组织该部门人员参与网信相关决策；四是保障专门安全管理机构的运行；五是每年至少进行一次网络安全检测和风险评估；六是及时向保护工作部门和公安部门报告重大网络安全事件或重大网络安全威胁；七是优先采购安全可信的网络产品和服务，如果存在影响国家安全的情况要通过安全审查；八是前述采购过程应当签订安全保密协议，明确供应商的保密责任和义务；九是运营者组织机构、关联控制发生变化时要向保护工作部门报告。

根据《网络安全法》第 34 条第 1 项“设置专门安全管理机构”规定，《关键信息基础设施安全保护条例》还详细列出了专门安全管理机构的 8 项职责，重点聚焦网络安全的考评管理、能力建设、应急处置、教育培训和关键信息基础设施生命周期安全管理，让特定部门负责专门的事情。根据规定，专门安全管理机构是关键信息基础设施运营者设立的一个专门负责安全保护的内部机构，关键信息基础设施运营者须为其提供经费、人员等保障。

（五）关键信息基础设施保护主体的法律责任

《关键信息基础设施安全保护条例》专设 11 条规定关键信息基础设施运营者、网信部门、公安部门、保护工作部门的法律责任，基本沿袭了《网络安全法》的做法。根据《关键信息基础设施安全保护条例》，对关键信息基础设施运营者的处罚包括警告及罚款,罚款金额至少1万元,最多100万元;对不配合安全检查工作以及从事危害关键信息基础设施的,从重处罚;对违反第19条之采购相关规定的,处采购金额1倍以上10倍以下罚款。《关键信息基础设施安全保护条例》还对违反第5条第2款和第31条规定的个人设立禁入门槛期限;对政府相关部门及工作人员的违规违法行为也作出了相应规定。《关键信息基础设施安全保护条例》最后还规定了相应的民事责任,间接赋予受害人民事诉讼权,以保护个人权益。值得注意的是,电子政务关键信息基础设施的运营者的法律责任应依据《网络安全法》的规定进行处理。

三、关键信息基础设施保护存在的不足

(一)多部门保护和监管模式存在盲区

目前,我国已经形成多部门参与、多头治理的网络安全保护和监管体制。国家网信部门、公安部门、国家安全部门、电信主管部门、文旅部门、金融监管部门等都在各自业务范围内负责网络安全事宜。《网络安全法》《关键信息基础设施安全保护条例》对关键信息基础设施保护的规定也基本采用了这种分散管理的模式。这在一定程度上将关键信息基础设施保护的责任进行了分解,提高了保护和监管效率,但也因此带来了知识匮乏和监管盲区的可能性。一些部门和行业面临网络安全知识匮乏的窘境,这也就使得关键信息基础设施更容易遭到攻击和破坏。与此同时,易受网络攻击的行业和领域[1]大多涉及多部门协同监管,存在一定的监管盲区。

此外,虽然我国已经建立了以国家网络与信息安全信息通报中心为核心的一系列早期预警机构,《关键信息基础设施安全保护条例》也明确建立起了网络安全监测预警机制,但如何实现各部门之间信息共享,及早发现和处置风险隐患,仍是亟须解决的问题。[2] 有学者指出,分行业指导监督制度较难实现高效统一的领导,存在造成分割、分散乃至形成壁垒的风险,政府协同的难度较大,需在组织规范上作出更为清晰、明确的规定和限定。[3] 因此,要努力打破部门间利益藩篱,打破

---

〔1〕 IBM发布的《X-Force威胁情报指数2022》列出了近五年遭到网络攻击的十大行业,分别是制造业、金融与保险、专业和商业服务、能源、零售和批发、卫生保健、运输、政府、教育、媒体。参见《X-Force威胁情报指数2022》,载IBM网2022年2月24日,https://www.ibm.com/downloads/cas/1N6KEGVR。

〔2〕 樊林畅、马金强、李同寒、王浩:《国际视野下的关键信息基础设施保护管理机构分析及借鉴研究》,载《网络安全和信息化》2021年第10期。

〔3〕 陈越峰:《关键信息基础设施保护的合作治理》,载《法学研究》2018年第6期。

“数据孤岛”“信息壁垒”,消除“数据烟囱”,才能促进数据流通,实现信息共享的价值。

(二)关键信息基础设施标准建设滞后

如前文所述,美国、欧盟等国家和地区已经形成了“高位阶法律+行政命令+标准规范”的关键信息基础设施保护模式,有效充实了保护工作。美国界定的16个关键基础设施部门制定和采用了30余项关键基础设施网络安全标准、规范和政策,如网络安全框架实施指南、小型网络服务提供商特定行业指南、网络安全评估、网络安全框架、智能电网配置文件、网络安全激励政策白皮书、餐饮行业网络安全工具包等,形成了较为完备的关键基础设施保护制度体系。尽管我国已经通过《网络安全法》和《关键信息基础设施安全保护条例》确定了关键信息基础设施安全保护基本制度,但相关规定较为原则性。其中,如何认定关键信息基础设施、开展评估风险、安全审查、应急处置、监测预警、协同应对等是落实关键信息基础设施保护的基本要求和关键举措,也是落实法律规定最重要的抓手。但相关标准和具体实施政策均还在制定当中。我国重要行业和领域的关键信息基础设施网络安全保护的具体办法和实施细则也处于空白阶段。由此,《关键信息基础设施安全保护条例》中明确提出的“关键信息基础设施安全标准”“网络安全监测预警制度”“网络安全信息共享机制”“行业安全规划”将是下一步保护工作的重点。这一状况与我国自上而下的立法程序有关。但我国仍可以在现有基本法律的基础上,由主管部门主导,充分调动安全企业、协会组织等力量,先行先试,构建行业和领域的安全保护举措。

(三)关键信息基础设施保护制度与等级保护制度存在适用性偏差

《网络安全法》第三章对网络安全运行做出了两个层面的规定,确立了网络安全等级保护和关键信息基础设施保护并存的网络安全制度架构,以确保一般网络运行的安全和关键信息基础设施运行的安全。但关键信息基础设施有其独特性,不能简单套用等级保护制度。一是等级保护相关措施具有一般性、广泛性特点,旨在提供普适性的网络安全保护策略,关键信息基础设施安全保护则提出了更高的要求,需要更具针对性和更强的保护措施。二是与等级保护制度相比,关键信息基础设施保护所涉及的范围相对较小,[1]但多表现为跨地域、跨部门、跨责任主体的多业务系统组合,安全风险的传导链条较长。有学者指出,等级保护制度针对单个

〔1〕 张晓娜:《〈网络安全法〉强化关键信息基础设施保护——国家互联网信息办公室网络安全协调局负责人就〈网络安全法〉实施答记者问》,载《民主与法制时报》2017年6月4日,第9版。

系统和局部系统，而关键信息基础设施保护侧重于大型或全局系统的网络安全。[1] 三是关键信息基础设施具有很强的行业属性和特点，每个行业和领域对信息系统的保护措施要求不同。例如，国防科技工业对保密性要求高于其他行业，金融行业对应对网络诈骗和勒索软件攻击提出更高的要求。因此，就需要构建具有行业特色的保护标准。另有学者指出，两者在信息系统范围、监管部门及其职责、保护方式等方面存在交叉重叠，这就造成了同一信息系统受到多个相同或相似监管措施的监管的现象，增加了运营者负担，[2] 让运营者陷入适用性选择以及有效融合的尴尬处境。本书认为，两套制度各成体系又交叉关联，需在立法层面界定二者的适用范围，在实践层面协调两个制度的互用性，可以采取制度兼容解决差异性带来的重复和矛盾。

（四）公私合作共同保护机制处于空白

域外国家的关键基础设施网络安全保护强调与私营部门的合作。美国国土安全部、CISA 建立了“关键基础设施部门合作伙伴关系”，致力于领导和协调公私合作，以提高国家关键基础设施的安全性和弹性。世界经济论坛认为，关键基础设施保护对于保持基本服务的运行至关重要，并且往往依赖于公私合作模式。[3] 《网络安全法》《关键信息基础设施安全保护条例》均要求加强政府与其他各方的合作与信息共享，凝聚最大合力，推动关键信息基础设施保护行稳致远。这为关键信息基础设施保护公私合作和信息共享奠定了基础。有学者指出，当前我国除漏洞等领域，网络安全威胁共享机制还未成熟，社会参与度并不高，有必要对关键信息基础设施安全信息共享的主体与内容、范围与程序、信息脱敏与公开等问题予以进一步规定。[4] 此外，如何发挥私营企业的威胁敏感性、网络安全技术优势，也是公私合作的重要内容。

再者，关键基础设施保护在强调运营者主体责任的同时，也增加了运营者改进网络安全措施、应对网络安全事件以及恢复重建的经济压力。本书认为，应该建立合理的成本分担和共同监管模型，确保关键基础设施的运行安全及弹性。美国网络空间“日光浴”委员会在 2020 年提出“具有系统重要性的关键基础设

---

[1] 周亚超、刘金芳：《关键信息基础设施范围与特点解析》，载《网络空间安全》2018 年第 10 期。

[2] 马民虎、赵光：《等级保护与关键信息基础设施保护的竞合及解决路径》，载《西安交通大学学报（社会科学版）》2018 年第 4 期。

[3] Alexander Klimburg, Akshay Joshi, Filipe Beato, *Why Defining and Securing Systemically Important Critical nfrastructure Is So Vital*, Weforum. org (May 24, 2022), https://www.weforum.org/agenda/2022/05/securing-systemically-important-critical-infrastructure/.

[4] 顾伟：《关键信息基础设施保护制度的国际接轨与中国特色——〈网络安全法〉亮点解读》，载《信息安全与通信保密》2016 年第 11 期。

施”的概念。[1] 简言之，其就是负责国家最重要的关键系统和资产的实体，即关键基础设施中的关键，将获得特别资助并承担更多的责任，同时也将获得地位和重要性的提高。这一理念与我国“优先保障能源、电信等关键信息基础设施安全运行”的思路相近。这可能是解决关键基础设施领域公私合作问题的较佳方法，并解锁了新的融资机制——合理分担现代社会对某些生命必需品行业的依赖带来的成本负担。

四、关键信息基础设施保护的相关建议

（一）提高目标站位，综合谋划关键信息基础设施保护工作

关键信息基础设施承载或支撑国家重要信息系统，一旦遭到破坏将带来严重后果，其重要性不言而喻，建立完善的安全保护制度迫在眉睫，亟待做好关键信息基础设施安全保护工作的顶层设计、总体布局、统筹协调。

一是坚持总体国家安全观，强调关键信息基础设施对国家安全、国民经济的基础性、支撑性、全局性的作用；要将关键信息基础设施安全保护放在保障网络空间安全的背景中综合考虑，抓住网络安全这个关键要素，筑牢网络安全防线，维护国家主权和利益。

二是不能把关键信息基础设施安全保护工作孤立开来，要结合“互联网＋”行动计划、《促进大数据发展行动纲要》、《国家信息化发展战略纲要》、《“十四五”智能制造发展规划》等国家战略规划进行总体布局，将关键信息基础设施保护融入其中，提升保护的成效、夯实安全基础。

三是要进一步明确网信部门、公安部门及保护工作部门的职责分工，在实践中进一步压实政府部门及运营者的责任义务，夯实安全保护的“上层建筑”；建立关键信息基础设施保护工作联席会议制度，将安全企业、高校及研究机构纳入其中，形成最广泛的统一战线，构建上下协同、多方联合的保护机制；加强关键信息基础设施保护与个人信息保护、隐私保护、数据安全保护等法律和制度的衔接，解决法律上的漏洞和司法适用性冲突。

四是加大关键基础设施重要性、政策标准、面临的风险挑战等宣传，强化社会层面对关键信息基础设施的保护意识；突出重点行业和领域的关键信息基础设施保护，树立安全保护机制的典范，以点带面促进其他行业和领域保护工作的开展；将关键信息基础设施保护纳入政府考核，发挥政企军民协同作用，最终形成整体推

---

[1] 《美国网络空间日光浴委员会（CSC）：美国第五号白皮书：对拜登政府的网络安全建议》，载国研网2021年2月1日，https://h5.drcnet.com.cn/docview.aspx?chnid=4145&leafid=16123&docid=6095668&uid=32&version=worldeconomy。

进之势。

(二)完善法规政策,加快落实关键信息基础设施保护各项举措

落实关键信息基础设施保护需要摸清底数、预判形势。全国人大常委会执法检查组在2017年的“一法一决定”检查报告中指出,我国于2016年开展了关键信息基础设施摸底排查工作,“已累计受理备案14万个信息系统,其中三级以上重要信息系统1.7万个,基本涵盖了所有关键信息基础设施”[1]。但关键信息基础设施是动态变化的,我们需要在现有工作的基础上,持续开展摸底调查和风险评估,形成重点行业和领域的关键信息基础设施清单和风险表,绘制关键信息基础设施保护的现状图,并实现常态化更新。鉴于关键信息基础设施保护已经成为世界趋势,我们还要密切跟踪域外网络安全动态和关键基础设施立法动向,及时总结特点和经验做法,分析研判,为保护工作提供思路和指导。例如,加拿大将金融、电信、能源和运输部门确定为对国家安全和公共安全至关重要的部门,要求相关企业报告网络攻击并加强网络系统保护;[2]俄罗斯总统普京签署命令成立跨部门委员会,确保其在关键信息基础设施发展领域的技术主权。[3] 两国的做法代表了部分国家对于关键信息基础设施保护的趋势,可为我国提供借鉴参考。

加强关键信息基础设施保护需要规划提供指导。要结合我国实际,制定国家关键信息基础设施总体安全规划,明确保护工作的目标、要求、责任义务和保障措施,更好地引领和指导保护工作的开展;鼓励重点行业和领域根据总体安全规划,制订本行业、本领域的保护计划,突出容灾备份、应急处置和弹性计划,将风险和损失降至最低。

加强关键信息基础设施保护需要政策标准支撑。根据《网络安全法》《关键信息基础设施安全保护条例》规定,尽快制定和完善相关配套法规和文件,如《电信条例》《反垄断法》《外商投资法》等,将关键信息基础设施保护纳入其中,进行立法规制。要立足于保护工作面临的突出困难和问题,抓紧研制关键信息基础设施识别认定、安全防护、检测评估、安全控制等方面的国家标准,建立监测预警、事件处置、保护评价体系,将风险分析和保护措施贯穿关键信息基础设施的规划、分析、设

---

〔1〕《全国人民代表大会常务委员会执法检查组关于检查〈中华人民共和国网络安全法〉〈全国人民代表大会常务委员会关于加强网络信息保护的决定〉实施情况的报告》,载中国人大网,http://www.npc.gov.cn/zgrdw/npc/zfjc/zfjcelys/2017-12/24/content_2036037.htm。

〔2〕*Canada Wants Companies to Report Cyber Attacks and Hacking Incidents*, Reuters News (June 15, 2022), https://www.reuters.com/business/canada-wants-companies-report-cyber-attacks-hacking-incidents-2022-06-14/.

〔3〕《俄将设跨部门委员会以保障关键信息基础设施领域技术主权》,载中国证券网2022年4月15日,https://news.cnstock.com/news,bwkx-202204-4863348.htm。

计、实施和维护,实现关键信息基础设施全生命周期的安全保护和监管。

(三)强化技术保障,提高关键信息基础设施保护能力

自互联网诞生以来,网络技术不断更新迭代,新应用不断推陈出新,网络安全问题也变得日益复杂,给关键信息基础设施保护带来了巨大挑战。就网络安全而言,除法律和标准提供的保障外,技术保障也非常重要。要强化网络安全技术保障,可以从以下三个方面入手。

一是转变保护思路,强调保护工作的主动性。网络安全领域经典的防御策略有防火墙、入侵检测和入侵防御等,分别对应"被动防御"、"异常检测"和"深度感知"。随着网络攻击向复杂化和先进性演变,这些安全策略难以起到有效应对的作用。我们需要的是能够及时感知可能面临的或潜在的攻击的防御策略,即"态势感知"。它将是一套覆盖物理、主机、平台、应用、数据等层面的防护体系,能实现全天候全方位的安全态势感知,及时检测出威胁并加以应对。"感知未知""防患于未然"才是降低关键信息基础设施安全风险的最有效措施,毕竟一旦关键信息基础设施遭到攻击,我们付出的代价是极其昂贵的。

二是实现关键技术自主可控,关键产品安全可信。近年来,华为、中兴"断供"事件凸显我国高端芯片制造面临的短板。不仅如此,如本章第二节所述,我国诸多核心设备、技术和软件面临"卡脖子",使我国关键信息基础设施暴露在风险之中。我们必须加强核心技术、关键技术攻关,突破国外技术封锁,实现技术自主可控;要加大重大信息系统安全技术产品研发,实现关键产品的安全可信。

三是加强前沿科技研究,筑牢网络安全防线。以人工智能、大数据、云计算、量子通信等为代表的一批新兴、前沿技术正在改变互联网的格局和生态。例如,智能制造、智慧城市正在改变部分行业关键信息基础设施的运作,电子政府系统的云部署已经成为趋势,量子计算机可以轻松破解目前信息系统主流的加密算法,等等。这些技术既有积极的一面,也有破坏性的一面。我们必须加强新技术的研究,做好新技术发展规划,同时加强立法约束和行政监管,使之成为提升关键信息基础设施安全保护的重要力量。

第四节　网络安全审查制度

近年来,网络产品和服务供应链受到各种威胁,给关键信息基础设施的安全保护带来多重风险,因此,各国均在关键行业和领域探索建立和适用网络安全审查制度,以应对和缓解关键信息基础设施供应链安全挑战。实施和完善有效的网络安全审查制度对保护关键信息基础设施安全、确保国家安全具有重要意义。

一、域外主要国家网络安全审查制度

(一)美国的网络安全审查制度

事实上,美国早在2000年就对国家安全系统的产品采购实施了安全审查。[1] 2013年11月,美国国防部根据《2011财年国防授权法案》授权,发布了一项关于供应链风险的临时规则,对国防系统及合同供应商采购产品和服务进行供应链安全审查。2015年10月,美国国防部公布了最终规则,要求在与国家安全系统相关的采购中,将供应链风险作为一个重要考量因素。2019年5月,美国时任总统特朗普签署第13873号《确保信息和通信技术及服务供应链安全》行政命令,确立了信息通信技术和服务的风险评估和审查制度,以确保关键基础设施或数字经济的安全。2019年11月,美国商务部发布了一份拟议规则(84 FR 65316),建立一个程序来执行第13873号行政命令的条款,据此确定是否应该禁止某些信息通信技术和服务的特定交易。二者共同构成了美国信息通信技术与服务交易评估审查制度。[2]

2020年3月美国发布《安全和可信通信网络法》。拜登政府上台之后延续了前任美国政府的做法,立即下令(第14017号行政命令)开展为期100天的供应链安全审查,并于当年5月颁布第14028号行政命令,声称加强软件供应链安全,成立网络安全审查委员会,以解决美国供应链和关键基础设施的关键网络漏洞。这标志着美国网络安全审查制度走向了更高阶段。

(二)其他主要国家网络安全审查制度的构建

网络安全审查已经成为世界主要国家的通行做法。尽管很少有国家具备真正意义上的网络安全审查法律制度,但这并不意味着各国缺乏实质性的安全审查要求,只是通常会以"合规"、"遵从"或"安全保障"等更为弹性的表述来阐述审查要求。[3] 英国、俄罗斯、澳大利亚、日本等国家都在积极探索建立网络安全审查制度,以确保关键信息系统的安全和自主可控。2013年,英国发布《外国参与关键国家基础设施:国家安全的影响》报告;2014年9月,英国内阁办公室发布《采购政策

[1] 马宁:《落实网络安全审查制度　保障国家网络安全》,载中国网信网,http://www.cac.gov.cn/2020-05/09/c_1590570892931592.htm。

[2] 刘金瑞:《切实维护关键信息基础设施供应链安全——评析〈网络安全审查办法〉的五大重要变化》,载《中国信息安全》2020年第5期。

[3] 马民虎、马宁:《〈网络安全法〉与国家网络安全审查制度的塑造》,载《中国信息安全》2016年第6期。

说明：Cyber Essentials 计划认证》，规定自 2014 年 10 月 1 日开始，联邦政府采购特定信息技术产品和服务之前，信息技术产品和服务的提供商应接受必要的安全审查。[1] 这一规定旨在降低政府供应链中的所谓网络安全风险。

目前西方国家网络安全审查的主要手段分为两种：技术排他性和关键信息基础设施领域的投资审查。其中，技术排他性包括禁止使用竞争对手的信息通信技术和系统，以及限制关键技术的出口。例如，2018 年美国通过《出口管制改革法案》(ECRA)，限制包括人工智能、微处理器、量子信息和传感在内的十余种新兴和基础技术的出口，以加强向竞争对手出口敏感技术的监管。此外，如前文所述，俄罗斯强调信息技术的国产化，德国高度重视关键基础设施领域外国投资的审查等，其实质都是通过不同形式确立网络安全审查的重点。

二、我国网络安全审查制度的确立和发展

(一)网络安全审查制度的确立

中央网络安全和信息化领导小组成立仅 3 个月之后，国家网信办宣布将推出网络安全审查制度，重点针对进入我国市场的重要信息技术产品，以确保其安全性和可控性，不符合要求的将被强制退出。2017 年 2 月 4 日，《网络产品和服务安全审查办法》公开征求意见，3 个月后正式试行。这一办法一直施行至 2020 年《网络安全审查办法》出台，网络安全审查制度开启新的征程。我国推出网络安全审查制度更多的是基于我国对全球网络安全形势的判断，以及对网络安全极端重要性的认识。网络安全审查将是国家安全、网络安全和关键信息基础设施安全的制度保障。这意味着我们要更加审慎地对待网络安全问题。

(二)网络安全审查制度的保障功能

《国家安全法》在第四章“国家安全制度”第 59 条中规定，建立国家安全审查和监管制度和机制，审查对象包括对国家安全构成威胁的“外商投资、特定物项和关键技术、网络信息技术产品和服务”。《“十三五”规划纲要》和《“十四五”规划纲要》进一步细分了国家安全审查的内容。其中，《“十三五”规划纲要》要求“建立网络安全审查制度和标准体系”“完善外商投资国家安全审查制度”，这一要求正是对国家安全审查制度的落实。《“十四五”规划纲要》则更为具体，通过“加强网络安全风险评估和审查”来保护网络安全，通过健全“外商投资审查”“反垄断审

---

[1] 马宁：《落实网络安全审查制度　保障国家网络安全》，载中国网信网，http://www.cac.gov.cn/2020-05/09/c_1590570892931592.htm。

查”“技术安全清单管理”“不可靠实体清单”制度,从对外开放和经济发展的角度来保障国家安全,特别是“技术和实体清单管理”更能体现对贸易保护主义的回应。而《国家信息化发展战略纲要》则更具针对性,直接切中关键信息基础设施要害,对重要信息技术产品和服务进行审查。此外,《国家网络空间安全战略》倡导开放互联网,在此基础上进行网络安全审查,加强供应链安全管理,并特别强调了“党政机关和重点行业的重要信息技术产品和服务的安全审查”,以规避不正当竞争或损害用户权益的行为。而《网络安全法》第35条、《关键信息基础设施安全保护条例》第19条专门规定,运营者采购的网络产品和服务如果存在影响国家安全的风险,应当通过国家安全审查,否则将面临相应的处罚。

从以上法律法规和战略规划来看,安全审查是维护国家安全的重要举措,审查内容日益向网络信息安全领域延伸,并得到了普遍认可。网络安全审查制度已经成为国家安全审查的重要组成部分,也是保护关键信息基础设施的重要内容和制度安排。

(三)网络安全审查与外商投资审查的关系

根据《国家安全法》第59条,影响或可能影响国家安全的外商投资同样适用于国家安全审查,简言之,外商投资审查同样是国家安全审查的一种形式。针对外商投资,我国已经制定了《外商投资法》《外商投资法实施条例》等较为成熟的法律法规。随着信息技术的全球化利用,外商投资国家安全审查从最初的资本监管过渡到技术准入,客观上模糊了其与网络安全审查的边界,[1]造成了网络安全审查与外商投资国家安全审查的混同和交叉认知。例如,2018年美国通过《外国投资风险审查现代化法》(FIRRMA),授权美国外国投资委员会(CFIUS)审查涉及美国公民敏感个人数据、关键技术或关键基础设施的非控股性外国投资,并特别关注电信、公用事业、能源和运输等领域经营、制造、供应或服务关键基础设施的美国企业。有学者指出,美国的网络安全审查在很多方面都借鉴了CFIUS审查。[2]

因此,我们有必要对二者作一区分。具体来说,二者的区别主要表现为以下两点。第一,审查对象不同。外商投资审查针对的是“外国人、企业或者组织直接或间接在中国境内的投资活动”,包含外国投资者和投资行为两个限制条件。网络安全审查针对的是产品和服务,以及数据处理活动,并不以国别进行区分,既针对国内产品也针对国外产品,既针对国内平台也针对国外平台。第二,侧重点不同。外商投资审查的核心要义是确保经济安全、产业安全,客观反映为国家对外国资本

〔1〕 马宁:《国家网络安全审查制度的保障功能及其实现路径》,载《环球法律评论》2016年第5期。
〔2〕 张莉:《网络安全审查的国际经验及借鉴》,载《信息安全与通信保密》2014年第8期。

获取本国企业"控制权"的限制。[1] 网络安全审查侧重信息技术、产品、服务、数据处理带来的风险隐患,客观反映为国家对供应链安全风险和数据安全的控制。一言以蔽之,外商投资审查是从资本监管角度审视国家安全,网络安全审查是从构成关键信息基础设施要素及数据安全的角度审视国家安全。

近年来,国外的投资审查不断走向全面和深入,不仅局限于外国投资人,还限制本国投资者。例如,美国一方面加强了包括中国在内的其他国家对美国企业投资的限制,以降低所谓的国家安全风险;另一方面也审查本国企业对外投资,确保供应链不受依赖或不受他国限制。此外,国外的投资审查也更加聚焦关键基础设施、网络信息安全领域,日益突出产业和技术敏感性。例如,英国《国家安全和投资法案》为了审查和阻止可能影响英国国家安全的外资收购行为,列出了人工智能、计算硬件、密码认证、数据基础设施等 17 个"敏感产业",其中与信息通信相关的接近一半。英国就曾动用该法案对中国企业收购英国半导体公司的交易进行审查评估。

本书相信,外国资本投资重要行业和领域的背后既有经济驱动性,也夹杂着地缘政治、意识形态等因素,可能会给关键信息基础设施带来不可控性。从这个角度来看,我国设置的负面清单管理制度对于网络安全的保障同样具有重要意义。

三、网络安全审查制度的主要内容

前述法律法规和战略规划虽然都要求建立网络安全审查制度,但均未作出详细的规定。2020 年 6 月 1 日《网络安全审查办法》正式施行,该办法共分为 22 条,围绕确保关键信息基础设施供应链的安全对这一制度做出了具体规定。随着《数据安全法》的正式实施,以及我国大型互联网平台对数据处理的日益增多带来安全风险,2021 年 12 月 28 日,国家网信办、发改委、工信部等 13 部门联合发布了新修订的《网络安全审查办法》,以适应数字经济发展形势,更好地保障网络安全。《网络安全审查办法》是对"三法一条例"(《国家安全法》、《网络安全法》、《数据安全法》和《关键信息基础设施安全保护条例》)的承接和落实。新修订的《网络安全审查办法》总体上沿用了旧版的审查制度框架,对审查工作机制和流程进行了适当调整,如新增证监会作为审查工作机制的成员单位,要求提供 IPO 申请文件,特别审查时间由 45 个工作日延长至 90 个工作日等。其采用做加法的形式,充分考虑到数据对网络安全、数字经济、国家安全的重要性和影响,最大的特点就是明确数据是影响网络安全的重要因素,数据安全成为网络安全审查制度的重要内容,并新增了针对大型互联网平台赴国外上市进行安全审查的内容。大型互联网平台凭

---

[1] 马宁:《国家网络安全审查制度的保障功能及其实现路径》,载《环球法律评论》2016 年第 5 期。

借市场优势地位,掌握了大量用户数据。由此,受资本影响带来的网络安全风险成倍增加,甚至可能导致我们对数据控制权的丧失。在国际上,部分国家越来越重视对外国投资的审查,对数据披露、数据存储、数据处理、数据查询等要求日益增多,索要数据的边界越来越不受限制,相关风险隐患较为突出。《网络安全审查办法》第7条规定:"掌握超过100万用户个人信息的网络平台运营者赴国外上市,必须向网络安全审查办公室申报网络安全审查。"这是对网络平台用户规模的一个标准量化,既是起点又是"红线"。

究其根本,网络安全审查是国家基于存在或可能存在影响国家安全的风险因素而进行风险规避或降低风险的制度。《网络安全审查办法》的主要内容具体包括如下六点。

一是明确网络安全审查对象,即关键信息基础设施运营者采购的网络产品和服务,以及网络平台运营者开展的数据处理活动,并对其进行了较为明确的界定,有效避免审查泛化。根据中央网络安全和信息化委员会《关于关键信息基础设施安全保护工作有关事项的通知》精神,电信、广播电视、能源、金融、公路水路运输、铁路、民航、邮政、水利、应急管理、卫生健康、社会保障、国防科技工业等行业领域的重要网络和信息系统运营者在采购网络产品和服务时,应当按照《网络安全审查办法》的要求,申报网络安全审查。[1]

二是建立网络安全审查工作机制。13个部门协同负责具体审查工作,成立网络安全审查办公室,负责制定相关制度规范,组织网络安全审查。

三是申报网络安全审查的材料,包括申报书、风险分析报告、采购相关文件以及IPO申请文件等。

四是重点关注的国家安全风险因素,包括产品和服务本身以及因安全性、政治外交等因素导致供应中断的风险;核心及重要数据被泄露、毁损、非法出境、遭恶意利用等风险。例如,直接采购美国高科技公司产品或间接含有美国技术的产品和服务,很有可能遭遇利益威逼和断供风险。美国近年来不惜通过立法禁止所谓中国公司获取美国个人数据即是这一考虑的反映,而我国在这方面明显处于劣势。

五是明确网络安全审查的"四个结合"原则,即防风险与促技术相结合、审查公正透明与保护知识产权相结合、事前事后全监管相结合、企业承诺与社会监督相结合。

六是明确审查方式和程序。在风险预判的基础上运营者主动申报(第5条)和成员单位主动报审(第16条)两种方式。审查程序分为常规审查(第9、11、12条)和特别审查(第12、13、14条)。常规审查按确定审查—初步审查—结论建议

[1] 《落实网络安全审查切实保障关键信息基础设施安全》,载国家保密局网,http://www.gjbmj.gov.cn/n1/2020/0813/c411145-31821173.html。

三个步骤进行;特别审查发生在成员单位与相关部门意见不一致的情况下,且应该在90个工作日内完成复审,情况复杂的可以延长。

值得注意的是,2021年9月1日起施行的《数据安全法》确立了数据安全审查制度,该法旨在对影响或可能影响国家安全的数据处理活动进行审查。虽然从本质上看,这两套制度都是基于风险认识和判别的国家安全审查体系下的两个层面和方向,但从法律体系上来看,两者并不完全等同。网络安全审查制度侧重于审查关键信息基础设施的核心数据以及互联网平台的数据处理,特别是赴国外上市的数据安全问题。而根据《数据安全法》,数据安全审查的范围更广,包括一般数据、重要数据和核心数据,其更加侧重政务领域的数据安全,目的是促进数据的开发与利用,维护用户权益和国家安全。

四、完善网络安全审查制度的建议

(一)建立完善网络安全审查规范

目前,我国已经从立法的角度搭建了网络安全审查的基础制度框架,网络安全审查也已经成为一项常态化工作。例如,2022年6月23日,网络安全审查办公室正式宣布对知网启动网络安全审查。[1] 在这一背景下,我们需要看到,虽然《网络安全审查办法》给出了影响国家安全的几大类风险因素,但缺乏较为详细的规则来指导风险界定和预判,如评估产品开放性是否涉及敏感信息公开,规定关键信息基础设施业务连续性中断时长,评估网络平台运营者发生合并、重组、分立给数据处理带来的风险,核心数据、重要数据的界定等。同时,《网络安全审查办法》虽然规定了网络安全审查的基本程序,但缺少具体的标准规范和操作方法。如何进行网络安全审查还需要一套明确的流程和指南,包括风险分析报告的具体内容、参与审查部门、评估标准、风险处置等。

当然,虽然我国还没出台《网络安全审查办法》的实施细则,相关国家标准也尚未出台,但在地方层面上探索网络安全审查规范则已有范本。2022年3月31日,湖南省发布首个地方《政务信息化项目网络安全审查规范》(DB43/T 2313-2022)(以下简称《网络安全审查规范》),并于2022年6月30日正式实施。[2]《网络安全审查规范》对政务信息化项目网络安全审查的方式、流程、内容和结果等方面的要求进行了较详细的规定,并明确了政务信息化项目规划设计时应遵循

---

〔1〕《网络安全审查办公室对知网启动网络安全审查》,载中国网信网,http://www.cac.gov.cn/2022-06/24/c_1657686783575480.htm。

〔2〕《湖南省地方标准〈政务信息化项目网络安全审查规范〉解读》,载湘声网2022年6月24日,http://www.xiangshengbao.com/nd.jsp?id=17675。

的网络安全、数据安全、密码应用等技术标准。

我们认为,完善网络安全审查制度要解决两个方面的关键问题:一是标准认定和风险评估,即哪些网络产品、服务和数据处理活动应该接受审查,不能仅以影响国家安全、造成关键信息基础设施运行中断等来判断,否则将落入审查泛化、空化的俗套;风险评估标准的确立以及风险等级的认定,这是指导关键信息基础设施运营者采购产品和服务,推断和认定风险的重要依据。否则,缺乏审查标准的审查制度仍然只能称为"政策工具"或"贸易壁垒",无法形成所谓的"可期待规范",有效性和正当性也会被质疑。[1] 二是建立网络安全审查的操作流程,规范审查活动,以避免信息泄露,保护知识产权及商业秘密等,做到安全与发展并重。

(二)落实网络安全审查的具体措施

本书认为,网络安全审查应该重点采取以下具体措施加以落实。

一是安全保护工作部门应根据本行业、本领域的特点,制定风险预判指南。网络安全审查侧重"未知—防范"的风险意识,重点在于提前预判关键信息基础设施的潜在网络安全风险,以更好地进行防护和应对。重要行业和领域的关键信息基础设施运营者要树立国家安全风险意识,梳理风险点,如信息安全漏洞、供应来源等,构筑网络安全防护墙。可以借鉴网络安全等级保护制度的概念,细化信息系统分级规则,建立分层级、重点审查制度。这是网络安全审查制度的一个重要组成部分,也是关键信息基础设施保护规划的应有之义。

二是建立网络产品和服务采购目录。事实上,我国建有较为成熟的政府集中采购目录和标准指引,但主要目的是加强财政支出管理,而不是出于维护国家安全的考虑。考虑到关键信息基础设施的特殊性和重要性,这一制度也可以应用到网络信息安全产品和服务的采购上。我国要加强对关键网络设备、专用网络产品的审查、检测和安全认证,确保其符合国标要求;对目录以外的采购活动实施重点网络安全审查,鼓励采购国产化网络产品和可信服务,建立安全防火墙。

三是加强供应商背景审查,压实主体责任。网络产品和服务提供商是关键信息基础设施运营者采购活动的重要参与者,直接影响产品和服务的质量和安全。以美国内政部为例,其在信息技术采购活动中,会对所有可能访问自身信息资源的供应商雇员开展背景审查,并对不同供应商提出不同的技术安全审查要求,如对商业现货软硬件供应商仅要求其陈述质量控制内容,而对于IT服务外包供应商则提出包括保密审查、位置审查、脆弱性分析等在内的广泛审查要求。[2] 事实上,由内部人员造成的网络安全事件,如敏感信息访问和数据泄露占网络安全事件的大部

---

[1] 马宁:《国家网络安全审查制度的保障功能及其实现路径》,载《环球法律评论》2016年第5期。

[2] 马宁:《国家网络安全审查制度的保障功能及其实现路径》,载《环球法律评论》2016年第5期。

分，不同供应商提供的产品和服务也存在很大的差异，因此，供应商背景审查是网络安全审查的重要内容。正如《关键信息基础设施安全保护条例》第20条、《网络安全审查办法》第6条规定的，关键信息基础设施运营者应与提供商签订保密协议，提供商要作出承诺积极配合网络安全审查工作，确保网络安全。我国可以参考美国的做法，加大供应商人员的背景审查和权限管理，建立可信供应商名单，加大提供商违背承诺的惩处力度。

四是规范网络平台数据处理活动。随着电子商务、社交媒体的发展，我国拥有众多网络平台，涉及海量的数据处理。我们不可能对所有的数据处理活动进行网络安全审查，应该区分一般数据处理和特定数据处理，在明确关键数据、重要数据、核心数据处理规则的基础上，实施重点监管和审查。除《网络安全审查办法》规定的“掌握超过100万用户个人信息的网络平台运营者”外，处理和关联关键行业数据（如基因数据、医疗数据等）的公司或平台赴国外上市或向境外输出数据，也必须接受国家网络安全审查。

（三）强化供应链安全审查，实现“端到端”安全

关键信息基础设施由复杂的网络设施和信息系统构成，其持续安全运营离不开各种网络技术、产品和服务的支撑，客观上构成了复杂的供应链体系。这一供应链体系具有以下三个特点。

一是信息技术的全球化、数字经济的蓬勃发展增加了ICT供应链的复杂程度。出于成本和效率的考虑，网络产品和服务外包现象普遍存在，这就导致安全风险可能渗透到供应链的任何一个环节。2021年年底，广泛应用于各类软件的Log4j2爆发漏洞危机，影响波及整个软件供应链。欧盟网络安全局2021年发布《供应链攻击的威胁图景》显示，与2020年相比，预计2021年供应链攻击将增加4倍。鉴于供应链安全漏洞具有潜伏性、隐蔽性特点，攻击行为暴露之前较难及时检测出来，其带来的影响也非常广泛而深远。

二是“节点控制”模式弊端明显。有学者指出，我国网络安全审查制度类似于许可准入制度，主要针对采购环节，信息技术产品和服务应用过程则不在审查范围内，是一种典型的风险“节点控制”模式而非“过程控制”模式。[1] 这一观点有一定的合理性。《网络安全审查办法》在第2条就明确了适用对象。其虽然也强调“事前审查与持续监管相结合”，但重点在于事前审查，事后监管并未明确提及。国家信息技术安全研究中心总工李京春曾指出，“我们以前所做的许多测评认证工作，只是集中在信息安全产品本身是否达到标准，达标后的信息安全产品是否还

---

〔1〕 马民虎、马宁：《〈网络安全法〉与国家网络安全审查制度的塑造》，载《中国信息安全》2016年第6期。

存在安全风险,存在多少、何等程度的安全风险,谁也不知道,也很少有人关心”。[1]

三是采购者很多时候并不掌握供应商供应链安全状况。一般来说,IT 供应链包括提出采购需求、产品研发和测试、交付使用三个阶段。这三个阶段中的任何一个阶段和节点都有可能埋入风险隐患。此外,提供商组织机构的改变、网络产品的更新升级以及与第三方关系的变化,都会增加供应链的不确定性。而采购者也往往并不能做到对所有阶段和节点的状况心中有数。

因此,我国必须加强对供应链的安全审查,确保网络产品和服务提供的各个环节安全可靠。这也是域外主要国家开展关键信息基础设施保护风险治理的主要举措之一。加强供应链安全审查要着重解决产品、应用和供应商三个层面的风险,具体来说,应从以下三个方面入手:其一,在采购过程中,加强网络设施、信息系统、软硬件以及网络安全服务的审查,确保风险可控。其二,建立常态、全过程的安全审查机制。在关键信息基础设施运维的过程中,以及在网络产品和服务的使用过程中,及时监控安全风险,特别是要加强对软件安全漏洞的检测、勒索软件流量的监控,及时发现和应对,避免出现影响关键信息基础设施运行的重大网络安全事件。其三,从供应链的角度,加强提供商产品和服务的自我审查和动态跟踪审查,以实现“端到端”安全的可视化。这里要与前述供应商背景审查(更多的是一种静态审查)区分开来。自我审查和动态跟踪审查强调供应商的技术、产品、服务以及与第三方合作变化带来的风险的审查,是背景审查的进一步延伸,因此,要充分发挥供应商报告的主动性,消解供应链各环节的安全隐患。

(四)明确网络安全审查制度的定位

本书认为,网络安全审查制度是一项维护网络安全的政策而非战略,旨在解决关键信息基础设施供应链安全问题,它只针对网络产品和服务、数据处理,不涉及内容监管,不应该把它当作解决网络信息安全问题的“全能方案”。西方国家日益重视信息技术、网络产品及供应链的安全审查,个别国家把我国产品和供应商列为重点审查对象。我国的网络安全审查制度不能沦为“网络对抗”、获取产业竞争优势的工具,要避免将其上升到“安全对抗”或“贸易壁垒”的层面,因为这一做法可能会导致“科技脱钩”。

我国是较早建立网络安全审查制度的国家之一,应该站在全球网络安全的高度建立具有国际示范效应的规则体系,以此加强我国在网络空间国际治理、网络安全产业发展中的话语权,建立符合大多数国家利益的可信供应链体系。

---

[1] 李雪、杨晨:《对话专家 建言审查》,载《信息安全与通信保密》2014 年第 8 期。

【练习题】

1. 关键信息基础设施的定义是什么？
2. 关键信息基础设施保护的主要立法和战略规划有哪些？
3. 关键信息基础设施保护主要存在哪些不足？
4. 如何开展网络安全审查，网络安全审查的基本程序是什么？

第七章　网络犯罪与刑罚

典型案例

被告人付宣豪、黄子超等人租赁多台服务器，使用恶意代码修改互联网用户路由器的DNS设置，进而使用户登录“2345. com”等导航网站时跳转至其设置的“5w. com”导航网站，被告人付宣豪、黄子超等人再将获取的互联网用户流量出售给杭州久尚科技有限公司（系“5w. com”导航网站所有者），违法所得合计人民币754,762.34元。被告人付宣豪接民警电话通知后自动至公安机关，被告人黄子超主动投案，二被告人到案后均如实供述了上述犯罪事实。被告人及辩护人对罪名及事实均无异议。

最终上海市浦东新区人民法院判决：(1)被告人付宣豪犯破坏计算机信息系统罪，判处有期徒刑3年，缓刑3年；(2)被告人黄子超犯破坏计算机信息系统罪，判处有期徒刑3年，缓刑3年；(3)扣押在案的作案工具以及退缴在案的违法所得予以没收，上缴国库。一审宣判后，二被告人均未上诉，公诉机关未抗诉，判决已发生法律效力。[1]

自全功能接入国际互联网至今，我国在电子通信工程、计算机科学、软件工程等先端技术方面取得了世界领先地位，相关互联网应用越发普及化，传统物理社会逐渐表现为技术迭代明显的“网络社会”。在2000年之前，计算机外设产品体型笨重、运行速率低下、上网速度缓慢，计算机和互联网对人们生产生活的影响仍然体现为强烈的辅助性和可替代性，信息资讯的获取方式和范围严重依赖于电视、报纸等传统媒体，人们对相关产品和设备的使用主要基于娱乐即所谓的“网上冲浪”，在这样的Web 1.0时期，除个别单纯的技术性行业之外，如果撤去计算机网络，制造业和大众生活仍然可以正常进行。2000年至2010年十年间，我国网络技术从Web 1.0时期进入Web 2.0时期，计算机和互联网具备多样化供给的功能，借助计算机网络，线上互动性平台（包括社交媒体、娱乐平台、电商平台）等开始迅速崛起，网络对人们生产生活的介入明显深化，如果撤去计算机网络，社会生活的

---

〔1〕 付宣豪、黄子超破坏计算机信息系统案，最高人民法院指导案例102号(2018年)。

很多方面会变得相当不便，某些互联网行业直接濒临灭亡。2000年12月28日，第九届全国人大常委会第十九次会议通过的《关于维护互联网安全的决定》引领了这十年的网络安全保护策略，该决定全部7个条文中的前5条均旨在采用刑法手段应对互联网失范行为，也由此开启了运用刑法严厉打击网络违法犯罪的法律惯性。最近十多年以来，我国移动互联网的普及率飞速提升，技术创新驱动社会发展的趋势完全显现，网络产品及其应用全面进入生产生活。在这样的Web 3.0时期，如果撤去移动互联网，人们的生产生活恐难以为继，人们更容易相信，除物理空间之外还存在不受时空限定、社会影响纵深的“网络空间”，当前的社会俨然是一个须臾离不开互联网的网络社会。也正因这种技术驱动和技术嵌入式的社会发展状态，中立性、精准化的互联网技术也给整个社会带来了前所未有的风险与挑战。例如，数据泄露、个人信息滥用、生物信息隐蔽收集、新型电信网络诈骗、窃取虚拟财产、勒索病毒、算法歧视、深度伪造、跨平台数据爬取、网络窃听与监控、网络虚假信息、网络色情与暴力、境内外网络攻击、跨境数据转移、跨境洗钱、跨境恐怖主义等，网络安全和网络犯罪也成为关乎个人利益、社会稳定、国家安全以及人类命运共同体的重大战略性现实性问题。

第一节　我国网络安全刑法保护体系的形成

面对网络安全难题，我国刑法正在以更加积极的姿态介入网络社会生活，涉及网络安全的犯罪与刑罚体系不断扩容，网络安全保护的刑事政策、罪刑规范和责任分担等需要被重新认识。

一、我国网络犯罪与刑罚的法源

刑法是规定犯罪与刑罚的规范，这些规范的来源或载体即刑法的法源。根据我国刑法体系，刑法的法源是刑法典和单行刑法，网络犯罪与刑罚的原则、制度的依据均源于此。需要指出的是，“犯罪”是一个被刑法规范加以界定的概念，某种危害行为如果没有被刑法规定为犯罪，则该行为便不能被称为“犯罪”或者不能被认定为“犯罪”。我国《刑法》第3条中规定，“法律没有明文规定为犯罪行为的，不得定罪处刑”，即罪刑法定。换言之，什么行为是犯罪、犯罪行为应接受何种处罚，这都必须要刑法明文加以规定。在理解网络犯罪与刑罚时，之所以要强调“法源”，正是为了贯彻罪刑法定这一原则。

第一，网络犯罪与刑罚的基本法源是《刑法》。不同于《民法典》，《刑法》在立法时并未附加“典”字，但毫无疑问，《刑法》是一部“法典”。新中国第一部刑法典于1979年7月第五届全国人大第二次会议通过、1980年1月1日生效实施,习惯称之为“79刑法”。在此之后,1997年3月第八届全国人大第五次会议对“79刑法”进行了修订,虽然修订之后的《刑法》被习惯称为“97刑法”,但二者是同一部刑法典,后者只是对前者的“修订”而非另起炉灶。理论上之所以称后者为“97刑法”,是因为修订之后的刑法典在用语、内容、体系上进行了大幅的改善,从而与“79刑法”有所区别。

在我国“79刑法”中,没有专门规定网络犯罪,涉及技术的犯罪是第100条:“以反革命为目的,进行下列破坏行为之一的,处无期徒刑或者十年以上有期徒刑……利用技术或者以其他方法破坏军事设备、生产设施、通讯交通设备、建筑工程、防险设备或者其他公共建设、公共财物的……”从条文规定上看,这里的“利用技术”包括利用计算机技术、“通讯交通设备”包括“计算机信息系统”,但适用本条还要求特定目的。1994年2月,国务院根据当时计算机发展与安全情况颁行了《计算机信息系统安全保护条例》,其第24条规定“构成犯罪的,依法追究刑事责任”,这里的“依法”便是依照“79刑法”。我国计算机应用起步晚,涉及计算机、网络的犯罪发生阶段也迟于域外。比如,早在1988年美国康奈尔大学的计算机高才生罗伯特·莫里斯(Robert Morris)就曾设计传播特别程序“蠕虫”(Worm)病毒,[1]虽然莫里斯声称编写“蠕虫”程序的起因并不是想造成电脑破坏而是意图测量互联网的规模,但该程序最终导致几千台计算机因“感染”“蠕虫”病毒而“死机”,莫里斯也因此成为因触犯美国《计算机欺诈和滥用法》(the Computer Fraud and Abuse Act)而被定罪的第一人。[2]

从立法上来看,我国明确规定计算机犯罪始于“97刑法”。1997年修订《刑法》时,立法上规定了计算机犯罪,包括以计算机为对象的犯罪和以计算机为手段的犯罪。1997年《刑法》第285条规定:“违反国家规定,侵入国家事务、国防建设、尖端科学技术领域的计算机信息系统的,处三年以下有期徒刑或者拘役。”第286条规定:“违反国家规定,对计算机信息系统功能进行删除、修改、增加、干扰,造成

---

[1] 网络安全和网络犯罪领域的概念表达天然存在语言修辞术,均旨在借用物理现实世界的事物予以比拟说明。例如,将这里的破坏性程序称为“蠕虫”病毒,即形容它可以像实体的蠕虫一样具有到处蔓延的特性,而“病毒”借用的也是物理空间中的“生物病毒”(如登革热病毒、埃博拉病毒、新型冠状病毒),某某毒霸、某某安全卫士等软件是针对电脑病毒的“杀毒软件”,所有的名号均是一种比拟。这些说法的优势在于,可以用熟悉的词语直观表达某种近似的无形的事物。但它的劣势在于,长此以往,人们似乎就会忘记这些概念的比喻性、修辞性,陷入修辞的误区,将它们与物理的、有形的事物完全等同,将网络世界理解为物理世界的同等复制,从而提倡适用同等规则。比如,将“虚拟财产”完全等同于普通财物,而不是将之作为数据加以保护;将“人工智能机器人”当作与人类相等地位的人看待,肯定“机器人可以作为犯罪主体”等。

[2] S. M. Mello, *Administering the Antidote to Computer Viruses: Comment on United States v. Morris*, 19 Rutgers Computer & Technology Law Journal 259(1993).

计算机信息系统不能正常运行,后果严重的,处五年以下有期徒刑或者拘役;后果特别严重的,处五年以上有期徒刑。违反国家规定,对计算机信息系统中存储、处理或者传输的数据和应用程序进行删除、修改、增加的操作,后果严重的,依照前款的规定处罚。故意制作、传播计算机病毒等破坏性程序,影响计算机系统正常运行,后果严重的,依照第一款的规定处罚。"第 287 条规定"利用计算机实施金融诈骗、盗窃、贪污、挪用公款、窃取国家秘密或者其他犯罪的,依照本法有关规定定罪处罚",本条是对利用计算机实施犯罪的一条"注意规定",即旨在提示相关犯罪手段可以利用计算机实施,删除本条,不影响利用计算机实施相关犯罪的认定。此外,《刑法》第 217 条规定了侵犯著作权罪,犯罪行为之一是以营利为目的,未经著作权人许可,复制发行其计算机软件。

第二,网络犯罪与刑罚的法源还包括单行刑法。所谓"单行刑法",是指立法者在刑法典之外专门规定某一类犯罪及其刑罚的规范性文件。例如,1998 年 12 月全国人大常委会颁布的《关于惩治骗购外汇、逃汇和非法买卖外汇犯罪的决定》是针对外汇相关犯罪的单行刑法。2000 年 12 月第九届全国人大常委会第十九次会议通过的《关于维护互联网安全的决定》是针对 21 世纪计算机和互联网的进一步推广应用,为了维护互联网安全所颁行的单行刑法。该决定全部 7 个条文中的前 5 条均旨在采用刑法手段应对互联网失范行为,也由此开启了运用刑法严厉打击网络违法犯罪的法律惯性。从条文内容上看,该决定所针对的均为以计算机、互联网为手段的侵害行为,如第 2 条规定:"为了维护国家安全和社会稳定,对有下列行为之一,构成犯罪的,依照刑法有关规定追究刑事责任:(一)利用互联网造谣、诽谤……(二)通过互联网窃取、泄露国家秘密……(三)利用互联网煽动民族仇恨……(四)利用互联网组织邪教组织……"由于我国"97 刑法"已经规定了罪刑法定原则,该决定中所言的"构成犯罪的,依照刑法有关规定追究刑事责任"也只是一种注意性规定,即仍是对利用计算机网络实施侮辱诽谤、盗窃、危害国家安全等既有犯罪规定的提示性使用。因此,可以说上述《关于维护互联网安全的决定》是对《刑法》第 287 条的一种扩写,其意义在于以最高立法机关的名义将"互联网犯罪"这种犯罪类型以法律的方式予以强调。以此为标志,我国网络技术及其应用阶段在 2000 年之后由 Web 1.0 时期进入 Web 2.0 时期,刑法规制的重心从"计算机犯罪"转向了"网络犯罪"。

第三,我国网络犯罪与刑罚的法源尚不包括附属刑法。所谓附属刑法,是指立法者附带规定在民法、行政法等法律的个别条文中的某些犯罪与刑罚规范。[1] 由于这些罪刑规范在特定法律中的比重较小,因而称之为附属刑法。例如,德国《动物保护法》第 17 条规定:"实施下列行为之一的,处三年以下有期徒刑或罚金:

---

〔1〕 张明楷:《刑法学》(上)(第 6 版),法律出版社 2021 年版,第 19 页。

(1)无正当理由而杀死脊椎动物;(2)残忍地使脊椎动物遭受痛苦或折磨,或者长期或多次地使其遭受重大痛苦或折磨。”本条是在德国刑法典(Strafgesetzbuch)之外规定了独立的犯罪构成要件和具体的刑罚种类幅度,因而属于典型的附属刑法(Nebenstrafrecht)。在我国法律中,没有“附属刑法”。例如,2017年6月1日生效的《网络安全法》第74条规定:“违反本法规定,给他人造成损害的,依法承担民事责任。违反本法规定,构成违反治安管理行为的,依法给予治安管理处罚;构成犯罪的,依法追究刑事责任。”本条既规定了民事责任,也规定了行政处罚,还规定了违反该法的刑事责任。但上述规定既没有明示犯罪行为,也没有明示刑罚内容。更重要的是,本条也缺少注意性、提示性的必要,在认定犯罪时仍然要回到刑法典的规定,因而本法非附属刑法。2021年9月1日生效的《数据安全法》第52条、2021年11月1日生效的《个人信息保护法》第71条均规定了类似的内容。不可否认,在解释和适用《刑法》中的侵犯公民个人信息罪等罪名时,需要与这些“刑法前置法”保持法秩序上的一致性,但它们所涉及的刑事责任规定不会成为法官的裁判依据,定罪量刑的依据仍为《刑法》。因此,这些附属性的“构成犯罪的,依法追究刑事责任”只具有象征意义。

二、我国网络犯罪“代际转变”的辨析

我国《刑法》第3条规定了罪刑法定原则,这决定了任何关于犯罪和刑罚的规定都要由法律加以明文化,司法者在确定罪刑规范的适用依据时只能从法律中寻找。“网络犯罪”作为一个学术概念,是指涉及互联网的犯罪,包括以互联网为手段的犯罪和以互联网为对象的犯罪。有观点认为,我国计算机网络技术背景下的犯罪经历了“以计算机或网络为对象的犯罪”、“以网络为工具的犯罪”以及“以网络为空间的犯罪”三个代际转变,互联网从犯罪的“对象样态”“工具样态”进入“空间样态”,“网络空间”成为网络犯罪的新场所。[1] 由此,刑法学界不少学者主张网络时代的社会呈现为“双层社会”,即现实社会与网络社会,“双层社会”或“双层空间”俨然成为刑法立法和司法的现实基础,[2]不仅“网络空间不是法外之地”这种倾向性表述成为官方和民间的一致宣言,而且“网络空间”“赛博空间”也成为刑法保护的实际领地,刑法在干涉传统物理性社会的同时也额外向所谓的“网络空间”介入。如此一来,刑法的罪名体系随着网络技术的普及时刻保持着扩张趋势。

“网络空间”被普遍称为“第五空间”,但根据常识,这个“第五空间”显然不同

---

〔1〕 刘艳红:《Web3.0时代网络犯罪的代际特征及刑法应对》,载《环球法律评论》2020年第5期。

〔2〕 王华伟:《网络时代的刑法解释论立场》,载《中国法律评论》2020年第1期。

于陆地、海洋、天空、太空，人们对网络空间只能知其名、不能观其身，更不能置于其所在，无论科学技术如何发达，人类的身体都难以进入这种所谓的“第五空间”，这是它相对于另外四个空间来说最大的不同之处。所以，网络空间是物理空间之外的虚拟空间。这一概念如此流行于众，是因为它抓住了修辞之于社会生活的意义。“网络空间”一词是来自科幻文学的概念，科幻文学的本质是想象文学，通过修辞将现实与未来对接。“网络空间”即“赛博空间”是1984年科幻作家威廉·吉布森（William Gibson）在小说中创造的名词，是“赛博朋克”（cyberpunk）文学的核心概念。[1] 人的思维可以无限超越物理现实，就思想而言，“梦境”也是一种空间，但这种空间对于法律而言，没有实际价值。

这就回到了一个对人类社会来说较为根本的哲学命题：人的主体性是通过现实身体与物理世界的物质性互动、有体化沟通而展开的，应当区分社会交往的虚拟性和物质性，前者不能取代后者。关于空间的社会性，法国马克思主义批判哲学家亨利·列斐伏尔（Henri Lefebvre）曾基于唯物史的角度提出了“（社会）空间是（社会的）产物”这一命题。列斐伏尔认为，空间不是天文学上天体之间的距离，不是数学中所谓抽象“几何空间”（没有内容的容器），也不是哲学中的精神之物或心理学上的内心生活，[2]“空间”与社会关系紧密联系在一起，“每一个社会都生产出一个空间……‘每一个社会’可以确切地称之为每一种生产方式以及它所有的各种生产关系”，因而“空间”的含义包括“生产关系”（劳动分工及其具有等级制形式的社会功能性组织）和“再生产的社会关系”（生命的再生产、劳动力的再生产、生产的社会关系的再生产）。[3] 按照马克思主义唯物史观，“社会——不管其形式如何……是人们交互活动的产物。人们能否自由选择某一社会形式呢？绝不能。在人们的生产力发展的一定状况下，就会有一定的交换（commerce）和消费形式。在生产、交换和消费发展的一定阶段上，就会有相应的社会制度、相应的家庭、等级或阶级组织，一句话，就会有不过是市民社会的正式表现的相应的政治国家”。[4] 所以，“空间”是物质的空间、社会实践的空间，否则便是唯心主义，寻找、确认或生产“空间”这种社会物（浸透了抽象社会关系的具体物）应当以社会实践为起点，以社会实践为终点。在这个社会实践的框架中，“身体”就被凸显出了首要的价值：“社会实践是以使用身体为先决条件的：手的使用、肢体器官的使用、感官的使用以及工作的姿势。”[5]因此，如果让网络空间的“虚拟性”取代“物质性”，

---

[1] [美]威廉·吉布森：《神经漫游者》，Denovo译，江苏凤凰文艺出版社2013年版，第62页。

[2] [法]亨利·列斐伏尔：《空间的生产》，刘怀玉等译，商务印书馆2021年版，第40页。

[3] [法]亨利·列斐伏尔：《空间的生产》，刘怀玉等译，商务印书馆2021年版，第48～49页。

[4] 《马克思恩格斯文集》（第10卷），人民出版社2009年版，第42～43页。

[5] [法]亨利·列斐伏尔：《空间的生产》，刘怀玉等译，商务印书馆2021年版，第58～59页。

则不仅完全忽视了人类身体在社会交往模式中的物理性、基础性作用，而且把人的主体地位及其社会实践引入唯心主义的危机。“网络空间”从来不是人与人之间的真实交流空间而纯粹是社会交往的数字化工具而已，“网络空间安全”即交往工具的安全。

互联网的最基本组成单位是计算机，所谓“网络空间”的产生不是科幻小说中人脑与计算机的互联而是计算机之间的互联，这种“互联网”是人类在物理上操纵计算机实现的数据连接和数据传输，“网络空间”里存放的全部是以比特为单位的数字，本质上是数字之间的信息交换。随着电子计算机在外在形态、内部编程及运算速率上的升级，计算机越发成为人类科研等实践活动的得力工具，但计算机大众化应用的关键在于联网的可能。计算机之间之所以能够实现互联，是因为采用了一个各种计算机共通的通信协议，即 TCP/IP，它是不同计算机之间进行数据交换的标准化语言，依赖该“传输控制协议/网际协议”（Transmission Control Protocol/Internet Protocol）对数据传统环境的“同构”，大量计算机之间因数据交互而形成因特网。因特网的普及需要计算机设备的个人化，即 PC 的商业化、大众化，而普及 PC 的一个前提便是“浏览器”这个专业软件应用的推广，否则互联网的增益仍只是由研发之初的部分大学或研究机构享受。1994 年 Netscape Navigator 发布 1.0 版浏览器，1995 年微软公司开发了 IE 浏览器并随着 Windows95 操作系统的顺利推广而迅速占领市场。借助 PC 端以及浏览器，大量用户可以通过 Web 网页获取信息，这也是为何将互联网的初级阶段习惯称为“Web 1.0 时代”。[1] 彼时，计算机对于大众而言尚属于“娱乐设备”，所谓“网上冲浪”无非“开启电脑、微机、计算机—拨号上网—打开浏览器—浏览图文信息/进入聊天室”，这一切都是通过计算机以及互联网的代码、数据支撑起来的数据通信而已，只不过这种通信不再是“打电话”而是“上网”，但上网的通道仍然是那根拨号电话线。所以，从阿帕网到万维网、因特网、互联网，计算机主机、显示器、电缆、网线、调整解调器、路由器、服务器等所有网络组件都是物理存在的，并且在地理上可定位，人们与通信基础设施同处于一个真实物理空间，它们本身不是虚拟的。

习近平总书记科学地指出：“网络空间是虚拟的，但运用网络空间的主体是现实的，大家都应该遵守法律，明确各方权利义务”，“互联网虽然是无形的，但运用互联网的人们都是有形的”。[2] 这直接点名了“空间”和”网络空间”的本质，将之拉回现实社会交往场景中：“网络空间”本身不具有“空间”的社会实践性，作

---

〔1〕 也是在这一时期，我国接入国际互联网，在今后五年内催生了互联网创新创业的第一次浪潮，如网易、新浪、搜狐、腾讯、阿里巴巴、百度等互联网巨头先后创立发源。

〔2〕 习近平：《在第二届世界互联网大会开幕式上的讲话》，载《人民日报》2015 年 12 月 17 日，第 2 版。

为“空间”而言它是虚拟的，只有与现实的主体相联系，“网络空间”对社会发展以及命运共同体才有实益，网络空间治理的对象都是“现实的人”，治理的内容是“权利义务”。所以，对于化解网络时代社会矛盾而言，“‘网络空间的隐喻’(cyberspace metapher)没有帮助，因为它掩盖了真正的社会权力关系，从而阻碍了真正改变的机会”，如果想形塑“数字世界”，那么必须要追及本质层面的利益或权力而不是产生于20世纪80年代的“网络空间”。[1] 在互联网时代，经由网络技术驱动而变革的“网络社会”是现实社会本身的物理性变化，只存在一个物理性社会而不存在所谓的“物理社会+现实社会”的“双层社会”，“双层社会”“双层空间”均为修辞，它对于调处“社会”纠纷反而具有误导性，甚至以网络空间新概念掩盖互联网资本控制的乱象，离开网络空间的社会性(社会空间)，将导致法律面对社会交往时总是给出错误甚至离奇的反应。

三、我国网络犯罪的罪名体系

就网络犯罪的演变来说，“以网络为空间的犯罪”归根结底还是以物理现实为空间的犯罪，网络犯罪的代际转变仅在比喻意义上存在，网络犯罪仅是“以计算机或网络为对象的犯罪”“以网络为工具的犯罪”，二者并不存在明显的代际转变，而是并存于世，所谓“空间样态”的网络犯罪也仍以上述两种犯罪为表现形式。这两种样态的网络犯罪包括两大类：一是网络犯罪的专门性罪名，二是与互联网相关的传统罪名。前者主要通过立法的方式予以增设扩容，后者则主要通过司法的方式将传统罪名的适用范围加以拓展延伸。

(一)网络犯罪的专门性罪名

针对计算机相关设备的犯罪是我国网络犯罪的最原始罪名，这包括“97刑法”最先规定的第285条非法侵入计算机信息系统罪、第286条破坏计算机信息系统罪。这两个罪名针对是“黑客犯罪”，旨在保护计算机安全，其中第285条规制的是非法侵入“国家事务、国防建设、尖端科学技术领域的计算机信息系统”，第286条规制的是对计算机信息系统功能或者计算机信息系统中存储、处理或者传输的数据或应用程序进行删改以及故意制作、传播计算机病毒等破坏性程序的行为。第285条仅要求“非法侵入”即可构成犯罪，第286条则要求影响计算机信息系统正常运行。此外，《刑法》第265条规定：以牟利为目的，盗接他人通信线路、复制他人电信码号或者明知是盗接、复制的电信设备、设施而使用的，依照盗窃罪定罪处罚。本条是对通信基础设施的保护，将盗用他人通信线路、电信码号等行为作为

---

[1] Vgl. Rainer Rehak, Der irreführende „Cyberspace“, Informatik-Spektrum 39(2016), S. 445.

盗窃罪这一财产犯罪论处,即将传输的通信数据作为财产予以保护。2009 年 2 月全国人大常委会审议通过的《刑法修正案(七)》对网络犯罪的罪名体系进行了第一次立法扩充。本修正案的相关修改表现在:在第 285 条中增加两款犯罪,即第 2 款非法获取计算机信息系统数据、非法控制计算机信息系统罪,第 3 款提供侵入、非法控制计算机信息系统程序、工具罪。由此,第 285 条形成三款犯罪:第 1 款针对"国家事务、国防建设、尖端科学技术领域的计算机信息系统","侵入"即构成犯罪;第 2 款针对上述计算机信息系统之外的普通计算机信息系统,"侵入且获取数据"才构成犯罪;第 3 款对提供"木马"软件的行为进行了犯罪化,这是刑法分则第一次对网络犯罪的特殊帮助行为进行规制。

党的十八大之后,网络和信息安全逐渐成为国家安全的重要方面,2014 年 2 月中共中央成立了以习近平总书记为组长的中央网络安全和信息化领导小组,凸显了党和国家对网络安全保护的最高重视。在该小组第一次会议上,习近平总书记指出,"没有网络安全就没有国家安全","把握好网上舆论引导的时、度、效,使网络空间清朗起来","完善互联网信息内容管理、关键信息基础设施保护等法律法规,依法治理网络空间,维护公民合法权益"。[1] 2015 年 11 月 1 日生效的《刑法修正案(九)》增设了三个专门性的网络犯罪新罪:一是在《刑法》第 286 条后增加一条,作为第 286 条之一,即拒不履行信息网络安全管理义务罪;二是增加第 287 条之一非法利用信息网络罪,比如"设立用于实施诈骗、传授犯罪方法、制作或者销售违禁物品、管制物品等违法犯罪活动的网站、通讯群组"是本罪的实行行为之一,本来这类行为是诈骗罪的预备行为,《刑法修正案(九)》将之单独设定为独立的罪名;三是增加第 287 条之二即帮助信息网络犯罪活动罪,规定"明知他人利用信息网络实施犯罪,为其犯罪提供互联网接入、服务器托管、网络存储、通讯传输等技术支持,或者提供广告推广、支付结算等帮助,情节严重的,处三年以下有期徒刑或者拘役,并处或者单处罚金"。在上述罪名中,帮助信息网络犯罪活动罪可谓 2020 年、2021 年最活跃之罪名,本罪从 2015 年 11 月 1 日生效至 2019 年的上网判例数分别为 1 例、2 例、10 例、22 例、81 例,2020 年度上网判例升到 2371 例,2021 年度则为 17,299 例。[2] 根据最高人民检察院办案数据,2021 年全年以帮助信息网络犯罪活动罪起诉人数为 12.9 万(同比上升 8.5 倍),超过诈骗罪而升至第三位。[3]

---

[1] 《中央网络安全和信息化领导小组第一次会议召开》,载中国政府网,http://www.gov.cn/xinwen/2014-02/27/content_2625112.htm。

[2] 笔者于 2022 年 8 月 12 日在中国裁判文书网以"案由——帮助信息网络犯罪活动罪""全文——帮助信息网络犯罪活动""文书类型——判决书"三个主题要素进行检索,检索到以上数据。

[3] 《2021 年全国检察机关主要办案数据》,载《检察日报》2022 年 3 月 9 日,第 8 版。

(二)传统罪名的网络化适用

网络安全本质上是一个技术问题,实现网络强国战略的直接力量是信息网络技术,维护网络安全的主力军是信息网络人才,法律、法学、法学家只能起到为技术提供制度护航的作用。[1] 刑法作为最严厉的法,对网络安全起着最终的保障功能,尤其是面对网络时代的新型案件、难办案件,刑法干预手段会受到特别的青睐。如上所述,无论网络犯罪如何进行所谓的代际更替,作为现实社会的交往手段的计算机、互联网也会成为犯罪的新手段,以计算机或网络为手段实施公共安全犯罪、人身犯罪、财产犯罪等是永远不可忽视的网络犯罪样态。因此,网络犯罪的罪名体系自然包括了这些传统犯罪的网络化适用,而且这种适用往往是对传统犯罪构成要件的入罪扩张。

如上所述,《关于维护互联网安全的决定》和《刑法》第287条均明文提示了计算机、互联网作为其他犯罪的手段及其刑法适用问题。计算机、互联网作为一种人身"非接触式"的社会交流工具,可以作为很多"非接触式犯罪"的手段,而且这种手段较以往的犯罪渠道对法益侵害的严重程度更甚。我国《刑法》从1997年全面修订至《刑法修正案(十一)》,罪名增加到目前的483个。2016年4月,习近平总书记在网络安全和信息化工作座谈会上强调,"网络空间是亿万民众共同的精神家园……谁都不愿生活在一个充斥着虚假、诈骗、攻击、谩骂、恐怖、色情、暴力的空间……利用网络鼓吹推翻国家政权,煽动宗教极端主义,宣扬民族分裂思想,教唆暴力恐怖活动,等等,这样的行为要坚决制止和打击……利用网络进行欺诈活动,散布色情材料,进行人身攻击,兜售非法物品,等等,这样的言行也要坚决管控……没有哪个国家会允许这样的行为泛滥开来。我们要本着对社会负责、对人民负责的态度,依法加强网络空间治理"。[2] 利用网络实施的这些行为本身都不是新行为,大多在前网络时代就已经被刑法典认定为犯罪,只不过它们在网络时代都将"网络"作为一种新工具,网络空间治理的基本任务就是打击治理那些利用互联网实施的新型犯罪。案件是新的,罪名是旧的,这些罪名涉及危害国家安全罪、危害公共安全罪、破坏社会主义市场经济秩序罪、侵犯公民人身权利罪、侵犯财产罪、妨害社会管理秩序罪、贪污贿赂罪等《刑法》分则的所有章节。

例如,利用计算机网络传播色情内容,可构成传播淫秽物品罪或传播淫秽物品牟利罪。知名的"快播案"就以此罪名定案。快播公司在明知QVOD媒体服务器

---

[1] 因此,无论怎样强调法律的功能,也无法依靠法律直接走向网络强国,这就需要避免法律万能论。

[2] 习近平:《在网络安全和信息化工作座谈会上的讲话》,载《人民日报》2016年4月26日,第2版。

安装程序及快播播放器被网络用户用于发布、搜索、下载、播放淫秽视频的情况下，仍予以放任，导致大量淫秽视频在国际互联网上传播，北京市海淀区人民法院审理后认定快播公司以牟利为目的放任淫秽视频大量传播的行为构成传播淫秽物品牟利罪的单位犯罪。[1] 再如，利用信息网络妨害他人生产经营活动的，实践中也被认定为破坏生产经营罪。被告人董某雇佣谢某多次以同一账号大量购买北京智齿数汇科技有限公司南京分公司淘宝网店铺的商品，致使该公司店铺被淘宝公司认定为虚假交易刷销量，并对其搜索降权，严重影响该公司正常经营，一审、二审法院认定董某、谢某构成破坏生产经营罪。[2] 作为典型"口袋罪"的非法经营罪也对计算机网络这种犯罪手段发挥了强大的涵摄能力，比如李某通过创建网站和利用语音聊天工具建立刷单炒信平台，组织会员相互刷单牟利，法院认为被告人违反国家规定，以营利为目的，明知是虚假的信息仍通过网络有偿提供发布信息等服务，扰乱市场秩序，情节特别严重，其行为已构成非法经营罪。[3]

网络时代常见的罪名还有间谍罪，洗钱罪，信用卡诈骗罪，非法吸收公众存款罪，集资诈骗罪，侵犯著作权罪，侮辱罪，诽谤罪，猥亵儿童罪，侵犯公民个人信息罪，故意传播虚假信息罪，寻衅滋事罪，侵害英雄烈士名誉、荣誉罪，妨害传染病防治罪等。我国最高司法机关单独或联合其他机关发布了一系列司法解释或司法性文件，如《关于办理利用信息网络实施诽谤等刑事案件适用法律若干问题的解释》《关于办理网络赌博犯罪案件适用法律若干问题的意见》《关于办理利用信息网络实施黑恶势力犯罪刑事案件若干问题的意见》《关于办理电信网络诈骗等刑事案件适用法律若干问题的意见》《关于利用网络云盘制作、复制、贩卖、传播淫秽电子信息牟利行为定罪量刑问题的批复》等，这些司法意见均旨在指导司法者在网络时代积极适用传统罪名，从而缩减刑法规范供给的不足。2021 年 1 月最高人民检察院发布的《人民检察院办理网络犯罪案件规定》第 2 条规定："本规定所称网络犯罪是指针对信息网络实施的犯罪，利用信息网络实施的犯罪，以及其他上下游关联犯罪。"2022 年 9 月 1 日实施的最高人民法院、最高人民检察院、公安部《关于办理信息网络犯罪案件适用刑事诉讼程序若干问题的意见》第 1 条规定："本意见所称信息网络犯罪案件包括：(1)危害计算机信息系统安全犯罪案件；(2)拒不履行信息网络安全管理义务、非法利用信息网络、帮助信息网络犯罪活动的犯罪案件；(3)主要行为通过信息网络实施的诈骗、赌博、侵犯公民个人信息等其他犯罪案

[1] 北京市海淀区人民法院刑事判决书，(2015)海刑初字第 512 号；北京市第一中级人民法院刑事裁定书，(2016)京 01 刑终 592 号。

[2] 江苏省南京市中级人民法院刑事判决书，(2016)苏 01 刑终 33 号。

[3] 徐芬、沈艺婷：《组织刷单炒信触犯法律底线——浙江省杭州市余杭区检察院办理全国首例组织刷单炒信案纪实》，载《人民检察》2017 年第 18 期。

件。”这种网络犯罪的定义是周延的,既包括专门罪名,也包括传统的普通罪名。

四、我国网络犯罪的刑罚种类

根据我国《刑法》,刑罚的种类分为主刑和附加刑,前者包括管制、拘役、有期徒刑、无期徒刑、死刑,后者包括罚金、剥夺政治权利、没收财产、驱逐出境。除上述刑罚之外,《刑法》第37条之一还规定了职业禁止制度;[1]在刑罚的裁量制度中,第72条针对被判拘役、3年以下有期徒刑的犯罪分子,规定在符合一定条件的情况下可以判决适用缓刑,同时可禁止其在缓刑考验期限内从事特定活动、进入特定区域场所、接触特定的人,并根据第76条依法实行社区矫正。刑罚种类和其他量刑措施的选择取决于犯罪行为客观的社会危害性以及行为人主观的人身危险性,这在刑罚目的上采用的是报应主义(因为有犯罪而施加刑罚)和预防主义(为了没有犯罪而施加刑罚或其他预防措施)的综合论。

根据《刑法》的规定,第285条第1款非法侵入计算机信息系统罪的刑罚是3年以下有期徒刑或者拘役;第2款非法获取计算机信息系统数据、非法控制计算机信息系统罪的基本刑是“三年以下有期徒刑或者拘役,并处或者单处罚金”,情节特别严重的法定刑是“三年以上七年以下有期徒刑,并处罚金”;第3款提供侵入、非法控制计算机信息系统程序、工具罪的刑罚是3年以下有期徒刑或者拘役,并处或者单处罚金。第286条破坏计算机信息系统罪的基本法定刑是5年以下有期徒刑或者拘役,后果特别严重的法定刑是5年以上有期徒刑。这两条规定的典型计算机犯罪的主刑是有期徒刑、拘役,附加刑是罚金,罚金可以独立适用,也可以附加适用,且罚金没有最高上限,法定刑最高的是破坏计算机信息系统罪,最高刑为15年有期徒刑。《刑法修正案(九)》增设了第286条之一拒不履行信息网络安全管理义务罪、第287条之一非法利用信息网络罪、第287条之二帮助信息网络犯罪活动罪,前一个罪的法定刑是“三年以下有期徒刑、拘役或者管制,并处或者单处罚金”,后两个罪的法定刑是“三年以下有期徒刑或者拘役,并处或者单处罚金”。从刑罚种类上看,新增三罪中只有拒不履行信息网络安全管理义务罪配备了管制刑,这是一种对犯罪人不进行监禁关押的刑罚,但会限制一定的活动自由(如未经执

---

[1] 《刑法》第37条之一第1款规定:“因利用职业便利实施犯罪,或者实施违背职业要求的特定义务的犯罪被判处刑罚的,人民法院可以根据犯罪情况和预防再犯罪的需要,禁止其自刑罚执行完毕之日或者假释之日起从事相关职业,期限为三年至五年。”这是一种特殊的保安处分措施,是基于预防犯罪人再次实施犯罪的需要,法官在宣判时就在判决书中写明了对犯罪人宣告职业禁止的期限。

行机关批准,不得行使言论、出版等权利),并进行社区矫正。[1] 从刑罚严厉程度上看,新增三罪的最高刑是3年有期徒刑,刑罚配置并不重,根据《刑法》第72条缓刑的规定,这三个罪都可以适用缓刑。

法定最高刑为3年以下有期徒刑的犯罪,理论上被称为轻罪。不同于德国、日本等国的刑法典,[2] 我国《刑法》未明确区分重罪与轻罪,也未制定独立的轻罪法,"轻罪化"的标准只能根据我国刑事法的边缘性规定间接确立。根据我国《刑法》《刑事诉讼法》上从宽从简处理的规定,可以发现"三年有期徒刑"具有刑事一体化适用的法律标记意义,[3] 可以将我国刑法上的轻罪范围确定为"法定最高刑为三年以下有期徒刑、拘役、管制(包括独立适用剥夺政治权利、并处或者单处罚金)"的犯罪。有观点认为,"从刑法修正案九的刑罚修订情况可以看出,我国刑事法网的进一步严密以及轻微犯罪在刑事案件中比例的上升,正是我国刑法结构从'厉而不严'到'严而不厉'发展、转变过程中呈现的具体现象",[4] 类似上述三个《刑法修正案(九)》增设的网络犯罪的轻罪立法,"有助于更积极地通过现代法治的方式,科学治理社会边缘问题与新型犯罪问题……重视轻罪立法,是刑法结构趋于合理的现实需要"。[5] 鉴于这种轻罪立法思维的持续影响,为增强网络安全刑法保护的严密性、应对新型危害网络安全的行为,未来可能会采用轻罪化立法的方

---

[1] 高铭暄、马克昌主编:《刑法学》(第10版),北京大学出版社、高等教育出版社2022年版,第229~232页。

[2] 德国《刑法典》第12条明确规定了重罪与轻罪:重罪是指最低刑为1年或1年以上有期徒刑的犯罪,轻罪是指科处1年以下有期徒刑或者罚金刑的犯罪;法国《刑法典》第111-1条则规定"犯罪依严重程度分为重罪、轻罪、违警罪",根据第131-1条至第131-18条,重罪是指最低刑为10年以上有期徒刑或有期拘押的犯罪,轻罪是指最高刑为10年以下监禁的犯罪,违警罪是指最高刑为不超过3000欧元罚金的犯罪;日本《刑法典》没有明确区分重罪与轻罪,但《轻犯罪法》规定了被科处拘役或者科料的轻罪行为。根据日本《刑法典》第12、15、16、17条,不满30日的自由刑称"拘留"(拘役),30日以上20年以下的自由刑分"有期惩役""有期禁锢",1万日元以上的财产刑称"罚金",1000元日元以上不满1万日元的财产刑称"科料"。"拘留""科料"适用于《轻犯罪法》规定的轻犯罪,如"在街道或公园等公众聚集场所吐痰"等。

[3] 例如,我国《刑法》第7条规定,我国公民在我国领域外犯本法规定之罪的,适用本法,但是按本法规定的最高刑为3年以下有期徒刑的,可以不予追究。除侵占罪数额巨大或有其他严重情节外,告诉才处理的犯罪最高刑为3年、2年有期徒刑不等,第246条侮辱罪、诽谤罪还可以单独适用剥夺政治权利。《刑事诉讼法》第216条规定的简易程序独任审理适用于可能判处3年有期徒刑以下刑罚的案件,第222条规定基层人民法院管辖的可能判处3年有期徒刑以下刑罚的案件可以适用速裁程序,第288条规定因民间纠纷引起的可能判处3年有期徒刑以下刑罚的《刑法》分则第四、五章犯罪可以和解。

[4] 储槐植、何群:《刑法谦抑性实践理性辨析》,载《苏州大学学报(哲学社会科学版)》2016年第3期。

[5] 高铭暄、孙道萃:《〈刑法修正案(十一)(草案)〉的解读》,载《法治研究》2020年第5期。

式增设更多的新网络犯罪。[1]

第二节　我国网络安全保护刑事政策的内容

网络犯罪既包括新型犯罪、新增罪名，也包括传统犯罪在网络时代的新适用，因而网络犯罪结构更加复杂化，网络犯罪的危害结果呈现更大的扩散性，以往以实害结果、实行犯为中心的规制模式对刑法干预来说就显得力有不逮，网络犯罪关系链条上的上游行为、前端行为就可能处在刑法惩治范围之外。近年来，侵犯公民个人信息犯罪、电信网络诈骗犯罪等涉网犯罪层出不穷、花样翻新，网络违法犯罪的打击治理显然不能沿用非网络时代的传统模式，网络安全保护的刑事应对策略发生了明显的转变，并直接影响刑法的立法和司法实践。

一、我国网络犯罪刑事政策的调整

我国基本刑事政策是"宽严相济"，也就是对待犯罪的认定和处理，该宽则宽、当严则严、宽严并举、宽严有度。随着互联网在社会经济生活各领域的普遍应用，网络违法犯罪的隐蔽性、智能性、传播性增强，尤其在网络犯罪产业化、链条化、低成本化的背景下，刑法对新型网络犯罪的规制范围必然也会变得水涨船高，在宽严相济刑事政策的基础上，"从严打击"成为基本的应对走向。尤其在"源头治理"话语日盛的情势下，法学家特别偏爱为刑法的"从严介入""积极介入"提供解决办法或者以此为由贡献卓见，有将"源头治理"与刑法连接一体形成新刑事司法政策的取向，通过"犯罪化""入罪化"为网络安全保护局规划各种强有力的行动方案，将更多所谓的失范行为及时纳入犯罪圈，以体现刑事治理的优越性。这种刑事政策的调整主要表现为以下方面。

第一，重塑刑法的功能与定位。刑法观是关于刑法的功能与定位的总体观念，它既为刑法的走向和边界提供根本立场，也为刑法的立法、司法以及刑罚执行提供决策方法。如上所述，我国《刑法》对涉网犯罪增加最多的一部修正案是《刑法修正案（九）》，在该修正案的审议过程中，立法机关表达了本次刑法修改的指导思想，即"坚持宽严相济的刑事政策，维护社会公平正义，对社会危害严重的犯罪惩处力度不减，保持高压态势；同时，对一些社会危害较轻，或者有从轻情节的犯罪，

---

[1] 当然，这种轻罪化的网络安全治理模式是否能够取得预期效果，也并非没有疑问。参见刘艳红：《网络时代社会治理的消极刑法观之提倡》，载《清华法学》2022年第2期。

留下从宽处置的余地和空间”。[1] 所谓的从宽处置,主要是减少死刑罪名、提高死缓转死刑立即执行的门槛等;所谓的保持高压态势,主要是加大对恐怖犯罪、极端主义犯罪、信息网络犯罪等新型危害行为的惩治力度,这便是从严的体现。之所以要用刑法去应对这些新的危害行为,根源在于对刑法在社会治理中的功能和定位的观念。在2010年之后,我国社会总体进入Web 3.0时代,此时“风险刑法”概念正开始流行,这并不只是时间上的巧合,而是因为社会中的“风险”借由“网络”而被无限放大,信息数据的“爆炸式”增长和传播导致人们对负面讯息的参与度和感知度犹如身临其境并感同身受。换言之,“危险”通过网络技术从专属于“他人的处境”拉近到行为人的感受范围,恐惧、忧虑如同瘟疫一样在网络社会大肆传播,“防范风险”成为一种普遍的社会需求。这种“风险社会”的宣言不仅出现在国内,而且弥漫在全球各个角落,“风险”经由社会政策的评价,从被容许的“不幸”(Unglück)转变为需要规制的“不法”(Unrecht),这一方面改变了公众普遍的安全需求及其层次,另一方面也改变了对风险调控方案的评估。“这种变化绝不限于刑法,毋宁说这涉及整体社会发展,它对所有法律以及政策都有影响”,这通常被视为“向预防型国家(Pränventionsstaat)推进”。[2] 这深深影响了刑法应对风险的姿态:由结果中心主义转向风险中心主义,追求刑事法网的严密性。有观点认为,这样的刑法取向“不仅可以有效地伸张社会正义,加强社会伦理的力量,增强社会大众的法律认同感,形成遏制和预防犯罪的社会心理氛围,而且可以唤醒犯罪分子本人的社会伦理意识”。[3] 整体而言,“刑法应当积极参与社会治理”已经得到广泛认可,刑法对社会纠纷的化解和对社会风险的管控作用被重视,意图用刑法将所有严重危害社会的行为扼制于萌芽,刑法系统的运作应当以预防犯罪为导向,此即功能主义刑法观之内核。比如,非法利用信息网络罪将“为实施诈骗等违法犯罪活动发布信息”作为犯罪实行行为之一,犯罪的成立不必等到诈骗等违法犯罪着手进行,为实施此类犯罪而发布信息之时,行为便已经构成了独立的犯罪既遂,这便是对防范诈骗等违法犯罪活动而采取的刑法提前介入措施。

第二,积极扩张涉网络犯罪圈。在新的社会阶段,“适度扩张”犯罪成立范围、增设新的犯罪,是法律介入社会争端无可非议的时代选择,但问题的争议在于,这种扩张的程度究竟应被评价为“适度”还是“过度”。由于犯罪圈的大小不是一个客观事实问题而是价值判断的结果,对立法扩张的评价需要一个相对统一的标准。

---

〔1〕《关于〈中华人民共和国刑法修正案(九)(草案)〉的说明》,载中国人大网,http://www.npc.gov.cn/zgrdw/npc/lfzt/rlys/2014-11/03/content_1885123.htm。

〔2〕Beatrice Brunhöber, Functionswandel des Strafrecht in der Sicherheitsgesellschaft, in: Jens Puschke/Tobias Singelnstein (Hrsg.), der Staat und die Sicherheitsgesellschaft, 2018, S. 202.

〔3〕付立庆:《论积极主义刑法观》,载《政法论坛》2019年第1期。

如前所述，我国《刑法》增设了不少网络犯罪专门性罪名，每一个新罪都具有刑事政策上的特点。比如，网络犯罪的帮助行为相较于传统的帮助行为，一方面，在促进犯罪发展上具有更强的作用，贩售银行卡、租赁电话卡、建立网站、提供特殊软件等行为与利用信息网络实施诈骗等犯罪之间的客观联系更强；但另一方面，这些帮助人与被帮助人之间在主观犯意的联络上更加弱化，绝大多数案件每一个环节的行为人之间互不认识，呈现“一对多”“多对多”的现象，犯罪链条复杂、取证更加困难。有鉴于此，“在刑法修正案（九）草案研究修改过程中，有关方面建议在刑法中对各种网络犯罪帮助行为作出专门规定……以有效打击各种网络犯罪帮助行为”。[1] 这便是帮助信息网络犯罪活动罪的立法目的，本罪在理论上也被认为是“帮助行为正犯化”的表现。[2] 帮助行为正犯化是指刑法分则条文直接将某种帮助行为规定为某个犯罪的构成要件，并配备了独立的刑罚，该帮助行为由此就变成了正犯行为，帮助信息网络犯罪活动罪是立法政策上更加重视网络犯罪帮助行为危害性的结果。立法上犯罪圈的另一个扩张表现是“预备行为的实行化”，即刑法分则条文直接将某种犯罪的预备行为规定为某个犯罪的构成要件行为，并设置了独立的法定刑，预备行为不再按照《刑法》总则的预备犯罪论处。预备行为实行化是典型的刑法干预前置化立法，我国《刑法》第 22 条规定了预备犯的总体处罚条款，原则上刑法分则各条犯罪均可以处罚犯罪预备，但由于犯罪预备行为与法益侵害危险、实害之间的距离较远，犯罪准备行为的实质可罚性很弱，因而司法实践上只对极少数犯罪的预备追究刑事责任。但为了保护重要法益免受侵害，刑法针对这类犯罪的预备行为规定了独立的罪名，如《刑法修正案（九）》为了预防危害公共安全的全球性恐怖主义犯罪，增设了《刑法》第 120 条之二准备实施恐怖活动罪。第 287 条之一非法利用信息网络罪涉及三项罪状：“设立用于实施诈骗、传授犯罪方法、制作或者销售违禁物品、管制物品等违法犯罪活动的网站、通讯群组”“发布有关制作或者销售毒品、枪支、淫秽物品等违禁物品、管制物品或者其他违法犯罪信息”“为实施诈骗等违法犯罪活动发布信息”。这些行为本来是诈骗等犯罪的预备行为，刑法为了防范危害性日益严重的网络犯罪，不必等到诈骗罪实施时再进行干预，早在行为人建立诈骗微信群时，相关行为就已经属于“犯罪着手”。

第三，确立了“全链条打击”的司法政策。网络时代犯罪的鲜明特征是黑产化，对网络黑灰产犯罪的治理，司法实践特别强调“斩断犯罪链条”的刑事政策立场，这种旨在追求“源头治理”“斩断网络黑产利益链”的积极向前介入方式，将更多更广范围内的涉互联网行为囊括进了司法打击范围。以电信网络诈骗犯

[1] 王爱立主编：《中华人民共和国刑法修正案（九）（十）解读》，中国法制出版社 2018 年版，第 210～211 页。

[2] 刘艳红：《网络犯罪的法教义学研究》，中国人民大学出版社 2021 年版，第 208 页。

罪的预防为例，司法机关将买卖电话卡、银行卡的行为视为电信网络诈骗犯罪的源头行为，2020年12月，最高人民法院、中国人民银行等机关联合发布《关于依法严厉打击惩戒治理非法买卖电话卡银行卡违法犯罪活动的通告》，其第2条强调要以“零容忍”的态度依法从严打击买卖“两卡”违法犯罪活动、全力斩断非法买卖“两卡”的黑灰产业链。[1] 2021年6月，最高人民法院等机关在联合制定的《关于办理电信网络诈骗等刑事案件适用法律若干问题的意见（二）》（以下简称《诈骗案件解释（二）》）中明确提出：“为进一步依法严厉惩治电信网络诈骗犯罪，对其上下游关联犯罪实行全链条、全方位打击……制定本意见。”例如，司法机关普遍将为诈骗等犯罪提供银行卡、电话卡、支付宝账号、营业执照的行为以及帮助解封微信账号等行为认定为帮助信息网络犯罪活动罪。[2] “全链条打击”刑事司法政策在用刑法进行“源头治理”时，在犯罪链条上不断向前向上追溯犯罪的源头，在“侵害结果—具体危险—抽象危险”之后，很可能将“人身危险”“主观想法危险”作为犯罪发生源头，如不少“全国首例案件”均以“恶意”予以概括，如“恶意注册网络账号案”“恶意软件案”“恶意刷单案”“恶意抢购案”等。[3]

二、网络时代积极刑法观念的理解

德国学者贝克指出，“科学关注工业发展中的风险……风险在今天已经是真实的……风险社会也是科学、媒介和信息的社会”，“风险社会对应的规范蓝图是安全……在风险社会中，人们不再专注于获取‘好’，而是极力避免最坏……阶级社会的驱动力可以归结为：我饿！反之，风险社会触发的运动可以表述为：我怕！共同的焦虑取代了共同的需求”。[4] 进入互联网时代，信息传播的“雪球效应”加剧了公众焦虑，[5]“保卫安全”就成为完善法律体系的原始动力。“许多立法与其说是要保护国民的利益，不如说是为了回应国民‘体感治安’的降低，试图保护其

---

[1] 《关于依法严厉打击惩戒治理非法买卖电话卡银行卡违法犯罪活动的通告》，载《中华人民共和国公安部公报》2021年第1期。

[2] 福建省建瓯市人民法院刑事判决书，(2021)闽0783刑初115号；天津市滨海新区人民法院刑事判决书，(2021)津0116刑初332号；上海市浦东新区人民法院刑事判决书，(2020)沪0115刑初5591号；河南省洛阳市中级人民法院刑事裁定书，(2021)豫03刑终327号；浙江省杭州市江干区人民法院刑事判决书，(2020)浙0104刑初413号。

[3] 湖南省永州市冷水滩区人民法院刑事判决书，(2018)湘1103刑初364号；南京市秦淮区人民法院刑事判决书，(2014)秦刑初字第97号；江苏省南京市中级人民法院刑事判决书，(2016)苏01刑终33号；山西省太原市迎泽区人民法院刑事判决书，(2017)晋0106刑初583号。

[4] [德]乌尔里希·贝克：《风险社会：新的现代性之路》，张文杰、何博闻译，译林出版社2018年版，第19、23、43、48页。

[5] 刘艳红：《Web3.0时代网络犯罪的代际特征及刑法应对》，载《环球法律评论》2020年第5期。

‘安心感’。”[1]在刑法中体现为积极刑法观,也称积极预防主义刑法观。

积极刑法观主张,刑法更应当考虑的是社会生活基本秩序的维持,针对刑法上不可忽视、不能容忍的危害行为设置罪刑规范,使之成为国民的行动指南,为此需要能动、理性、多元的刑法方略。所谓“能动”,是指刑法立法应当根据社会转型的需要及时作出反应,增设新罪的步伐不能放缓,应当适度扩大刑罚处罚范围,保持立法的活跃化和积极干预社会生活的姿态;所谓“理性”,是指在立法总体思路和罪刑设置上应注重科学性,论证更为充分,不盲从于社会舆论或公众情绪;所谓“多元”,是指不将刑法典作为唯一倚重的对象,而是尝试建立以刑法典为核心,以轻犯罪法为辅助,刑罚和保安处分措施双轨制的成文刑法体系。[2] 前述网络犯罪刑事政策的三个方面的调整无不体现了积极刑法观的基本观点:从立法到司法等全方位倡导“刑法介入社会生活应该更为积极一些”。[3] “刑法参与社会治理”从来不是一个新话题,它在根本上是国家对国民施加刑罚强制的正当性问题。在宏观思考上,我国学界对此存在两种声音:一是主张刑法在社会矛盾化解中具有广泛的可为空间,应当“随时根据社会治理的需要……实行必要的、积极的刑法干预……确保刑法及时参与社会治理”,这不会违背刑法的谦抑性;[4]二是认为我国社会治理长期面临的一个突出问题不是刑法介入不足而是“过度刑法化”,当前仍需要恪守刑法谦抑性、刑法最小化,将刑法作为最后手段使用。[5] 无论是刑法积极介入论还是最小化介入论,其实都不会否认刑法的功用或限度,保护社会秩序、保障公民人权两大刑法机能被同时写入各大刑法教科书,并不会有人反对。所以,问题的症结不在于刑法“要不要适度干预”,而在于“如何适度干预”、一方所认可的“度”是否被另一方接受。

在网络时代,人们对互联网新型行为的认识多存在片面性,往往放大了相关行为的所谓危害性,轻视了当事人之间的风险自担、意思自治,“有害必罚”的思维较为普遍。在回应网络安全需求的诸多措施中,刑法最受民众器重,因为定罪量刑是最直观、最快速的惩治手段,对民众处罚诉求的回复似乎更有效。然而,刑法在维护所谓“体感治安”的同时,是否能够真正治理网络安全问题不无疑问。

其一,网络治理结构呈现多中心化,刑法规范体系只是末端规范系统中的一元。有观点主张,“针对网络社会治理中的突出问题,通过刑法惩治为有关行业、

---

[1] 周光权:《积极刑法立法观在中国的确立》,载《法学研究》2016 年第 4 期。

[2] 周光权:《转型时期刑法立法的思路与方法》,载《中国社会科学》2016 年第 3 期。

[3] 付立庆:《论积极主义刑法观》,载《政法论坛》2019 年第 1 期。

[4] 周光权:《积极刑法立法观在中国的确立》,载《法学研究》2016 年第 4 期。

[5] 刘艳红:《“风险刑法”理论不能动摇刑法谦抑主义》,载《法商研究》2011 年第 4 期;何荣功:《社会治理“过度刑法化”的法哲学批判》,载《中外法学》2015 年第 2 期;谢望原:《谨防刑法过分工具主义化》,载《法学家》2019 年第 1 期。

群体确立必要的基本规则,发挥好刑事司法在规范社会行为、引领社会风尚中的重要作用,是刑法功能在网络时代的应有之义"。[1] 毫无疑问,刑法的确可以起到行为规制作用,但网络交往的基本规则不是依靠刑法确立的,网络空间的社会风尚也不是指望刑法来引领的,否则便混淆了不同规范的性质和功能,"傍着刑法走天下"属于赤裸裸的刑法万能论。首先,网络规范具有多元性,刑法是法律系统的最后一小部分,还存在大量更有针对性的刑法前置法规范,它们为互联网参与者提供了体量更大的"规范群"。例如,对于网络恶意刷单刷量、虚假交易等,2019 年修正的《反不正当竞争法》第 8 条第 2 款已经明文规定"经营者不得通过组织虚假交易等方式,帮助其他经营者进行虚假或者引人误解的商业宣传",并且在第 20 条设置了最高 200 万元罚款、吊销营业执照的法律责任。《电子商务法》《网络安全法》也已专门规定了禁止虚构交易、编造用户评价、滥用市场支配地位等行为及其罚则。民商法、经济法、行政管理法规范组成的"规范群"提供了大量网络行为指引,而刑法提供的规范,不少是从模糊的"兜底性条款"解释而来,民众对此缺少预测可能性。其次,即便从整体法律规范系统看,一般人也不会一边翻看法典一边从事网络行为。网络电商、网络社交等场景中,网民能够事先确定的只有自己内心的道德认知("我那样做确实有点不仗义")以及与对方之间的网络化合同,这些规则是法律系统之前的行为规范。此外,网络空间还有海量平台规则,如《淘宝平台规则总则》《淘宝行业管理规范》等,涉及网络行为的《刑法》条文在法律规范、商业道德、行业规范、平台规则总量中所占比重极小,指望刑法提供网络行为规范是不现实的,刑法的有限性自不待言。最后,网络治理主体具有多中心化,刑法只是"综合治理"的一环。刑法治理的主体包括负责刑法修订的全国人大及其常委会,负责启动定罪程序的各级司法机关、执行机关等有权主体,这个权力系统不可谓不庞大。抛开刑事立法滞后性这一传统弊端不谈,司法机关进行网络犯罪治理也只是事后定分止争,这是刑法作为司法法的性质使然。网络治理尤其是源头治理的理想目标是削减网络不法行为,那么事后"判刑""坐牢"的治理效果是极其有限的,事前、事中监管的作用也就不容忽视,行政监管机构、私营网络平台监管方甚至网民都可以成为网络治理的参与者,应优先探索网络犯罪治理机制的多元化。所以,互联网空间内的规则制定主体是多元的,电商平台、运营商等非官方主体有着更具决定性、迅捷性以及刑权力主体所不具备的网络技术性治理权限,刑事治理的有限性可见一斑。

其二,"积极介入""提前介入""源头治理"瞄准的是犯罪原因,更准确而言,它更加注重找出"病源"进行"根治",但犯罪起因具有多样化,人们的认知局限决定它不可能如刑罚那样"短平快",而是一个漫长过程。犯罪原因论是犯罪学的核心内容,思想史上曾存在古典现实主义、古典理想主义、实证主义、实用主义等,涉

---

[1] 喻海松:《网络犯罪二十讲》,法律出版社 2018 年版,第 9 页。

及个人原因论(人类学、遗传学等)、社会原因论等。[1] 但犯罪学发展至今,对犯罪原因也未提出通用的原因模型。网络犯罪的发生既来自那些不以意志为转移的互联网经济基础或物质生活条件,也包括网络社会的政治、文化、习俗、生活境遇等宏观环节状况,更涉及网民个体主客观生活状况,其中也不乏一贯守法公民的偶然性违法犯罪现象。所以,如下分析值得深思:"是否可以找出犯罪现象变动与其原因之间的法则呢?遗憾的是,事实并非如此简单……影响人类行动的因子有无数个,这些因子相互关系并无明了",因而犯罪的原因也尚未明朗化,"犯罪因素的研究对犯罪行动乃至犯罪现象的预防和事后处理只有在有限的范围内有意义"。[2] 刑法立法和司法者"通过刑法惩治"很难找到网络犯罪的源头,法律人对网络犯罪这种更为复杂的社会科学问题的"病源发掘"也不能盲目自信,抛开其刑法之外的其他综合性社会治理措施而谈"积极治理"几无可能,刑法的有限性昭然若揭。断言刑法的有限性,并不是要拒斥刑事法治,刑法在转型社会确实大有可为,但也正是这种转型社会问题之源的纷繁复杂,刑法在很多领域注定毫无作为,毕竟刑法释放的规范只占网络社会整体行为规范的十几分之一、百分之一甚至千万分之一,若非刑法规范尚未发挥作用便直接推进刑罚的"积极治理"功效,或许得不偿失。

毋庸置疑,"风险的发生呼唤着社会的治理",[3] 党的十九届四中全会为此提出了"系统治理、依法治理、综合治理、源头治理"。然而,互联网"源头治理"不能自动成为刑事政策,它是针对社会整体发展的社会政策,而且不能脱离"系统治理"、"依法治理"和"综合治理"。参与互联网治理的规范不只来自刑法,它还涉及更为主要的技术治理、行业伦理、行政管理、民商经济法规则、企业合规等其他软性或硬性方案,这对网络犯罪刑事政策的科学性至关重要。

三、网络安全刑法保护的应然方向

网络安全刑法保护的政策理念正在从"事后规制刑法"向"事前预防刑法"转变,从而彰显积极预防性的刑法观,如倡导刑法积极向以"网络黑灰产"为代表的不正当竞争行为、网民失范行为"亮剑"。积极主义刑事政策的根本理由在于,通过严密刑事法网的方式创立行动指南,以此培养公众的规范意识,进而实现犯罪预防。从表面上看,这种"积极刑法观"假借了德国积极一般预防论的"说辞"。积极一般预防论是以"一般预防"(Generalprävention)为基础附加形容词"积

---

[1] [美]戴维·亚瑟·琼斯:《犯罪学的历史》,郭建安、宋金莹译,法律出版社2019年版,第8页以下。

[2] [日]上田宽:《犯罪学》,戴波、李世阳译,商务印书馆2016年版,第37~38页。

[3] 刘艳红:《刑法理论因应时代发展需处理好五种关系》,载《东方法学》2020年第2期。

极的”(positive)所形成的方案,因而它也追求对将来犯罪的预防。与消极一般预防旨在影响其行为的人群不同,积极一般预防旨在让刑罚判决对忠于规范的人起作用。[1] 因此,积极一般预防论也被详解为三个侧面:被社会性教育所激励的学习效应(Lehreffekt),也就是通过刑事司法活动让公民学会法忠诚;当民众看到法律得到执行而产生的信赖效应(Vertauenseffekt);满足效应(Befriedungseffekt),它是指对法律破坏行为进行惩罚能够平复一般民众的法意识,而且与犯罪人之间的冲突能够被视为案结事了。[2] 这三个目标,共同服务于公众“法忠诚感的训练”,从而最终实现人们不愿意犯罪的预防理想。

其实,积极一般预防论对刑罚目的的解说,是建立在黑格尔哲学基础上的,它具有深刻的哲学根基,而不是直白的“刑法积极介入”。在积极一般预防论看来,“刑罚的目的在于通过声明规范的有效性来维护被破坏规范的稳定”,[3]因为犯罪人“违背了对‘通过法实现和平’(Friedens durch Recht)这一全体公民志业的忠诚。刑罚正是对否定忠诚义务的回应。刑法把行为人对全体社会的共同责任记录下来,对他‘赋予理性人的尊严’予以尊重”,[4]最终“让刑罚判决对忠于规范的人产生预防作用”。[5] 显然,这种理论需要借助的是哲学话语而非刑事政策话语,从德国“积极一般预防论”直接推出“刑法积极介入社会生活”(通过增设新罪、扩张旧罪,从而积极使用刑法),这种刑事政策表达仍然是在贯彻传统重刑主义旧思维。

积极主义的刑事政策号称可以通过刑罚的干预树立行为规范、实现大众行为治理,但刑罚究竟体现为“暴力威吓”、“恶害应得”还是“以理服人”?某人不实施犯罪究竟是由于“受到威服”还是“受到恩服或德服”?这在经验上尚不清楚,很难从证据上加以证明,它借助的是社会大众心理上的证成。当前的网络犯罪刑事政策期待借用刑罚积极介入的方式为网民传达行为指南,但这可能遗忘了刑法发挥上述功能的一个前提:“国家的权力表达应符合公民对行为及其预期后果的认知。为了能够产生促进社会融合的效果,惩罚必须在社会上被认为是公正的。否则,便走向了消极的一般预防。既然刑法不再局限于有犯罪倾向的公民而是作为一种普遍性的行为态度,若公民基于恐惧而不是卓有成效的学习,那么他们的法信赖感的获得将缩减成单纯的外部压制,一般法意识(Rechtsbewusstsein)不会得到抚慰,反

---

〔1〕 Vgl. Tatjana Hörnle, Straftheorie, 2017, S. 27f.

〔2〕 Vgl. Claus Roxin, Strafrecht AT, Bd. Ⅰ, 2006, S. 80f.

〔3〕 Vgl. Niklas Funcke-Auffermann, Symbolische Gestzgebung im Lichte der Positiven Generalprävention, 2007, S. 76.

〔4〕 Axel Montenbruck, Deutsche Straftheorie, 2018, S. 94.

〔5〕 Vgl. Tatjana Hörnle, Straftheorie, 2017, S. 27f.

而会陷入不断的迷惘。"[1]其实,无论对刑罚持何种正面的表达,我们永远无法改变三个事实:第一,刑罚总是建立在对生命、自由、财富的剥夺之上,是一把"双刃剑":通过侵犯法益来保护法益,因而本质永远是一种"恶",不论把刑罚比喻成慈母、严父抑或绅士、美人,刑罚的本性不会改变,刑罚的威慑性、恐吓性无法回避。第二,刑罚所发挥的作用不可能是一元的,积极一般预防论也不能独立发挥作用,它在为刑罚提供合法性论证时,从未脱离以往的刑罚理论路径,甚至可以说它只不过是在那些"旧酒旧瓶"上贴了一个看起来十分美丽的"新标签",是杂糅了威慑预防论和报应论的混合体。第三,积极一般预防论瞄准的预防对象是普通大众,预防手段是对被告人施加刑罚,因而这里永远横亘着"目的正当不等于手段正当"的警示线,它具备了一般预防论的所有缺陷。以此为戒,倡导刑法积极干预社会生活的"积极预防主义刑法观"就该更多注意在网络时代应对失范行为的负面后果,不能借用"积极"这个稍显温和、美丽的词汇而将刑法的社会治理功能放大到极其失真的地步。

网络时代社会关系发展极具延展性,从互联网整体法律制度到某个网络平台软件系统、管理规则等都可能存在漏洞,通过"钻空子""搭便车""薅羊毛""打擦边球"谋利的行为层出不穷,其中既包括商业竞争行为也包括日常生活行为。"刑法介入社会生活应当更积极一些"的政策取向正是基于刑法规范的应对乏力而提出的刑法观,它无论是在立法上还是在司法上均以"增加罪刑规范供给量"为直接目的,即"将刑法作为社会控制、社会保护的手段积极地加以适用"。[2] 例如,张某某委托黄某编写名为"第一名"的软件,该软件能够以自动点击相关网页的方式增加点击量(刷量),由于某搜索引擎会根据网页点击量对关键词搜索结果进行排名,该软件最终会影响搜索关键词排序结果,张某某、黄某销售该软件给某医院、技术公司等获利 1.8 万多元,法院认定该软件对某搜索引擎功能形成干扰,两被告人构成《刑法》第 286 条第 1 款破坏计算机信息系统罪。[3] 第 286 条第 1 款规定的构成要件为"违反国家规定,对计算机信息系统功能进行删除、修改、增加、干扰,造成计算机信息系统不能正常运行,后果严重",这里的"计算机信息系统功能"是指"计算机信息系统内,按照一定的应用目标和规则,对信息进行采集、加工、存储、传输、检索等的功能"。[4] 该案中,"第一名"软件的功能在于为购买者的网站"刷点击量",它的作用仅限于自愿使用该软件的网站,而根本不会对该搜索引擎

---

〔1〕 Michael Pawlik, Staatlicher Strafanspruch und Strafzwecke, in: Eva Schumann (Hrsg.), Das strafende Gesetz im sozialen Rechtsstaat, 2010, S. 74f.

〔2〕 付立庆:《刑罚积极主义立场下的刑法适用解释》,载《中国法学》2013 年第 4 期。

〔3〕 南京市秦淮区人民法院刑事判决书,(2014)秦刑初字第 97 号。

〔4〕 张明楷:《刑法学》(下)(第 6 版),法律出版社 2021 年版,第 1374 页。

的计算机信息系统功能造成任何“干扰”，如果该搜索引擎在业务分析时不使用该数据，该数据绝对不会事先主动进入其服务器，也根本不会影响搜索引擎的算法。因此，被告人的行为只是一次不正当竞争而已。[1] 网络时代的积极主义刑事政策导致了犯罪构成要件范围的前置和扩容，但刑法介入网络社会治理的原点必须是罪刑法定所要求的“法定构成要件该当性”，将“干扰”无限制扩张，有违背罪刑法定之嫌。

与积极刑法观相对，我国有学者明确提出消极刑法观。消极刑法观反对“刑法积极参与社会治理”的命题，毫无疑问，该主张建立在刑法谦抑性的基础之上，旨在减少公共惩罚权对个人自由的过度干涉，在承认有限性预防功能的同时倡导更为克制的“消极预防性刑法理念”。[2] 本书认为，这种刑事政策理念是合理的。在网络时代的社会治理语境中，消极刑法观的立法表现是限制犯罪化立法，司法表现是限制入罪解释、倡导出罪解释。[3] 2020 年 12 月，中共中央发布的《法治社会建设实施纲要（2020 – 2025 年）》在“推进社会治理法治化”中明确提出“完善党委领导、政府负责、民主协商、社会协同、公众参与、法治保障、科技支撑的社会治理体系，打造共建共治共享的社会治理格局”，“引领和推动社会力量参与社会治理，建设人人有责、人人尽责、人人享有的社会治理共同体，确保社会治理过程人民参与、成效人民评判、成果人民共享”。2021 年 12 月，国务院印发的《“十四五”数字经济发展规划》强调“充分发挥市场在资源配置中的决定性作用，构建经济社会各主体多元参与、协同联动的数字经济发展新机制”。网络时代激发了民众参与社会治理的热情、拓宽了各主体多元参与的渠道，因此，以“共建共治共享”的多元治理体系为出发点，为实现社会治理共同体的建构目标，网络安全的刑法保护策略应注重充分释放非国家主体的治理能量，尊重网络时代的契约规则和技术规则，确立消极预防主义刑事治理模式，因而最终的结果必然是克制犯罪圈的扩张，更多借助刑法之外的多元治理主体及其规范进行综合预防。

---

[1] 此类行为以往也是按照不正当竞争予以民事诉讼处理。例如，杭州飞益公司专门提供针对爱奇艺等网站视频的刷量服务，该公司受多家电影制作者有偿委托在爱奇艺网站累计制造 9.5 亿余次虚假访问，这造成爱奇艺公司不能准确判断视频受欢迎程度，影响爱奇艺公司的视频采购、广告合作等经营决策。飞益公司的刷量行为仅仅造成原始数据失真，不会造成爱奇艺视频网站系统功能不正常运行，爱奇艺公司没有主张飞益公司对其服务系统功能的侵权之诉，而仅向法院提出“停止不正当竞争”等。参见上海市徐汇区人民法院民事判决书，(2017) 沪 0104 民初 18960 号。

[2] 刘艳红：《积极预防性刑法观的中国实践发展——以〈刑法修正案（十一）〉为视角的分析》，载《比较法研究》2021 年第 1 期。

[3] 刘艳红：《网络时代社会治理的消极刑法观之提倡》，载《清华法学》2022 年第 2 期。

第三节　我国网络犯罪重点罪刑规范的理解

我国《刑事诉讼法》第12条规定，“未经人民法院依法判决，对任何人都不得确定有罪”。某个网络行为被视为网络犯罪，必须是经过法院依法判决的结果。如果法院的判决符合罪刑法定，则网络犯罪圈、网络犯罪率的大小与刑法典的规定相称；如果法院的判决违背罪刑法定，则网络犯罪圈、网络犯罪率的统计口径便囊括了大量“非犯罪行为”，从而呈现“犯罪假数（假象）”：任意解释《刑法》条文导致刑法典之外的非犯罪行为入罪化，如此，刑法干预越多，犯罪便越多，可能陷入网络犯罪越打越乱的尴尬。所以，如何正确理解《刑法》的罪刑规范至关重要。

一、非法侵入计算机信息系统罪

（一）本罪的法益

根据《刑法》第285条第1款，本罪是违反国家规定，侵入国家事务、国防建设、尖端科学技术领域的计算机信息系统的行为。本罪侵害的对象是国家事务等特殊领域的计算机信息系统，因而本条立法旨在保护的是国家重要领域和重要部门的计算机信息系统安全。本罪是妨害社会管理秩序的犯罪，本条保护的法益是社会秩序，最终目的是保护国家安全，虽然本罪是1997年《刑法》规定的网络犯罪传统罪名之一，但对于防范现今的网络间谍、保护国家总体安全具有更加重要的意义。

（二）本罪的定罪

本罪的实行行为是违反国家规定而侵入国家事务、国防建设、尖端科学技术三个领域的计算机信息系统，本罪的成立不要求造成损害后果，只要非法侵入上述计算机信息系统即可构成本罪，顺利侵入到该系统内部即构成本罪既遂，这是本罪与后续其他计算机犯罪的最大差别。按照《刑法》第96条，《刑法》分则中的“违反国家规定”是指违反全国人大及其常委会制定的法律和决定，国务院制定的行政法规、规定的行政措施、发布的决定和命令。比如，全国人大常委会制定的《网络安全法》《数据安全法》、国务院制定的《计算机信息系统安全保护条例》等，但不包括国务院各部委的部门规章。本罪是《刑法》中第一次提及“计算机信息系统”这一术语，根据2011年9月1日施行的最高人民法院、最高人民检察院《关于办理危害计算机信息系统安全刑事案件应用法律若干问题的解释》（以下简称2011年《计算机案件解释》）第11条，“计算机信息系统”是指具备自动处理数据功能的系统，包括计算机、网络设备、通信设备、自动化控制设备等。本罪的主体是一般主体,也就是年满16周岁、具有刑事责任能力的自然人,本罪包括单位犯罪。

本罪在主观方面是故意,包括直接故意和间接故意,行为目的和动机不影响本罪的成立,如仅因为炫耀计算机技能而没有获取数据信息的目的而非法侵入上述系统的,也构成本罪。有观点认为,行为人过失闯入上述系统,经警示仍不退出的,也属于故意非法侵入。[1] 但这属于类推解释,这个解释结论与非法侵入住宅罪的类推解释逻辑完全一致:《刑法》只规定了"非法侵入",进入时不构成犯罪,在经要求退出而拒不退出的,只属于"不退出罪"而不属于"侵入罪",将"侵入"解释为"侵入+不退出"显然是增加了额外的同类行为,是典型的类推解释。

(三)本罪的量刑

根据《刑法》第285条第1、4款,构成本罪的,处3年以下有期徒刑或者拘役。单位犯本罪的,对单位判处罚金,并对其直接负责的主管人员和其他直接责任人员,依照第1款的规定处罚。

二、非法获取计算机信息系统数据、非法控制计算机信息系统罪

(一)本罪的法益

《刑法》第285条第2款规定了非法获取计算机信息系统数据、非法控制计算机信息系统罪,这是一个选择性罪名,本罪是指违反国家规定,侵入第285条第1规定以外的计算机信息系统或者采用其他技术手段,获取该计算机信息系统中存储、处理或者传输的数据,或者对该计算机信息系统实施非法控制,情节严重的行为。本罪侵入的是国家事务、国防建设、尖端科学技术领域之外的计算机信息系统,非法获取计算机信息系统数据罪禁止的是获取系统内的数据的行为,非法控制计算机信息系统罪禁止的是利用技术手段控制他人计算机信息系统的行为,本罪也是复合法益的犯罪,既危害了国家的网络管理秩序,也侵害了具体个人或单位的数据权益等。

(二)本罪的定罪

本罪的行为方式是非法侵入普通计算机信息系统,进而获取系统内存储、处理、传输的数据或者非法控制该计算机信息系统。因此,单纯侵入这些计算机信息系统不构成犯罪。所谓非法获取,并没有手段上的限制,既包括利用技术手段破解

[1] 江溯主编:《网络刑法原理》,北京大学出版社2022年版,第133页。

他人计算机信息系统登录密钥,也包括偷窥他人信息后秘密登录他人计算机信息系统;所谓非法控制,是指通过技术手段操控他人的计算机信息系统,不包括单纯采用暴力等手段控制他人计算机硬件设备。实施上述两种行为还要求"情节严重"这一罪量要求,根据2011年《计算机案件解释》第1条,具有下列情形之一的,应当认定为"情节严重":(1)获取支付结算、证券交易、期货交易等网络金融服务的身份认证信息10组以上的;(2)获取第1项以外的身份认证信息500组以上的;(3)非法控制计算机信息系统20台以上的;(4)违法所得5000元以上或者造成经济损失1万元以上的;(5)其他情节严重的情形。实施上述行为,数量或者数额达到上述第1项至第4项规定标准5倍以上的,属于"情节特别严重"。根据《刑法》第285条第2款,本罪也要求"违反国家规定",根据罪刑法定原则,既然《刑法》第96条已经划定了"国家规定"的内容,则不能扩大或缩小其范围,"国家规定"不是任何国家机关制定的任何规定。本罪的主体是一般主体,包括自然人和单位。本罪主观方面是故意,且往往是直接故意,即行为自始至终都是希望能够获取他人计算机信息系统的数据、控制他人计算机信息系统。

(三)此罪与彼罪

非法获取计算机信息系统数据罪与盗窃罪的区分,是理论和实务上争议较大的问题,主要涉及的是非法窃取网络虚拟财产的定性。2003年发生了国内首例网游装备失窃案:《红月》游戏玩家李某的游戏账号以及多件"生化武器"装备被盗,李某遂将运营商北极冰科技发展有限公司告上法庭,请求恢复丢失的游戏装备、升级游戏角色并给予经济、精神赔偿1万余元,法院判游戏运营商恢复李某的装备并赔偿因诉讼产生的经济损失1000余元。[1] 自该案之后,"网络虚拟财产"成为法律界广为讨论的概念,最基本的议题是"虚拟财产"是财产还是数据。《民法典》第127条规定"法律对数据、网络虚拟财产的保护有规定的,依照其规定","网络虚拟财产"正式成为法律概念,但本条也只是一种宣示性规定。

对于窃取他人网络虚拟财产的行为,存在盗窃罪说和计算机犯罪说。前者主张,网络虚拟财产是无形的财产性利益,可以归入《刑法》第264条中的"财物"的含义之内,而且它可以被管理、具有转移可能性、具有使用价值、已经家喻户晓,将盗窃网络虚拟财产的行为认定为盗窃罪,符合罪刑法定原则;[2] 后者将网络虚拟财产认定为计算机"数据"而非财产犯罪的对象"财物",[3] 如2014年4月最高人民法院研究室《关于利用计算机窃取他人游戏币非法销售获利如何定性问题的研

[1] 白洁:《谁动了我的"武器"》,载《中国经济快讯》2003年第46期。

[2] 张明楷:《刑法学》(下)(第6版),法律出版社2021年版,第1218页。

[3] 欧阳本祺:《论虚拟财产的刑法保护》,载《政治与法律》2019年第9期。

究意见》指出:"利用计算机窃取他人游戏币非法销售获利行为目前宜以非法获取计算机信息系统数据罪定罪处罚。"由于这只是最高司法机关研究室的一种倾向性意见,在此之后盗窃罪说仍然是有力说。[1]

我们认为,将盗窃罪中"财物"评价为"包括网络虚拟财产"正是盗窃罪在网络时代的一种降维打击,即将盗窃罪对象的"有体"标准降格适用于"电子数据",这面临两个层面的疑问。一方面,就刑法规范适用而言,它造成了刑法规范的紊乱。网络虚拟财产本身在计算机系统上呈现的就是一串数据代码,只不过它因计算机显示设备而可以给玩家带来非同寻常的视觉体验,玩家们愿意为此付出金钱。网络游戏装备等虚拟财产的这种"可被管理""具有转移可能性""具有使用价值"与知识产权这种无形财产权的属性一致。[2] 若将窃取虚拟财产的行为认定为盗窃罪,那么就会造成明显的体系失调:比虚拟装备更具有产权价值的知识产权犯罪,最高刑仅为10年有期徒刑,而侵犯没有产权资格的网络虚拟财产反而成为更重的犯罪。另一方面,盗窃罪说忽略了网络游戏平台的垄断性地位,将"虚拟财产"的所有权色彩、支配功能无限放大,这不符合现实。不可否认,游戏账号、装备等"虚拟财产"是用户通过金钱、劳动等方式获取的,但网络虚拟财产与现实有体财产相比具有自身的特点,主要是对网络平台的依赖性,运营商和平台方与用户、玩家在订立协议时从来不会承认虚拟物品的所有权归于用户或玩家,这决定了虚拟物品的管理和转移受到很大的限制,完全不同于现实有体财物。运营商和平台方在开发游戏时自主创设了海量的虚拟财产,只要他们愿意,虚拟装备的数量和价格是不受限定的,这也是将窃取虚拟财产行为定性为盗窃罪无法确定犯罪数额的根本原因。游戏运营商和平台方销售的从来都是以数据所体现的一种互联网服务,只不过这种数据借助显示设备而呈现为立体形象,这种形象完全是一种虚拟的"财产"表象,"数据"才是其本质。因此,违反国家规定,非法侵入他人计算机信息系统,获取系统内的网络虚拟财产,应当被认定为非法获取计算机信息系统数据罪。

三、提供侵入、非法控制计算机信息系统程序、工具罪

(一)本罪的法益

根据《刑法》第285条第3款,提供侵入、非法控制计算机信息系统程序、工具罪是指提供专门用于侵入、非法控制计算机信息系统的程序、工具,或者明知他人实施侵入、非法控制计算机信息系统的违法犯罪行为而为其提供程序、工具,情节

---

〔1〕 广东省德庆县人民法院刑事判决书,(2020)粤1226刑初47号。

〔2〕 吴汉东:《知识产权法》,法律出版社2021年版,第22页。

严重的行为。本罪的法益与第285条第1、2款犯罪完全一致，旨在保护计算机信息系统安全，这种安全涉及国家安全、社会公共秩序以及个人的财产、隐私、信息、数据等权益。计算机犯罪一般是技术型犯罪，非法侵入计算机信息系统罪以及非法获取计算机信息系统数据、非法控制计算机信息系统罪的实行行为人具备相当的计算机技术水平。随着互联网网站服务的多样化、便捷化以及国家互联网管理制度的松弛，网民通过互联网可以无偿或有偿下载木马软件、游戏外挂等，非法侵入计算机信息系统、非法获取计算机信息系统数据、非法控制计算机信息系统的行为门槛大大降低，提供这种木马软件、程序的行为危害性凸显，刑法对计算机犯罪的干预由此前移到帮助行为。

（二）本罪的定罪

本罪的实行行为包括两种：提供专门用于侵入、非法控制计算机信息系统的程序、工具；明知他人实施侵入、非法控制计算机信息系统的违法犯罪行为而为其提供程序、工具。“程序、工具”的含义无需区分，两者都是某种计算机运行软件。但这两种行为方式中的“程序、工具”是有区别的：前者是专门性的侵入、控制程序、工具（如盗号软件），后者则是由于明知他人要实施非法侵入、非法控制计算机信息系统而为他提供有帮助性的程序、工具，这种程序、工具不一定是专门性的木马程序（如IP跳转软件）。2011年《计算机案件解释》第2条规定，“专门用于侵入、非法控制计算机信息系统的程序、工具”是指：（1）具有避开或者突破计算机信息系统安全保护措施，未经授权或者超越授权获取计算机信息系统数据的功能的程序、工具；（2）具有避开或者突破计算机信息系统安全保护措施，未经授权或者超越授权对计算机信息系统实施控制的功能的程序、工具；（3）其他专门设计用于侵入、非法控制计算机信息系统、非法获取计算机信息系统数据的程序、工具。本罪的“提供”行为既包括有偿提供，也包括无偿提供；既包括将非法侵入、控制计算机信息系统的专门性程序、工具上传到互联网上供人下载使用，也包括明知特定行为人计划实施计算机犯罪而向该特定行为人直接提供程序、工具。

构成本罪需要满足“情节严重”，该要素综合反映了行为的社会危害性程度。根据2011年《计算机案件解释》第3条，以下情形属于“情节严重”：（1）提供能够用于非法获取支付结算、证券交易、期货交易等网络金融服务身份认证信息的专门性程序、工具5人次以上的；（2）提供第1项以外的专门用于侵入、非法控制计算机信息系统的程序、工具20人次以上的；（3）明知他人实施非法获取支付结算、证券交易、期货交易等网络金融服务身份认证信息的违法犯罪行为而为其提供程序、工具5人次以上的；（4）明知他人实施第3项以外的侵入、非法控制计算机信息系统的违法犯罪行为而为其提供程序、工具20人次以上的；（5）违法所得5000元以上或者造成经济损失1万元以上的；（6）其他情节严重的情形。

(三)本罪的量刑

《刑法》第285条第3款规定,构成本罪的,处3年以下有期徒刑或者拘役,并处或者单处罚金;犯罪数量或者数额达到2011年《计算机案件解释》第3条第1款第1项至第5项规定标准5倍以上的,属于情节特别严重,处3年以上7年以下有期徒刑,并处罚金。

在全国首例"黄牛软件案"中,被告人任某某、张某商量开发一款"黑米"软件用于抢购小米官网手机,进而推广牟利,并协商非法获利五五分成;后来,二人又在网上找到被告人陈某某帮其做了"黑米"抢购软件官方网站出售该软件,并由陈某某作为该抢购软件销售代理之一。三人又陆续开发了其他抢购软件,并在网站上大量销售。经鉴定,"黑米"软件为恶意程序,具有以非常规的方式构造网络请求发送给淘宝网站服务器,实现模拟用户手动登录淘宝账号并进行批量下单的功能,同时具有通过调用第三方打码平台发送非常规图形验证码绕过淘宝安全防护系统的人机识别验证机制的功能,还可以重新拨号更换IP地址以绕过淘宝安全防火墙。法院认定:被告人任某某、张某违反国家规定,向他人专门提供用于侵入、非法控制计算机信息系统的程序、工具,情节特别严重;被告人陈某某明知任某某、张某实施侵入、非法控制计算机信息系统的违法犯罪行为而为二人提供侵入程序、工具,情节严重。三被告人的行为均已构成提供侵入、非法控制计算机信息系统程序、工具罪,依法判处被告人任某某、张某有期徒刑3年,缓刑4年,陈某某有期徒刑2年,缓刑3年。[1]

四、破坏计算机信息系统罪

(一)本罪的法益

同其他计算机犯罪一样,破坏计算机信息系统罪也被立法者置于妨害社会管理秩序罪一章,所侵害的法益是社会公共秩序。本罪是"97刑法"率先规定的两个计算机犯罪之一,彼时计算机应用并未普及,本罪的立法可谓具有很大的前瞻性。破坏计算机信息系统的行为侵害的是某个计算机,但计算机一旦联网,就会产生传染波及效应,比如各种电脑病毒可能导致上万甚至上百万台计算机信息系统崩溃,这些PC的汇集便成为社会公共秩序法益。因此,本罪既侵害了个人法益,也侵害了国家的计算机安全管理秩序。

---

[1] 山西省太原市迎泽区人民法院刑事判决书,(2017)晋0106刑初583号。

(二)本罪的定罪

根据《刑法》第286条,本罪包括三款犯罪行为:第一,违反国家规定,对计算机信息系统功能进行删除、修改、增加、干扰,造成计算机信息系统不能正常运行,后果严重的行为;第二,违反国家规定,对计算机信息系统中存储、处理或者传输的数据和应用程序进行删除、修改、增加的操作,后果严重的行为;第三,故意制作、传播计算机病毒等破坏性程序,影响计算机系统正常运行,后果严重的行为。这些行为触犯的是同一个罪名,但三种行为类型之间差别很大。

在第一种行为类型中,犯罪的对象是所有计算机信息系统,行为的方式是对计算机信息系统功能进行删除、修改、增加、干扰,行为的后果是造成计算机信息系统不能正常运行且后果严重。这里的"计算机信息系统功能"是指"计算机信息系统内,按照一定的应用目标和规则,对信息进行采集、加工、存储、传输、检索等的功能"。[1] 所谓删除、修改、增加、干扰行为的认定都以计算机信息系统功能是否正常运行为核心,如果没有造成这种结果,计算机信息系统功能的发挥仍然是正常的,则不构成本罪。实践中,本罪的适用范围日益增大,对行本罪的技术性要求越来越低。例如,环境监测站李某等为完成空气良好天数指标,多次进入西安某大学大楼房顶的空气自动监测站,用口罩棉纱堵塞空气监测系统采样器小孔,西安市人民检察院指控并经西安市中级人民法院认定:行为"干扰站内环境空气质量自动监测系统的数据采集功能",致使监测数据严重失真,构成《刑法》第286条第1款破坏计算机信息系统罪。[2] 该案中被告人的行为是用口罩棉纱堵塞进气口,这种"干扰"是一种纯物理性的方式,行为的直接后果是采集的空气被过滤后发生了物理变化,环境监测系统在采集样本阶段仍然正常接收流入的一切空气样本,监测系统在采集到原始样本后进行数据管理、数据分析,这些后续功能在运行中的规则保持不变。换言之,环境监测系统的数据运算遵行的仍然是"1+1=2"的正常功能,只不过原始外部数据不再是"1+1"而是"1+2",系统采集功能、存储分析功能等监测器的全部功能完全正常(1+2=3)。外部数据造假行为、源头运算数据真实性不是《刑法》第286条第1款破坏计算机信息系统罪的构成要件行为及法益保护客体,李某的这种低端物理性、无技术性的"调换样本"的行为是否对"计算机信息系统功能"造成"干扰",并非没有疑问。如同破坏机动车外部的公路以"干扰"经过此处的汽车变道行驶,此种"干扰"也不可能被评价为《刑法》第116条的"破坏交通工具",而只能是《刑法》第117条的"破坏交通设施"。网络时代危害手段不断翻新,刑法的应对难免存在处罚漏洞,此时不能通过类推解释弥补刑法漏洞,要

---

〔1〕 张明楷:《刑法学》(下)(第6版),法律出版社2021年版,第1374页。

〔2〕 陕西省西安市中级人民法院刑事判决书,(2016)陕01刑初233号。

敢于承认刑法有漏洞，这是尊重罪刑法定原则的体现。

本罪的第二种行为类型相对更为明确，与第一种行为类型一样，成立本罪要求后果严重。根据2011年《计算机案件解释》第4条，此处的"后果严重"是指下列情况：造成10台以上计算机信息系统的主要软件或者硬件不能正常运行；对20台以上计算机信息系统中存储、处理或者传输的数据进行删除、修改、增加操作；违法所得5000元以上或者造成经济损失1万元以上；造成为100台以上计算机信息系统提供域名解析、身份认证、计费等基础服务或者为1万名以上用户提供服务的计算机信息系统不能正常运行累计1小时以上；造成其他严重后果。根据2011年《计算机案件解释》第5条，第三种行为类型中的"计算机病毒等破坏性程序"是指：能够通过网络、存储介质、文件等媒介，将自身的部分、全部或者变种进行复制、传播，并破坏计算机系统功能、数据或者应用程序的程序；能够在预先设定条件下自动触发，并破坏计算机系统功能、数据或者应用程序的程序；其他专门设计用于破坏计算机系统功能、数据或者应用程序的程序。是否属于"计算机病毒等破坏性程序"难以确定的，应当委托省级以上负责计算机信息系统安全保护管理工作的部门检验。

（三）本罪的量刑

本罪是一个重罪，第一档法定刑是5年以下有期徒刑或者拘役，实施三类行为后果特别严重的，处5年以上有期徒刑。根据《刑法》第45条，有期徒刑的期限，除《刑法》第50、69条规定外，为6个月以上15年以下。因此，本罪的法定最高刑是15年有期徒刑。这比上述非法侵入计算机信息系统罪等其他计算机犯罪以及非法利用信息网络罪、帮助信息网络犯罪活动罪等犯罪的法定刑更重，主要是因为本罪对计算机信息系统以及以计算机为工具的生产生活的破坏性更重。

五、拒不履行信息网络安全管理义务罪

（一）本罪的法益

拒不履行信息网络安全管理义务罪是《刑法修正案（九）》增设的犯罪，根据《刑法》第286条之一，本罪是网络服务提供者不履行法律、行政法规规定的信息网络安全管理义务，经监管部门责令采取改正措施而拒不改正，造成一定后果的行为。为了规范网络行为、保护网络运行安全，《网络安全法》《互联网信息服务管理办法》《电信条例》等法律和行政法规对网络服务提供者规定了很多网络安全管理义务，而实践中这些义务主体经常不履行相关义务，进而引发了网络秩序混乱以及其他严重后果。比如，对违法发布信息放任不管、不审核网站主体资格，为不法分

子利用信息网络实施违法犯罪提供便利;不按照规定对网上信息内容和网络日志信息记录进行备份留存,导致电子证据保存难、获取难,阻碍公安机关查处违法犯罪。[1] 刑法是行政法律法规的最后保障法,为了督促网络服务提供者积极履行网络安全管理义务并对拒不履行相关义务者进行惩治,《刑法修正案(九)》增设了拒不履行信息网络安全管理义务罪。本罪侵犯的法益是国家对信息网络安全的管理秩序,这种管理秩序的保护不是最终目的,信息网络的运行安全和内容安全则是这种秩序背后的保护目的。

(二)本罪的定罪

根据刑法的规定,本罪的主体是网络服务提供者。根据2019年11月1日施行的最高人民法院、最高人民检察院《关于办理非法利用信息网络、帮助信息网络犯罪活动等刑事案件适用法律若干问题的解释》(以下简称《信息网络案件解释》),网络服务提供者包括提供以下服务的单位和自然人:提供网络接入、域名注册解析等信息网络接入、计算、存储、传输服务;提供信息发布、搜索引擎、即时通讯、网络支付、网络预约、网络购物、网络游戏、网络直播、网站建设、安全防护、广告推广、应用商店等信息网络应用服务;利用信息网络提供电子政务、通信、能源、交通、水利、金融、教育、医疗等公共服务。本罪的客观要件表现为拒不履行信息网络安全管理义务,因而本罪是纯正的不作为犯,"作为义务"的来源则是法律和行政法规规定的信息网络安全管理义务。例如,《网络安全法》第22条规定:"……网络产品、服务的提供者不得设置恶意程序;发现其网络产品、服务存在安全缺陷、漏洞等风险时,应当立即采取补救措施,按照规定及时告知用户并向有关主管部门报告。网络产品、服务的提供者应当为其产品、服务持续提供安全维护;在规定或者当事人约定的期限内,不得终止提供安全维护……"《互联网信息服务管理办法》第14条第2款规定:"互联网信息服务提供者和互联网接入服务提供者的记录备份应当保存60日,并在国家有关机关依法查询时,予以提供。"需要注意的是,这里的义务是法定义务,因而本罪是典型的法定犯或者行政犯,这里的法源只有法律和行政法规。根据《立法法》的规定,法律是全国人大或其常委会制定的规范(如《网络安全法》《电子商务法》《数据安全法》等),法律由国家主席签署主席令予以公布;行政法规是国务院根据宪法和法律而制定的行政规范,行政法规由总理签署国务院令公布。

成立本罪,需要行政前置程序:经监管部门责令采取改正措施而拒不改正。换言之,以下两种情形不成立本罪:第一,虽然网络服务提供者不履行相关义务的行

[1] 王爱立主编:《中华人民共和国刑法修正案(九)(十)解读》,中国法制出版社2018年版,第192~193页。

为造成了严重后果,但监管部门从未要求其改正;第二,经监管部门责任采取改正措施后,随即改正,即便造成严重后果,也不构成本罪。因此,本罪的成立范围实际在立法条文设计上就已经被极大的限缩,因而实践中被判本罪的案例极少。"监管部门责令采取改正措施"是网信、电信、公安等依照法律、行政法规的规定承担信息网络安全监管职责的部门,以责令整改通知书或者其他文书形式,责令网络服务提供者采取改正措施。成立本罪还要求拒不履行安全管理义务的行为造成一定后果,《刑法》第286条之一规定了四项内容:致使违法信息大量传播的;致使用户信息泄露,造成严重后果的;致使刑事案件证据灭失,情节严重的;有其他严重情节的。这些后果的内容仍然不够明确,《信息网络案件解释》第3、4、5、6条分别对上述内容进行了具体规定。本罪的主观方面是故意,即明知自己拒不履行网络安全管理义务的行为可能发生上述危害后果,仍希望或者放任这些结果的发生。

(三)本罪的量刑

根据《刑法》第286条之一,构成本罪的,处3年以下有期徒刑、拘役或者管制,并处或者单处罚金。本罪从2015年11月1日生效至2022年7月29日,中国裁判文书网上的判决仅有3例,判决书内容已公开的只有2例。[1] 本罪本就是一个轻罪,实践中被告人若有自首、坦白、认罪认罚等从宽情节,则最终判罚会更轻。在"胡某案"中,被告人胡某非法制作销售"翻墙软件",公安机关责令停止联网服务后,胡某拒不改正,后胡某自首,退还违法所得并预缴罚金,最终被判拘役6个月,缓刑6个月,罚金人民币3万元。[2] 在"李某某案"中,被告人李某某系某通信公司运营总监,明知公司业务违反电话卡实名制管理规定,仍然将大量带有公民个人信息的回收卡交给其他公司,经监管部门责令改正而拒不改正,被告人认罪认罚,最终被判有期徒刑1年零3个月,并处罚金5000元。[3]

六、非法利用信息网络罪

(一)本罪的法益

《刑法》第287条之一规定:"利用信息网络实施下列行为之一,情节严重的,处三年以下有期徒刑或者拘役,并处或者单处罚金:(一)设立用于实施诈骗、传授犯罪方法、制作或者销售违禁物品、管制物品等违法犯罪活动的网站、通讯群组的;

---

[1] 2022年7月29日,笔者以"案由——拒不履行信息网络安全管理义务罪"为检索项,共计搜索到3例上网裁判文书。

[2] 上海市浦东新区人民法院刑事判决书,(2018)沪0115刑初2974号。

[3] 云南省昆明市盘龙区人民法院刑事判决书,(2020)云0103刑初1206号。

(二)发布有关制作或者销售毒品、枪支、淫秽物品等违禁物品、管制物品或者其他违法犯罪信息的;(三)为实施诈骗等违法犯罪活动发布信息的……"本罪的立法目的是将违法犯罪活动的某些预备行为实行化,这是法益保护前置化的立法行为,这里所要保护的法益是信息网络安全的管理秩序。

(二)本罪的定罪

本罪的行为是利用信息网络实施上述三类行为,这些行为原本是诈骗罪等犯罪的预备行为,如今成为非法利用信息网络罪的正犯行为。本罪的一个重要构成要件要素是"违法犯罪活动",根据《信息网络案件解释》第7条,"违法犯罪"包括犯罪行为和属于《刑法》分则规定的行为类型但尚未构成犯罪的违法行为。换言之,该司法解释对"违法犯罪"进行了限缩解释,仅包括符合《刑法》分则的犯罪构成要件行为,不需要具备罪量因素,如诈骗罪不需要达到数额较大的标准。对于《刑法》分则没有规定的行为、仅在治安管理处罚法或者其他法律法规规定的行政违法行为,即使利用信息网络实施,也不应当构成非法利用信息网络罪。例如,倒卖车牌、买卖驾照计分、嫖娼等行为,《刑法》分则没有规定其为犯罪,那么对于此类行为,即使通过网站、通信群组发布相关违法信息的,也不构成非法利用信息网络罪。

成立本罪要求"情节严重"这一整体的评价要素,《信息网络案件解释》第10条规定下列情形属于"情节严重":"(一)假冒国家机关、金融机构名义,设立用于实施违法犯罪活动的网站的;(二)设立用于实施违法犯罪活动的网站,数量达到三个以上或者注册账号数累计达到二千以上的;(三)设立用于实施违法犯罪活动的通讯群组,数量达到五个以上或者群组成员账号数累计达到一千以上的;(四)发布有关违法犯罪的信息或者为实施违法犯罪活动发布信息,具有下列情形之一的:1.在网站上发布有关信息一百条以上的;2.向二千个以上用户账号发送有关信息的;3.向群组成员数累计达到三千以上的通讯群组发送有关信息的;4.利用关注人员账号数累计达到三万以上的社交网络传播有关信息的;(五)违法所得一万元以上的;(六)二年内曾因非法利用信息网络、帮助信息网络犯罪活动、危害计算机信息系统安全受过行政处罚,又非法利用信息网络的;(七)其他情节严重的情形。"

(三)本罪的量刑

本罪的法定刑是3年以下有期徒刑或者拘役,并处或者单处罚金;单位犯本罪的,对单位判处罚金,并对其直接负责的主管人员和其他直接责任人员,依照上述法定刑处罚。对于罚金的判处,应当综合考虑犯罪的危害程度、违法所得数额以及被告人的前科情况、认罪悔罪态度等依法判处。

七、帮助信息网络犯罪活动罪

(一)本罪的法益

《刑法》第287条之二第1款规定:"明知他人利用信息网络实施犯罪,为其犯罪提供互联网接入、服务器托管、网络存储、通讯传输等技术支持,或者提供广告推广、支付结算等帮助,情节严重的,处三年以下有期徒刑或者拘役,并处或者单处罚金。"本罪侵害的法益首先是信息网络安全管理秩序,但本罪属于帮助型犯罪,被帮助行为侵害的法益(如诈骗罪侵害的财产法益)也属于本罪间接保护的内容。因此,关于本罪的法益理解,还取决于如何理解本罪的规范属性,主要是如何理解本罪与被帮助犯罪之间的关系问题:如果按照共犯说,依据共犯从属性,本罪的法益侵害性(违法性)自然与被帮助犯罪具有连带性。

(二)本罪的定罪

本罪的主观方面要求明知他人利用信息网络实施犯罪,这里的关键要素是"明知",而"明知"的内容是"他人利用信息网络实施犯罪"。换言之,从刑法规定上看,构成本罪不仅要求行为人明知他人实施犯罪,而且要求明知他人犯罪的手段是"利用信息网络"。如果不严格按照《刑法》条文内容认定本罪,那么本罪在司法上的暴增现象就是必然的。[1] 司法实践中,"明知"的认定一般采取推定的方式,《信息网络案件解释》第11条规定:"为他人实施犯罪提供技术支持或者帮助,具有下列情形之一的,可以认定行为人明知他人利用信息网络实施犯罪,但是有相反证据的除外:(一)经监管部门告知后仍然实施有关行为的;(二)接到举报后不履行法定管理职责的;(三)交易价格或者方式明显异常的;(四)提供专门用于违法犯罪的程序、工具或者其他技术支持、帮助的;(五)频繁采用隐蔽上网、加密通信、销毁数据等措施或者使用虚假身份,逃避监管或者规避调查的;(六)为他人逃避监管或者规避调查提供技术支持、帮助的;(七)其他足以认定行为人明知的情形。"在证据法理上,"明知"的成立属于"推定事实",上述七项情形为"基础事

---

〔1〕 根据2022年8月1日中国司法大数据研究院发布的《涉信息网络犯罪特点和趋势(2017.1—2021.12)司法大数据专题报告》,近五年本罪在涉信息网络犯罪案件中的比重分别为0.06%、0.07%、0.22%、5.78%、54.27%。本罪的案件量从2020年起呈现快速激增走势,2020年同比增长34倍,2021年同比再增超17倍。从被告人年龄分布来看,"80后""90后"被告人占比近九成。其中,18周岁至28周岁人群占比最大,为55.09%;其次为29周岁至39周岁人群,占比34.23%。参见孙航:《司法大数据专题报告显示——涉信息网络犯罪案件量逐年上升,诈骗罪占比最高》,载《人民法院报》2022年8月2日,第4版。

实”,从“基础事实”到“推定事实”采用的证明方法是刑事推定,它对司法证明具有一种替代作用,是以特殊方式认定案件事实成立。[1] 既然是一种“推定”,那么在定罪过程中需要格外注意避免“有罪推定”,这意味着在行为具备上述七项“基础事实”时,要特别注重“相反的证据”这种经验反证,而非一旦符合上述七项情形就一律构成“明知”。尤其对于第七项“兜底规定”,更应注重“经验推定—经验抗辩”之间的关系,认真对待被告人的合理辩解。《诈骗案件解释(二)》第8条指出:“明知”的认定应当根据行为人收购、出售、出租信用卡、银行账户、非银行支付账户、具有支付结算功能的互联网账号密码、网络支付接口、网上银行数字证书,或者他人手机卡、流量卡、物联网卡等的次数、张数、个数,并结合行为人的认知能力、既往经历、交易对象、与实施信息网络犯罪的行为人的关系、提供技术支持或者帮助的时间和方式、获利情况以及行为人的供述等主客观因素,予以综合认定。但司法实践中,“明知”普遍被理解为“知道或者应当知道”,只要认定被告人应当知道他人利用信息网络实施犯罪,就直接认定构成“明知”,这实际上将“应当知道而事实上不知道”的过失心理也包含进去,使本罪成为故意犯和过失犯的混合。基于帮助信息网络犯罪活动罪的泛滥,2022年3月最高人民法院、最高人民检察院、公安部有关部门专门出台了《关于“断卡”行动中有关法律适用问题的会议纪要》(以下简称《会议纪要2022》),进一步强调:“明知”的认定要“注重听取行为人的辩解并根据其辩解合理与否,予以综合认定。司法办案中既要防止片面倚重行为人的供述认定明知;也要避免简单客观归罪,仅以行为人有出售‘两卡’行为就直接认定明知。特别是对于交易双方存在亲友关系等信赖基础,一方确系偶尔向另一方出租、出售‘两卡’的,要根据在案事实证据,审慎认定”。

本罪的客观方面是,为他人利用信息网络犯罪提供互联网接入等技术支持或者提供支付结算等帮助。换言之,本罪的行为是为他人利用信息网络进行犯罪提供客观促进作用的行为。有观点主张,本罪主要解决的是“不能以传统共犯处理的帮助行为(非帮助犯之网络帮助行为),在达到罪量标准时,以本罪处理”,本罪相当于国外的“犯罪促进罪”。[2] 但是,根据《刑法》第287条之二的明文规定,本罪是网络犯罪的帮助犯,本罪的认定仍然需要遵循帮助犯的共犯从属性原理。2011年4月施行的《关于办理诈骗刑事案件具体应用法律若干问题的解释》第7条规定:“明知他人实施诈骗犯罪,为其提供信用卡、手机卡、通讯工具、通讯传输通道、网络技术支持、费用结算等帮助的,以共同犯罪论处。”本条规定与《刑法》第287条之二的行为模式完全一致,不仅客观上要求提供犯罪帮助作用,而且主观上也要求明知,《刑法》第287条之二是将上述司法解释第7条的“共同犯罪”规定为

---

[1] 陈瑞华:《论刑事法中的推定》,载《法学》2015年第5期。

[2] 江溯:《帮助信息网络犯罪活动罪的解释方向》,载《中国刑事法杂志》2020年第5期。

独立的罪名、配备独立的法定刑,这属于帮助犯的"定罪规则和量刑规则"。因此,帮助信息网络犯罪活动罪的认定从属于被帮助的诈骗罪等犯罪,被帮助者未着手实施网络犯罪的,帮助者不构成本罪。例如,《会议纪要 2022》第 4 条强调,涉案信用卡被用于电信网络诈骗的,单向流入资金"至少三千元经查证系涉诈骗资金"才能认定为帮助信息网络犯罪活动罪。

本罪的成立要求"情节严重",根据《信息网络案件解释》第 12 条,明知他人利用信息网络实施犯罪,为其犯罪提供帮助,具有下列情形之一的,应当认定为"情节严重":"(一)为三个以上对象提供帮助的;(二)支付结算金额二十万元以上的;(三)以投放广告等方式提供资金五万元以上的;(四)违法所得一万元以上的;(五)二年内曾因非法利用信息网络、帮助信息网络犯罪活动、危害计算机信息系统安全受过行政处罚,又帮助信息网络犯罪活动的;(六)被帮助对象实施的犯罪造成严重后果的;(七)其他情节严重的情形。"

(三)本罪的量刑

本罪的法定刑与非法利用信息网络罪完全一致:构成本罪的,处 3 年以下有期徒刑或者拘役,并处或者单处罚金。《刑法》第 287 条之二第 3 款还规定:有前两款行为,同时构成其他犯罪的,依照处罚较重的规定定罪处罚。关于本罪与诈骗罪共犯的关系,2022 年 3 月最高人民法院、最高人民检察院、公安部有关部门联合下发的《会议纪要 2022》指出:明知他人实施电信网络诈骗犯罪,参加诈骗团伙或者与诈骗团伙之间形成较为稳定的配合关系,长期为他人提供信用卡或者转账取现的,可以诈骗罪论处。

在本罪的定罪量刑中,还需要注意司法解释或其他司法性文件中的宽严相济刑事政策规定。例如,《诈骗案件解释(二)》第 16 条指出:办理电信网络诈骗犯罪案件,应当充分贯彻宽严相济刑事政策,应当全面收集证据、准确甄别犯罪嫌疑人、被告人在共同犯罪中的层级地位及作用大小,结合其认罪态度和悔罪表现,区别对待,宽严并用,科学量刑,确保罚当其罪。对于在校大学生出售银行卡、电话卡的行为,本条还规定,"参与时间相对较短、诈骗数额相对较低或者从事辅助性工作并领取少量报酬,以及初犯、偶犯、未成年人、在校学生等,应当综合考虑其在共同犯罪中的地位作用、社会危害程度、主观恶性、人身危险性、认罪悔罪表现等情节,可以依法从轻、减轻处罚。犯罪情节轻微的,可以依法不起诉或者免予刑事处罚;情节显著轻微危害不大的,不以犯罪论处"。2021 年 6 月,最高人民检察院、教育部联合印发"在校学生涉'两卡'犯罪典型案例"并提出:对于涉"两卡"犯罪的在校学生,要坚持以教育、挽救、惩戒、警示为主,根据其犯罪情节、认罪认罚、退赃退赔、一贯表现等情况,认真落实"少捕慎诉慎押"理念,给予其悔过自新的机会。[1] 这些从宽处理的刑事司法政策不仅针对量刑,也针对定罪,在当前从严打击治理网络犯罪的同时,也必须更加注重刑法功能的有限性,从而落实刑法谦抑性。

【练习题】

1. 积极刑法观对网络犯罪的立法和司法有何影响?
2. 破坏计算机信息系统罪是否存在"口袋化"的倾向?
3. 帮助信息网络犯罪活动罪为何从2020年之后呈现猛增态势?

---

〔1〕 刘太宗、赵玮、刘涛:《最高人民检察院、教育部联合下发在校学生涉"两卡"犯罪典型案例解析》,载《人民检察》2021年第18期。

第八章　未成年人网络安全保护制度

典型案例

2020年，肖某借用邓某身份证件注册了工作室，以工作室名义运营贩卖个人信息的网络平台，并对外开放注册。两人也在平台中注册成为卖家，对外出售公民个人信息。2020年10月，涉案平台因出售公民个人信息被关闭。承办检察官在办案时发现，该案除刑事犯罪外，还可能危害不特定未成年人合法权益——因为在96万余条个人信息中，有95万余条为未成年人个人信息。随即，杭州市拱墅区检察院在全省首试涉未成年人个人信息民事公益诉讼，以“公益诉讼起诉人”的身份提起民事公益诉讼，要求肖某、邓某二人承担赔偿损失、赔礼道歉的民事责任。

最终杭州互联网法院对杭州市拱墅区检察院诉邓某、肖某侵害未成年人个人信息案作出判决，判决两人赔偿侵害社会公共利益的损害费用30万元，并在国家级媒体上刊发向社会公众赔礼道歉声明。〔1〕

第一节　未成年人网络安全保护概述

一、法律视野下的未成年人

（一）未成年人构成权利主体

按照我国法律的规定，所谓未成年人，即未满18周岁的公民。〔2〕国外法律话语体系中多称之为“儿童”，〔3〕本书遵从我国法律规范采“未成年人”之称谓。〔4〕

---

〔1〕《出售未成年人信息两被告人被判刑　检察官又提起公益诉讼》，载浙江新闻网2022年2月18日，https://zj.zjol.com.cn/news.html?id=1812901。

〔2〕《未成年人保护法》第2条。

〔3〕Rajnaara C. Akhtar & Conrad Nyamutata, *International Child Law*, Routledge Press, 2020, p. 1.

〔4〕部分提到国外法律的内容仍将使用“儿童”一词，其含义与“未成年人”相同。

从历史维度来看,未成年人并非天然构成权利主体。根据学者的梳理,未成年人的地位经历了一个逐渐提升的演变过程。在人类发展的早期,未成年人被看作父亲的私产,父亲对作为其私产的子女享有生杀予夺的权利。例如,《汉谟拉比法典》即作出了此类规定。随着人类社会的进步和经济、教育的发展,未成年人的地位逐步得到了提高。[1] 另外也有学者指出,从历史维度来看,人权主体的范围经历了从白人成年男性到黑人,再到妇女、未成年人的不断扩展的过程,未成年人作为权利主体得到承认是相当晚近的事情。[2]

如上所述,未成年人的法律地位在历史上是逐渐提高的。进入 17 世纪以后,未成年人的法律地位有所改善。例如,1641 年,美国的马萨诸塞州承认未成年人是有自由权利的人。进入 20 世纪后,未成年人的权利主体地位更是逐步在国际上得到了承认,众多国际人权文件对未成年人的权利保护作出了规定。[3] 具体来说,在法律世界首次出现"儿童权利"这一概念是在 1924 年——救助儿童国际联盟提出了这一概念,并发表了《日内瓦儿童权利宣言》。从目前来看,在国际层面上已经有了包括《世界人权宣言》在内的 80 多个涉及儿童权利保护问题的文件。当然,其中最为重要的文件当属制定于 1989 年的《儿童权利公约》。作为签约国最多的国际人权文件,《儿童权利公约》不仅明确了儿童的权利主体地位、对儿童享有的权利作出了具体的规定,更是宣告了儿童权利保护的基本原则,成为当今世界儿童权利保护最为重要的法律文件。[4] 未成年人法律地位的演变如图8-1所示。

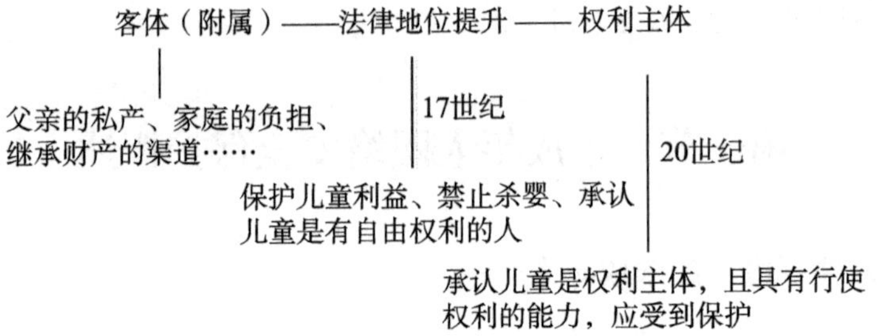

图 8-1 未成年人法律地位演变

[1] 王雪梅:《儿童权利论:一个初步的比较研究》(第 2 版),社会科学文献出版社 2018 年版,第 10~12 页。

[2] 管华:《儿童权利研究——义务教育阶段儿童的权利与保障》,法律出版社 2011 年版,第 19 页。

[3] 王雪梅:《儿童权利论:一个初步的比较研究》(第 2 版),社会科学文献出版社 2018 年版,第 16~17 页。

[4] Rajnaara C. Akhtar & Conrad Nyamutata, *International Child Law*, Routledge Press, 2020, p. 35.

当然,在国际儿童权利法日益发达的今天,未成年人享有权利主体地位已经得到了世界各国的公认。

(二)未成年人权利应受到特殊保护

保护儿童是人类的天性。[1] 特别是在《儿童权利公约》问世之后,儿童作为权利主体的地位更是得到了各国广泛承认。不仅如此,由于儿童具有脆弱性、发展性及对家庭的依赖性等特性,仅仅承认其构成权利主体并不足以保障儿童的利益。要充分保障儿童的利益,还必须在各项政策上对儿童的利益予以特殊的考虑。正是基于以上考虑,《儿童权利公约》宣告在儿童权利保障上应遵循四项基本原则:儿童最大利益原则、平等(无歧视)原则、尊重儿童意见原则(儿童参与权)、最大限度生存和发展原则。[2] 其中,儿童最大利益原则居于首要原则地位。随着《儿童权利公约》影响的扩大及其内容的深入人心,儿童的利益应受到特别保护也就逐渐成为了人类的共识。[3]

当然,正如不少学者所指出的,儿童最大利益原则具有模糊性及适用标准的不确定性,极易受到国家文化和价值观的影响。[4] 鉴于儿童最大利益原则的重要性,为了明确其含义和适用标准,儿童权利委员会专门发布了第 14 号一般性意见。根据这一意见,儿童最大利益原则要求各国必须确保各级政府在制定法律和政策时将儿童最大利益列为首要考虑的问题;而"首要考虑"即意味着儿童权利享有高度优先权,具体来说就是"不仅必须在所有的行动方面有意识地列明儿童利益的地位,而且在所有情况下,尤其当某项行动必定会对所涉儿童产生不可否认影响时,意在赋予儿童利益优先地位"。[5] 当然,无论儿童最大利益原则如何重要,我们也不应该孤立地看待它,而应该将其置于《儿童权利公约》整体之中、与其他三项基本原则结合起来进行理解和执行,[6]尤其是应该将这一原则与儿童表达意见

---

〔1〕 管华:《儿童权利研究——义务教育阶段儿童的权利与保障》,法律出版社 2011 年版,第 29 页。

〔2〕 Rajnaara C. Akhtar & Conrad Nyamutata, *International Child Law*, Routledge Press, 2020, p. 181 – 196.

〔3〕 Rajnaara C. Akhtar & Conrad Nyamutata, *International Child Law*, Routledge Press, 2020, p. 35.

〔4〕 Rajnaara C. Akhtar & Conrad Nyamutata, *International Child Law*, Routledge Press, 2020, p. 141;王雪梅:《儿童权利保护的"最大利益原则"研究》(下),载《环球法律评论》2003 年第 1 期;戴激涛:《儿童最大利益原则的司法适用难题及其破解——从查理·加德案和阿尔菲·埃文斯案说起》,载《人权研究》2021 年第 1 期。

〔5〕《儿童权利委员会第 14 号一般性意见(2013):儿童将他或她的最大利益列为一种首要考虑的权利》(第 3 条第 1 款),第 40 段。

〔6〕 王雪梅:《儿童权利论:一个初步的比较研究》(第 2 版),社会科学文献出版社 2018 年版,第 53 ~ 54 页。

及参与决定权结合起来理解和执行,因为“儿童才是‘儿童问题的专家’”。[1] 为此,这也就要求法律必须适应儿童在不同阶段的身心发展状况,充分尊重儿童的意愿,并在与其身心发展相适应的前提下给予其充分表达意愿的机会。[2]

我国为《儿童权利公约》的决议草案提案国之一。1990 年 8 月 29 日,中国签署了《儿童权利公约》;1991 年 12 月 29 日,第七届全国人大常委会第二十三次会议批准了该公约。1992 年 4 月 1 日,《儿童权利公约》正式对中国生效。[3] 履行《儿童权利公约》条款为我国政府的国际法义务。为更好地落实《儿童权利公约》中规定的各项内容,我国于 1991 年制定了《未成年人保护法》,并分别于 2006 年、2012 年、2020 年进行了修改,以使其更加符合《儿童权利公约》的精神与内容,也更契合我国未成年人保护的现实状况。而在 2020 年修订后的《未成年人保护法》的第 4 条中,作为《儿童权利公约》所规定的儿童最大利益原则的直接反映,我国明确规定了未成年人的保护应遵循最有利于未成年人的原则,并应“给予未成年人特殊、优先保护”。

据此,未成年人不仅应作为权利主体受到尊重和保护,而且由于未成年人利益的特殊性和重要性,国家在立法、行政、司法活动中都应将未成年人利益作为一项特别重要的利益予以优先考虑。无疑,在网络安全的法律制度方面也是如此。

二、未成年人面临的网络风险

(一)未成年人网络使用现状

网络看似与未成年人相隔甚远,但实际上已经广泛、深入地渗透未成年人的生活。事实上,出生于互联网普遍商用化之后的时代、生活于 21 世纪的未成年人可以

---

[1] 敖海静:《论儿童表达意见的权利——〈儿童权利公约〉第 12 条评注》,载《人权》2019 年第 6 期。

[2] 因此,个人信息处理特殊规则上“儿童”的年龄上限不等同于儿童权利中“儿童”的年龄上限。爱尔兰的“儿童权利联盟”认为只要儿童、其父母或监护人和教育者获得足够的教育支持以便作出处理个人数据的知情决定,儿童同意的年龄应尽可能地低。*Submission to the Department of Justice and Equality on the Age of Consent for Digital Media*, childrights. ie (Nov. 24, 2016), https://www. childrensrights. ie/sites/default/files/submissions _ reports/files/Children% 27s% 20Rights% 20Alliance% 20Submission% 20to% 20the% 20Dept% 20of% 20Justice% 20and% 20Equality% 20on% 20the% 20Digital% 20Age% 20of% 20Consent% 20Nov% 202016. pdf. 同时,英国的信息专员办公室(ICO)于 2020 年 8 月 12 日发布了《适龄设计:在线服务实践守则》(Age appropriate design: a code of practice for online services),就儿童个人信息处理提出了 15 项具有灵活性的标准,以在尊重儿童不同年龄阶段的身心发展状况的基础上实现儿童的最大利益。

[3] 《儿童权利委员会审议缔约国根据〈公约〉第 44 条提交的报告:1994 年到期的缔约国首次报告·增编:中国》,序言第 1 段。

说是网络世界的"原住民"。据国外学者统计,从国际层面来看,未成年人网民占据了全球网民规模的1/3,而这一数字随着宽带技术的发展还在不断上升。[1] 而根据共青团中央和中国互联网络信息中心共同发布的调查报告,[2]我国未成年人网民数量截至2020年12月已经高达1.83亿,互联网普及率更是达到了惊人的94.9%。此外,还需要引起注意的是,未成年人触网年龄呈现明显的低龄化趋势,小学生群体中有33.7%的受访者在上小学前就已经开始使用互联网。而在具体的网络应用使用方面,受新冠肺炎疫情的影响,教育(网上学习)活动以89.9%的比例高居榜首;而上网听音乐和玩游戏则分别以64.8%和62.5%的比例居第二、三位。与此同时,使用社交网站[3]和看短视频(49.3%)也占据了不小的比例。总体来说,未成年人使用网络所从事的活动是非常丰富多样的。

从以上介绍可以看出,网络在未成年人群体中不仅已经实现了普及,而且已经与未成年人的学习、娱乐、生活密切交织在一起。而网络在未成年人中的普及也就必然将互联网世界中存在的种种威胁带入未成年人的世界。从国际层面来看,未成年人在网络世界中遭遇网络暴力和性剥削已成为具有普遍性的严重问题;[4]从国内层面来看,我国2020年的统计亦显示有19.5%的未成年人在网上遭遇过网络暴力,同时还有高达65.5%的未成年人在网上遭遇过网络不良信息。[5] 互联网在为未成年人提供更多的学习、发展机会的同时,也给未成年人的安全带来了实实在在的风险。

(二)未成年人可能遭遇的网络风险

尽管从统计层面来看,网络暴力在未成年人遭遇的网络风险中较为突出,但

[1] Broadband Commission for Sustainable Development, ITU & UNESCO, *Child Online Safety Universal Delaration*, Broadband Commission for Sustainable Development, https://www.broadbandcommission.org/wp-content/uploads/2021/02/WGChildOnlineSafety_Declaration2019-1.pdf.

[2] 共青团中央维护青少年权益部、中国互联网络信息中心:《2020年全国未成年人互联网使用情况研究报告》,载中青在线,https://pic.cyol.com/img/20210720/img_960114c13253 1c521023e29b6c223e438461.pdf。

[3] 虽然根据报告"使用社交网站"仅占据了30.9%,但"聊天"占据了55.1%、逛微博占据了11.3%,从广义来讲,后两种活动也属于使用社交网站。

[4] 每年有10亿未成年人遭遇网络暴力,有超过200万未成年人遭遇性剥削。Broadband Commission for Sustainable Development, ITU & UNESCO, *Child Online Safety Universal Declaration*, Broadband Commission for Sustainable Development, https://www.broadbandcommission.org/wp-content/uploads/2021/02/WGChildOnlineSafety_Declaration2019-1.pdf.

[5] 共青团中央维护青少年权益部、中国互联网络信息中心:《2020年全国未成年人互联网使用情况研究报告》,载中青在线,https://pic.cyol.com/img/20210720/img_960114c132531 c521023e29b6c223e438461.pdf。

未成年人在网络世界中可能遭遇的风险绝不仅有网络暴力。从未成年人的网络实际使用情况来看，个人信息泄露、网络诈骗、儿童色情等均呈高发态势，而未成年人遭遇的网络风险甚至可能延伸到线下，对未成年人的身心健康造成严重伤害。

从我国未成年人网络使用状况来看，网络不良信息是未成年人可能遭遇的最为突出的风险之一。以发生于2016～2017年的儿童邪典片事件为例。[1] 所谓"儿童邪典片"，指的是以儿童熟悉的经典卡通形象为外壳制作的不适宜儿童观看的血腥暴力、色情，甚至是虐童等动画或真人视频。由于此类视频中"艾莎"(Elsa)这一形象出现频率较高，因此这一事件在西方也被称为"艾莎门(Elsagate)事件"。2016年，由于《卫报》等主流媒体的报道，视频发布者采取技术手段骗过"油管"(Youtube)儿童安全算法、在部分频道(包括儿童频道)上呈现儿童不宜的视频的情况逐渐引起人们的注意；2017年，"艾莎门"这个词开始出现在互联网上，并成为社交网站的热门标签。尽管Youtube迅速采取应对措施，但最终仍无法彻底从平台上删除此类视频。与此同时，儿童邪典片也流入了我国，并在各主要视频网站上，甚至是视频网站的亲子频道中传播开来。2018年1月，文化和旅游部严查儿童邪典片，对涉事企业依法查处，责令涉事企业改正违法违规行为，警告并处以罚款，并下线相关视频27.9万余条。由于儿童邪典片以经典卡通形象为伪装，所以具有极强的隐蔽性、传播性和危害性。儿童邪典片事件一方面暴露了网络平台在算法设计、监管制度等方面存在的疏漏，另一方面也从侧面充分展示了未成年人可能遭遇网络不良信息风险的严峻性。

除网络不良信息以外，近年来随着网络直播的火爆和网络应援的流行，网络游戏充值、网络打赏、明星应援打榜等过度网络消费也成为了未成年人可能遭遇的主要网络风险之一。以直播打赏为例，根据《北京日报》的报道，2019年5月，深圳一名11岁女生被曝打赏网络主播近200万元。[2] 数据显示，直播打赏年龄最小的用户仅为5岁，年龄最大的为17岁；未成年人年龄在10岁及以下的打赏比例占36%，打赏消费金额最高可达65万元。[3]

总体来说，根据国外学者的梳理，未成年人可能遭遇的线上风险虽然纷繁复

---

[1] 具体情况请参见《红色预警！"儿童邪典片"的七宗罪和五大危害》，载新华网，http://www.xinhuanet.com/politics/2018-01/24/c_1122296808.htm。

[2] 《北京日报："天价"打赏折射虚假繁荣》，载新浪网，https://news.sina.com.cn/s/2019-09-13/doc-iicezueu5469644.shtml。

[3] 《未成年人巨额打赏主播乱象调查：网络直播几无未成年人保护，目前监管也几乎是空白 直播平台无身份验证即可充值百万 引诱撩主播激励高消费退款难上难》，载广州政法网2019年3月21日，https://www.gzszfw.gov.cn/article/document.do?shId=12874。

杂，但大体可分为三类：内容风险、接触风险和行为风险，具体内容如表 8 – 1 所示。

表 8 – 1　未成年人面临的线上风险分类

风险	攻击性	与性相关的	价值观	商业
未成年人接收大规模生产的内容	暴力/血腥内容	色情内容	种族主义/仇恨内容	嵌入式营销
接触未成年人参与(成人发起的)活动	骚扰、跟踪	“诱骗”、性虐待或性剥削	思想说服	个人数据滥用
行为点对点交往中的肇事者或受害者	欺凌、恶意的同龄人活动	性骚扰、发送“色情信息”	可能有害的用户原创内容	赌博、侵犯版权

资料来源：Sonia Livingstone Leslie Haddon, Anke Görzig and Kjartan Ólafsson, *Risks and Safety on the Internet: The Perspective of European Children: Full Findings and Policy Implications from the EU Kids Online Survey of* 9 – 16 *Year Olds and Their Parents in* 25 *Countries*, LSE (Mar. 30, 2011), http://eprints.lse.ac.uk/33731/。

应该说，这一分类总体来说还是较为全面的。但是，有一类网络风险并未被上述分类涵盖，那就是网络沉迷。从联合国儿童基金会发布的报告来看，其对于网络沉迷持以下观点：尽管教育者和父母确实担心网络沉迷的问题，但儿童自身对于网络体验的反应是积极的；与“屏幕时间”相比，抑郁或家庭矛盾等潜在问题对大多数儿童健康和幸福的影响更大，因此应以“金发姑娘原则”[1]来看待这一问题——既不要太多，又不要太少；既要关注儿童的屏幕使用时间，更要关注儿童的网络活动本身，为儿童提供积极的引导。[2]

我国政府、教育者和家庭都将网络沉迷视为未成年人遭遇的主要网络风险之一。在《2020 年全国未成年人互联网使用情况研究报告》中，网络沉迷与不良内容侵蚀、过度消费并列为未成年人网络活动可能遭遇的最主要风险。报告显示，未成年网民工作日平均每天上网时长在 2 小时以上的为 11.5%，节假日平均上网时长在 5 小时以上的为 12.2%；未成年网民中认为自己非常依赖或比较依赖互联网的

---

〔1〕“金发姑娘原则”源自儿童故事《三只熊》。在这个故事中，金发姑娘在试尝过三碗粥、坐过三把椅子、躺过三张床后，觉得不太冷或太热的粥最好，不太大或太小的床和椅子最舒适。联合国儿童基金会：《2017 年世界儿童状况：数字时代的儿童》，载联合国儿童基金会中国网 2017 年 12 月 11 日，https://www.unicef.cn/reports/state-worlds-children-2017。

〔2〕联合国儿童基金会：《2017 年世界儿童状况：数字时代的儿童》，载联合国儿童基金会中国网 2017 年 12 月 11 日，https://www.unicef.cn/reports/state-worlds-children-2017。

比例为 19.6%，同时还有 24.7% 的家长认为自己对互联网存在依赖心理。[1]

尽管从表面上看，我国对待网络沉迷的态度与联合国儿童基金会报告中的观点似乎存在较大区别，但是结合 2020 年修订的《未成年人保护法》进行观察即可发现，二者实际上是契合的。我国在强调防范网络沉迷的同时也强调引导未成年人正确使用网络，强调父母和教育工作者以关怀与支持的姿态介入，确保未成年人从网络世界中受益，并降低风险。防范网络沉迷并不等同于戒绝网络使用。

三、未成年人网络安全保护的特点

（一）未成年人权益保护的特点

未成年人网络安全保护本质上乃是在网络空间中实现对未成年人权益的保护。因此，要了解未成年人网络安全保护的特点，首先就需要了解未成年人权益保护的特点。总体来说，未成年人权益保护在主体、内容、原则等方面均与成年人权利保护存在较大的区别。

1. 主体方面的特点

如上所述，未成年人为未满 18 周岁的自然人。未成年人不仅在年龄、生理结构上与成年人存在重大差异，更在权益认知上表现出了明显的特殊性。主体方面的这些特点决定了对于未成年人权益应予以特殊的、优先的保护。

首先，未成年人具有脆弱性。这是未成年人最突出的特性之一。未成年人的脆弱性主要表现在其与成年人生理和心理发展水平的巨大差异，以及对成年人的极度依赖性等方面。未成年人由于尚处于发展时期，无论是在生理方面还是在心理方面都很不成熟，与成年人相比处于明显的劣势。因此，一方面未成年人缺乏独立生活的能力，在很大程度上也缺乏自主判断和决定的能力；另一方面成年人所具有的优势与权威性也使得未成年人更倾向于服从成年人，从而更容易受到成年人的伤害。正是出于对未成年人这一特点的充分理解和考虑，《儿童权利公约》才在序言中特别指出，儿童由于其脆弱性应该受到特殊的照料和保护。

其次，未成年人具有阶段性。儿童时期是人的一生中发展最快的时期。同样是未成年人，0～6 周岁的学龄前儿童与 14～16 周岁的未成年人相比，无论在生理方面还是在心理方面都存在天壤之别。如果对二者同等视之，则要么可能无法给予前者足够的保护，要么可能损害后者的自主决定权和人格尊严。故而，在理论和实践中均倾向于对未成年人进行年龄段划分，并针对不同发展阶段的未成年人身

---

[1] 共青团中央维护青少年权益部、中国互联网络信息中心：《2020 年全国未成年人互联网使用情况研究报告》，载中青在线，https://pic.cyol.com/img/20210720/img_960114c132531c521023e29b6c223e438461.pdf。

心发展的特点给予未成年人不同的具体保护。

最后，未成年人具有差异性。即使是处于同一年龄段的未成年人，也具有丰富的个体性，很难对其一概而论。具体而言，在未成年人群体中同一年龄层也并不意味着所有的个体在认知能力、控制能力、心智发展水平等方面都处于同样的状况。例如，同样是10周岁的未成年人，有的未成年人可能由于先天或后天的因素在心智上更为成熟，从而具有更接近成年人的认知能力；有的未成年人则可能发育落后于同龄人，从而在认知能力、控制能力等方面不尽如人意。也正是考虑到未成年人的这一特性，儿童权利委员会才特别强调政府在制定儿童相关法律、执行儿童相关政策时要充分考虑到儿童的差异性，要保障儿童表达自己观点和想法的权利。

2. 内容方面的特点

未成年人享有的权利与成年人享有的权利在内容上也具有较大区别。如上所述，人类政治、经济、文化等方面的发展促成了未成年人法律地位的不断上升，最终确认了未成年人的权利主体资格。同时，《儿童权利公约》等儿童权利国际文件也不断宣告未成年人权利应受到特殊的保护，其在内容上也具有与成年人的权利不同的表现形式。其中，最为显著的区别之一就是未成年人不享有选举权和被选举权。此外，未成年人在经济方面的权利上也受到一定的限制——作为无民事行为能力人或限制民事行为能力人，未成年人无权独立处置自己的财产，而需要由监护人进行代理，或者取得监护人的同意、追认，除非未成年人实施的是纯受利益的或者是与其年龄、智力相适应的民事法律行为；同时，为保护未成年人的身心健康发展，国家禁止雇佣童工，故而未成年人的劳动权也受到一定的限制。

总体来说，作为一国公民权利的最高法律渊源，宪法一般规定的都是成年人所享有的基本权利，而未对未成年人的权利作出过多规定。[1] 作为儿童权利的集大成者，《儿童权利公约》对未成年人享有的权利作出了较为详尽的规定。根据这一公约，儿童享有的权利主要包括：生命权、最高标准的健康权、享有充分营养食品与清洁饮水权、适当标准生活水准权、名誉权、荣誉权、智力成果权、姓名权、肖像权、国籍权、教育权、接受抚养和继承权、发展权、劳动权、司法保护权、隐私权、发表意见权等。而作为《儿童权利公约》的国内法转换，《未成年人保护法》明确规定未成年人主要享有四个方面的权利：生存权、受保护权、发展权与参与权。

在这里特别需要指出的是，由于未成年人身心发展的特点，未成年人享有的部分权利需要在监护人的协助下行使，或者由监护人代理。上文所举财产权就是一例。本章第四节中谈到的未成年人个人信息“知情同意”权、删除权等权利也属于此列。

3. 原则方面的特点

如上所述，《儿童权利公约》规定儿童权利保护应遵循四项基本原则：儿童最

[1] 从我国《宪法》来看，涉及未成年人的条款主要集中于教育条款以及国家保护儿童条款。

大利益原则、平等(无歧视)原则、尊重儿童意见原则(儿童参与权)、最大限度生存和发展原则。而我国《未成年人保护法》则规定未成年人保护应遵循最有利于未成年人的原则。作为这一原则的具体要求,《未成年人保护法》规定在处理与未成年人有关的事项时应做到:给予未成年人特殊、优先保护;尊重未成年人人格尊严;保护未成年人隐私权和个人信息;适应未成年人身心健康发展的规律和特点;听取未成年人的意见;保护与教育相结合。

可以看出,我国《未成年人保护法》所规定的未成年人权利保护的基本原则与《儿童权利公约》规定的基本原则是一致的。

(二)未成年人网络安全保护的特点

与未成年人权益保护的特点相适应,结合网络具有的特征,未成年人网络安全保护具有以下几个特点。

第一,互联网对儿童不友好,因此未成年人网络权益保护相对而言更为困难。因为互联网并非专为儿童设计的产品,它对所有年龄的用户都是一视同仁的(age-blinded),[1]所以它对待儿童并不友好。也就是说,儿童在互联网的世界中失去了传统社会给予的特殊保护,他们在网络空间中更容易遭受伤害。尽管儿童作为网络空间的原住民在某些情况下比其父母对互联网更为熟悉、具有更为熟练的使用和操作能力,但是儿童身心发展的特点决定了其对风险的识别能力与控制能力,甚至是对自己行为的控制力都极为有限。由此,整体而言,儿童的脆弱性在互联网的世界中被聚焦和放大了。要实现未成年人网络安全保护,法律就必须对未成年人利益赋予更大的权重。

第二,未成年人网络权益受到的危害更具有隐蔽性,后果也更为严重。《2020年全国未成年人互联网使用情况研究报告》显示,随着移动互联网的普及,未成年人接入网络的途径更为多样,其中有超过90%的未成年人使用手机接入互联网。[2] 移动端的广泛使用也就意味着未成年人可能在任何地点、任何时间接入互联网,而网络威胁的发生也就可能延伸至未成年人的卧室等难以为监护人、教育者发现的空间。家长们发现,“曾经,仅靠家门就可以挡住校园恶霸;如今有了社交媒体,欺凌事件可能会跟随儿童回到家中”。[3] 此外,加密技术的兴起也进一步增加了网络

---

[1] Sonia Livingstone, Jasmina Byrne & John Carr, *One in Three: Internet Governance and Children's Rights*, UNICEF, https://www.unicef-irc.org/publications/pdf/idp_2016_01.pdf.

[2] 共青团中央维护青少年权益部、中国互联网络信息中心:《2020年全国未成年人互联网使用情况研究报告》,载中青在线,https://pic.cyol.com/img/20210720/img_960114c132531c521023e29b6c223e438461.pdf。

[3] 联合国儿童基金会:《2017年世界儿童状况:数字时代的儿童》,载联合国儿童基金会中国网2017年12月11日,https://www.unicef.cn/reports/state-worlds-children-2017。

威胁的隐蔽性，增加了网络执法的难度。[1] 同时，由于儿童色情、网络欺凌等伤害未成年人的信息可能以病毒式传播不断累积伤害未成年人，并且可能延伸至线下伤害，即便平台接到投诉、举报删除此类信息，由于网络信息难以彻底清除，其对于未成年人可能造成的危害也难以在短期内消除，因此网络可能对未成年人造成的危害后果较之传统物理空间可能更为严重。

第三，监护人在未成年人网络权益保护上能够起到的作用更为有限。如上所述，未成年人权益保护在很大程度上依赖家庭。《儿童权利公约》规定，家庭是儿童权利保护的第一责任主体。同时，上文也提到过，未成年人部分权利的行使也依赖监护人的代理或协助。具体到未成年人网络权益保护，由于家庭是未成年人生活的主要场所，也是未成年人使用互联网的主要场所，因此监护人对于未成年人网络使用行为进行监督，并加以正确的引导具有特别重要的意义。然而，从实际情况来看，绝大多数监护人由于数字素养的缺乏而难以胜任这一任务。有高达 57.5% 的家长表示自己对互联网懂得不多，还有 4.1% 的家长表示自己不会上网；另有 24.7% 的家长认为自己对互联网存在依赖心理。[2]

第四，数字鸿沟可能对未成年人权益产生深远影响。正如联合国儿童基金会指出的，数字鸿沟可能进一步加剧边缘儿童所处的不利地位。[3] 由此所带来的影响不仅及于未成年人的线上权益，同时还将深刻影响未成年人的生存、教育、发展等一系列的线下权益。当然，由于互联网具有两面性，它在对未成年人造成威胁的同时也有利于未成年人的权益保障。相应地，如果能确保这部分儿童从互联网中获益，那么网络也将在帮助其改善线下弱势地位上发挥重要的助益。“数字互联不仅是‘时代的新必需品’，它可能会帮助最贫困的儿童打破贫困的代际传递。”[4] 尽管我国未成年人网络使用普及率已经达到了很高的水平，并且城乡之间的差距不断缩小，但是尽量缩小性别、经济状况、家庭教育状况等因素在未成年人接入和使用互联网上的影响，仍是一个需要我们不断为之努力的任务。

---

〔1〕 国际电信联盟：《保护上网儿童政策制定者指南（2020）》，载国际电信联盟网 2020 年 6 月 23 日，https://www.itu.int/en/ITU-D/Cybersecurity/Documents/COP/Guidelines/2020-translations/S-GEN-COP.POL_MAKERS-2020-PDF-C.pdf。

〔2〕 共青团中央维护青少年权益部、中国互联网络信息中心：《2020 年全国未成年人互联网使用情况研究报告》，载中青在线，https://pic.cyol.com/img/20210720/img_960114c132531c521023e29b6c223e438461.pdf。

〔3〕 “最弱势和最边缘的儿童最有可能被排除在互联网及其带来的益处之外，而且他们很可能最容易受到技术带来的负面影响。”联合国儿童基金会：《2017 年世界儿童状况：数字时代的儿童》，载联合国儿童基金会中国网 2017 年 12 月 11 日，https://www.unicef.cn/reports/state-worlds-children-2017。

〔4〕 联合国儿童基金会：《2017 年世界儿童状况：数字时代的儿童》，载联合国儿童基金会中国网 2017 年 12 月 11 日，https://www.unicef.cn/reports/state-worlds-children-2017。

第二节 我国未成年人网络安全保护的法律体系

一、我国未成年人权利保护法律体系

我国政府历来高度重视未成年人权利保护。目前,我国已经建立了以《宪法》为统领、以《未成年人保护法》为基本法律框架、以配套法规规章为具体内容的未成年人权利保护法律体系。我国未成年人权利保护的主要法律体系如图 8-2 所示。

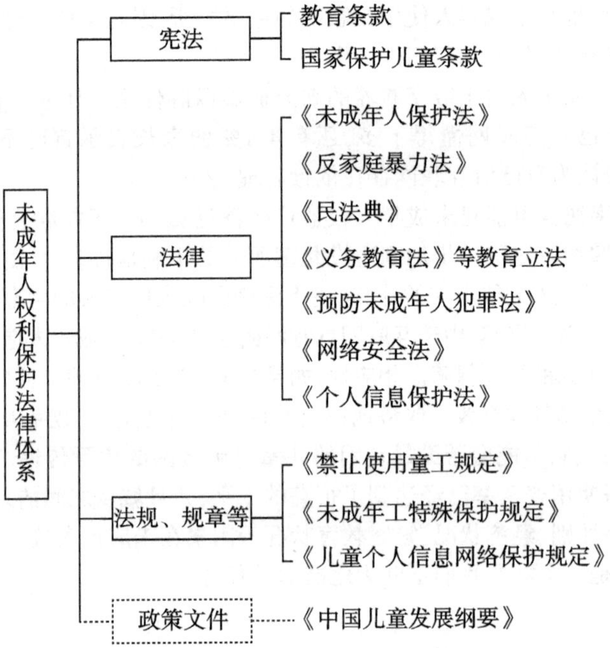

图 8-2 我国未成年人权利保护法律体系

首先,从宪法层面来看,我国宪法不仅规定了公民的受教育权以及国家培养未成年人全面发展、兴办教育和普及义务教育的义务,而且明确规定"国家尊重和保障人权""儿童受国家的保护"。这就从宪法的层面上全面确认了儿童的权利主体地位。

其次,作为未成年人保护专门性法律及《儿童权利公约》的国内法转化,《未成年人保护法》明确了未成年人保护的基本原则、基本权利以及"保护未成年人,是国家机关、武装力量、政党、人民团体、企业事业单位、社会组织、城乡基层群众性自治组织、未成年人的监护人以及其他成年人的共同责任"这一基本理念,为未成年人权利保护提供了整体性法律框架。

除《未成年人保护法》外，我国其他法律也对未成年人权利保护作出了规定。例如，《民法典》《义务教育法》《预防未成年人犯罪法》《反家庭暴力法》等法律分别确认了儿童在监护、婚姻家庭、收养等情形下享有的权利以及受教育权、名誉权、隐私权、个人信息权、人格尊严权、受保护权等权利，明确了儿童最大利益原则、无歧视原则等，并确认儿童权利保护应与其身心发展特征相适应。当然，除上述法律之外，包括《刑法》《刑事诉讼法》等在内的诸多法律也为未成年人的权益保护提供了重要的基础，在此不再一一赘述。

而在法规规章等层面，《禁止使用童工规定》《未成年工特殊保护规定》《儿童个人信息网络保护规定》等配套法规规章、其他规范性文件也专门就儿童免受剥削的权利和个人信息权等具体权利作出了规定。

除法律外，我国政府发布的《中国儿童发展纲要》对于未成年人权利保护也具有重要意义：它不仅确认了依法保护、儿童优先、儿童最大利益、儿童平等发展、儿童参与等基本原则，而且明确了以保护儿童免受网络、手机、游戏、广告、图书和影视中不良信息的影响和为儿童健康上网创造条件为主要目标。

二、我国未成年人网络安全法律法规

从目前我国的法律法规规定来看，对于未成年人的网络安全作出了最为详尽的规定的当属《未成年人保护法》。《未成年人保护法》不仅设有“网络保护”专章，而且在其余各章也都明确了未成年人使用网络权、免受网络欺凌权、免于接触不良信息权、通信自由与通信秘密等内容，对于未成年人的网络安全提供了周密的保护。鉴于这部法律在未成年人网络安全保护上的重要性，本章将在第三节专门对其进行介绍。这里将主要介绍这部法律之外的其他对未成年人网络安全保护作出了规定的法律法规的内容。

具体而言，《网络安全法》《个人信息保护法》[1]《刑法》等法律，以及《计算机信息网络国际联网安全保护管理办法》《互联网上网服务营业场所管理条例》等法规规章均对未成年人的网络安全保护作出了具体规定。例如，作为网络领域基本法律之一的《网络安全法》在第 13 条规定国家有义务“为未成年人提供安全、健康的网络环境”，从而为未成年人的网络安全保护法律制度之构建奠定了坚实的基础。《刑法》也对于针对未成年人的网络犯罪提供了专门的保护，力求确保最大限度防范、消除未成年人可能遭遇的网络犯罪威胁。此外，针对过度消费问题，国家新闻出版署还于 2019 年 10 月印发了《关于防止未成年人沉迷网络游戏的通知》，对各年龄段未成年人每月游戏充值金额进行限制；国家网信办等七部委也于 2021

〔1〕 本章第四节将专门讲述未成年人的个人信息保护问题。

年印发《关于加强网络直播规范管理工作的指导意见》,对规范未成年人直播打赏等行为作出了专门规定。

在这里,我们将重点介绍国务院出台的《未成年人网络保护条例(征求意见稿)》。作为行政法规,“未成年人网络保护条例”是将《未成年人保护法》的原则性规定在网络空间中予以具体落实的重要法律文件。受国务院委托,国家网信办牵头起草了《未成年人网络保护条例(征求意见稿)》,并于2016年9月30日至10月31日向社会公开征求意见。2017年1月6日至2月6日,“未成年人网络保护条例”的草案在经过了之前的意见征集并进行了适当调整后,由国务院法制办以送审稿的方式通过网络渠道再次向社会公开并征集意见。但由于种种原因,这一法规的制定进程未能得到进一步推进。在《未成年人保护法》第二次修订之后,2022年3月14日~4月13日,国家网信办再次向社会发布《未成年人网络保护条例(征求意见稿)》。与2017年的送审稿相比,此次的征求意见稿在内容上发生了较大变化,总体来说与修订后的《未成年人保护法》更为契合,同时也删除了个别已经在包括《未成年人保护法》在内的其他法律法规中作出了规定的条款,并吸收了近年来最新立法动态的制度内容。

具体来说,此次征求意见稿的主要亮点和特色主要表现在以下几个方面。

第一,明确了未成年人网络安全保护中“网信部门统筹协调,多部门联动,多主体配合”的多元联动协同机制,并特别强调网络平台应承担起社会责任。

第二,设“网络素养培育”专章,对未成年人的网络素养培育作出了系统的规定。在将网络素养教育纳入学校素质教育内容,制定未成年人网络素养测评指标,强化学校、监护人的网络素养教育责任的同时,专门规定了未成年人用户数量巨大、在未成年人群体具有显著影响力的重要互联网平台的特殊义务,包括每年发布专门的未成年人网络保护社会责任报告等。

第三,对于专以未成年人为服务对象的网络平台以及首页首屏弹窗热搜等重点环节加强监管,禁止呈现含有可能引发或者诱导未成年人模仿的不安全行为,实施违反社会公德行为,产生不良情绪、养成不良嗜好等可能影响未成年人身心健康的信息。

第四,以专章对网络防沉迷机制作出了具体的规定。除对《未成年人保护法》中的防沉迷机制进行了具体化以外,还规定应合理限制网络消费,并且要求网络服务提供者采取措施,防范和抵制流量至上等不良价值倾向,不得设置以应援集资、投票打榜、刷量控评等为主题的社区、群组,不得诱导未成年人参与应援集资、投票打榜、刷量控评等网络活动,并预防和制止其用户诱导未成年人实施上述行为。

第五,再次重申《个人信息保护法》对未成年人个人信息保护的原则和规则,个人信息处理者处理未成年人敏感个人信息作出了规定。具体包括个人信息处理者应事先进行个人信息保护影响评估,且评估报告和处理情况记录至少应保存3年等要求。

我们期待“未成年人网络保护条例”能够早日公布实施，并对未成年人的网络安全保护发挥重要的积极作用。

第三节　《未成年人保护法》中的网络安全保护制度

如上所述，2020 年修订的《未成年人保护法》的诸多亮点之一就是以专章对未成年人的网络保护作出了规定。同时，该法涉及未成年人网络保护的内容并不仅仅局限于第五章，而是贯穿了整部法律的诸多章节，包括但不限于第 17、44、48、50、51、52、58、63 条等条款。故而，应将未成年人网络保护置于未成年人保护的整体法律框架和社会保障体制下来进行理解，而不应脱离《未成年人保护法》的其他章节尤其是总则，孤立地看待未成年人网络保护。《未成年人保护法》网络保护主要内容如图 8－3 所示。

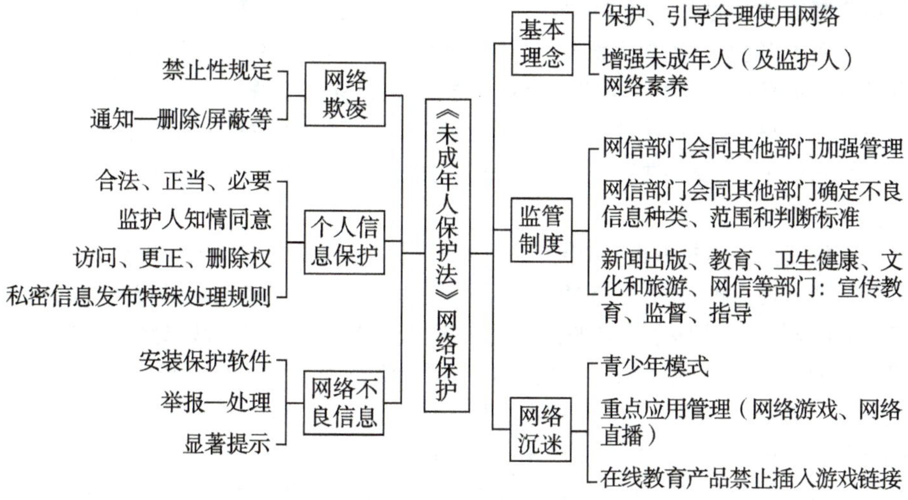

图 8－3　未成年人网络保护主要内容

本节将分别从基本理念、保护制度、特色亮点、重点领域等方面对《未成年人保护法》中未成年人网络保护的相关规定进行详细介绍。

一、未成年人网络安全保护基本理念

总体来说，《未成年人保护法》对未成年人网络保护采取了“保护与引导并重、提升网络素养、加强合理利用”的基本理念。值得称道的是，《未成年人保护法》并

未为了加强对未成年人的网络保护而一味强调将未成年人与网络隔绝开来;相反,该法在网络保护专章的第1条即强调网络素养的培育,奠定了以学校教育、家庭监督和引导、社会共同参与为基本框架的未成年人网络素养培育体系。此外,《未成年人保护法》还专门规定社区公益性互联网上网服务场所应免费向未成年人开放(第44条),并规定为未成年人提互联网上网服务设施的场所应当安装网络保护软件或采取其他安全保护技术措施(第69条)。由此可见,《未成年人保护法》在未成年人网络安全保护方面不仅加强了对平台监管,而且贯彻了以引导未成年人正确使用网络为重心的理念,强调家庭和教育者应"以关怀与支持的姿态介入"未成年人的网络活动。具体来说,这一理念主要体现在网络素养培育和家庭责任承担两大方面。

在网络素养培育方面,《未成年人保护法》明确规定未成年人网络素养培育是国家、社会、学校和家庭共同的责任,其最终目的是使未成年人具备"科学、文明、安全、合理"使用网络的意识和能力。应该看到,未成年人网络素养培育是我国公民数字素养培育的重要组成内容。为有效提高公民数字素养,2021年11月,我国正式发布了《提升全民数字素养与技能行动纲要》。这一纲要明确提出"将数字素养培育相关教育内容纳入中小学教育教学活动,设立信息科技相关必修课程,打造优质精品教材,开展数字素养相关课外活动"。[1] 除学校教育这一主体阵地外,包括网络培训平台、公共数字资源共享等在内的社会培训也构成了未成年人网络素养培育的重要组成部分。

在家庭责任承担方面,2020年《未成年人保护法》修订的一大亮点就是强化了父母或者其他监护人的首要责任,[2]在网络保护方面亦是如此。以防网络沉迷为例。《未成年人保护法》除对平台提出诸多要求外,也要求父母以身作则,规范自身使用网络的行为,并加强对未成年人使用网络行为的引导和监督(第71条第1款)。毋庸置疑,与未成年人保护中监护人的首要责任相适应,监护人在未成年人网络保护中同样应承担起首要责任。具体而言,《未成年人保护法》要求监护人在加强自身学习的基础上承担起对未成年人的教育和监管职责,教育和引导未成年人遵纪守法(第16条第3项),引导未成年人进行有益身心健康的活动(第16条第6项),加强对未成年人网络使用时间和访问内容的管理(第17条第6项、第71条),不得放任未成年人进入网吧等场所(第17条第7项),发现未成年人网络权益遭到侵害或遭受网络欺凌时,以未成年人的最大利益保护为原则行使更正、删除

---

〔1〕《提升全民数字素养与技能行动纲要》,载中国网信网,www. cac. gov. cn/2021-11/05/c_1637708867754305. htm。

〔2〕佟丽华:《〈未成年人保护法〉修订的十大变化》,载佟丽华主编:《〈中华人民共和国未成年人保护法〉理解与适用》,中国法制出版社2021年版,第2~3页。

权(第72条第2款)或通知网络服务提供者采取删除等措施(第77条)。

二、未成年人网络安全保护制度

2020年《未成年人保护法》修订的另一大亮点就是初步构建起了具有中国特色的未成年人保护制度体系。[1] 具体来说,在国家保护层面上构建起了以民政部门为承担者的未成年人保护协调工作机制,在家庭层面上确立了监护人首要责任原则,在社会层面上构建起了各人民团体、社会组织协助政府部门维护未成年人权益以及多元主体共同参与的体系机制,从而形成了全方位、立体式、多主体的未成年人协作合力保护制度。这一保护制度同样在未成年人网络安全保护上得到了充分的体现。由于家庭监督与引导上文已有详述,下面就将对除家庭责任以外的其他保护制度进行介绍。

首先,在国家保护层面上,《未成年人保护法》第五章与《网络安全法》关于国家网信部门统筹协调国家网络安全监管的规定保持一致,同样明确了国家网信部门在未成年人网络保护中的统筹协调地位。从具体职责来看,网信部门除应与其他部门一起加强对未成年人网络保护工作的监督检查与执法(《未成年人保护法》第66条)外,还应会同公安、文旅等部门"根据保护不同年龄阶段未成年人的需要,确定可能影响未成年人身心健康网络信息的种类、范围和判断标准"(第67条)。除网信部门外,其他部门也应切实承担起未成年人网络保护的职责,包括"定期开展预防未成年人沉迷网络的宣传教育,监督网络产品和服务提供者履行预防未成年人沉迷网络的义务,指导家庭、学校、社会组织互相配合,采取科学、合理的方式对未成年人沉迷网络进行预防和干预"(第68条)。

其次,学校和社会也应积极参与未成年人网络保护。在社会保护方面,《未成年人保护法》要求居民委员会、村民委员会设置专人专岗负责未成年人保护工作(第43条),要求网吧不得设置在学校周边且不得允许未成年人进入(第58条),以及公益性互联网上网服务场所应免费向未成年人开放(第44条),并安装网络保护软件或采取其他安全保护措施(第69条)等。在学校保护方面,《未成年人保护法》要求学校加强对未成年人网络使用活动的管理,包括合理使用网络开展教学活动、对带入学校的智能终端产品落实管理、防范学生沉迷网络(第70条)等。

最后,压实平台在未成年人网络保护上的主体责任。互联网的特性决定了平台切实承担起主体责任在未成年人网络保护上具有不可替代的作用。压实平台主体责任是我国网络监管中的重要一环,在未成年人网络保护中这一内容也同样得

[1] 佟丽华:《〈未成年人保护法〉修订的十大变化》,载佟丽华主编:《〈中华人民共和国未成年人保护法〉理解与适用》,中国法制出版社2021年版,第1~2页。

到了强调。除了后文将详细谈到的特色亮点与重点领域中平台特殊义务的设置,《未成年人保护法》还要求平台建立起有效的投诉、举报渠道,积极响应投诉、举报并采取有效的管理措施(第78条)。在发现用户利用其网络服务对未成年人实施违法犯罪行为时,平台"应当立即停止向该用户提供网络服务,保存有关记录,并向公安机关报告"(第80条第3款)。

三、未成年人网络安全保护特色亮点

《未成年人保护法》设置网络保护专章、强调网络素养培育与未成年人网络使用的引导与监督、明确未成年人网络保护体系,这些本身就构成了此次修订的特色亮点。而从其规定的未成年人网络保护具体内容来看,对网络欺凌作出专门应对、加强对"可能影响未成年人身心健康网络信息"的管理、设置防网络沉迷立体机制、明确未成年人个人信息处理规则等均构成了其中的特色亮点。其中,未成年人个人信息保护将在本章第四节集中介绍,这里就将对前三点展开介绍。

第一,《未成年人保护法》对网络欺凌作出了专门应对。[1] 上文已经提到过,包括网络暴力在内的网络欺凌是我国未成年人在线上遭遇的主要风险之一。从世界范围来看,网络欺凌亦构成未成年人网络保护的难点和重点。我国《未成年人保护法》在学校保护一章中对校园欺凌作出了专门规定,要求学校"建立学生欺凌防控工作制度,对教职员工、学生等开展防治学生欺凌的教育和培训"(第39条第1款),应该说这一举措对于防范网络欺凌亦具有积极意义。在此基础上,网络保护专章对网络欺凌作出了专门的规定。该法第77条第1款对网络欺凌作出了明确的界定,从而为网络欺凌的防范与应对奠定了基础。同时,第77条第2款对平台提出了明确的要求,即在接到遭受网络欺凌的未成年人及其监护人的通知后,其应及时采取包括删除、断开链接、屏蔽等在内的必要措施制止网络欺凌行为,防止信息扩散。同时,平台设置有效的投诉举报制度对于应对网络欺凌也将发挥积极作用。此外,该法还建立了严格的网络信息内容管理制度,要求智能终端产品的制造者、销售者在产品上安装未成年人网络保护软件或以显著方式告知未成年人网络保护软件的安装渠道或方法(第69条第2款),从而达到防范网络欺凌发生的目的。

第二,《未成年人保护法》设立了全面的防网络沉迷机制。如上所述,监护人是未成年人保护的第一责任人。在未成年人网络使用的介入与引导,包括防网络沉迷的监督和管理上,监护人负有不可推卸的责任。同时,学校的网络素养教育以

---

[1] 郭林茂主编:《中华人民共和国未成年人保护法解读》,中国法制出版社2020年版,第315~316页。

及学校与监护人的及时沟通也具有积极的意义。对此上文已有详述,此处不再赘述。网络保护专章中应对网络沉迷这一突出的社会问题时,提出主要通过压实平台责任来补足防网络沉迷机制。具体来说,该法第74条明确禁止平台向未成年人提供诱导其沉迷的产品和服务,这一规定当然也包括了算法机制管理的内容,要求网络游戏、网络直播、网络音视频、网络社交等未成年人使用频率较高的网络服务提供者应提供青少年模式,针对未成年人设置时间管理功能。同时,第74条针对未成年人上网使用频率最高的在线教育网络产品和服务也提出了专门的要求,禁止其插入游戏链接或推送广告等与教学无关的信息,从而降低延长未成年人屏幕使用时间和增加网络沉迷的概率。事实上,我国一贯重视网络沉迷问题,采取了包括限制未成年人使用网络游戏的时间段及消费额度或权限、上线"青少年防沉迷系统"及"青少年模式"等在内的一系列举措。[1]《未成年人保护法》规定的防网络沉迷机制可以说是对我国相关工作经验的总结与确认。

第三,强化了对与未成年人相关的网络信息内容的管理。首先,《未成年人保护法》第50~52条对与未成年人相关的网络信息内容管理作出了较为全面的规定。这些条款不仅禁止违法信息的发布,而且明确规定在发布可能影响未成年人身心健康的网络信息时应予以显著提示,其中第52条更是对儿童色情进行了严厉打击——根据本条规定,即使是"持有"有关未成年人的淫秽色情物品和网络信息亦构成违法。其次,该法第79、80条再次强化了对"可能影响未成年人身心健康的信息"的管理。不仅任何组织或者个人都可就此类信息向主管部门投诉、举报,而且平台亦负有作出提示或通知用户予以提示、立即停止传输、采取必要措施并向主管部门报告等义务。应该注意的是,"可能影响未成年人身心健康的信息"并不属于《网络安全法》第12条第2款所规定的被禁止信息,也不属于《未成年人保护法》第50条所规定的危害未成年人身心健康的信息。此类信息对成年人可能危害较小,因此不属于法律规制范围之内,但对于身心发育尚不成熟的未成年人则可能具有较大的危害性。故而,对于此类信息加强管理亦属于网络生态治理的题中之义。对于此类信息的认定,《未成年人保护法》第67条授权国家网信部门会同其他部门予以认定。事实上,国家网信办在《网络信息内容生态治理规定》(以下简称《网络生态治理规定》)和联合其他三部委发布的《互联网信息服务算法推荐管理规定》(以下简称《算法推荐管理规定》)中都将此类信息描述为"可能引发未成年人模仿不安全行为和违反社会公德行为、诱导未成年人不良嗜好等"的信息。这或许能为我们理解和认定此类信息提供一定的线索。

---

〔1〕 郭林茂主编:《中华人民共和国未成年人保护法解读》,中国法制出版社2020年版,第301~302页。

四、未成年人网络安全保护重点领域

上文提到过,网络沉迷、不良内容侵蚀与过度消费是我国未成年人网络保护中最突出的三大问题。《未成年人保护法》除了通过上述理念、制度及特色亮点内容对这些问题作出应对,还特别对未成年人使用频率高,容易引发网络沉迷、过度消费等问题的网络游戏、网络直播等重点领域专门作出了规定。

(一)网络游戏

网络游戏是引发未成年人网络沉迷和过度消费的重灾区,网络软色情、血腥暴力等危害或可能影响未成年人身心健康的内容也较为高发。因此,公安部、文化和旅游部、国家网信办等监管部门一直以来都将网络游戏作为我国未成年人网络安全保护的重点监管对象。早在2010年,原文化部就颁发了《网络游戏管理暂行办法》[1],确立了保护未成年人优先的原则,要求网络游戏经营者应获得网络文化经营许可证、加强内容管理、严格落实用户实名注册制度,并禁止网络游戏虚拟货币交易服务企业为未成年人提供服务。2017年由国家网信办牵头起草的《未成年人网络保护条例(送审稿)》提出,网络游戏服务提供者应限制未成年人连续使用游戏的时间和单日累计使用游戏的时间,并禁止未成年人在每日的0:00至8:00使用网络游戏服务。虽然送审稿未能正式通过并发布,但这一内容于2019年被《关于防止未成年人沉迷网络游戏的通知》修订后吸收,[2]从而间接发挥了保护未成年人的作用。经过多年的摸索,我国在网络游戏监管中逐渐形成了以身份证实名认证为基础、以时间管理和权限管理为主要手段的监管模式。

《未成年人保护法》在法律层面上统一和确认了网络游戏服务提供者应承担的未成年人网络保护义务。具体来说,网络游戏服务提供者除了承担《未成年人保护法》第74条所规定的禁止提供诱导未成年人沉迷的产品和服务与设置时间管理、权限管理、消费管理功能等义务,还应该承担以下特殊义务:(1)网络游戏的运营应经过行政审批;[3](2)依托国家建立的未成年人网络游戏电子身份认证系统,落实实名注册与登录;(3)游戏分类[4]与适龄提示、防范接触不适龄内容义务;

---

[1] 这一规章已经于2019年被废止。

[2] 该通知要求每日22时至次日8时不得为未成年人提供游戏服务,且对游戏充值金额区分不同年龄段作出了严格的限额规定。

[3] 具体审批部门和审批程序仍有待法规或规章作出具体规定。

[4] 我国游戏分类制度不同于西方的分级制度,其区别在于我国绝不允许色情、血腥、暴力、赌博等有害内容存在于面向未成年人的游戏中。郭林茂主编:《中华人民共和国未成年人保护法解读》,中国法制出版社2020年版,第307页。

(4)特定时间段(每日22时至次日8时)禁止为未成年人提供服务。

(二)网络直播

网络直播虽然出现的时间不长,但崛起迅速,且在未成年人中拥有广泛的市场。上文已经谈到过,网络直播可能引发的主要问题之一就是网络打赏。事实上,依据我国《民法典》的规定,未成年人实施的与其年龄、智力不相适应的巨额“打赏”为效力待定的民事法律行为,如事后未获得其监护人的同意或追认,则该款项应予返还。但是在司法实践中,由于平台审核机制等方面的问题,未成年人的网络打赏仍然引发了很多纠纷。为应对未成年人网络打赏引发的法律问题,我国有关部门颁发了许多文件。其中,2020年11月,国家广播电视总局发文要求封禁秀场直播和电商直播的未成年人打赏功能;2020年5月,最高人民法院在《关于依法妥善审理涉新冠肺炎疫情民事案件若干问题的指导意见(二)》中专门规定,限制民事行为能力人未经监护人同意,以“打赏”等方式支出与其年龄、智力不相适应的款项,监护人请求网络服务提供者返还该款项的,人民法院应予支持。

针对未成年人网络打赏的问题,《未成年人保护法》要求包括网络直播平台在内的网络服务提供者应上线“青少年模式”,加强未成年人平台权限管理,包括限制未成年人打赏权限。为进一步落实这一规定,2021年2月,国家网信办等七部委联合发布《关于加强网络直播规范管理工作的指导意见》,要求明确主播责任,禁止主播接受未成年人打赏;压实平台主体责任,禁止平台向未成年人提供充值打赏功能。该意见还要求平台建立未成年人专属客服团队,对未成年人冒用成年人账号打赏的,核实后须按规定办理退款。

网络直播存在的另一个突出问题就是不良信息泛滥。为治理网络直播内容生态、保障未成年人的身心健康,《未成年人保护法》除了要求网络直播平台承担内容治理的义务、上线青少年防沉迷系统和青少年模式,鉴于未成年人主播乱象频出且对未成年人成长产生了极为不利的影响,《未成年人保护法》还特别对未成年人担任主播作出了限制性规定。[1] 该法第76条明确规定,禁止网络直播平台为未满16周岁的未成年人提供网络直播发布者账号注册服务;对于已满16周岁未满18周岁的未成年人,网络直播平台则需要在落实身份认证并取得监护人同意的条件下,为未成年人提供网络直播发布者账号注册服务。

---

〔1〕 此前国家网信办在《关于开展2020“清朗”未成年人暑期网络环境专项整治的通知》中已明确提出“严禁未成年人担任主播上线直播”。

第四节　未成年人个人信息保护

一、未成年人个人信息法律规范

我国对未成年人个人信息保护作出了规定的规范性文件主要包括《民法典》、《未成年人保护法》、《个人信息保护法》和《儿童个人信息网络保护规定》。其中，前三者具有更高的法律效力，《儿童个人信息网络保护规定》则是国家网信办为了落实《网络安全法》的原则性规定而在儿童个人信息保护领域出台的专门性立法。除此之外，《信息安全技术　个人信息安全规范》(GB/T 35273－2020)也对未成年人个人信息保护提出了具体的要求。当然，由于推荐性国家标准并不具有强制约束力，这一标准对于未成年人个人信息保护仅具有参考性意义。综合以上规定来看，我国在未成年人个人信息法律保护上主要涵盖了以下几个方面的内容。

(一)基本原则与保护思路

综合考察相关法律规定，在《个人信息保护法》已出台的背景下，应该认为我国未成年人个人信息处理的基本原则与个人信息处理的一般原则并无二致，均适用“合法正当、最小必要、诚实信用、公开透明”等基本原则(《个人信息保护法》第5～7条)。但是，基于未成年人权利特殊保护的要求，我国法律仍然要求数据处理者在处理个人信息时对未成年人利益给予特别考虑。如上所述，与《儿童权利公约》所确立的儿童最大利益原则相适应，我国《未成年人保护法》规定了最有利于未成年人原则，并提出了“为未成年人提供安全、健康的网络环境”的建设目标。由此出发，国家对于未成年人个人信息也应给予特殊、优先保护，并要求数据处理者在处理未成年人个人信息时对未成年人利益予以重点、优先的考虑。

从宏观的保护思路来看，我国法律对未成年人个人信息采取了分类保护的基本思路。具体而言，通过将未成年人按照年龄划分为未满14周岁的未成年人和已满14周岁但未满18周岁的未成年人，我国法律法规对未成年人个人信息进行了最基础的分类。未满14周岁的未成年人由于认知能力、判断能力等的欠缺而应受到更为特殊的保护，这种特殊保护主要体现为监护人知情同意以及更为严格的处理规则；已满14周岁但未满18周岁的未成年人虽然已经具有了一定的认知能力和判断能力，但在个人信息处理过程中的诸项权利(如携带权、删除权等)的行使上仍需要监护人的协助，故个人信息处理者在处理其个人信息时也仍然应对未成年人的利益予以重点、优先的考虑。

(二)监护人知情同意

尽管不断有学者质疑"知情同意"规则的有效性,[1]但无论是从法学理论界的通说来看,还是从各国的立法实践来看,都可以说"知情同意"规则是个人信息处理中的黄金原则。[2] 同样地,根据《网络安全法》《民法典》等法律,我国在个人信息处理中也以知情同意为基本原则,且这一原则亦得到了《个人信息保护法》的确认。但是在未成年人个人信息处理中,这一基本原则却被赋予了特殊的内容——数据处理者在处理未满14周岁的未成年人个人信息时应将收集个人信息的内容、目的、隐私政策[3]等法定告知内容告知个人信息主体的监护人,并且只有在监护人作出明示同意的情况下才能合法地处理未成年人个人信息。监护人知情同意原则可以说是未成年人个人信息法律保护中共识度最高、最为成熟的内容之一。美国的COPPA主要就是围绕这一原则的建构与落实而展开的。除《个人信息保护法》外,我国《未成年人保护法》第72条以及《儿童个人信息网络保护规定》第9条亦作出了类似规定。

(三)特殊而严格的处理规则

世界各国均达成了以下共识:儿童个人信息处理必须遵循更为严格的控制规则。无论对个人信息的性质采取何种理解,能够达成共识的一点是:个人信息强调的是个人信息主体对个人信息在一定限度上的控制权。[4] 而与成人个人信息相比,儿童个人信息对个人信息主体控制权的强调程度更甚,这在法律层面上也就对应着更为严格的处理规则。总体来说,各国立法在儿童个人信息处理上更为严格的控制规则包括但不限于:提供单独且更为清晰易懂的隐私政策或条款并进行说明、配备专门的数据安全保障机制、禁止用户数字画像及自动化决策、禁止个人信息处理损害儿童利益等。

我国立法中也贯彻了这一基本立场。首先,《个人信息保护法》明确规定未满14周岁的未成年人个人信息属于敏感个人信息,应适用敏感个人信息的保护规则,并作出了以下特殊规定:(1)处理未满14周岁的未成年人个人信息必须制定专门的个人信息处理规则;[5](2)应当向个人告知处理敏感个人信息的必要性以

---

[1] 丁晓东:《个人信息保护:原理与实践》,法律出版社2021年版,第88页;韩旭至:《个人信息保护中告知同意的困境与出路——兼论〈个人信息保护法(草案)〉相关条款》,载《经贸法律评论》2021年第1期。

[2] 万方:《个人信息处理中的"同意"与"同意撤回"》,载《中国法学》2021年第1期。

[3] 本节中"隐私政策"即《个人信息保护法》中的第17条第3款中的"个人信息处理规则"。

[4] 丁晓东:《个人信息保护:原理与实践》,法律出版社2021年版,第72~73页。

[5] 当然,这一单独的规则可能表现为单独的隐私政策,也可能表现为隐私政策中的单独条款。

及对个人权益的影响,但是法律、行政法规规定应该保密或者不需要告知的除外。其次,《儿童个人信息网络保护规定》第8条要求网络运营者(数据处理者)设置专门的儿童[1]个人信息保护规则和用户协议,并指定专人负责保障其安全。该规定还对儿童个人信息处理规则的内容提出了以下特殊要求:网络运营者应明确告知处理儿童个人信息的范围、存储的地点及到期后的处理方式、安全保障措施、拒绝的后果等。

(四)更为广泛的删除权

虽然《个人信息保护法》中对于未成年人的删除权未作出特别规定,但《未成年人保护法》第72条第1款明确规定了除法律、行政法规另有规定者外,"未成年人、父母或者其他监护人要求信息处理者更正、删除未成年人个人信息的,信息处理者应当及时采取措施予以更正、删除"。同样地,我国《儿童个人信息网络保护规定》第20条对于儿童的删除权的规定即作了"包括但不限于以下情形"之表述,这也就意味着儿童及其监护人能够在更为宽泛的条件下行使删除权。据此,应该认为未成年人享有更为广泛的删除权,除法律、行政法规另有规定者外,未成年人的删除权不受《个人信息保护法》第47条所列情形的限制。

(五)执法监督与司法救济

在执法监督方面,未成年人个人信息保护不仅关系到个人信息处理的法律规制,而且关系到未成年人权益的保障。因此,它可能涉及多个部门。这就需要加强两个领域的监督执法部门的衔接联动,形成合力来保护未成年人个人信息。依据《未成年人保护法》,"县级以上人民政府应当建立未成年人保护工作协调机制,统筹、协调、督促和指导有关部门在各自职责范围内做好未成年人保护工作"。为贯彻落实《未成年人保护法》,国务院于2021年4月组建了国务院未成年人保护工作领导小组,作为议事协调机构。[2] 其职责之一就是"督促检查《未成年人保护法》等相关法律法规和制度落实情况……督办侵害未成年人合法权益重大案件处置工作"。而《个人信息保护法》规定:"国家网信部门负责统筹协调个人信息保护工作和相关监督管理工作。国务院有关部门依照本法和有关法律、行政法规的规定,在各自职责范围内负责个人信息保护和监督管理工作。"应该认为,国家网信办在未成年人个人信息执法监督上同样承担着统筹协调的职能。

在司法救济方面,因为未成年人个人信息受到侵害后被侵权人可能对此缺乏认知,或者无力寻求救济,因此《未成年人保护法》《个人信息保护法》都规定了以

---

〔1〕 根据《儿童个人信息网络保护规定》第2条,该规定所称之"儿童"为不满14周岁的未成年人。

〔2〕 国务院办公厅《关于成立国务院未成年人保护工作领导小组的通知》(国办函〔2021〕41号)。

人民检察院为主要主体的公益诉讼这一救济方式。《未成年人保护法》规定,“未成年人合法权益受到侵犯,相关组织和个人未代为提起诉讼的,人民检察院可以督促、支持其提起诉讼;涉及公共利益的,人民检察院有权提起公益诉讼”。《个人信息保护法》也规定,“个人信息处理者违反本法规定处理个人信息,侵害众多个人的权益的,人民检察院、法律规定的消费者组织和由国家网信部门确定的组织可以依法向人民法院提起诉讼”。为贯彻《个人信息保护法》的规定,最高人民检察院特别发布了《关于贯彻执行个人信息保护法推进个人信息保护公益诉讼检察工作的通知》,推动公益诉讼条款的落地,并明确将未成年人个人信息保护列为办案重点之一。事实上,在《未成年人保护法》生效之后,检察机关就在未成年人个人信息保护方面有意识地发挥作用,如发出检察建议、提起公益诉讼等。[1] 可以预见,今后检察机关必将通过公益诉讼、检察建议等多种形式在未成年人个人信息司法救济上发挥更为重要的作用。

二、未成年人个人信息法律保护中存在的不足

(一)身份识别存在困难

数据处理者适用未成年人个人信息处理规则的门槛性条件是有能力识别个人信息主体是否为儿童,且这一识别应该是在合理的技术、经济、管理等成本限度之内能够实现的,[2]否则法律要求数据处理者对未成年人个人信息适用特殊保护规则即为“要求为不可能之事”。然而,由于互联网所具有的虚拟性和匿名性,要准确判定每一个用户的身份对于网络服务提供者来说存在客观困难。例如,未成年人借用家长的手机号进行注册即可绕过年龄限制,[3]佩戴一副打印的眼镜即可破解人脸识别,[4]甚至未成年人直接使用家长的账号访问和使用网络资源与服务在现实生活中也是非常常见的现象。从我国未成年人使用网络的实际情况来看,除

---

〔1〕《最高检制发第六号检察建议积极参与网络治理》,载最高人民检察网,https://www.spp.gov.cn/spp/zdgz/202103/t20210308_511521.shtml;《全国首例未成年人网络保护民事公益诉讼案办结》,载最高人民检察院网,https://www.spp.gov.cn/spp/zdgz/202103/t20210317_512919.shtml。相关详细情况可参见《未成年人检察工作白皮书(2020)》。

〔2〕GDPR 和 COPPA 均强调了数据处理者应在合理成本的限度内承担个人信息保护义务。

〔3〕有学者指出,由于未成年人无法办理手机卡,因此其进行网络注册必然是借用家长的手机号。这种现象在网络教育服务中尤为突出。孙盖武:《儿童个人信息保护是伪命题还是真难题——兼评〈儿童个人信息网络保护规定〉》,载《青少年犯罪问题》2020 年第 2 期。

〔4〕泽南、蛋酱:《19 款国产手机无一幸免:15 分钟破解人脸识别,打印眼镜让刷脸形同虚设》,载微信公众号“机器之心”2021 年 1 月 27 日,https://mp.weixin.qq.com/s/3UxYNDXisPyO0aTIY_r3Aw。

了网络游戏和网络直播等重点监管的网络服务,未成年人用户身份认证程序形同虚设的问题普遍存在,[1]已经成为未成年人个人信息保障中的一大难解的症结。

当然,现代信息科技也为数据处理者识别用户年龄身份提供了相应的手段,而且随着技术的发展,这一手段也将越来越丰富。这些手段包括但不限于知识问答、身份验证、声纹识别、人脸识别,社交网站还可以通过对用户发布的信息进行语义分析来进行年龄识别等。[2] 但以上年龄识别手段极容易被绕开,或者需要付出较高的成本,或者为了识别用户身份而需要获取大量敏感个人信息进而可能对儿童个人信息造成新的威胁。总之,对于数据处理者而言,如何在合理的成本范围内、在不增加敏感个人信息收集的条件下,以有效的手段识别未成年人用户,目前仍是一个有待解决的难题。

(二)监护人难以回应法律的期待

如上所述,家长(监护人)的知情同意为未成年人个人信息处理中的黄金原则,也是未成年人个人信息保护中较为成熟的规则,得到了绝大多数国家的确认。从法律规范层面来说,监护人在未成年人个人信息保护中被寄予了厚望。根据各国的立法,在未成年人个人信息保护中监护人应该起到"把关人"的作用,在个人信息收集阶段筛选排除损害儿童利益的收集请求。然而,从实际运作情况来看,监护人往往不能起到这一作用,以至于"监护人知情同意"甚至被抨击为无用的规则。具体来说,其中存在的症结主要包括以下几点。

第一,"监护人知情同意"可能被绕过。与用户年龄认证一样,在网络环境中,由于缺乏面对面认证的条件,监护人知情同意规则很可能被绕过,从而失去实际意义。例如,未成年人谎报年龄;监护人出于种种原因主动帮助未成年人谎报年龄,绕开"监护人知情同意"规则;[3]未成年人趁监护人不注意或者以其他理由拿到监护人的手机自行完成"监护人知情同意";等等。除此之外,网络运营者也可能采取诸如拒绝未成年人注册、对未成年人仅提供单向内容等手段来规避"监护人知情同意"规则所带来的额外成本。[4] 而网站的这种做法反过来又会对未成年人

---

[1] 孙益武:《儿童个人信息保护是伪命题还是真难题——兼评〈儿童个人信息网络保护规定〉》,载《青少年犯罪问题》2020 年第 2 期。

[2] 汪婧、符梦婷:《美国儿童网络隐私保护法律制度经验与启示——基于 1998 - 2018 年处罚案例分析》,载《中国青年社会科学》2019 年第 4 期。

[3] 帮助孩子完成线上教育、希望孩子获得更多的线上社交等都可能构成其中的理由。王苑:《中国未成年人网络个人信息保护的立法进路——对"监护人或家长同意"机制的反思》,载《西安交通大学学报(社会科学版)》2019 年第 6 期。

[4] 周学峰:《未成年人网络保护制度的域外经验与启示》,载《北京航空航天大学学报(社会科学版)》2018 年第 4 期。

通过互联网获得资讯的权利造成负面影响。

第二,监护人缺乏足够的能力作出有效的同意。监护人知情同意规则存在的第二个困局在于知情同意规则本身。归根结底,监护人知情同意规则是知情同意规则在未成年人群体中的特殊适用,是由监护人代替不具有理解隐私政策能力的未成年人去阅读规则,并作出同意与否的决定。但知情同意规则本身早已受到了诸多诟病。不仅如此,监护人本身的数字素养与作为网络原住民的未成年人相比是否更具优势本身就是值得怀疑的——近年来,欧洲学者和我国学者几乎同时注意到了这一问题:家长在社交媒体上热衷于晒娃的行为事实上已经侵犯了未成年人的个人信息,甚至是隐私权。[1] 在这样的情况下,监护人是否具有足够的能力理解与未成年人个人信息相关的隐私政策,并作出最有利于未成年人的判断,就值得质疑了。

第三,监护人知情同意对运营者和家长都造成了较高的额外成本。对于家长而言,未成年人每注册一个网站都要阅读晦涩难懂的隐私政策并尽力理解其中的条款可能对未成年人造成的威胁,无疑需要付出较高的时间成本。对网络运营者而言,验证收到的同意确实是监护人作出的意思表示,而非未成年人代劳也需要付出技术和经济成本。以监护人知情同意验证机制相对较为完善的 COPPA 为例。作为"可验证的家长同意"(verifiable parental consent)制度的具体表现形式,COPPA 共列举了 6 种形式:父母签名的邮件、传真件或电子扫描件;金钱交易凭证;电话同意;视频连线同意;政府签发的身份认证系统;邮件回复双重确认。[2] 此外,依据避风港规则,美国联邦贸易委员会(FTC)还确认了基于认知能力的身份识别机制(knowledge-based identification)[3] 和基于人脸识别技术的身份证件照片对比机制。[4] 其中,邮件和传真的验证机制会使每个儿童的验证平均付出 3 美元的成本;身份证件的验证机制则需要家长上传更多的个人信息,并要求运营者完成验证后在系统内删除这些信息,这也增加了双方的成本;而在行业中运用最为广泛

---

〔1〕 Stacey B. Steinberg, *Sharenting: Children's Privacy in the Age of Social Media*, 66 Emory L. J. 839 (2017);《晒娃泄露孩子个人信息? 专家:家长也应加强公民媒介素养》,载微信公众号"隐私护卫队"2021 年 3 月 31 日,https://mp.weixin.qq.com/s?__biz=MzkwODMxNjY5NA==&mid=2247506035&idx=1&sn=cd44b4f116878498960d397d13a4e341&source=41#wechat_redirect。

〔2〕 殷峻:《网络时代儿童个人信息的法律保护——基于美国和欧盟立法的比较研究》,载《学术研究》2018 年第 11 期。

〔3〕 黄晓林、张亚男、吴以源:《共同打造儿童数字未来——欧美儿童数据保护对我国的借鉴》,载《信息安全与通信保密》2018 年第 8 期。

〔4〕 *Children's Online Privacy Protection Rule: A Six-Step Compliance Plan for Your Business*, FTC (Jul. 1, 2013), https://www.ftc.gov/tips-advice/business-center/guidance/childrens-online-privacy-protection-rule-six-step-compliance#step4.

的视频连线验证方式也会要求网络运营者付出大量的人力和时间成本。[1] 成本的增加甚至可能使得部分企业拒绝为儿童提供服务。[2]

(三)人工智能进一步增加了未成年人个人信息保护的困难

随着机器学习、大数据等的高速发展,人工智能技术已经呈现向传统产业广泛渗透的态势。智能泛在化成为现代数字社会的主要发展趋势。[3] 不仅仅是成年人,未成年人与人工智能技术也产生了多方位的深度接触。在智慧教育、智能家居与安防、智能玩具(陪伴机器人)、无人驾驶等领域,未成年人成为人工智能技术运用的主要目标群体之一。尤其是在智慧教育成为教育现代化战略任务之一的背景下,[4]其对适龄儿童教育的渗透率必将逐年上升,且将广泛覆盖城乡适龄儿童。但同时,以物联网为基础的人工智能技术对未成年人个人信息和隐私安全也带来了前所未有的威胁。[5] 与互联网应用相比,可能适用于未成年人的人工智能产品对用户数据的收集具有自动性、庞杂性、高度私密性、触发条件不确定性、难以觉察性等特点,由此也就导致监护人知情同意等保护规则在适用中面临更大的障碍。再加上物联网本身安全上的脆弱性,[6]未成年人个人信息与隐私面临着严重威胁。《2020 年全国未成年人互联网使用情况研究报告》就特别指出,应该重视可穿戴设备(如智能手表)和智能家居(如智能台灯)使用比例的提升对未成年人个人信息带来的威胁。[7]

---

[1] 殷峻:《网络时代儿童个人信息的法律保护——基于美国和欧盟立法的比较研究》,载《学术研究》2018 年第 11 期。

[2] 王苑:《中国未成年人网络个人信息保护的立法进路——对"监护人或家长同意"机制的反思》,载《西安交通大学学报(社会科学版)》2019 年第 6 期。

[3] 中国新一代人工智能发展战略研究院:《中国新一代人工智能科技产业发展报告·2020》;腾讯研究院:《2020 腾讯人工智能白皮书:"泛在智能"》。

[4] 《中国教育现代化 2035》提出的十大战略任务之一就是"加快信息化时代教育变革。建设智能化校园,统筹建设一体化智能化教学、管理与服务平台。利用现代技术加快推动人才培养模式改革,实现规模化教育与个性化培养的有机结合"。中共中央、国务院《关于深化教育教学改革全面提高义务教育质量的意见》也明确提出"促进信息技术与教育教学融合应用"。为贯彻以上政策,各地纷纷出台相应举措,教育部也启动了人工智能助推教师队伍建设行动试点工作。

[5] 有关物联网对个人信息的威胁,参见李欲晓:《物联网安全相关法律问题研究》,载《法学论坛》2014 年第 6 期;史宇航:《物联网环境下的个人信息权利及保护》,载《北京行政学院学报》2016 年第 6 期;宋阳等:《物联网 + 大数据环境下个人信息安全防范与保护措施研究》,载《情报科学》2020 年第 7 期。

[6] 孟岩等:《面向智能家居平台的信息物理融合系统安全》,载《计算机研究与发展》2019 年第 11 期;杨毅宇等:《物联网安全研究综述:威胁、检测与防御》,载《通信学报》2021 年第 8 期。

[7] 国外学者对此也有论述,参见 Jeremy Greenberg, *Dangerous Games: Connected Toys, COPPA, and Bad Security*, 2 Georgetown Law Technology Review 170 (2017)。

二、我国未成年人个人信息法律保护的完善路径

（一）确保监护人与数据处理者切实承担责任

毋庸讳言，无论法律作出了如何缜密的规定，未成年人个人信息保护实态到底如何，在很大程度上还是依赖于监护人和数据处理者是否能够积极承担相应的责任。

如同《儿童权利保护公约》序言及第 18 条第 1 款所指出的，是家庭，而不是政府，对儿童负有首要的照料和保护责任；尽管国家也负有保护儿童权利的义务，但它不应取代父母（监护人）的首要责任人地位，而应该采取各种促进、协助的手段确保父母（监护人）承担起上述责任。具体到包括儿童个人信息权在内的线上权利，儿童权利委员会第 25 号一般性意见提出"应该支持家长和照顾者获得数字素养，并认识到儿童面临的风险，以帮助他们落实与数字环境有关的权利，包括受保护的权利"。[1] 与之相适应，《未成年人保护法》在要求监护人切实履行监护职责的同时，也规定了监护人应该提高网络素养。对此上文已有介绍，此处不再赘述。

除此之外，我国网络立法一向非常强调网络运营者积极承担网络治理的社会责任，在未成年人个人信息保护上也应如此。尽管未成年人个人信息保护可能意味着数据处理者需要付出大量的投入，如制定符合要求的专门隐私政策或条款、建立未成年人个人信息安全保护制度、构建未成年人年龄验证及监护人同意验证机制等，但是基于未成年人保护的特殊利益，作为企业的数据处理者应该积极地承担起相应的义务。具体来说，除现行法律规定的义务之外，还有必要要求企业将隐私保护的设计概念纳入影响未成年人的数字产品和服务，[2] 培育面向未成年人的丰富多样的内容池，以及在开发推广适用于未成年人的新技术、新应用之前进行未成年人权利影响评估等。

（二）完善监护人知情同意规则

我国有关未成年人个人信息保护的立法中都规定了监护人知情同意规则，但均只笼统地作出了规定，而没有区分数据处理的不同情形，没有考虑到在特殊情形下，如未成年人遭受来自监护人的侵害而在网络上进行咨询、寻求救助的情形。这些规定一刀切地要求监护人知情同意反而有害于未成年人的权益保护。儿童权利委员会第 25 号一般性意见特别要求："在数字环境中为儿童提供预防性或咨询服

---

〔1〕《儿童权利委员会关于与数字环境有关的儿童权利的第 25 号一般性意见（2021 年）》，第 21 段。

〔2〕《儿童权利委员会关于与数字环境有关的儿童权利的第 25 号一般性意见（2021 年）》，第 70 段。

务的提供者应免除儿童用户必须征得父母同意才能使用此类服务的任何要求”。[1] GDPR 和 COPPA 中也作出了类似的规定。未成年人个人信息保护中要求取得监护人知情同意是出于保护儿童利益的目的。若与此目的相悖,当然不应该要求数据处理者继续遵守这一规则。我们认为,我国立法也应该遵循这一精神,明确特定情形下免除数据处理者征得监护人同意的义务。

除此之外,无论是《个人信息保护法》、《未成年人保护法》还是《儿童个人信息网络保护规定》,都只是规定了监护人知情同意规则,而没有对与之配套的两个验证机制——儿童用户年龄验证机制和家长同意验证机制作出规定。在缺乏明确的验证机制的情况下,监护人知情同意规则很可能会流于形式:儿童用户可以虚报年龄的方式轻易地绕过监护人知情同意规则,而即使是实报年龄,也可以自己代为作出同意。为此,必须尽快建立起上述两个验证机制。

首先,综合考虑我国未成年人网络权益保护机制,我们认为应该以青少年模式为依托来建立年龄验证机制,并可以考虑推广使用亲子账号等形式。根据《未成年人保护法》以及主管部门的政策部署,青少年模式的推广与落实已经成为了保障我国未成年人网络权益的主要抓手。[2] 也就是说,不仅仅是个人信息保护,未成年人其他网络权益的保障都需要通过青少年模式这一机制来展开。而完善用户年龄验证是落实青少年模式的第一步。目前,在网络游戏和网络直播等重点监管领域,相关机制正在不断完善,而这些领域所取得的合规经验也必将为其他网络服务提供有益的借鉴。具体到未成年人个人信息保护,我们认为在推广青少年模式的同时还应在立法中明确规定以下内容。第一,面向一般用户的数据处理者有义务在合理的成本范围内对用户的年龄进行验证。第二,专门面向未成年人提供服务,或者实际知道用户为未成年人的数据处理者无需进行年龄验证即必须履行未成年人个人信息保护的各项义务。此外,针对我国实践中未成年人无法办理手机号、经常使用家长手机注册使用网络服务等情况,可以考虑推广亲子账号[3]等形式来解决儿童用户绕开年龄验证及监护人同意验证的问题。

---

[1] 《儿童权利委员会关于与数字环境有关的儿童权利的第 25 号一般性意见(2021 年)》,第 78 段。

[2] 国家网信办在 2021 年的专项治理活动中将“青少年模式效能发挥不足”列为了七大重点整治内容之一。《中央网信办启动“清朗 · 暑期未成年人网络环境整治”专项行动》,载中国网信网,http://www.cac.gov.cn/2021-07/21/c_1628455293580107.htm。

[3] 例如,“智慧少先队”App 即由家长或监护人注册账号,登录后在身份管理下创设孩子的账号,在操作中可在“家长管理角色”与孩子的账号之间进行切换;而抖音、微信等也都为家长或监护人提供了通过亲子平台绑定孩子账号的功能。二者区别在于前者是孩子的账号依附于家长的账号,不能独立注册;后者是在家长和孩子都有独立账号的情况下将二者绑定。从解决儿童借用家长手机号注册从而绕过年龄验证这一问题的角度来看,更应该推广前一种形式。但无论是哪种形式,都有利于识别未成年人以及完成监护人知情同意的验证。

其次,在监护人同意验证机制上,COPPA 的做法对我们有较强的借鉴意义。除了上文提到过的 COPPA 明文规定的 6 种验证方式,更值得借鉴的是 COPPA 的避风港规则。[1] 数字科技的发展日新月异,在法律条文中对同意验证机制作出穷尽式列举显然是不可能的。同时,在数据处理者提出符合立法要求的验证机制条件下视为其已经尽到了合规义务,也能够激励数据处理者开发出更多的验证技术。我们可以借鉴这一思路来构建我国的监护人同意验证机制。此外,虽然有意见认为监护人同意验证机制增加了监护人和数据处理者的成本,但是这一机制所保护的利益——未成年人个人信息相比于上述成本具有更高的重要性,且在目前的制度和技术条件下,要达到保护这一利益的目的,监护人知情同意规则已是负担最小的手段,或者说,要实现这一目的目前并没有更有效的替代手段,因此这一机制与比例原则是相符合的。

(三)应增加有关禁止处理事项的规定

提出增加禁止处理事项的规定的主张主要是基于以下两个原因。第一,如同上文所述,监护人由于数字素养欠缺等原因,并不能保证在任何情况下所做决定都是最有利于未成年人的,因此从保障未成年人个人信息权益的角度出发,应该规定对于某些特别重要的数据,或者是某些极易侵犯未成年人权益的情形,数据处理者即使是在获得了监护人的明示同意的情况下也不得进行处理。第二,从防止人工智能技术对儿童的滥用的角度,规定禁止处理的事项尤其具有必要性。由于儿童具有脆弱性,人工智能技术一旦被滥用,极易造成对儿童权利,如平等权、人格权等的严重侵犯。《个人信息保护法》虽然在第 24 条就自动化决策作出了规定,但仍有较大不足,主要体现为以下两点:第一,自动化决策不能涵盖人工智能。所谓人工智能,即利用计算机或其控制的设备,通过感知环境、获取知识、推导演绎等方法,对人类智能的模拟、延伸或扩展。[2] 虽然自动决策系统构成了人工智能的重要内容,但除了自动化决策,人工智能还广泛涵盖了生物特征识别技术、语音识别、自然语言处理、人机交互、计算机视觉等多项内容。[3] 第二,没有考虑未成年人的特殊情形。与成年人相比,未成年人由于缺乏理性的判断及控制力而更容易被诱导作出不利于自身的决定。在比较法层面上,GDPR 禁止对未成年人适用轻推技术,COPPA 则禁止以奖励诱导儿童交出更多的个人信息。这些规则虽然在具体内

---

〔1〕 黄晓林、张亚男、吴以源:《共同打造儿童数字未来——欧美儿童数据保护对我国的借鉴》,载《信息安全与通信保密》2018 年第 8 期。

〔2〕 《网络安全标准实践指南——人工智能伦理安全风险防范指引》(TC260 - PG - 20211A)第 2.1 条。

〔3〕 腾讯研究院等:《人工智能:国家人工智能战略行动抓手》,中国人民大学出版社 2017 年版,第 51 ~ 66 页。

容上存在区别,但都是基于对儿童上述特性的特别考虑。相比之下,《个人信息保护法》的规定显然还需要进一步完善。

综上所述,我们认为,应以法律的形式明确规定不得出于商业目的将未成年人个人信息用于用户数据画像、自动化决策和直接营销,不得将未成年人个人信息用于个性化推送,不得对未成年人适用轻推技术,不得诱导未成年人以个人信息换取便利或利益等。

【练习题】

1. 未成年人网络保护有哪些特点?
2. 我国《未成年人保护法》在网络安全保护制度上有哪些特色亮点?
3. 防网络沉迷的相关法律规定是怎样的?

第九章　个人信息安全保护制度

典型案例

2019年,原告黄某在使用微信读书App时发现,在其不知情的情况下,该App自动为其关注了大量的微信好友。此外,无论原告黄某是否在微信读书中关注微信好友,其依然可以和共同使用微信读书的微信好友相互查看读书信息,包括查看书架、正在阅读的书籍和读书时长等信息。黄某认为腾讯公司侵害其个人信息权益及隐私权,遂诉至法院,要求腾讯公司等解除其微信读书内对微信好友的关注、停止提供读书信息、赔礼道歉和赔偿经济损失等。

北京互联网法院认为,微信读书App中微信好友之间的读书信息默认开放,构成对原告个人信息权益的侵害。原因有三:一是微信读书和微信为两个独立应用,不能当然进行好友关系的迁移;二是读书信息可能构成对用户的"人格画像",用户享有自主建立或拒绝建立信息化"人设"的自由;三是微信读书产品设计侵害用户隐私风险较高,应就信息处理方式向用户显著告知并征得同意。至于是否侵害用户隐私权,法院认为需要结合信息特点和使用方式等方面进行"场景性"判断。对于读书信息,用户可能存在不愿为他人知晓的期待,也可能存在知识共享、文化交流甚至商业回报等积极利用的期待,不同用户对于读书信息的隐私期待有所不同。原告的读书信息呈现方式为"原告阅读了《好妈妈胜过好老师》《所谓情商高,就是会说话》两本书籍",尚不构成一般理性标准下的"私密性"标准,对原告主张腾讯公司侵害其隐私权的诉求不予支持。法院判决:腾讯计算机公司停止微信读书收集、使用原告微信好友列表信息的行为,并删除微信读书中留存的原告的微信好友列表信息;解除原告在微信读书中对其微信好友的关注;解除原告微信好友在微信读书中对原告的关注;停止将原告使用微信读书App生成的信息(包括读书时长、书架、正在阅读的读物)向原告的微信好友展示的行为;腾讯深圳公司、腾讯计算机公司向原告书面赔礼道歉;三被告连带赔偿原告公证费6600元;驳回原告的其他诉讼请求。[1]

---

[1] 北京互联网法院民事判决书,(2019)京0491民初16142号。

第一节　个人信息的概念与特征

从世界范围内的立法来看,除了我国法律文本中使用的“个人信息”(personal information),还有“个人隐私”(personal privacy)和“个人数据”(personal data)两种提法。采用“个人隐私”的主要是以美国、加拿大和澳大利亚为代表的英美法系国家;采用“个人数据”的主要是欧盟及其成员国;采用“个人信息”的还有俄罗斯、日本和韩国等。比较特别的是经济合作与发展组织(OECD)发布的《隐私保护与个人数据跨境流动指南》(Guidelines on the Protection of Privacy and Transborder Flows of Personal Data),这一文件同时使用了“隐私”和“个人数据”两个概念。

在我国,“个人信息”这一概念最早见于2011年工信部发布的《规范互联网信息服务市场秩序若干规定》,其后一直沿用至今。个人信息是不是一项独立的人格权,是《民法典》编纂过程中的争议焦点之一。《民法典》人格权编没有直接将个人信息设为一种权利,而是将其作为人格权派生的一种利益、权益来保护。包含肖像、隐私等人格权的个人信息,依然适用肖像权、隐私权的条款来保护;其他个人信息则适用个人信息条款来保护。与隐私相比,个人信息的财产属性更为突出,可以说,个人信息已经成为大数据时代的“石油”。除此之外,个人信息的权益主体是自然人。除法律另有规定外,任何其他方对个人信息的收集、存储、处理、使用、共享、公开披露、删除等处理活动都以该权利主体对个人信息的知情同意为前提。这又与著作权等其他兼具财产利益和人格利益的民事权利有所不同。

一、个人信息的概念

我国的相关立法对个人信息有两种界定标准。一是“直接识别+间接识别”标准。例如,《民法典》第1034条第2款、《网络安全法》第76条采取的都是这一标准,将个人信息定义为以电子或者其他方式记录的能够单独或者与其他信息结合识别自然人个人身份的各种信息。《电信和互联网用户个人信息保护规定》第4条和《信息安全技术　个人信息安全规范》之3.1[1]采用的也是这一标准。二是“识别+关联”标准。这一标准的典型代表是《个人信息保护法》,该法第4条第1

[1] 尽管《信息安全技术　个人信息安全规范》仅仅是国家推荐性标准,但是它对于数据处理行业具有重要的指导作用,因此本章在规范讨论中也将其纳入其中。但这并不表明笔者认为其构成法律规范。

款将个人信息定义为“以电子或者其他方式记录的与已识别或者可识别的自然人有关的各种信息，不包括匿名化处理后的信息”。最高人民法院、最高人民检察院发布的《关于办理侵犯公民个人信息刑事案件适用法律若干问题的解释》第 1 条也采用这一标准。通过比较这两种定义可以发现，“识别 + 关联”标准下个人信息的范围更大。只要能识别出特定自然人，该特定个人在其活动中产生的信息均为个人信息。可见，《个人信息保护法》所调整的个人信息范围更为广泛。

二、个人信息的范围

《网络安全法》第 76 条列举的个人信息包括但不限于自然人的姓名、出生日期、身份证件号码、个人生物识别信息、住址和电话号码等。《民法典》第 1034 条在此基础上增加了电子邮箱、健康信息和行踪信息。《信息安全技术　个人信息安全规范》之 3.1 增加了通信通讯联系方式、通信记录和内容、账号密码、财产信息、征信信息、住宿信息、健康生理信息和交易信息等。《个人信息保护法》第 4 条第 1 款则是通过反向列举，将匿名化信息排除在个人信息范围之外。

尽管《信息安全技术　个人信息安全规范》扩充列举了个人信息的范围，但是在司法实践中对于个人信息范围的界定仍有诸多争议。比如，个人通讯录、好友列表、个人上网浏览记录等数据是否属于个人信息？个人使用的手机、电脑等设备的 MAC 编码、IP 地址等数据又能否被认定为“可识别特定自然人的信息”？前述微信读书案裁判时，《个人信息保护法》尚未正式实施，但是法院已经参照该法的精神采取了“识别 + 关联”的标准来具体判断微信读书获得的好友列表是否属于用户个人信息。腾讯公司获取的信息包括用户的昵称、头像、OPEN_ID 以及共同使用微信读书的微信好友的 OPEN_ID。这些信息虽然不包括微信账号、手机号等可单独识别特定个人的信息，但是，OPEN_ID 本身就是微信生成的识别用户的识别码，获取 OPEN_ID 即可以识别用户身份。昵称、头像、OPEN_ID 以及多个 OPEN_ID 之间的好友关系链等信息的组合，并未达到匿名化和去标识化的程度。特别是 OPEN_ID 与用户主体身份具有强对应关系，在特定场景下结合其他数据仍可还原到相对应用户的具体主体身份信息。微信读书中的读书信息包含可以指向该信息主体的网络身份标识信息，即“从信息到个人”；读书信息包括读书时长、最近阅读、书架、推荐书籍、读书想法等，能够反映阅读习惯、偏好等，符合“从个人到信息”的特征，因此属于个人信息。[1]

〔1〕 北京互联网法院民事判决书，(2019)京 0491 民初 16142 号。

三、个人信息的特征

个人信息的概念是在信息通信技术发展的过程中确立的，它虽然与隐私存在一定的联系，但在私密程度上弱于隐私，同时比隐私具有更强的商业性。因此，《民法典》将隐私与个人信息分别予以规定。

按照《民法典》第1032条第2款的规定，隐私是自然人的私人生活安宁和不愿为他人知晓的私密空间、私密活动、私密信息。就私人生活安宁而言，应当着重考量权利人个人生活状态是否因为具体行为的介入而产生变化，以及该变化是否给个人生活造成一定程度的侵扰。就私密空间、私密活动、私密信息而言，因互联网时代诸多的个人活动都以电子数据方式记录而呈现为个人信息，且《民法典》第1034条第3款规定“个人信息中的私密信息，适用有关隐私权的规定”，私密信息与个人信息之间的关系应予着重考量。

个人信息与作为隐私权客体的私密信息既有交叉亦有不同。我们可以从以下几点对二者的关系予以把握。第一，从权利类型看，隐私权具有绝对权属性，个人信息是受法律保护的法益，尚未上升至权利。第二，从立法价值取向看，隐私权与个人信息权益根本上都体现自然人的人格尊严和人格自由价值，但个人信息权益同时涉及信息利用和流通价值。第三，从利益内容看，隐私权主要体现精神利益，而个人信息权益可能同时包括精神利益及财产利益。第四，从保护客体和损害后果来看，隐私权保护的是具有私密性的信息，一经泄露即易导致个人人格利益受到损害；而非私密信息的个人信息，仅在被过度处理的情形下才可能使得信息主体受到人格或财产损害。第五，从权利特点和保护方式上看，隐私权更注重消极性、防御性，对它的保护更为严格；而个人信息权益保护在注重预防侵害的同时，还强调信息主体积极、自决地利用权益，如选择、访问、更正和删除等。

四、相关概念和术语

（一）敏感个人信息

《个人信息保护法》第28条和《信息安全技术　个人信息安全规范》之3.2[1]将敏感个人信息定义为：一旦泄露或者非法使用，容易导致自然人的人格尊严受到侵害或人身、财产安全受到危害，使个人名誉、身心健康受到损害或受到歧视性待遇的个人信息，包括生物识别、宗教信仰、特定身份、医疗健康、金融账户、行踪轨迹

---

〔1〕 该规范使用的是“个人敏感信息”，与《个人信息保护法》使用的“敏感个人信息”等同。

等信息，以及不满 14 周岁（含）未成年人的个人信息等。基于这些信息的重要性，敏感个人信息的受保护程度要高于一般个人信息。

敏感个人信息更强调不当利用给信息主体带来的客观风险，该风险包括人身、财产风险；私密信息则更强调因信息涉及人格利益而不愿为他人知晓的主观意愿。因此，敏感个人信息可能与私密信息存在交叉，但不能概括地将其等同为私密信息。此外，前述所列敏感个人信息类型中哪些可以被认定为隐私，即个人信息与个人隐私范围如何具体界分，《民法典》和与个人信息相关的法律均未给出明确结论。当个人信息被侵犯时，被害人应当以个人信息侵权还是个人隐私侵权为由来寻求法律救济，还是司法实践面临的难题。

（二）个人信息主体

根据《信息安全技术　个人信息安全规范》之 3.3 的规定，个人信息主体是指个人信息所标识或关联的自然人。《民法典》没有对个人信息主体作出单独规定，而是统称为“自然人”。《个人信息保护法》同样没有规定，而是称为“个人”。

（三）网络运营者

根据《网络安全法》第 76 条的规定，网络运营者是指网络的所有者、管理者和网络服务提供者，涵盖所有网络用户的相对方。《个人信息保护法》采用的是“个人信息处理者”的概念，其是指在个人信息处理活动中自主决定处理目的、处理方式的组织、个人，[1] 强调对个人信息有控制权和处理权的主体。由于信息处理既包括线上处理，也包括线下处理，不限于网络运营者，所以个人信息处理者与网络运营者这两个概念存在交叉。[2]

（四）匿名化

根据《个人信息保护法》第 73 条的释义，匿名化是指个人信息经过处理无法识别特定自然人且不能复原的过程。《信息安全技术　个人信息安全规范》之 3.14 将匿名化界定为“使得个人信息主体无法被识别或者关联”。[3] 在《个人信息保护法》已经出台的背景下，对于匿名化的理解应当从该法之规定。

---

〔1〕《个人信息保护法》第 73 条。

〔2〕本书在介绍相关制度时所使用的概念，以立法中的表述为准。

〔3〕《个人信息保护法》将这一情形界定为“去标识化”。具体而言，根据该法第 73 条，去标识化即“个人信息经过处理，使其在不借助额外信息的情况下无法识别特定自然人的过程”。

第二节　个人在信息处理活动中的权利

按照《个人信息保护法》第 4 条第 2 款和《民法典》第 1035 条第 2 款的规定，个人信息的处理包括收集、存储、使用、加工、传输、提供、公开、删除等行为。《未成年人网络保护条例（征求意见稿）》第 37 条针对未成年人的敏感个人信息，要求信息处理行为应当具有特定的目的和充分的必要性，采取严格的保护措施；第 38 条强化了对未成年人个人信息处理行为的规制，要求个人信息处理者原则上不得向他人提供其处理的未成年人信息，确有必要向他人提供的，应当符合法律规定的要求。

一、对信息处理行为的同意及撤回的权利

（一）一般规定

《网络安全法》第 22 条第 3 款规定，网络产品、服务的提供者在收集用户信息时应当向用户明示并取得同意。《民法典》第 1035 条、《个人信息保护法》第 13 条也将"取得个人的同意"作为处理个人信息的合法性基础之一。《个人信息保护法》第 27 条规定，对于已公开的个人信息，个人信息处理者在处理时一般不需要再经过用户同意，但个人明确拒绝的和对个人权益有重大影响的除外。对于敏感个人信息的处理，《个人信息保护法》第 29 条增加了"单独同意"和"书面同意"〔1〕的规定。《网络安全法》只针对收集和使用作出限制，而《民法典》和《个人信息保护法》规定的个人信息处理行为的范围远大于收集和使用的范围。

（二）同意的内涵

《个人信息保护法》第 14 条要求"同意"应当由个人在充分知情的前提下自愿、明确作出。个人信息的处理目的、处理方式和处理的个人信息种类发生变更的，应当重新取得个人同意。《信息安全技术　个人信息安全规范》之 4 也规定，应当就个人信息处理的目的、方式、范围等规则向个人信息主体明示并征求其授权同意。对于同意的范围，《个人信息保护法》没有作出特别规定，《信息安全技术　个人信息安全规范》之 7.3 规定个人信息控制者使用个人信息时，不应超出与收集

---

〔1〕《网络数据安全管理条例（征求意见稿）》第 73 条对"单独同意"的解释是数据处理者在开展具体数据处理活动时，对每项个人信息取得个人同意，不包括一次性针对多项个人信息、多种处理活动的同意。

个人信息时所声称的目的具有直接或合理关联的范围。因业务需要,确需超出上述范围使用个人信息的,应再次征得个人信息主体明示同意。

此外,个人单独同意还能阻却个人信息处理者行为的违法性。例如,《个人信息保护法》第25条规定,个人信息处理者不得公开其处理的个人信息,取得个人单独同意的除外。第26条规定,在公共场所安装图像采集、个人身份识别设备,应当为维护公共安全所必需,遵守国家有关规定,并设置显著的提示标识。所收集的个人图像、身份识别信息只能用于维护公共安全的目的,不得用于其他目的;取得个人单独同意的除外。

(三)同意的撤回

作为一个意思表示,个人的同意也可以撤回。根据《个人信息保护法》第15条的规定,基于个人同意处理个人信息的,个人有权撤回其同意。个人信息处理者应当提供便捷的撤回同意的方式。个人撤回同意不影响撤回前基于个人同意已进行的个人信息处理活动的效力。撤回同意后,个人信息控制者后续便不得再处理相应的个人信息。

(四)同意的例外

《网络安全法》第42条第1款及《民法典》第1038条将经过加工处理无法识别特定个人且不能复原的信息作为被收集者同意的例外。此类信息已成为匿名化信息,并未被纳入个人信息的范畴。即便未经被收集者同意,网络运营者也可以向他人提供。

《信息安全技术　个人信息安全规范》之5.6还详细列举了11项授权同意的例外情形:(1)与个人信息控制者履行法律法规规定的义务相关的;(2)与国家安全、国防安全直接相关的;(3)与公共安全、公共卫生、重大公共利益直接相关的;(4)与刑事侦查、起诉、审判和判决执行等直接相关的;(5)出于维护个人信息主体或其他个人的生命、财产等重大合法权益但又很难得到本人授权同意的;(6)所涉及的个人信息是个人信息主体自行向社会公众公开的;(7)根据个人信息主体要求签订和履行合同所必需的;(8)从合法公开披露的信息中收集个人信息的,如合法的新闻报道、政府信息公开等渠道;(9)维护所提供产品或服务的安全稳定运行所必需的,如发现、处置产品或服务的故障;(10)个人信息控制者为新闻单位,且其开展合法的新闻报道所必需的;(11)个人信息控制者为学术研究机构,出于公共利益开展统计或学术研究所必要,且其对外提供学术研究或描述的结果时,对结果中所包含的个人信息进行去标识化处理的。该规范之9.5"共享、转让、公开披露个人信息时事先征得授权同意的例外"规定了个人信息控制者在共享、转让、公开披露个人信息时不必事先征得个人信息主体授权同意的情形,涵括在以上范围之中。

(五)未成年人同意的特殊规定

第八章已经对未成年人个人信息保护进行了专门介绍,这里我们将集中围绕《未成年人网络保护条例(征求意见稿)》对未成年人同意的特殊规定做补充介绍。该征求意见稿第37条重申了《个人信息保护法》的规定,要求在处理未成年人敏感信息时,应当依法告知处理敏感个人信息的必要性及对个人权益的影响,并取得单独同意。第38条则吸收了《个人信息保护法》与《儿童个人信息网络保护规定》的内容,规定数据处理者确有必要向他人提供其处理的未成年人个人信息的,应当依法向未成年人或者其监护人告知接收方的名称或者姓名、联系方式、处理目的、处理方式和个人信息的种类,并取得单独同意。接收方变更原先的处理目的、处理方式的,应当依法重新取得同意。

针对未成年人个人信息被滥采滥用、保护不充分等问题,该征求意见稿通过上述条款对敏感个人信息及监护人的义务及职责进行了明确,强化了对未成年人个人信息的保护。

二、删除权和更正权

《网络安全法》第43条和《民法典》第1037条规定了个人信息删除权和更正权。

(一)行使删除权的条件

早在2012年,全国人大常委会在《关于加强网络信息保护的决定》第8条中就规定,公民发现泄露个人身份、散布个人隐私等侵害其合法权益的网络信息,或者受到商业性电子信息侵扰的,有权要求网络服务提供者删除有关信息或者采取其他必要措施予以制止。

《网络安全法》第43条及《民法典》第1037条对行使删除权的条件作出了更为具体的规定:一是个人发现网络运营者或个人信息处理者违反法律、行政法规的规定或者双方的约定收集、使用、处理其个人信息;二是发现网络运营者或个人信息处理者收集、存储的个人信息有错误的,个人有权要求网络运营者或个人信息处理者立即采取措施予以删除或者更正。《个人信息保护法》第47条针对行使删除权的条件进行了补充,这些条件包括:一是处理目的已实现、无法实现或者对于实现处理目的不再必要;二是个人信息处理者停止提供产品或者服务,或者保存期限已届满;三是个人撤回同意;四是法律、行政法规规定的其他情形。

此外,根据《信息安全技术 个人信息安全规范》之8.3,个人信息主体可以要求删除个人信息的情形包括:(1)个人信息控制者违反法律规定,收集、使用个人信息;(2)个人信息控制者违反与个人信息主体的约定,收集、使用个人信息;(3)个人信息控制者违反法律规定或违反与个人信息主体的约定向第三方共享、转让个人信息、公开披露个人信息。

综上,个人行使删除权的情形包括:(1)个人信息处理者违反法律、行政法规或约定收集使用个人信息;(2)发现网络运营者收集、存储其个人信息有错误;(3)个人信息处理者违反法律、行政法规的规定或者双方的约定处理其个人信息;(4)处理目的已实现、无法实现或者为实现处理目的不再必要;(5)个人信息处理者停止提供产品或者服务,或者保存期限已届满;(6)个人撤回同意;(7)发现泄露个人身份、散布个人隐私等侵害个人合法权益的网络信息,或受到商业性电子信息侵扰;(8)个人信息控制者违反法律规定或与信息主体的约定向第三方共享、转让、公开披露个人信息的。

(二)删除权行使的效果

《民法典》《个人信息保护法》等法律规定,收到个人的信息删除请求时,个人信息处理者应当及时采取措施予以删除或更正。

此外,根据《网络数据安全管理条例(征求意见稿)》第23条的规定,个人提出删除其个人信息的合理请求的,个人信息处理者应当提供便捷的支持个人删除其个人信息和注销账号的功能,不得设置不合理条件,不得以时间、位置等因素对个人的合理请求进行限制,并且要求收到删除本人个人信息申请的,应当在15个工作日内处理并反馈。

(三)删除权的行使主体及范围

除《民法典》第1037条规定的自然人主体外,《个人信息保护法》第49条规定,自然人死亡的,其近亲属为了自身的合法、正当利益,可以对死者的相关个人信息行使删除和更正的权利。根据《未成年人保护法》第72条第2款,针对未成年人个人信息的更正、删除请求,可由未成年人、父母或者其他监护人提出。而《未成年人网络保护条例(征求意见稿)》第40条进一步规定,针对未成年人个人信息的查阅、转移、更正、补充、删除请求,可由未成年人或其监护人依法提出。

删除的信息涵盖与权利人相关的网上行为信息,既可以是直接显示权利人身份或行为的信息(如权利人的姓名、电子邮件地址或手机号码),也可以是间接显示行为人的信息(如权利人的IP地址、搜索记录或浏览记录等)。此外,权利人不仅可以请求网站删除本人发布的信息,也有权要求存储人删除他人转发的由权利人发布的信息。

三、个人信息安全受法律保护的权利

《民法典》第1034条第1款和《个人信息保护法》第2条规定自然人的个人信息受法律保护，任何组织、个人不得侵害自然人的个人信息权益。《消费者权益保护法》和全国人大常委会《关于加强网络信息保护的决定》第1条都有类似规定。针对未成年人的个人信息保护，《未成年人网络保护条例(征求意见稿)》第39条规定了未成年人的监护人应当对未成年人的个人信息进行保护、指导使用和教育引导。这一规定可以说是《未成年人保护法》第71条的具体体现。

个人信息原则上不得公开披露。《信息安全技术 个人信息安全规范》之9.4规定了个人信息确需公开披露应符合的要求，包括个人信息控制者经法律授权或具备合理事由，事先开展个人信息安全影响评估，向个人信息主体告知公开披露个人信息的目的、类型(包括敏感信息)并事先征得个人信息主体明示同意，准确记录和存储个人信息的公开披露情况等。个人生物识别信息和我国公民的种族、民族、政治观点、宗教信仰等个人敏感数据的分析结果不应公开。

四、投诉和举报的权利

针对危害网络信息安全的监督，《网络安全法》第49条规定了公民对网络信息安全的投诉和举报权利，网络运营者应当建立配套的投诉、举报制度，及时受理并处理社会公众的投诉和举报。

全国人大常委会《关于加强网络信息保护的决定》第9条规定了针对公民个人电子信息的违法犯罪行为以及其他网络信息违法犯罪行为，个人有权向有关主管部门举报、控告；接到举报、控告的部门应当依法及时处理。如果公民发现个人信息被滥用、侵犯等情况，可以向门户商业网站进行申诉，或者拨打12377(违法和不良信息举报中心)、12321(网络不良与垃圾信息举报受理中心)进行申诉。

第三节 个人信息处理者的义务

从国内外立法来看，针对个人信息活动中与个人相对的一方主体的称谓大体有两个：个人信息(数据)控制者和个人信息(数据)处理者。不同的国家对这两个概念的理解也不相同。例如，欧盟的GDPR就是将这两个概念明确区分开来的。根据GDPR第4条第7项，数据控制者(data controller)是指能单独或与他方共同决定个人数据处理目的和方式的自然人或法人、公共机构、政府机关或其他组织。

根据 GDPR 第 4 条第 8 项,数据处理者(data processor)是指代表数据控制者处理个人数据的自然人或法人、公共机构、政府机关或其他组织。数据处理者必须是数据控制者以外的人。GDPR 严格区分二者的意义在于,数据控制者决定使用数据的目的和处理数据的方式。数据处理者受控制者给出的指示的约束,并且在处理控制者的数据时仅"代表"控制者行事。如果数据处理者为了自身的业务目的处理数据,则成为数据控制者,不再是数据处理者。可见,在 GDPR 框架下,某个主体是数据控制者还是数据处理者,需要具体问题具体分析,因为 GDPR 为每个角色赋予了不同的责任和义务。

但是我国却采取了完全不同的做法。根据《个人信息保护法》第 73 条,个人信息处理者是指在个人信息处理活动中自主决定处理目的、处理方式的组织、个人。[1] 可见,我国立法中并未对二者作出区分,我国所称之"个人信息处理者"涵盖了 GDPR 所称之"数据控制者"。本书统一采用"个人信息处理者"的提法。

一、个人信息处理者义务履行的基本原则

(一)合法、正当、必要的原则

合法、正当、必要原则是个人信息保护的基本原则。《网络安全法》第 41 条和《数据安全法》第 32 条都对此进行了明确规定。《电信和互联网用户个人信息保护规定》第 5 条和《电子商务法》第 23 条也分别针对电信业务经营者、互联网信息服务提供者和电子商务经营者规定了这一原则。《个人信息保护法》在合法、正当、必要的基础上,还增加了"诚信"原则。"诚信"原则与"合法、正当、必要"原则本质上是相通的,原则上应以不同领域中的明文规定为标准,若个案结果明显不公正,则可引入诚信原则。

1. 合法原则

合法原则即要求网络运营者收集、使用个人信息必须有合法依据,且收集、使用的方法应当符合法律规定,主要体现在网络运营者依据相关法律的规定收集、使用个人信息,为用户提供服务的协议不能违反法律等方面。

《网络安全法》第 41 条、第 48 条,《民法典》第 1035 条和《消费者权益保护法》第 29 条都规定了收集、使用、处理个人信息时应当遵守法律、行政法规的规定。《个人信息保护法》第 5 条、《电信和互联网用户个人信息保护规定》第 9 条等法律、行政法规中也规定,不得以窃取、欺诈、诱骗、误导、胁迫、强迫等其他非法方式

---

[1] 《信息安全技术 个人信息安全规范》还规定了"个人信息控制者",这一概念指的是有能力决定个人信息处理目的、方式等的组织或个人。《网络数据安全管理条例(征求意见稿)》中规定的"数据处理者"与上述两个概念没有本质上的区别。

收集、使用、处理个人信息。《信息安全技术　个人信息安全规范》之5对个人信息控制者的收集行为进行了更为详细的约束,包括不应以欺诈、诱骗、误导的方式收集个人信息,不应隐瞒产品或服务所具有的收集个人信息的功能,不应从非法渠道获取个人信息等。

2. 正当、必要原则

正当、必要原则包括目的特定原则和收集使用限制原则两个子原则。

(1)目的特定原则

目的特定是指个人信息的收集、处理与利用应当依据特定、明确的目的进行,禁止超出目的范围收集、使用个人信息。

《网络安全法》第41条规定网络运营者收集、使用个人信息时应明示收集、使用信息的目的、方式和范围,不得收集与其提供的服务无关的个人信息。[1]《个人信息保护法》第6条规定处理个人信息应当具有明确、合理的目的,并应当与处理目的直接相关。《数据安全法》第32条规定了应当在法律、行政法规规定的目的和范围内收集、使用数据。[2]

《信息安全技术　个人信息安全规范》之5.2提出收集个人信息的类型应与实现产品或服务的业务功能有直接关联,这里的"直接关联"是指如果没有上述个人信息的参与则产品或服务的功能无法实现。该规范7.3"个人信息使用的目的限制"中对个人信息的使用也规定"不应超出与收集个人信息时所声称的目的具有直接或合理关联的范围"。

(2)收集使用限制原则

《个人信息保护法》第6条规定,收集个人信息应当限于实现处理目的的最小范围,不得过度收集个人信息。该法第19条规定,除法律、行政法规另有规定外,个人信息的保存期限应当为实现处理目的所必要的最短时间。收集使用限制原则要求收集和使用个人信息应当限定在必要的限度内,不应当超出特定目的的合理范围。网络运营者在设计业务需求和管理制度时,应当将信息的收集、使用限制在履行特定目的所必需的最低限度内。

《电信和互联网用户个人信息保护规定》第9条规定,电信业务经营者、互联网信息服务提供者在用户终止使用电信服务或者互联网信息服务后,应当停止对用户个人信息的收集和使用,并为用户提供注销号码或者账号的服务。法律、行政法规另有规定的,从其规定。这是对提供网络服务具体主体的特别法要求。

《网络数据安全管理条例(征求意见稿)》第22条列举了数据处理者应当在15

---

[1] 类似规定还有《民法典》第1035条、《消费者权益保护法》第29条和全国人大常委会《关于加强网络信息保护的决定》第2条。

[2] 类似规定还有《电信和互联网用户个人信息保护规定》第9条。

个工作日内删除个人信息或者进行匿名化处理的情形:第一,已实现个人信息处理目的或者实现处理目的不再必要;第二,达到与用户约定或者个人信息处理规则明确的存储期限;第三,终止服务或者个人注销账号;第四,因使用自动化采集技术等,无法避免采集到的非必要个人信息或者未经个人同意的个人信息。删除个人信息从技术上难以实现,或者因业务复杂等原因,在15个工作日内删除个人信息确有困难的,数据处理者不得开展除存储和采取必要的安全保护措施之外的处理,并应当向个人作出合理解释。

《信息安全技术 个人信息安全规范》之4对于"最小必要"的要求为,只处理满足个人信息主体授权同意的目的所需的最少个人信息类型和数量,且在目的达成后应及时删除个人信息。该规范5.2对个人信息收集的要求为,个人信息控制者在收集个人信息时,自动采集个人信息的频率应是实现产品或服务的业务功能所必需的最低频率;间接获取个人信息的数量应是实现产品或服务的业务功能所必需的最少数量。该条分别从收集数量、收集频率等方面具体阐述了收集使用个人信息的限制。

在前述案例中,法院对信息的收集和使用行为进行了细分,认为微信读书App获取原告的微信好友列表不属于使用个人信息,而属于收集个人信息。"收集"这一概念不应仅限于技术上的收集过程。在某一主体处理个人信息的权限和能力从无到有的过程中,即使没有发生技术上的独立过程,也可以认为构成了法律上的收集行为。微信读书从微信获取用户个人信息的行为,虽然从技术上只是基于原先收集数据的直接使用行为,但从法律上讲,还是应当视为收集行为,只是收集方式不是从用户方直接收集,而是从第三方收集。此时,应当按照《个人信息保护法》的规定,取得用户明示同意。腾讯公司既没有向用户告知收集信息的明确主体,也未让用户知悉"寻找共同使用该应用的好友"是收集信息还是使用已掌握的信息。因此,在用户合理认知微信与微信读书均为独立软件的情形下,微信读书获取微信好友列表的行为,属于收集用户个人信息的行为,而非使用个人信息的行为。[1]

3. 对特殊信息的要求

(1)敏感个人信息

《信息安全技术 个人信息安全规范》之5.4规定,收集敏感个人信息前,应征得个人信息主体的明示同意,并应确保个人信息主体的明示同意是其在完全知情的基础上自主给出的、具体的、清晰明确的意愿表示。《个人信息保护法》第30条规定,处理敏感个人信息不仅应当在处理前以显著方式、清晰易懂的语言真实、准确、完整地向个人告知相关事项,还应当向个人告知处理敏感个人信息的必要性以及对个人权益的影响。

---

〔1〕 北京互联网法院民事判决书,(2019)京0491民初16142号。

(2)未成年人个人信息

有关未成年人个人信息的特殊要求,本书第八章已有介绍,此处不再赘述。

(3)间接获取的个人信息

《信息安全技术　个人信息安全规范》之 5.4 对间接获取个人信息提出了具体要求:第一,应要求个人信息提供方说明个人信息来源,并对其个人信息来源的合法性进行确认;第二,应了解个人信息提供方已获得的个人信息处理的授权同意范围,包括使用目的,个人信息主体是否授权同意转让、共享、公开披露、删除等;第三,如开展业务所需进行的个人信息处理活动超出已获得的授权同意范围的,应在获取个人信息后的合理期限内或处理个人信息前,征得个人信息主体的明示同意,或通过个人信息提供方征得个人信息主体的明示同意。

(二)公开透明原则

公开透明原则在我国首次得到规定,是在《网络安全法》第 41 条。该条款要求网络运营者在收集、使用个人信息时,应当公开收集、使用规则,明示收集、使用个人信息的目的、方式和范围,确保个人信息主体的知情权。[1]

事实上,处理个人信息应当遵循公开、透明原则,公开个人信息处理规则,明示处理的目的、方式和范围,这在《网络安全法》第 41 条、《民法典》第 1035 条、《个人信息保护法》第 7 条以及《消费者权益保护法》第 29 条中均有规定。其中《网络安全法》《消费者权益保护法》中只针对"收集、使用"行为,但《个人信息保护法》《民法典》的表述为"处理",根据《个人信息保护法》第 4 条第 2 款和《民法典》第 1035 条的规定,显然"处理"的范围较"收集、使用"更广。

此外,公开透明原则在《个人信息保护法》中还表现在第 17 条,该条规定个人信息处理者在处理个人信息前,应当以显著方式、清晰易懂的语言真实、准确、完整地向个人告知以下事项:个人信息处理者的名称或者姓名和联系方式;个人信息的处理目的、处理方式,处理的个人信息种类、保存期限;个人行使本法规定权利的方式和程序;法律、行政法规规定应当告知的其他事项。这些事项发生变更的,应当将变更部分告知个人。个人信息处理者通过制定个人信息处理规则的方式告知以上事项的,处理规则应当公开,并且便于查阅和保存。这里的保存期限,除法律、行政法规另有规定外,个人信息的保存期限应当为实现处理目的所必要的最短时间。该法第 18 条则是告知义务的例外:有法律、行政法规规定应当保密或者不需要告知的情形的,可以不向个人告知以上事项。紧急情况下为保护自然人的生命健康和财产安全无法及时向个人告知的,个人信息处理者应当在紧急情况消除后及时告知。

---

[1] 杨合庆主编:《中华人民共和国网络安全法释义》,中国民主法制出版社 2017 年版,第 103 页。

（三）用户同意原则

1. 法律规定

《网络安全法》第41条第1款规定了网络运营者收集、使用个人信息时应当经被收集者同意。《未成年人保护法》第72条则规定，处理不满14周岁未成年人个人信息的，应当征得未成年人的父母或者其他监护人同意，但法律、行政法规另有规定的除外。[1]

《个人信息保护法》对用户同意的规定更为具体。第13条第1项规定个人信息处理者处理个人信息应"取得个人同意"；第14、15、23条分别规定了重新取得个人同意的情形、个人对于信息的撤回权以及个人信息处理者向其他个人信息处理者提供其处理的个人信息时应当取得个人单独同意的相关内容。《个人信息保护法》第13条第1项也把取得个人同意作为个人信息处理行为合法性的条件，该条第2项至第7项为同意的例外情形。[2]

《信息安全技术　个人信息安全规范》之4也规定了"选择同意"原则，即个人信息控制者在开展个人信息处理活动时应当向个人信息主体明示个人信息处理目的、方式、范围等规则，征求其授权同意。

2. 获取同意的方式

根据《个人信息保护法》第14条的规定，获取同意的前提是个人信息主体知情，即基于个人同意处理个人信息的，该同意应当由个人在充分知情的前提下自愿、明确作出。《信息安全技术　个人信息安全规范》之5.3规定了同意的方式应为个人信息主体自主作出的肯定性动作，如主动点击、勾选、填写等，作为产品或服务的特定业务功能的开启条件。个人信息控制者仅在个人信息主体开启该业务功能后，才能开始收集个人信息。

此外，《信息安全技术　个人信息安全规范》之5.3和《网络数据安全管理条例（征求意见稿）》第21条针对同意的方式提出了更为具体的情形。如当产品或服务提供多项需收集个人信息的业务功能时，个人信息控制者不应违背个人信息主体的自主意愿，强迫个人信息主体接受产品或服务所提供的业务功能及相应的个人信息收集请求。不应通过捆绑产品或服务各项业务功能的方式，要求个人信

---

〔1〕《个人信息保护法》第31条重申了这一规定，但删除了但书。

〔2〕例外情形包括：(1)为订立、履行个人作为一方当事人的合同所必需，或者按照依法制定的劳动规章制度和依法签订的集体合同实施人力资源管理所必需；(2)为履行法定职责或者法定义务所必需；(3)为应对突发公共卫生事件，或者紧急情况下为保护自然人的生命健康和财产安全所必需；(4)为公共利益实施新闻报道、舆论监督等行为，在合理的范围内处理个人信息；(5)依照本法规定在合理的范围内处理个人自行公开或者其他已经合法公开的个人信息；(6)法律、行政法规规定的其他情形。

息主体一次性接受并授权同意其未申请或使用的业务功能收集个人信息的请求。不应以改善服务质量、提升个人信息主体的使用体验、研发新产品、增强安全性、定向推送信息等为由，强制要求个人信息主体同意收集个人信息，或以默认授权等形式误导个人信息主体同意其收集个人信息。

知情同意不仅包括信息主体对收集信息内容的知情，还包括对收集、使用的目的、方式和范围的知情同意。知情同意的质量，可以从信息处理者告知信息主体的“透明度”来衡量，即一般理性用户在具体场景下，对信息处理主体处理特定信息的目的、方式和范围知晓的清晰程度，以及作出意愿表示的自主、具体和明确程度。

以上述“透明度”标准来看本章开头介绍的微信读书案，我们可以发现，法院认为微信读书并未获得有效的用户知情同意，主要基于以下三点理由：

第一，从微信读书与微信的关系来看，两个软件共用好友关系不符合一般用户的合理预期。一个用户社交软件中的好友并不当然可以成为音乐软件、短视频软件或游戏软件中的好友，更何况现今微信几乎承载了大多数用户的全部社会关系，应用软件更不应简单地将微信好友迁移至其他具有社交属性的软件中。

第二，从微信读书的读书信息内容来看，用户使用微信读书的主要痕迹均被公开。这些信息的组合，在一定程度上可以彰显一个人的兴趣、爱好、审美情趣、文化修养，可能勾勒刻画出一个人的人格侧面。而这些有关人们精神世界的信息组合恰恰是大量社会评价产生的基础，既可能给人带来关注、肯定、赞赏，也可能给人带来困扰、不安、尴尬，甚至羞耻感等。在这个几乎各种生活轨迹均被记录并刻画的数字时代，用户应享有通过经营个人信息而自主建立信息化“人设”的自由，也应享有拒绝建立信息化“人设”的自由，而这种自由行使的前提是用户清晰、明确地知晓此种自由。

第三，从微信读书处理微信好友列表信息和读书信息的方式来看，用户的读书信息对有关注关系和没有关注关系的微信好友均默认开放。而其他阅读应用中，阅读社交是围绕用户在该应用中自主建立的好友关系开展的，两者有着明显不同。在未明确告知用户的情况下，网络服务提供者在不同应用中迁移好友关系不符合一般用户的合理预期，向未主动关注的好友默认公开读书信息亦不符合一般用户的合理预期。在微信读书的告知和获取同意的方式上，《微信读书软件许可及服务协议》没有明确区分和提示“微信好友”和“微信读书软件内的好友”，并且以无提示的方式规定读书信息“不属于个人隐私或不能公开的个人信息”，意图规避可能存在的侵害个人信息或隐私的风险。因此，在微信好友列表与读书信息的使用方式上，微信读书的告知是不充分的。

综上，微信读书收集原告微信好友列表，向原告并未主动添加关注的微信好友自动公开读书信息，并未以合理的“透明度”告知原告并获得原告的同意。因此，腾讯公司违反了法律关于处理个人信息的规定，具有过错，侵害了原告的个人信息权益。[1]

3. 拒绝同意的用户权益保障

用户可以拒绝同意其个人信息被收集、使用、处理。《个人信息保护法》第16条规定，个人信息处理者不得以个人不同意处理其个人信息或者撤回同意为由，拒绝提供产品或者服务(处理个人信息属于提供产品或者服务所必需的除外)，特别是拒绝提供核心业务功能服务。

《信息安全技术　个人信息安全规范》之5.3还规定，个人信息控制者不应违背个人信息主体的自主意愿，强迫个人信息主体接受产品或服务所提供的业务功能及相应的个人信息收集请求，其中包括：当个人信息主体不授权同意使用、关闭或退出特定业务功能的，不应频繁征求个人信息主体的授权同意，不应暂停个人信息主体自主选择使用的其他业务功能，或降低其他业务功能的服务质量。一旦个人信息主体选择关闭或退出特定业务功能，个人信息控制者应停止该业务功能的个人信息收集活动。在关闭或退出业务功能的途径和方式方面，应与个人信息主体选择使用业务功能的途径或方式同样方便。

二、个人信息处理者义务的具体范围

(一)个人信息处理者的一般义务

1. 个人信息保护义务

《网络安全法》第9条总括性地规定了网络运营者开展经营和服务活动的网络安全保护义务。《个人信息保护法》第9条同样规定了个人信息处理者应当采取必要措施保障所处理的个人信息的安全。《消费者权益保护法》第29条第2款、全国人大常委会《关于加强网络信息保护的决定》第4条、《电信和互联网用户个人信息保护规定》第6条和《互联网信息服务管理办法》第6条中也均有网络运营者保护用户信息义务的规定。

具体而言，《网络安全法》第40条规定网络运营者应当对其收集的用户信息严格保密，并建立健全用户信息保护制度，确保个人信息处理活动符合法律、行政法规的规定，并防止未经授权的访问以及个人信息泄露、篡改、丢失。第42条借鉴一些国际组织和国家的规定，对用户个人信息的保护义务作出要求：一是网络运营者自身不得泄露、篡改、损毁其收集的个人信息；二是网络运营者采取技术措施和其他必要措施确保其收集的个人信息安全，防止其收集的信息泄露、损毁、丢失；三是在发生或可能发生信息泄露、损毁、丢失的情况时，网络运营者应当立即采取补

[1] 北京互联网法院民事判决书，(2019)京0491民初16142号。

救措施,并按规定及时告知用户及有关主管部门。[1]

(1)安全保护义务的标准

《信息安全技术　个人信息安全规范》之4规定了个人信息控制者“确保安全”的基本原则,即个人信息控制者在开展个人信息处理活动时应当具备与所面临的安全风险相匹配的安全能力,并采取足够的管理措施和技术手段,保护个人信息的保密性、完整性、可用性。

(2)安全保护的具体措施

《个人信息保护法》第51条指出,个人信息处理者应当根据个人信息的处理目的、处理方式、个人信息的种类以及对个人权益的影响、可能存在的安全风险等,采取措施确保个人信息处理活动符合法律、行政法规的规定,并防止未经授权的访问以及个人信息泄露、篡改、丢失。具体而言有以下几种措施:第一,制定内部管理制度和操作规程;第二,对个人信息实行分类管理;第三,采取相应的加密、去标识化等安全技术措施;第四,合理确定个人信息处理的操作权限,并定期对从业人员进行安全教育和培训;第五,制定并组织实施个人信息安全事件应急预案;第六,法律、行政法规规定的其他措施。《网络数据安全管理条例(征求意见稿)》第10条同样规定,数据处理者发现其使用或者提供的网络产品和服务存在安全缺陷、漏洞,或者威胁国家安全、危害公共利益等风险时,应当立即采取补救措施。

(3)通知的具体事项

《个人信息保护法》第57条第1款规定了在发生或者可能发生个人信息泄露、篡改、丢失的情形下,个人信息处理者立即采取补救措施及通知履行个人信息保护职责的部门和个人的义务。该条同时对通知的具体事项进行了列举,主要包括:第一,发生或者可能发生个人信息泄露、篡改、丢失的信息种类、原因和可能造成的危害;第二,个人信息处理者采取的补救措施和个人可以采取的减轻危害的措施;第三,个人信息处理者的联系方式。该条第2款还规定了可以不通知的情形和被动通知的情形,即个人信息处理者采取措施能够有效避免信息泄露、篡改、丢失造成危害的,个人信息处理者可以不通知个人;履行个人信息保护职责的部门认为可能造成危害的,有权要求个人信息处理者通知个人。

2. 个人信息保护影响评估义务

个人信息处理者应当定期对其处理个人信息遵守法律、行政法规的情况进行

---

[1] 《民法典》第1038条第2款也有相同规定。《电信和互联网用户个人信息保护》第13、14条针对电信业务经营者、互联网信息服务提供者对用户个人信息的保护作出了具体规定。《移动互联网应用程序信息服务管理规定》第7条针对移动互联网应用程序提供者的信息安全管理责任作出了具体规定。

合规审计。[1] 有下列情形之一的,个人信息处理者应当事前进行个人信息保护影响评估,并对处理情况进行记录:(1)处理敏感个人信息;(2)利用个人信息进行自动化决策;(3)委托处理个人信息、向其他个人信息处理者提供个人信息、公开个人信息;(4)向境外提供个人信息;(5)其他对个人权益有重大影响的个人信息处理活动。[2]

个人信息保护影响评估应当包括下列内容:(1)个人信息的处理目的、处理方式等是否合法、正当、必要;(2)对个人权益的影响及安全风险;(3)所采取的保护措施是否合法、有效并与风险程度相适应。个人信息保护影响评估报告和处理情况记录应当至少保存3年。[3]

3. 协助执法与配合执法的义务

本书第四章已经谈到,网络运营者负有协助执法和配合执法的义务。同样地,个人信息处理者中的网络运营者也负有这一义务。

(二)大型个人信息处理者的义务

大型个人信息处理者收集和处理着海量的个人数据,是个人信息保护的关键环节。《个人信息保护法》重点规范的大型个人信息处理者主要指提供重要互联网平台服务、用户数量巨大、业务类型复杂的个人信息处理者。其应当履行的义务主要有:(1)按照国家规定建立健全个人信息保护合规制度体系,成立主要由外部成员组成的独立机构对个人信息保护情况进行监督;(2)遵循公开、公平、公正的原则,制定平台规则,明确平台内产品或者服务提供者处理个人信息的规范和保护个人信息的义务;(3)对严重违反法律、行政法规处理个人信息的平台内的产品或者服务提供者停止提供服务;(4)定期发布个人信息保护社会责任报告,接受社会监督。[4] 此外,处理个人信息达到国家网信部门规定数量的个人信息处理者还应当指定个人信息保护负责人,负责对个人信息处理活动以及采取的保护措施等进行监督。个人信息处理者应当公开个人信息保护负责人的联系方式,并将个人信息保护负责人的姓名、联系方式等报送履行个人信息保护职责的部门。[5]

(三)关键信息基础设施运营者的义务

《网络安全法》第37条、《个人信息保护法》第40条和《数据安全法》第31条

[1] 《个人信息保护法》第54条。
[2] 《个人信息保护法》第55条。
[3] 《个人信息保护法》第56条。
[4] 《个人信息保护法》第58条。
[5] 《个人信息保护法》第52条。

都针对关键信息基础设施运营者的数据存储和处理作出了特殊规定。对此本书第六章已有详细介绍,此处不再赘述。

(四)相关第三方的义务

《个人信息保护法》中的相关第三方主要包括个人信息共同处理者、个人信息受托处理者、个人信息受让方和个人信息接收方四类。

1. 个人信息共同处理者

两个以上的个人信息处理者共同决定个人信息的处理目的和处理方式的,应当约定各自的权利和义务。但是,该约定不影响个人向其中任何一个个人信息处理者要求行使《个人信息保护法》规定的权利。个人信息处理者共同处理个人信息,侵害个人信息权益造成损害的,应当依法承担连带责任。[1]

2. 个人信息受托处理者

个人信息处理者委托处理个人信息的,应当与受托人约定委托处理的目的、期限、处理方式、个人信息的种类、保护措施以及双方的权利和义务等,并对受托人的个人信息处理活动进行监督。受托人应当按照约定处理个人信息,不得超出约定的处理目的、处理方式等处理个人信息;委托合同不生效、无效、被撤销或者终止的,受托人应当将个人信息返还个人信息处理者或者予以删除,不得保留。未经个人信息处理者同意,受托人不得转委托他人处理个人信息。[2] 接受委托处理个人信息的受托人还应当采取必要措施保障所处理的个人信息的安全,并协助个人信息处理者履行《个人信息保护法》规定的义务。[3]

3. 个人信息受让方

个人信息处理者因合并、分立、解散、被宣告破产等原因需要转移个人信息的,应当向个人告知接收方的名称或者姓名和联系方式。接收方应当继续履行个人信息处理者的义务。接收方变更原先的处理目的、处理方式的,应当依照《个人信息保护法》规定重新取得个人同意。[4]

4. 个人信息接收方

个人信息接收方与受让方的差异在于个人信息处理者是否保留其转移的个人信息。如果相对人是个人信息受让方,就意味着个人信息处理者不保留其转移的个人信息;反之,相对人就称为个人信息接收方。个人信息处理者向其他个人信息处理者提供其处理的个人信息的,应当向个人告知接收方的名称或者姓名、联系方

---

[1] 《个人信息保护法》第20条。
[2] 《个人信息保护法》第21条。
[3] 《个人信息保护法》第59条。
[4] 《个人信息保护法》第22条。

式、处理目的、处理方式和个人信息的种类，并取得个人的单独同意。接收方应当在上述处理目的、处理方式和个人信息的种类等范围内处理个人信息。接收方变更原先的处理目的、处理方式的，应当依《个人信息保护法》的规定重新取得个人同意。[1]

（五）相关国家机关的义务

《个人信息保护法》在第二章“个人信息处理规则”下专设第三节“国家机关处理个人信息的特别规定”，强调了国家机关作为个人信息处理者与其他个人信息处理者之间的异同。相同之处在于，国家机关（包括法律、法规授权的具有管理公共事务职能的组织[2]）的处理行为同样受到第二章第一节和第二节关于个人信息处理一般规则的约束。[3] 不同之处在于以下三点：(1)权责法定。国家机关为履行法定职责处理个人信息，应当依照法律、行政法规规定的权限、程序进行，不得超出履行法定职责所必需的范围和限度。[4] (2)告知例外。国家机关为履行法定职责处理个人信息，应当履行告知义务。但是，有法律、行政法规规定应当保密，或者不需要告知的情形，或者告知将妨碍国家机关履行法定职责的除外。[5] (3)信息安全。国家机关处理的个人信息应当在中华人民共和国境内存储；确需向境外提供的，应当进行安全评估。安全评估可以要求有关部门提供支持与协助。[6]

《网络安全法》第50条规定履行打击网络违法信息发布、传输等网络信息安全监管职责的主体为国家网信部门和其他有关部门。一旦发现法律、行政法规禁止发布或者传输的信息的，应当要求网络运营者停止传输，采取消除等处置措施，保存有关记录；对来源于中华人民共和国境外的上述信息，应当通知有关机构采取技术措施和其他必要措施阻断传播。

《个人信息保护法》第60条规定了履行个人信息保护职责的主体主要有国家网信部门和县级以上地方人民政府有关部门。前者负责统筹协调个人信息保护工作和相关监督管理工作，国务院有关部门依照有关法律、行政法规的规定，在各自职责范围内负责个人信息保护和监督管理工作；后者的个人信息保护和监督管理职责，按照国家有关规定确定。第61～65条详细规定了这些部门的职责范围和工作方式。

---

[1] 《个人信息保护法》第23条。
[2] 《个人信息保护法》第37条。
[3] 《个人信息保护法》第33条。
[4] 《个人信息保护法》第34条。
[5] 《个人信息保护法》第35条。
[6] 《个人信息保护法》第36条。

第四节 侵害个人信息的法律责任

由于侵害个人信息的行为社会影响面较广,相关立法主要强调的是行政责任和刑事责任。《网络安全法》第74条和《个人信息保护法》第71条规定的都是"构成违反治安管理行为的,依法给予治安管理处罚;构成犯罪的,依法追究刑事责任"。全国人大常委会《关于加强网络信息保护的决定》第11条规定的是,对违反本决定行为的,依法给予警告、罚款、没收违法所得、吊销许可证或者取消备案、关闭网站、禁止有关责任人员从事网络服务业务等处罚,记入社会信用档案并予以公布;构成违反治安管理行为的,依法给予治安管理处罚;构成犯罪的,依法追究刑事责任。此外,全国人大常委会《关于加强网络信息保护的决定》还有"侵害他人民事权益的,依法承担民事责任"的规定。《电信和互联网用户个人信息保护规定》第23条针对电信业务经营者和互联网信息服务提供者的侵权行为,规定电信管理机构依据职权责令限期改正,予以警告,可以并处1万元以上3万元以下的罚款,向社会公告;构成犯罪的,依法追究刑事责任。这些都是针对侵害个人信息的民事责任、行政责任及刑事责任的原则性规定。

一、民事责任

民事责任的基础是个人利益所蕴含的民事权益。《个人信息保护法》第69条第1款规定处理个人信息侵害个人信息权益造成损害,个人信息处理者不能证明自己没有过错的,应当承担损害赔偿等侵权责任。本条为个人信息处理者规定了过错责任,与《民法典》第1195条规定的网络用户、网络服务提供者利用网络侵害他人民事权益的侵权责任相衔接。

《个人信息保护法》第69条第2款规定了赔偿责任的计算:损害赔偿责任按照个人因此受到的损失或者个人信息处理者因此获得的利益确定;个人因此受到的损失和个人信息处理者因此获得的利益难以确定的,根据实际情况确定赔偿数额。第70条规定了个人信息处理者侵害众多个人信息权益的,人民检察院、法律规定的消费者组织和由国家网信部门确定的组织可以提起公益诉讼。

《消费者权益保护法》第48条第2款规定的经营者未对消费者尽到安全保障义务给消费者造成损害的侵权责任,同样适用于网络经营者对消费者个人信息的侵权当中。第50条规定的侵害消费者个人信息的民事责任包括停止侵害、恢复名誉、消除影响、赔礼道歉并赔偿损失。

在本章开头介绍的微信读书案中,法院援引《网络安全法》,[1]认为用户要求网络运营者删除违法收集的其个人信息、停止继续违法使用其个人信息的,无需以构成实际损害为前提。虽然用户可以在微信读书 App 中手动解除关注关系,但该关注系微信读书系统操作,故腾讯计算机公司应承担解除关注的责任。微信读书 App 收集微信好友列表并进一步向原告的微信好友展示原告读书信息的行为,以及系统自动关注好友并向 100 多名微信好友推送原告读书信息的行为,确实会给原告造成精神上的负担,可以认定对原告造成了一定损害。根据当时的相关司法解释,[2]考虑到具体损害后果的发生范围仅在原告与其微信好友之间,且仅造成原告的精神负担,损害结果较轻,故而法院认为以书面形式道歉较为适宜。[3]

二、行政责任

(一)违反法定义务的行政责任

1. 未履行安全管理义务的行政责任

《网络安全法》第 60 条和第 68 条分别规定了网络运营者和电子信息发送服务提供者、应用软件下载服务提供者不履行安全管理义务的行政责任。前者的具体处罚措施包括责令改正,给予警告和罚款。拒不改正或者导致危害网络安全等后果的,处 5 万元以上 50 万元以下罚款,对直接负责的主管人员处 1 万元以上 10 万元以下罚款。后者的行政责任包括:责令改正,给予警告,没收违法所得等。

《个人信息保护法》第 66 条规定处理个人信息时未履行保护义务的行政责任,具体处罚措施包括:责令改正给予警告,没收违法所得,对违法处理个人信息的应用程序责令暂停或终止提供服务;拒不改正的,并处 100 万元以下罚款;对直接负责的主管人员和其他直接责任人员处 1 万元以上 10 万元以下罚款。情节严重的,由省级以上履行个人信息保护职责的部门责令改正,没收违法所得,并处 5000

---

[1] 《网络安全法》第 43 条规定,个人发现网络运营者违反法律、行政法规的规定或者双方的约定收集、使用其个人信息的,有权要求网络运营者删除其个人信息;发现网络运营者收集、存储的其个人信息有错误的,有权要求网络运营者予以更正。网络运营者应当采取措施予以删除或者更正。

[2] 最高人民法院《关于审理利用信息网络侵害人身权益民事纠纷案件适用法律若干问题的规定》第 12 条第 1 款规定,网络用户或者网络服务提供者利用网络公开自然人基因信息、病历资料、健康检查资料、犯罪记录、家庭住址、私人活动等个人隐私和其他个人信息,造成他人损害,被侵权人请求其承担侵权责任的,人民法院应予支持。第 16 条规定,人民法院判决侵权人承担赔礼道歉、消除影响或者恢复名誉等责任形式的,应当与侵权的具体方式和所造成的影响范围相当。侵权人拒不履行的,人民法院可以采取在网络上发布公告或者公布裁判文书等合理的方式执行,由此产生的费用由侵权人承担。(《民法典》出台后,该司法解释已于 2020 年修正。)

[3] 北京互联网法院民事判决书,(2019)京 0491 民初 16142 号。

万元以下或者上一年度营业额5%以下罚款,并可以责令暂停相关业务或者停业整顿、通报有关主管部门吊销相关业务许可或者吊销营业执照;对直接负责的主管人员和其他直接责任人员处10万元以上100万元以下罚款,并可以决定禁止其在一定期限内担任相关企业的董事、监事、高级管理人员和个人信息保护负责人。该法第67条还规定了对违法行为记入信用档案并予以公示的处罚。

2. 违反配合监督检查义务的行政责任

《网络安全法》第69条是关于网络经营者违反配合监督检查义务的行政责任的规定。具体为:责令改正;拒不改正或情节严重的,处5万元以上50万元以下罚款,对直接负责的主管人员和其他直接责任人员处1万元以上10万元以下罚款。需要说明的是,采取威胁、暴力等手段阻碍监督检查,构成违反治安管理处罚行为的,应当依法予以治安管理处罚。[1]

《互联网信息服务管理办法》第21条规定,未履行该办法第14条规定的义务的,由省、自治区、直辖市电信管理机构责令改正;情节严重的,责令停业整顿或者暂时关闭网站。[2]

3. 违反投诉处理义务的行政责任

根据《电信和互联网用户个人信息保护规定》第22条,电信业务经营者、互联网信息服务提供者违反规定未建立用户投诉处理机制的,由电信管理机构依据职权责令限期改正,予以警告,可以并处1万元以下的罚款。

(二)侵犯个人信息权利的行政责任

《网络安全法》第64条第1款规定了网络运营者、网络产品或服务的提供者违反法律规定侵害个人信息依法得到保护权利的行政责任。具体处罚措施包括:责令改正、单处或并处警告、没收违法所得、处违法所得1倍以上10倍以下罚款、没有违法所得的,处100万元以下罚款,对直接负责的主管人员和其他直接责任人员处1万元以上10万元以下罚款。情节严重的,可以责令暂停相关业务、停业整顿、关闭网站、吊销许可证或营业执照。第2款规定了窃取、非法获取、非法出售、非法向他人提供个人信息行为的行政责任,这一规定与《刑法》第253条之一侵犯公民个人信息罪的相关规定相衔接。尚不构成犯罪的,由公安机关没收违法所得,并处违法所得1倍以上10倍以下罚款,没有违法所得的,处100万元以下罚款。

通过对比不同立法当中侵犯个人信息相关权利行为的行政责任,可以看出其在处罚类型上相差不大,但在罚款上限的设定上相差较大。《网络安全法》规定罚

---

[1] 杨合庆主编:《中华人民共和国网络安全法释义》,中国法治出版社2017年版,第142页。

[2] 《互联网信息服务管理办法》第14条第2款规定,互联网信息服务提供者和互联网接入服务提供者的记录备份应当保存60日,并在国家有关机关依法查询时,予以提供。

款在100万元以下,相比之下《个人信息保护法》规定的罚款上限更高(5000万元以下或者上一年度营业额5%以下),对相关责任人员的处罚也更为严厉。

(三)行政主体的责任

《网络安全法》第73条是针对行政机关网络安全管理渎职行为的行政处罚。该第1款规定,网信部门和有关部门将在履行网络安全保护职责中获取的信息用于其他用途的,对直接负责的主管人员和其他直接责任人员依法给予处分。第2款规定了渎职行为具体包括玩忽职守、滥用职权、徇私舞弊,网信部门和有关部门的工作人员在履职过程中有上述行为但尚不构成犯罪的,依法给予处分。

《个人信息保护法》第68条规定,国家机关不履行本法规定的个人信息保护义务的,由其上级机关或者履行个人信息保护职责的部门责令改正;对直接负责的主管人员和其他直接责任人员依法给予处分。履行个人信息保护职责的部门的工作人员玩忽职守、滥用职权、徇私舞弊,尚不构成犯罪的,依法给予处分。

三、刑事责任

与个人信息相关的罪名主要包括侵犯公民个人信息罪,[1]非法获取计算机信息系统数据、非法控制计算机信息系统罪,破坏计算机信息系统罪,拒不履行信息网络安全管理义务罪,非法利用信息网络罪和帮助信息网络犯罪活动罪等。具体内容本书第七章已有介绍,此处不再赘述。

此外,依据《居民身份证法》第19条和全国人大常委会《关于维护互联网安全的决定》第4条,国家机关或者金融、电信、交通、教育、医疗等单位的工作人员泄露在履行职责或者提供服务过程中获得的居民身份证记载的公民个人信息,构成犯罪的,依法追究刑事责任;对有非法截获、篡改、删除他人电子邮件或者其他数据资料,侵犯公民通信自由和通信秘密行为,构成犯罪的,依照刑法有关规定追究刑事责任。

【练习题】

1. 哪些信息属于个人信息?
2. 个人信息与隐私是什么关系?
3. 信息主体对个人信息享有哪些利益?
4. 网络运营者对于个人信息的保护义务有哪些?

---

〔1〕 2017年6月1日,最高人民法院、最高人民检察院《关于办理侵犯公民个人信息刑事案件适用法律若干问题的解释》施行,该解释对《刑法》第253条之一的侵犯公民个人信息罪的刑事案件的办理进行了细致的规定。

第十章　数据安全保护制度

典型案例

2021 年 3 月，因工作需要，国家安全机关多次前往北京市某餐厅开展工作，依法要求该餐厅副经理黄某某配合调查，同时告知其保守秘密的义务。不久后，国家安全机关工作发现，该餐厅配合调查的情况疑似被其他人员知悉掌握，给后续工作开展带来了严重不利影响。国家安全机关随即对这一情况进行了深入调查。通过进一步调查取证，证实了黄某某涉嫌泄露有关反间谍工作的国家秘密。经鉴定，黄某某泄露内容系秘密级国家秘密。在确凿的证据面前，黄某某如实交代，其在明确被告知应保守国家秘密的前提下，先后两次故意对外泄露国家安全机关依法开展工作的情况。此外，在国家安全机关此前依法要求黄某某配合调查时，他还对办案人员故意隐瞒了其所知悉的情况。针对以上违法事实，根据《反间谍法》(2014 年)第 31 条的规定，2021 年 6 月 17 日，国家安全机关对黄某某处以行政拘留 15 日的处罚。[1]

第一节　《数据安全法》概述

数据是当今互联网时代的基石。以 5G 为首的互联网技术全面突破和广泛应用，让大数据在政治、经济、文化、社会的各领域都有了更广阔的应用场景，如迅速发展的共享经济、区块链技术以及近期兴起的元宇宙概念。这些新政策、新技术无一不将数据作为其构成与发展的基石。因此，世界经济论坛的报告[2]认为，数字经济已经成为各国推动产业升级、实现经济转型的新动能，数据已经成为新时代的生产资料，价值堪比石油。而数据的急剧增长和广泛应用所带来的数据安全问题已经关乎国家安全和社会发展。2021 年 9 月 1 日，我国《数据安全法》正式实施。

---

[1] 《国家安全机关公布多起典型案例》，载中国政府网，http://www.gov.cn/xinwen/2022-04/16/content_5685561.htm。

[2] *The Global Information Technology Report* 2012, World Economic Forum (28 March 2012), https://www3.weforum.org/docs/Global_IT_Report_2012.pdf.

这一法律与《网络安全法》《个人信息保护法》一起系统建构了数字经济时代的法治基石。本节将围绕《数据安全法》,分析数据安全的内涵及外延,介绍、评析我国对数据安全的立法保障,将国外数据安全的立法情况与我国的立法情况进行比较分析。

一、数据安全的概念

(一)数据的界定

《数据安全法》第3条第1款规定,"本法所称数据,是指任何以电子或者其他方式对信息的记录"。显然,该定义完全涵盖了《网络安全法》的调整对象"网络数据",[1]并对数据做出了更为精确的界定。更为重要的是,《数据安全法》进一步扩展了数据的范围,包含非网络部分和其他形式记录信息的数据,与《民法典》保持了一致性。这里扩大范围的原因除保持法治的一致性以外,还有立法定位上的更深层次考量。

立法计划之初,立法者将《数据安全法》定位成《国家安全法》的特别法。[2]然而在立法过程中,数据经济的飞速发展和各国对数据立法的空前重视,使立法者开始重新审视"数据"的重要性——国家安全的保障须建立在健康完善的数据领域之上,形成了有必要转变立法定位的认识。《数据安全法》的地位也由此转变为《〈数据安全法(草案)〉起草说明》中的"数据领域的基础性法律"。如此才能规范促进数据领域的健康快速发展,从而做到保障国家安全。

因此,将数据的定义扩展为"任何以电子或者其他方式对信息的记录",是有着"数据领域的基础性法律"立法定位的《数据安全法》的应有之义。唯有此范围之下的"数据"才能被全面纳入《数据安全法》的规范效力范围内。

(二)数据安全的界定

《数据安全法》第3条第2款和第3款分别规定了数据处理和数据安全的概念。第2款和第3款在逻辑上紧密联系,呈递进关系。《数据安全法》保障的数据安全是数据处理的安全,是动态的、全过程的安全。因此第2款在逻辑上理应给定数据处理的明确概念,以供人们理解该法的规范范围。第2款规定,"数据处理,包括数据的收集、存储、使用、加工、传输、提供、公开等"。除了逻辑上的缜密,该定义也和《民法典》保持了一致,注重了法典编纂的统一性。

---

〔1〕 网络数据即通过网络收集、存储、传输、处理和产生的各种电子数据。见《网络安全法》第76条。

〔2〕 翟志勇:《建构数据安全的法律保障——解读〈数据安全法〉》,载《中国法律》2021年第3期。

第3条第3款规定了数据安全的概念,即"通过采取必要措施,确保数据处于有效保护和合法利用的状态,以及具备保障持续安全状态的能力"。"必要措施"的措辞,既体现立法者遵循了行政法中的比例原则,也对执法者提出了总体的要求,即使用必要的手段,以平衡利弊之后的最小损害,达到数据安全的正当目的。对于何为数据的"安全",该条款精确简明地定义为:"数据处于有效保护和合法利用的状态",并在此之上提出了更高的要求——"具备保障持续安全状态的能力",即长时间动态维持有效保护和合法利用的状态。此外,该条款对于数据安全概念的界定也跟整个法律制定的立法目的完全吻合:保障数据安全与促进数据开放利用并举。这也从侧面体现出整部法律逻辑自洽、体系完整。

(三)保护数据安全的必要性

自2019年以来,中央的一系列文件高度重视数据领域的发展。党的十九届四中全会首次将数据纳入可参与分配的生产要素之中,提出"健全劳动、资本、土地、知识、技术、管理、数据等生产要素由市场评价贡献、按贡献决定报酬的机制"。2020年3月和5月,中共中央、国务院先后发布《关于构建更加完善的要素市场化配置体制机制的意见》《关于新时代加快完善社会主义市场经济体制的意见》等规范性文件,提出"加快培育数据要素市场,推进政府数据开放共享,提升社会数据资源价值,加强数据资源整合和安全保护,发挥数据资源价值"的新要求。

那么,为什么中央如此重视数据的开发、利用与保护,以至于把数据列入生产要素之列呢?为什么需要制定一部基本性的法律——《数据安全法》呢?要回答上述问题,就需探求数据所具有的价值。

数据关乎国家政治。从第六章提及的"剑桥分析事件",我们就可以看到,如果不对数据处理者加以规范,不规范其对数据的收集和使用,数据处理者就很有可能为了自身利益,按照自己的意愿而非人民的意愿影响国家政治。

数据关乎国家主权。美国2018年出台的《澄清域外合法使用数据法》(CLOUD Act)诠释了这一点。该法案的制定源于美国政府诉微软一案。[1] 美国联邦调查局在2013年的一次贩毒调查中,针对一名美国公民的电子邮件申请并获得了搜查令,但在持搜查令调取电子邮件时遭到了电子邮箱服务提供者微软公司的拒绝。微软公司认为,该邮件存储于爱尔兰的一台远程服务器中,美国联邦调查局无权搜查境外数据。美国联邦法院第二巡回法院最终依据《存储通讯法》(SCA)第2703条判定,不允许美国联邦调查局通过法院以搜查令的方式,要求境内网络服务提供商提交存于境外服务器上的数据,因为这一行为将带来侵害他国

---

〔1〕 United States v. Microsoft Corp, 584 U.S.(2018).

主权之危险。美国联邦调查局随后向联邦最高法院申请了调卷令。2018 年 2 月 6 日，美国 4 位参议员提交《澄清域外合法使用数据法》(草案)，并将其塞入等待批准的《2018 年综合拨款提案》。短短一个月后，该法案经特朗普签字生效。《澄清域外合法使用数据法》改变了 SCA 的模糊规定，推翻了之前的判例，鲜明地采取了"数据控制者标准"，将数据主权从物理层边界延伸到技术上的"控制边界"。这样，美国法院对数据的管辖实现了从属地管辖到属地、属人管辖相结合的转变，在数据领域扩大了国家主权的范围。

数据还关乎社会的发展与公民的个人利益。全国人大常委会法工委 2020 年 6 月 28 日在《关于〈中华人民共和国数据安全法(草案)〉的说明》中明确指出，当前各类数据的拥有主体多样，处理活动复杂，安全风险加大，必须通过立法建立健全各项制度措施，切实加强数据安全保护，维护公民、组织的合法权益。该说明进一步指出，只有通过立法规范数据活动，完善数据安全治理体系，以安全保发展、以发展促安全，才能发挥数据的基础资源作用和创新引擎作用，加快形成以创新为主要引领和支撑的数字经济，更好服务我国经济社会发展。此外，全国人大常委会法工委还强调，只有通过立法明确政务数据安全管理制度和开放利用规则，大力推进政务数据资源开放和开发利用，才能适应电子政务发展的需要，提升政府决策、管理、服务的科学性和效率。

二、我国对数据安全的立法保障

(一)保障安全与促进开放利用并举的数据领域基础性法律

在《关于〈中华人民共和国数据安全法(草案)〉的说明》中，全国人大法工委明确指出，数据领域的基础性法律是数据安全法的立法定位，坚持数据安全与发展并重是数据安全法的立法目的。

在维护国家安全的方面，《数据安全法》第 4 条明确规定，"维护数据安全，应当坚持总体国家安全观，建立健全数据安全治理体系，提高数据安全保障能力"。这一条款反映了立法者将数据安全作为落实国家安全的重要举措，并反映了立法者规划将建立数据安全治理体系作为数据安全具体实现手段的意图。同时，结合《数据安全法》第 5 条和第 6 条确定的监管体制可见，数据安全的领导机构为中央国家安全领导机构。这一领导机构的确立更为明确地揭示了国家安全和数据安全之间的紧密联系。

在维护国家主权的方面，《数据安全法》第 2 条规定了域外效力，"在中华人民共和国境外开展数据处理活动，损害中华人民共和国国家安全、公共利益或者公民、组织合法权益的，依法追究法律责任"。结合该法第 24 条"国家建立数据安全审查制度"的规定、第25条依法实施数据出口管制的内容、第26条的对等原则，以及第36条有关按法律法规、国际条约经批准才可向外国司法、执法机构提供境内数据的规定，可以看到，除强调在境内对数据安全保护，从而维护国家主权、安全和发展利益之外，针对其他国家或地区已经制定的维护其数据主权和长臂管辖原则的相关法律法规，我国《数据安全法》也建立了可有效维护我国数据主权的相应原则及对等机制。

在促进数据发展方面，《数据安全法》第13条规定："国家统筹发展和安全，坚持以数据开发利用和产业发展促进数据安全，以数据安全保障数据开发利用和产业发展。"同时，《数据安全法》第二章中的其他条款分别从实施战略和发展规划（第14条）、鼓励技术研究和推广（第16条）、推进标准体系建设（第17条）、促进评估认证发展和协作（第18条）、培育数据交易市场（第19条）、支持教育培训和培养人才（第20条）等方面，促进数据领域的健康发展。这体现了《数据安全法》对数据安全和发展兼顾并举的原则。第五章规定了政务数据安全与开放，提出大力推进电子政务建设，运用数据服务经济社会发展（第37条），同时规划了顶层设计，着手制定政务数据开放目录，构建统一规范、互通互联、安全可控的政务数据开放平台（第42条）。这表现出国家希望通过数据的开放利用，提高国家治理水平和治理能力的美好愿景。

（二）整体设计数据分类分级保护制度

《数据安全法》确立了国家层面的数据分类分级保护制度，并将该制度的核心目标确立为保护重要数据及核心数据。

重要数据目录由国家数据安全工作协调机制牵头，统筹协调有关部门制定。各地区、各部门按照数据分类分级保护制度，确定本地区、本部门及相关行业、领域的重要数据具体目录，国家对列入目录的重要数据进行重点保护。该模式来自实践的反馈。因为各部门各司其职，涉及的数据专业化程度高，光靠中央国家安全领导机构难以应对如此海量纷杂、专业细分程度高的数据，而各部门对自身主管行业的数据类别和重要性有更加准确的认识。例如，国务院2018年3月17日发布的《科学数据管理办法》将科学数据的分级分类工作授权科学数据中心完成；工信部2020年2月印发的《工业数据分类分级指南（试行）》中提出了对工业数据的分类和分级标准；2021年修正的《证券基金经营机构信息技术管理办法》也要求证券基金经营机构"将经营及客户数据按照重要性和敏感性进行分类分级，并根据不同类别和级别作出差异化数据管理制度安排"。

核心数据是《数据安全法》中出现的全新定义。根据《数据安全法》第21条，核心数据是指"关系国家安全、国民经济命脉、重要民生、重大公共利益等"的数据，对其将"实行更加严格的管理制度"。

伴随着数字化进程的推进，重要数据的界定工作将会越来越有序而高效，对于全球化企业而言，重要数据范围的确认将为其全球化业务带来确定性的利好；对于国家安全和主权的维护而言，重要数据及核心数据范围的确认将为其带来更严密和高效的保障。

（三）顶层设计数据安全风险监管体系

《数据安全法》第 5 条确立了数据安全监管体制，该体制既涉及自上而下的领导和监管，又涉及部门和地区的网格交叉监管，由此形成了一个系统而权责分明的监管体系。

首先是通用监管。国家通用监管由中央国家安全委员会负责，中央国家安全委员会主持国家数据安全工作的决策和议事协调，具体包括研究制定、指导实施有关战略和重大方针政策，统筹有关重大事项和重要工作，建立有关工作协调机制。而地方通用监管的形式是部门和地区交叉的网格化管理，即各部门、各地区对各自工作中收集和生产数据的安全负责。

其次是安全监管。国家网信部门负责统筹协调网络安全工作和相关监督管理工作，公安机关、国家安全机关等在各自职责范围内承担数据安全监管职责。

（四）具体规范数据出境安全评估办法

《数据安全法》第 31 条及《网络安全法》第 37 条都规定，个人信息及重要数据的出境安全管理办法，由网信部门会同国务院有关部门制定。在此规定下，2022 年 7 月 7 日《数据出境安全评估办法》落地，为数据出境活动规范、个人信息权益保护、国家安全和社会公共利益维护及数据跨境安全提供了正式的执行办法，进一步完善了我国数据出境机制体系。

所谓数据出境，是指数据处理者通过网络等方式，将其在中华人民共和国境内运营中收集和产生的数据，通过直接提供或开展业务、提供服务、产品等方式提供给境外的组织或个人的一次性活动或连续性活动。与数据跨境不同，出境仅是指数据由内向外流动，跨境还可能涉及由外向内流动。此次《数据出境安全评估办法》将数据出境按照数据出境的不同情境分成四种机制，具体如表 10－1 所示。

表 10-1 数据出境机制

机制	适用对象	适用法规
安全评估	《数据安全评估办法》第 4 条对象	数据处理者向境外提供数据,有下列情形之一的,应当通过所在地省级网信部门向国家网信部门申报数据出境安全评估: (1)数据处理者向境外提供重要数据; (2)关键信息基础设施运营者和处理 100 万人以上个人信息的数据处理者向境外提供个人信息; (3)自上年 1 月 1 日起累计向境外提供 10 万人个人信息或 1 万人敏感个人信息的数据处理者向境外提供个人信息; (4)国家网信部门规定的其他需要申报数据出境安全评估的情形
安全认证	安全评估机制之外	以下个人信息出境时需符合《认证技术规范》: (1)跨国公司或同一经济、事业实体下属子公司或关联公司之间的个人信息跨境处理活动; (2)《个人信息保护法》第 3 条第 2 款适用的个人信息处理活动
标准合同	安全评估机制之外	个人信息处理者同时符合下列情形的,可以通过订立标准合同的方式向境外提供个人信息: (1)非关键信息基础设施运营者; (2)处理个人信息不满 100 万人的; (3)自上年 1 月 1 日起累计向境外提供未达到 10 万人个人信息的; (4)自上年 1 月 1 日起累计向境外提供未达到 1 万人敏感个人信息的
其他条件	上述三项机制之外	根据有关法律和缔结、参加的国际条约、约定或者按照平等互惠原则,处理外国司法或执法机构关于提供存储于境内个人信息的请求

这四种数据出境机制标志着我国数据出境监管规则的成熟,说明我国在加强数据安全保护力度的同时,更使得企业在数据出境方面有了合理预期,给企业的合规工作带来了极大的便利,有利于企业的长期稳定发展。

三、国外数据安全立法

(一)美国数据安全立法梳理

20 世纪 80 年代,计算机开始在美国大规模普及应用,为了提高联邦计算机系统中敏感信息的安全性和隐私性，美国国会于1987年颁布《计算机安全法》。这是一部美国联邦法律，是较早规定数据安全的国家层面法律。2002年12月，美国颁布《联邦信息安全管理法》，同时废止《计算机安全法》。《联邦信息安全管理法》将“信息安全”界定为“保护信息和信息系统不受未经授权的获取、使用、披露、破坏、修改或者销毁”，以确保信息的完整性、保密性和可用性，[1]需要指出的是，在当时信息技术环境下，“狭义的信息安全”往往与“数据自身安全”不加区分地使用。此时人们还未认识到数据是信息的载体，控制好数据也就规范好了信息，因此也并未对数据的安全加以重视，而仅仅是规范了信息的保护。在此后的10年内，美国对数据安全的保护都是在《联邦信息安全管理法》的框架内展开，再辅以各个州的单独立法。这也就造成了美国政府不同部门、不同州在这期间对敏感信息的管理各自为政、比较混乱。[2]

2010年11月，时任美国总统奥巴马颁布第13556号行政命令，该命令旨在建立联邦政府统一管理下的敏感信息保护，美国国家档案和记录管理局(NARA)被指定为该行政命令的执行部门。2016年9月，NARA发布实施细则[3]，规定了受控非密信息(CUI)的登记、分类、安全保护、获取和传播、控制解除、标识、应用限制等。这一行政命令有效改变了美国对敏感信息管理混乱的局面，使美国对敏感信息的管理走向了高效与统一。

2018年3月和8月，时任美国总统特朗普先后签署了《澄清域外合法使用数据法》和《外国投资风险审查现代化法》(FIRRMA)。如同上文提到过的，《澄清域外合法使用数据法》要求，对危害美国国家安全的犯罪、严重刑事犯罪等重大案件，无论服务提供者的通信、记录或其他信息是否存储在美国境内，服务商都必须根据该法案进行调取并提供相关证据。这一法案很好地解决了国家法效力的有限性[4]与网络数据的国际性之间的冲突，使跨国数据被纳入国家主权的范围。FIRRMA则授权美国外国投资委员会(CFIUS)处理敏感个人数据对国家安全的威胁。FIRRMA明确将敏感个人数据列为外国投资安全审查时评估国家安全风险的要素之一，原因在于“这些信息可能被外国政府或外国主体获取，并以威胁美国国家安全的方式利用”。这两个法案在奥巴马的行政命令上进一步加强了对敏感数据的保护，着重突出了对信息载体的数据进行规范，当然也体现了特朗普的贸易保护主义倾向。

此外，美国国会共和党一位参议员还在2019年向参议院提交了《2019年国家

[1] Federal Information Security Management Act of 2002, 44U. S. C. § 3542(b)(1).

[2] 刘金瑞：《数据安全范式革新及其立法展开》，载《环球法律评论》2021年第1期。

[3] Controlled Unclassified Information(CUI), 32 C. F. R. Part 2002.

[4] [美]凯尔森：《法与国家的一般理论》，沈宗灵译，商务印书馆2013年版，第320页。

安全和个人数据保护法》(National Security and Personal Data Protection Act of 2019)提案,其目的是阻止用户数据向可能威胁到美国国家安全的国家传输。由于该提案存在大量贸易保护主义的内容,并且对数据进行了矫枉过正的保护,最终未能通过。但是,自从奥巴马时代开始,一系列的法案和行政命令就表现出美国对数据主权的空前重视,值得我国警惕和有选择地借鉴。

(二)欧盟数据安全立法梳理

欧盟在数据发展的浪潮中,无疑是落后者。无论是硬件方面被苹果、三星、英特尔等科技巨头全面抢占,还是软件方面被美国和中国的一众企业如微软、谷歌、推特(Twitter)、华为等领先,都显示了欧盟与互联网发展红利失之交臂。正因如此,面对大量欧盟公民的数据被掌控在国外公司手里的现状,欧盟十分担忧自己的利益受损、主权受挫。因此很自然地,欧盟的数据安全立法侧重于数据与国家安全和国家主权。

2015 年,欧盟委员会发布了《欧盟单一数字市场战略》,首次试图在基本性法律层面规划有关信息自决权、数据主权、个人隐私保护等问题的解决方案。这份报告清晰地指出了数据立法所要保护法益的多样性:数据保护法虽未直接规制消费者,但有明显的消费者保护功能,是消费者保护法;数据保护法既是信息法、媒体法和电信法的一部分,也是经济法的一部分,更是风险法,揭示了信息技术发展对个人自由和社会公平的风险所在。[1]

在报告发布的 3 年后,欧盟在先前的《欧盟数据保护指令》(EU Data Protection Directive)以及《欧盟电子隐私指令》(EU E-Privacy Directive)基础上,颁布了全新的 GDPR,它于 2018 年 5 月生效实施。GDPR 采纳了《欧盟单一数字市场战略》中强调的保护多种法益的基本原则——除继承了之前两部指令中对个人隐私的保护规定外,还着重规范了数据控制者、处理者的行为以保护国家(地区)的安全和主权。首先,欧盟通过 GDPR 达到扩张境外管辖权的效果。GDPR 规定,不论数据控制者、处理者及其处理行为是在欧盟之内还是之外,但凡处理的是欧盟境内居民的数据,均适用欧盟法律。其次,欧盟以基本权利保障为由,禁止个人数据流入未获得“充分性认定”的国家。最后,欧盟借此向全球扩张其制度理念,并为世界个人信息保护法树立新的标准。就如欧盟数据保护委员会所宣称的那样:“从智利到

---

[1] Martin Eßer, Philipp Kramer und Kai von Lewinski, Auernhammer, DSGVO/BDSG Kommentar: Datenschutz-Grundverordnung/Bundesdatenschutzgesetz und Nebengesetze, Carl Heymanns Verlag, 2017, S. 16ff.

日本，从巴西到韩国，从阿根廷到肯尼亚，我们看到新的隐私法正在浮现。”[1] GDPR 的正式实施，标志着欧盟在 2018 年就搭建起了系统的数据安全法律框架。美国加利福尼亚州、弗吉尼亚州、佛蒙特州以及巴西、印度、智利和新西兰的相关立法都从 GDPR 中汲取了灵感。[2] 到我国《数据安全法》颁布之时，GDPR 已经实施 3 年，其实施效果值得我国研究借鉴。

四、我国《数据安全法》的特点

（一）利于快速识别防范数据安全风险

数据是信息的载体。各行各业运转不息，每时每刻都会产生海量而纷杂的信息，并在各个主体间传递。这些信息背后的数据包罗万象，涉及政治、经济、文化、社会、生态、军事等几乎一切领域。因此，无论是对数据传输安全的保障，还是对数据利用安全的保障而言，如何在无序和杂乱的“数据海”中快速识别出需要保护的关键数据，并针对这些关键数据及时实施有效保护，都是防范数据安全风险的关键所在。《数据安全法》通过第三章“数据安全制度”整体设计和建立了以“数据分类分级保护制度”为基础的数据安全制度，有效解决了如何快速识别关键数据和有效保护关键数据的难题。

首先是快速识别出重要数据。数据分类分级保护制度通过基层各部门、各地区的大量经验反馈，从实践中整理识别出重要数据，制定出各行各业分类明确的重要数据识别清单。这项工作正在有条不紊地进行着，并且已经取得了阶段性的成果。近年来，我国通过《测绘成果管理条例》（2006 年）、《科学数据管理办法》（2018 年）、《国家健康医疗大数据标准、安全和服务管理办法（试行）》（2018 年）、《证券期货业数据分类分级指引》（2018 年）、《工业数据分类分级指南（试行）》（2020 年）、《金融数据安全　数据安全分级指南》（2020 年）等法律法规和行业标准已经对地理信息数据、科学数据、健康医疗数据、金融数据、工业数据等重要领域数据的保护进行了规范。

在识别出重要数据后，对其实施行之有效的保护制度，并在遵循比例原则的基础上，在保护的同时做到不阻碍数据的开放利用，是数据安全保护工作的重中之重。以个人信息为例，个人信息在一般情况下并不涉及公共利益和国家利益，只有在达到一定的数量之后，通过有目的的归纳、比对、关联等分析，才会挖掘出背后的

---

[1] 许可：《数据安全法：来路与前途》，载 FT 中文网 2020 年 7 月 20 日，http://www.ftchinese.com/story/001088595?full=y&archive。

[2] 李众：《欧盟〈一般数据保护条例〉实施效果的法律分析》，北京邮电大学 2021 年硕士学位论文，第 1 页。

涉密安全信息。若不加区分地加以限制和保护，则会影响正常数据的流通，不利于数字经济的发展，并阻碍科技和社会的进步。2017 年国家网信办公布的《个人信息和重要数据出境安全评估办法(征求意见稿)》曾规定，"含有或累计含有 50 万人以上的个人信息""数据量超过 1000GB"等情形的数据出境需要经过安全评估。这一规定就是在此基础上谨慎考量后，对个人信息实施的定量分析和管理。[1] 而《数据安全法》出台，会从定性上分析个人信息的重要与否，将个人信息分门别类，筛选出包括医疗健康、生物识别、基因测序等个人敏感类信息，将其列入重要信息的保护行列。定量和定性分析相结合，谨慎而又精准地控制重要数据的流通和利用，是现行《数据安全法》对数据安全风险控制的应对之法。

(二)前瞻性规范数据交易与政务数据

与欧美国家数据立法更侧重维护数据安全和主权的做法不同，我国的《数据安全法》更加注重数据的开发和利用，显示了对数据交易的扶持。该法第 19 条在国家制度层面明确了建立健全数据交易管理制度的目标，要求规范数据交易行为，培育数据交易市场。第 33 条则具体地对从事数据交易中介服务的机构及服务方式提出要求，要求其"应当要求数据提供方说明数据来源，审核交易双方的身份，并留存审核、交易记录"，显示了《数据安全法》对数据交易模式中的关注重点——数据合法性和交易的合规性。而这一思想也正是立法层面对贵阳、上海、西安、武汉等现存大数据交易所的阶段性合规的重点提炼。可以说，《数据安全法》从基础性法律的层面规范了数据交易的行业规则，它以数据交易所为规范重点，对促进数据经济的发展和数字技术的进步具有重要作用。

政务数据开放是多数欧美国家数据立法中没有系统规范的领域，而《数据安全法》第五章专章规定了政务数据安全与开放。自 2015 年 8 月《促进大数据发展行动纲要》出台以来，中央和各部委发布了多份提及政务数据共享开放的重要文件，如《政务信息资源共享管理暂行办法》《政务信息系统整合共享实施方案》《政务信息资源目录编制指南(试行)》，不仅明确了政务数据共享的原则，也为信息系统整合实施和标准体系建设提供了引导。《数据安全法》则进一步提炼了上述文件的核心，要求"提高政务数据的科学性、准确性、时效性"，明确"国家制定政务数据开放目录，构建统一规范、互联互通、安全可控的政务数据开放平台，推动政务数据开放利用"。该法的具体规定中更多规范了国家机关的行为，如需在法定职责内收集使用数据；须在履职范围内知悉数据的保密责任；委托其他组织建设电子政务系统或处理政务数据时须经过严格的批准程序，并对受托方进行监督等。数据安全需要企业和政府协同治理，规范政务数据是做好协同治理、打造亲清政商关系

---

[1] 刘金瑞：《数据安全范式革新及其立法展开》，载《环球法律评论》2021 年第 1 期。

的重要举措。

(三)平衡保障安全与促进开放利用目的

上文提到,《数据安全法》的立法目的是“保障数据安全与促进数据开放利用并举”。然而,这两种法律价值在通常情况下,都处在一对矛盾的对立面。平衡两者之间的冲突,在不损害数据安全的前提下,还能促进数据的开放和利用,最终达到发展数据经济、使数据经济成为经济增长新动能的效果,这既是该法的亮点,也是当前法律待解决的难点。如果过于侧重保护数据安全,就会使政策倒向贸易壁垒,造成技术迟滞,错失经济转型的良机;如果过于强调数据开发,就会造成数据滥用,危及国家安全和主权,危及个人隐私和公共利益。《数据安全法》在 2021 年 9 月实施,有必要仔细研究其进一步的实施效果,在具体的个案中平衡这两种基本的法律价值,在大量的域外经验里借鉴平衡这两种价值的方法。如此才能维持两者的动态平衡,才能真正做到维护数据安全,发展数据经济。

第二节 数据分类分级保护制度

进入大数据时代,数据已经成为国与国之间的重要竞争力量,无论是经济发展,还是国防安全都离不开数据。因此保护数据安全就显得尤为重要。数据分类分级是数据安全的基础,数据安全体系的建立离不开数据分类分级。而在数据分类分级保护制度中,数据分类是基础和前提。数据繁复冗杂,因此只有对数据进行合理分类才能更好发挥数据的价值。在这一背景下,如何确立统一的数据分类标准,建立完善的数据分类分级保护制度,就成为了目前我国需要研究的重要问题。

一、数据分类的基本情况及相关理论

(一)数据分类的基本情况

自 1994 年起,数据已经进入法律保护范围,但直至 2021 年,数据分类分级保护制度也只是散见于各类的文件中,且这些文件一般层级都较低。即使是《网络安全法》,也仅提到数据分类分级,而未真正对数据分类分级作出原则性规定。直到 2021 年 9 月 1 日实施的《数据安全法》才正式确立数据分类分级保护制度。自此,数据分类分级正式入法,开启了数据分类分级的新篇章。但是,《数据安全法》也只对数据分类分级作出了原则性规定,并没有进行具体规定。除此之外,我国其他各项法律法规中对于数据分类分级的规定并不完善,相关研究也不多见。由此可见,我国数据分类还有完善空间,亟待对数据分类进行细粒化研究。

(二)数据分类的相关理论

尽管相关研究不多,但仍有部分学者对数据分类进行了非常有启发意义的研究。例如,侯利阳、贺斯迈阐释了我国对数据分级分类的法律法规发展情况,并对美国数据分类的情况进行分析,认为我国应当借鉴美国对于受控非密信息的保护制度,并应当建立强制统一标识制度、统一登记备案系统和执行机构、统一分类保护制度,需要在民法、竞争法、行政法、刑法等多层面构建责任体系。[1] 完颜邓邓、陶成煦分析了美国的数据分类分级制度,并对我国数据分类分级发展提出以下三条建议:第一,完善政府数据分类分级管理的政策法规;第二,健全政府数据分类分级管理的组织体系;第三,制定政府数据开放分类分级的授权许可协议。[2] 洪延青对《数据安全法》的立法背景和逻辑进行分析,并提出了数据分类过程中数据的“外部性”问题,以及数据分类分级的国际竞争意义。[3] 高磊等从影响对象、影响广度和影响深度三方面对数据遭破坏后的危害程度进行详细分析,并提出了较为细粒度的数据分类原则和方法。[4] 陈兴跃认为数据分类主要根据“关系”进行分类,数据分类是按照数据资产管理形式对数据进行划分,并强调数据分类的颗粒度要适合,不能太粗放导致不能归类,也不能过于细致导致出现无数据可归类;分类还要考虑发展性,能够兼容未来数据。[5] 黄洪等提出了利用本体和粗糙集理论,从业务流程的角度出发对数据进行分类,建立数据分类本体。[6] 刘红等则提出了一种利用声明式逻辑及编程语言,建立多维度数据分级分类的表达和计算的系统框架,来实现数据细粒度的分级分类设定。[7]

二、我国已有立法中有关数据分类的情况

在我国立法实践中,数据分类要晚于数据分级出现的时间。事实上,在《数据

---

[1] 侯利阳、贺斯迈:《如何对数据进行分级分类保护》,载《检察风云》2020 年第 19 期。

[2] 完颜邓邓、陶成煦:《美国政府数据分类分级管理的实践及启示》,载《情报理论与实践》2020 年第 12 期。

[3] 洪延青:《国家安全视野中的数据分类分级保护》,载《中国法律评论》2021 年第 5 期。

[4] 高磊、赵章界等:《基于〈数据安全法〉的数据分类分级方法研究》,载《信息安全研究》2021 年第 10 期。

[5] 陈兴跃:《数据分级分类正式入法具有重大实践指导意义》,载《信息安全研究》2020 年第 10 期。

[6] 黄洪、刘增良、余达太:《一种智能化的数据分类、分级及保护模型》,载《北京工业大学学报》2011 年第 6 期。

[7] 刘红、张越今等:《多维度数据分级分类安全管理框架》,载《信息网络安全》2021 年第 10 期。

安全法》实施以前，数据分类并没有引起重视，法律法规中规定得更多的是数据分级制度。当然，也有少量的法律法规对数据分类进行了相应的规定。这些规定虽然还不够精细，但却为《数据安全法》最终规定的形成提供了初步模型。

（一）《数据安全法》颁布以前的立法对数据分类的规定

我国对数据分类的规定较为零散，大多文件仅仅简单提及数据分类，并没有将其确立为原则或者单独进行规定。例如，2017 年 6 月实施的《网络安全法》第 21 条规定“采取数据分类、重要数据备份和加密等措施”；2018 年国务院办公厅印发《科学数据管理办法》第 10 条规定科学数据中心“负责科学数据的分级分类、加工整理和分析挖掘”，第 20 条明确指出“法人单位要对科学数据进行分级分类，明确科学数据的密级和保密期限、开放条件、开放对象和审核程序等，按要求公布科学数据开放目录，通过在线下载、离线共享或定制服务等方式向社会开放共享”。

2019 年《信息安全技术　大数据安全管理指南》将数据分类分级作为单一章节列出，指出数据分类分级应该遵循科学性、稳定性、实用性、扩展性四大原则，规定了数据分类分级的流程，并要求数据分类方法“按照 GB/T 7027 – 2002 中的第 6 章进行数据分类，可按数据主体、主题、业务等不同的属性进行分类”。2019 年的《证券基金经营机构信息技术管理办法》（2021 年修正）、《电信和互联网行业提升网络数据安全保护能力专项行动方案》，2020 年的《工业数据分类分级指南（试行）》《个人金融信息保护技术规范》《金融数据安全　数据安全分级指南》，以及 2021 年的《信息安全技术　网络音视频服务数据安全指南》等行业性的规范性文件都对数据分类进行了相应规定。

除此之外，不少地方也针对数据分类分级发布了指南、规范。2016 年贵州省发布地方标准《政务数据 数据分类分级指南》（DB 52/T 1123 – 2016），该指南是第一份地方性数据分类分级指南，为以后地方进行数据分类分级奠定了基础。2019 年，上海市出台《上海市公共数据开放分级分类指南（试行）》；2020 年，北京市经济和信息化局发布《政务数据分级与安全保护规范（试行）》；同年，浙江省发布《浙江省公共数据分类分级指南（试行）》。深圳市也相继出台政务数据分类分级指南。

总体而言，在《数据安全法》出台以前，各类文件虽然涉及数据分类的一些内容，但仍缺乏统一的数据分类标准。其中，最具代表性的意见是 2019 年全国信安标委发布的国家标准《信息安全技术　大数据安全管理指南（GB/T 37973 – 2019）》（2020 年 3 月起施行）。虽然该指南以专章对数据分类作出了规定，对于各行各业制定数据分类具有重要的指导作用，但它同样采取了对科学数据、金融数据、工业数据、个人信息等不同行业的数据分类分别进行规定的形式，并未对数据分类进行整体统筹规定。其弊端就在于不同行业数据分类标准的制定主体不同，各行业的数据分类标准也就难以统一。这样不仅达不到对数据进行分类的初衷，而且会导致资源浪费和效率低下。

(二)《数据安全法》对数据分类分级的规定

2021 年 9 月 1 日,《数据安全法》正式实施。这标志着数据分类分级制度真正入法。《数据安全法》第 21 条规定:"国家建立数据分类分级保护制度,根据数据在经济社会发展中的重要程度,以及一旦遭到篡改、破坏、泄露或者非法获取、非法利用,对国家安全、公共利益或者个人、组织合法权益造成的危害程度,对数据实行分类分级保护。国家数据安全工作协调机制统筹协调有关部门制定重要数据目录,加强对重要数据的保护。关系国家安全、国民经济命脉、重要民生、重大公共利益等数据属于国家核心数据,实行更加严格的管理制度。各地区、各部门应当按照数据分类分级保护制度,确定本地区、本部门以及相关行业、领域的重要数据具体目录,对列入目录的数据进行重点保护。"

从《数据安全法》第 21 条中可以看出,分类分级保护制度由国家建立,各地区各部门按照国家建立的分类分级保护制度确定地方和各行业的数据具体目录。这一"自上而下""由总到分"的体系,不仅使数据分类有中央的统一领导,而且也给予了地方和各行业一定的灵活空间,使其能够在保证大方向的条件下,根据地方和各行业的自身特点制定适合本地区和本行业发展的数据分类目录。

该条同时还规定了数据分类的依据,具体包括以下两点:第一,数据在经济社会发展中的重要程度;第二,数据一旦遭到篡改、破坏、泄露或者非法获取、非法利用,对国家安全、公共利益或者个人、组织合法权益造成的危害程度。但这两个标准过于笼统,其中的"重要程度"和"危害程度"应当如何衡量,在实践中难以判断。

《数据安全法》第 22 条还规定了国家数据安全工作协调机制统筹协调有关部门。经过协调后制定重要数据目录,能够避免各部门各自为政,从而造成数据分类标准冲突的情况。这样,在保护数据安全的同时能够发挥数据应有的经济、政治等价值,并且极大地提高了行政效率,保障数据发布部门的权威。

《数据安全法》的出台对于我国数据分类分级制度的发展具有历史性意义,数据分类分级入法标志着政府及企事业单位在开展数据处理工作中,对数据进行分类将成为一项必须遵守的义务。但是《数据安全法》还存在很多不足之处,该法对数据分类分级的标准只进行了原则性规定,在实践过程难以具体落实,因此,相关配套法律法规应当尽快完善,制定更加具体的数据分类分级标准。

三、域外有关数据分类的相关立法

在我国已有立法中,对数据分类分级仅规定了原则性标准,对于具体实践中应当如何进行数据分类并没有具体化的规定。欧盟和美国数据分类的相关制度和立法经验对于探索形成我国数据分类细化标准具有重要的参考作用,值得我们深入研究。

(一)欧盟对于数据分类的立法梳理

欧盟的 GDPR 主要针对的是个人数据保护。这个被称为“史上最严格”的数据安全法规虽然没有在条文中明确规定对个人数据进行分类分级保护,更没有提出具体的分类标准,但其中包含的数据分类分级逻辑与数据保护官(DPO)制度,都对我国的数据分类分级保护具有重要的借鉴意义。

首先,GDPR 针对敏感个人信息进行了特殊保护。GDPR 在第二章第 9 条中明确表示对于“揭示种族或民族出身,政治观点、宗教或哲学信仰,工会成员的个人数据,以及对以特别地识别自然人为目的的基因数据、生物特征数据,健康、自然人的性生活或性取向的数据”原则上禁止处理,仅在特殊情况下允许处理。此外,各成员国还可以根据本国实际情况对基因数据、生物特征数据和个人健康数据等敏感数据做出进一步的限制。上述规定既是对所列个人数据的特殊保护,又意味着将这些数据作为特殊类别进行特别规定,无疑也是一种数据分类的思路,对我国数据分类具有参考价值。

其次,欧盟提出的 DPO 制度同样对我国具有借鉴意义。GDPR 中对 DPO 的设立分为两种情形。其中,第 37 条第 1 ~ 3 款规定的为强制设立情形,第 4 款作为前 3 款的补充条款,采用了鼓励建议的方式进行规定,各单位可根据具体情况选择适用或者不适用 DPO 制度。在必要情况下强制设立 DPO,非必要情况可选择不设立,这样的规定给予设立者更多的自由,使得 DPO 制度能够被灵活运用。第 37 条第 5 款对 DPO 的职业要求作出了具体规定。据此,DPO 既需要具备与数据保护法相关的法律知识,又需要掌握任职组织机构的专业技能,并且做到与监管机构间的积极有效沟通。GDPR 并未限制 DPO 是个人还是单位,这就扩大了其任用范围。此外,GDPR 还对 DPO 的权限进行了相应的规定。总之,DPO 的设立是为了对数据进行管理、加强对数据保护、监管数据分类分级过程、在数据分类分级过程中发挥沟通协调作用,有利于数据分类正确及数据安全。

(二)美国对于数据分类的立法梳理

1. 美国数据分类分级制度

2009 年,时任总统奥巴马签署的第 13526 号总统令《国家安全信息分类》规定了一个用于国家安全信息分类、保护和解密的系统。《国家安全信息分类》依据信息覆盖领域将国家安全信息分为 8 类,包括:军事计划、武器系统或行动;外国政府信息;情报活动(包括秘密行动)、情报来源或方法或密码学;美国的外交关系或对外活动,包括机密来源;与国家安全有关的科学、技术或经济事项;美国政府保护核材料或核设施的方案;与国家安全有关的系统、装置、基础设施、项目、计划或保护服务的脆弱性或能力;发展、生产或适用大规模毁灭性武器相关信息。《国家安全信息分类》明确强调,若对信息分类存在重大疑问,则不得对此信息进行分类,该规定是为了避免过度定密。美国的国家安全信息分类制度,在维护国家秘密的同时,也使数据得以充分利用,对数据进行不同的分类分级,使数据得以最大限度地公开,不仅能够发挥数据的最大效用,与此同时也减轻了保密机构保存数据的压力。

除对国家安全信息进行分类外,2010 年奥巴马签署的第 13556 号总统令《受控未分类信息》(CUI)还将不符合第 13526 号总统令规定的国家安全信息以外的信息进行了统一分类管理。CUI 从强制统一标识入手,在与相关法律、法规和整个政府的政策相契合的基础上,对原先混乱无序的标识方式作出统一,设置具体的类别和子类别对数据进行保护及传播控制,确立了实际意义上的重要数据。[1] 至 2016 年,CUI 的最终规则得以确定。该规则涉及三大方面:一般信息、CUI 程序的关键要素、计划管理子部分。这三大方面又被分为 23 个类别、85 个子类别。特朗普政府又对 CUI 目录进行了相应的调整,形成了 20 个类别、124 个子类别。美国的 CUI 分类规则使数据分类得以具体化,形成了由国家直接规定统一的数据分类规则的总分结构。各部门之间各自为政、分类混乱的局面得以终结。CUI 分类规则不仅提高了行政效率,而且极大保障了数据的有效化利用。

2. 美国数据分类分级管理组织机构

美国设立了信息安全监督办公室、跨部门安全分类申诉小组和受控未分类信息办公室管理数据分类分级。其中,信息安全监督办公室主要对数据分类分级管理进行监督、综合指导、培训,对数据分类分级进行评估以及实现数据分类分级标准化。跨部门安全分类申诉小组的作用是审查分类分级的决定是否正确,并召开公众讨论会进行相应的讨论,确保公众知情权并保护数据的安全。而受控未分类信息办公室则主要针对 CUI 政策进行相应的规定,主要从制定、公布、监督、惩罚等方面进行。除上述核心机构外,还有公共利益解密委员会,各州、地方、部落和私营部门政策咨询委员会,总统行政办公室下设的管理与预算办公室也构成数据分类分级管理组织机构的一份子。各部门各司其职,最终形成了美国数据分类分级管理的组织框架,使数据分类分级得以有效运转。

3. 美国数据分类分级授权协议

美国联邦政府数据管理采用了公共领域贡献(CC0)许可协议[2]。签订 CC0

---

[1] 孙宝云、刘崇瑞、徐与璠:《特朗普政府“受控非密”信息管理的新变化及启示》,载《情报杂志》2020 年第 12 期。

[2] 即无著作权,在作品上适用该文本的人已经将作品贡献至公共领域,在法律允许的范围,放弃所有他在全世界范围内基于著作权法对作品享有的权利,包括所有相关权利和邻接权利。《CC0 1.0 通用(CC0 1.0)公共领域贡献》,载知识共享网 2017 年 11 月 7 日,https://creativecommons.org/publicdomain/zero/1.0/deed.zh。

许可协议意味着在法律范围内最大限度地放弃自己的版权,将作品公之于众,允许公众做任何使用。但 CC0 并非适用于任何材料,而是仅适用于具有版权的材料。对于非联邦政府的数据,除使用 CC0 许可协议外,还存在三种许可协议,分别是署名(CC-BY)、开放数据共享开放数据库许可(Open Data Commons Open Database License,ODbL)、开放数据共享公共领域贡献与许可协议(Open Data Commons Public Domain Dedication and License,ODC-PDDL)。总体而言,美国给予了非联邦政府数据更大的开放共享空间,使得公众在满足一定条件下可以对数据加以利用,使数据发挥最大效用。

四、完善我国数据安全分类的建议

(一)加快落实数据类别具体化

目前,我国数据分类还不够具体,致使实践中问题多发。但是我们也要看到,尽管更加细粒化的分类目录亟待出台,对于数据分类也不能过于细碎。如果说分类粗糙容易导致数据无法对应合适的类别,那么分类过细则容易造成数据分类冗杂,增加政府部门和各行业数据分类的负担,不利于提高效率。除此之外,在制定数据分类标准的过程中,应当注意数据分类的可持续发展性。数据分类不仅要考虑当下的数据,还需要能够应对未来的新型数据。

对于数据分类思路,美国的做法值得我们部分借鉴。如上所述,首先,美国将数据划分为国家安全信息和国家安全信息以外的信息;其次,其将国家安全信息又分为 8 类,且对国家安全信息以外的信息设置了具体类别和子类别,如特朗普政府时期形成 20 个类别、124 个子类别。这样的数据分类不仅能够保护国家安全信息的安全,而且也能够充分利用国家安全信息以外的信息。此外,美国对于不确定是否属于国家安全信息的数据不纳入国家安全信息,这样的规定能够防止过度定密限制数据的使用。

另外,我们对于个人数据的划分应当更为注意,因为个人数据是离我们生活最近的一种数据类别,也是大众最为关心的一种类别。具体而言,对于个人数据,我们应当提供更加细致的保护,尤其是涉及个人隐私的数据,应当禁止公开。此外,我国地大物博、民族众多,每一个地区都有着不同的区域特点,不同地区对数据分类也可能有不同的要求。《数据安全法》允许各地区和行业制定具体的分类目录,这一规定体现出了对上述特性的考虑。由此,我国的数据分类应当在中央领导下制定统一的一般规定,再根据不同的地区和行业差异分别制定特殊规定。只有将一般与特殊结合运用,才能更好地进行数据分类,保护数据安全,发挥数据价值。

(二)完善数据安全分类相关法律法规

上文已经谈到,《数据安全法》对数据分类规定得还不够具体,亟须制定与之配套的相关法律法规。因此,数据分类的方法、数据分类的主体标准、数据分类过程的监督主体、分类过程中出现问题如何解决、出现问题后责任的承担方式,何种情况需要承担民事责任、何种情况需要承担刑事责任,都需要研究完善相关的法律法规。只有法律完备,才能够保障数据安全,以及数据分类的有序进行。

应该说,我国的数据分类细致化规定并非毫无基础。上文提到过的贵州、上海等地方的规范性文件都对国家统一规定数据分类具体化具有借鉴意义。我们应在此基础上加快完善相关法律法规的步伐,落实《数据安全法》的相关规定。

(三)完善数据责任人制度

数据分类过程需要监督,数据分类后需要管理,数据安全离不开监督管理人员,因此确立专门的数据责任人对于数据安全的保护具有重要意义。我国可以借鉴欧盟 GDPR 设立的 DPO 岗位,从国家层面上对数据责任人制度进行统一规定。首先,应当规定责任人的选任机制,责任人不应局限于个人,符合条件的机构也应当允许其担任责任人。针对个人应当考察其教育、政治背景,建立类似公务员的选拔机制;针对机构应当考虑其机构信誉以及业务范围。其次,应当规定责任人的职权范围,原则上责任人主要对数据分类进行监督和管理,具体职责可由各部门和各行业进行更加详细的规定。最后,应当规定违反义务后的法律责任,权责要统一。“谁主管,谁负责”是我国行政管理领域长期奉行的规则。但是,在将这一规则运用到数据分类责任承担中时,要做到具体问题具体分析,根据不同情形进行不同程度的追责。只有这样,数据责任人制度才能够充分发挥数据责任人在安全治理上的重要作用,使数据安全得以保障。

第三节　数据跨境流动制度概述

1971 年世界上第一封电子邮件在阿帕网(ARPANET)上发出,人们首次在互联网上实现了不同主机间的信息交换,而不再仅仅局限于不同人在同一台机器上进行的信息交换。这标志着人们第一次在互联网上进行了数据交换与流通。时至今日,互联网规模呈指数级发展,2022 年全球互联网流量将超过截至 2016 年的互联网流量之和,数据已成为创造私人价值和社会价值的重要战略资产。[1] 如何处理这些数据将极大地影响我们实现可持续发展目标的能力。因此,我们需要确立适合本国发展的数据跨境流通制度。这绝非易事,却是必要之举。2021 年我国《数据安全法》正式实施,其中第 11 条开宗明义地规定了“数据跨境安全、自由流动”的基本原则。沿着这条思路,唯有立足中国实践、放眼全球经验,方能勾画出我国数据跨境流动的具体制度。本节将介绍数据跨境流动的基本概念和主要类型,分析国外对于“数据自由流动”和“数据安全保护”取舍与平衡的具体措施,在借鉴其有益经验的基础上,介绍分析 2022 年 7 月 7 日国家网信办出台的《数据出境安全评估办法》,并提出相应的完善对策。

一、数据跨境流动制度的基础理论

(一)数据跨境流动的基本概念和沿革

何为“数据”这个最底层的理论问题,在过去相当长的时间内并没有准确而统一的回答,很多对其下定义的尝试也都逃脱不了“数据就是数据”的怪圈。如《网络安全法》第 76 条第 4 项就将网络数据界定为“通过网络收集、存储、传输、处理和产生的各种电子数据”。数据是整个规制体系的调整对象,厘清其基本概念和内涵外延对整个制度理论体系的建构和实践探索的发展都有很大帮助。在《数据安全法》中,这个问题得到了初步的解决。该法第 3 条第 1 款规定:“本法所称数据,是指任何以电子或者其他方式对信息的记录。”通过该条款我们能够了解到,数据即信息的载体。如此范围下的“数据”,方能让我们对其动态的跨境流动进行全方位的规制,实现制度理论上的逻辑自洽。

而“数据跨境流动”的概念则兴起于个人电脑普及的 20 世纪 80 年代。在网络技术刚刚起步的 20 世纪 70 年代,数据很少有跨境传输的应用场景。直到互联网真正从军用和国家领域延伸发展至民用领域,数据才从静态的本地化存储渐渐转变为动态的跨境流动。1980 年,经济合作与发展组织在其发布的《隐私保护与个人数据跨境流动指南》中最早对数据跨境流动作出了简约的定义,称之为“跨越国境的个人数据移动”(transborder flows of personal data)。随后,美国国会在 2002 年通过的《关键基础设施信息法案》中,对数据跨境流动的基本概念做出了更为详细的规定,将其特征描述为“通过各种技术和方法,实现数据跨越国境(地理疆域)的流动”。而欧盟的 GDPR 第 4 条则将数据跨境流动定义为“发生在一个控制者

---

〔1〕《联合国数字经济报告 2021——跨境数据流动与发展:数据为谁流动》,载联合国贸易和发展会议 2021 年 9 月 29 日,https://unctad.org/system/files/official-document/der2021_overview_。

或处理者在多个成员国所设立的多个营业机构内；或者在欧盟内的控制者或处理者的单一营业机构内进行的，但其对不止一国的数据主体具有实质性影响”。

通过对上述数据跨境流动定义演变历程的分析，我们可总结出数据跨境流动的基本类型和基本内容。根据流动方向，数据跨境流动可分为“跨境流出”和“跨境流入”；根据处理主体，可以将其分为“私主体跨境处理”和“公权力机关跨境处理”。[1] 而数据跨境流动制度围绕这四类流动模式展开，其目的即为构建公权力机关对私主体跨境处理数据活动的法治化管理。在数据入境方面，公权力机关对私主体的审查一直存在。互联网时代之前，各国海关就一直对入境的印刷品实行入境审查；进入互联网时代后，各国都通过法律禁令和技术手段对危害国家安全和违反法律的入境数据实行阻断和屏蔽。《国际电信联盟组织法》第180、181段申明：“各成员国有权对危害国家安全、违反法律、妨碍公共秩序或有伤风化的电报、电信停止传递或予以截断。”数据出境方面的规制则主要体现为公权力机关对他国主体处理本国境内数据的行为进行的限制。例如，GDPR就针对欧盟境内的个人数据实施了较为普遍和严格的出境管控。同样地，我国近年来也加强了数据出境的管控，以维护国家安全。例如，2021年7月，中央网信办宣布对“滴滴出行”启动网络安全审查，以防范“滴滴出行”在此前赴美上市的行为所带来的数据出境安全隐患。[2] 2022年6月，由于知网掌握了大量重要数据以及“重大项目、重要科技成果及关键技术动态等敏感信息”，中央网信办宣布启动对知网的网络安全审查。[3]

（二）数据跨境流动制度构建的必要性

无论哪种理念，构建一个适合本国发展的法治化、体系化的数据跨境流动的制度，已经成为世界各国的共识。

从地缘政治层面来看，2013年美国“棱镜计划”的曝光推动了各国将数据跨境流动纳入政治议题，并将其与国家安全、网络安全、隐私保护等政策紧密挂钩，从而加剧了各国政府在网络空间的战略博弈与数据资源争夺。在前述滴滴出行公司被启动网络安全审查事件中，我国滴滴出行公司作为掌握大量用户数据和城乡道路信息的境内科技公司，却不顾监管部门的警告，执意赴美上市并披露大量敏感数

---

〔1〕 许可：《自由与安全：数据跨境流动的中国方案》，载《环球法律评论》2021年第1期。

〔2〕 《网络安全审查办公室关于对“滴滴出行”启动网络安全审查的公告》，载中国网信网，http://www.cac.gov.cn/2021-07/02/c_1626811521011934.htm。后续可参见《国家互联网信息办公室对滴滴全球股份有限公司依法作出网络安全审查相关行政处罚的决定》，载中国网信网，http://www.cac.gov.cn/2022-07/21/c_1660021534306352.htm。

〔3〕 《网络安全审查办公室对知网启动网络安全审查》，载中国网信网，http://www.cac.gov.cn/2022-06/24/c_1657686783575480.htm。

据，给用户个人隐私和整个国家的安全带来极大隐患。在这一情况下，中央网信办于2021年7月依据《网络安全法》对其进行下架整改和安全审查，同年9月，检查组进驻滴滴出行公司进行数据跨境流动安全性检查，滴滴出行公司也黯然启动了退市程序。建立完备规范的数据跨境流动制度以避免此类事情的再度发生，已经是迫在眉睫。

从经济贸易层面来看，数字经济给全球化的发展带来了挑战与机遇。随着全球各行业纷纷进行数字化转型与发展，一方面，数据已关乎大量个人隐私与商业秘密甚至国家安全，一些国家的经济政策转向保护主义，筑起国家和区域间的贸易壁垒；另一方面，电子商务与金融服务等国际业务需要大量数据交换与渠道开放，衍生了大量的数据跨境需求。让数据流起来是经济的新增长点，更是全球化的大势所趋。

从产业发展层面来看，在大数据、云计算、人工智能、5G、区块链、元宇宙等新兴技术产业领域，各国政府倾向于通过加强相关产业扶持的政策，来大力发展本国的数字产业。与此相关的数据跨境流动的制度构建最终也成为国家间产业政策竞赛的内容之一。

（三）数据跨境流动制度的理念和争议

关于构建数据跨境流动制度的核心理念，一直都存在数据自由流动原则与数据安全保护原则的争辩。这两种原则分别起源于两种截然不同的环境背景。

在计算机与互联网科技起步较早、数字产业发展较为全面的国家，数据自由流动原则成为了数据跨境规制的主流思潮。因为，在这样的条件下，大部分数据处理者都来自本国的企业、机构和政府，他们本身就是数据的所有者和处理者，因此无需担心数据被其他主体处理而带来安全隐患。这些国家主张排除公权力干扰，让私主体能够不受管制地处理数据的出入境，从而最终达到驱动本国的跨国公司发展，让其资本在全球畅通无阻地扩张，推动数字产业的进步与发展的目的。遵循这一理念进行数据跨境流动规制的国家，多数能够承担和规避数据自由流动所带来的安全风险。

而在数字产业起步较晚，计算机和互联网技术被别国垄断的国家，数据安全保护原则成为了主流的理念。这是为了防止本国的涉密数据被他国的数据处理者操纵。如他国政府、企业、机构不正当调取和分析某个国家政府或个人的数据，预测该国家的政策，破解该国家的机密，必将危害该国的国家安全和社会稳定。因此，技术相对落后的国家就需要制定较为严苛的数据出入境制度，以维护本国的数据安全和国家主权。然而这种理念也具有明显的弊端。一味采取数据本地化存储而忽视数据流动性的策略来进行数据跨境流动规制，虽然在一定程度上能够维护国家安全和主权，但也会阻断数据的传播和流动，使本国数字产业和互联网技术的发展停滞不前，最终陷入加强管控与技术落后的恶性循环。

二、数据跨境流动制度的域外实践

（一）美国数据跨境流动制度的立法概述

就总的立法原则来说，美国奉行"法不禁止即自由"原则；同时，美国一方面受到贸易利益驱动，另一方面又具有领先世界的互联网技术与计算机科技的先天优势。故而，其天然倾向于鼓励并推行宽松的数据跨境流动政策。在此背景下，美国相关法律大多主张在确保国家安全利益的前提下，最大限度地促进数据自由流动。在数据跨境流动治理上，美国主要采事后监管模式。但其在宣扬数据自由流动的同时，对联邦政府的重要数据采取了较为严格的管理措施，在投资、采购等方面及环节予以限制，并提出了重要数据本地化要求。在国际上，美国对外拓展"长臂管辖"，在全球宣扬数据跨境自由流动理念，以防止其他国家对美国数据进行严格控制。

就具体立法模式和立法内容来说，美国法律属于海洋法系，很多领域的调整规定并没有形成体系化的法典，而是散落在各个单行法和判例法中。美国的立法模式是典型的联邦与各州分散立法、公共部门与私营部门分别立法、私营部门分业立法的分散模式。在数据跨境流动治理领域，同样呈现出这一特征。如美国联邦层面的法律有2002年的《联邦信息安全管理法》、2018年的《澄清域外合法使用数据法》和FIRRMA。其中，《联邦信息安全管理法》旨在将联邦政府的数据进行本地化存储，以维护美国的国家秘密和安全。这也使美国成为了较早对政府数据跨境传输进行立法的国家。如同上文介绍的，《澄清域外合法使用数据法》使跨国数据纳入了国家主权的范围，而FIRRMA则授权CFIUS处理敏感个人数据跨境传输时对国家安全产生的威胁。可以看出，联邦层面的立法大多注重数据安全保护以维护国家安全，对数据自由流动的限制较多。但在各行业各部门和各州的立法中，体现数据跨境自由流动理念的条文就占据了多数。具体来说，《公平信用报告法》《金融服务现代化法》《健康保险携带和责任法》《加利福尼亚州消费者隐私保护法案》等法案对关键行业和领域的个人数据本地化存储和跨境流动进行了明确的规定，从而使这些个人数据能够在安全可控的条件下进行数据跨境流动，促进了各州、各行、各业的贸易和经济繁荣。

（二）欧盟数据跨境流动制度的立法概述

如前所述，欧盟在数据产业发展的浪潮中，虽然也产生了曾经的巨头诺基亚（Nokia）公司和仍然活跃的思爱普（SAP）公司，但无论在产业规模还是核心技术上，都表现出了发力疲软与后劲不足，这个昔日的发达地区在互联网时代无疑已经落后一截了。正因如此，面对大量欧盟公民的数据被掌控在国外公司手里的现状，欧盟十分担忧自己的利益受损、主权受挫。再加上欧洲作为人权理念的起源地，其内部各个国家一直以来就十分重视人格尊严的问题，严格保护个人敏感数据，因此很自然地，欧盟选择了有条件的开放作为数据跨境流动的立法方向。

20 世纪 80 年代欧盟尚未正式成立时，其内部各个国家基于一直以来重视个人权利保护的传统，已经开始纷纷制定本国的个人数据保护法案。到 1990 年，世界上已有的 21 部关于个人数据保护的立法中，就有 17 部出自欧洲地区。1993 年成立的欧盟也将这些法案的理念加以吸收，在其 1995 年通过的《欧盟数据保护指令》中将个人信息权规定为了一种基本的人权。《数据保护指令》对欧盟以外的国家设立了"充分保护原则"，当第三国未能达到"充分性保护"水平时，成员应采取必要措施阻止数据向该国传输。《数据保护指令》对数据跨境流动行为的管控十分严格，大有统一管控欧盟内部数据流动的趋势。

然而，虽然《数据保护指令》这一十分严苛的法案能保护个人数据免遭泄露和侵犯，但在数据经济呈几何式增长的 21 世纪，它几乎成了欧洲发展数据产业的最大绊脚石。例如，2006 年成立的法国网络拼车公司 BlaBlaCar，尽管比美国的优步（Uber）还早成立 3 年，然而自成立之初就面临着从数据保护法到知识产权法的不断打压，以至于发展了十几年仅仅只有 15 亿美元的市值。而比它晚成立几年的优步市值已经达到 546 亿美元，中国的滴滴出行公司更是已经有 600 亿美元的市值。欧盟内部各国的互联网企业发展落后于部分互联网优势国家，过于严格的数据保护法不能不说是其原因之一。欧盟亟须调整数据跨境流动制度以适应新的互联网环境。为此，欧盟首先在内部进行了改革，制定了效力及于内部各国的《非个人数据在欧盟境内自由流动框架条例》，极大地促进了数据在欧盟内部的自由流动。此后，欧盟颁布了 GDPR。这一条例改良了之前的个人数据"充分性保护"规则，在其基础上构建了独特的"事前保护"模式，即在认定数据处理主体在处理跨境数据时符合标准合同条款、符合比例原则后，其数据即可以跨境流动。除此之外，为了规避开放数据跨境流动所带来的风险，GDPR 在第 3 条还设置了"长臂管辖"原则，规定无论数据控制者、处理者及其处理行为在欧盟之内还是之外，但凡处理的是欧盟境内居民的数据，均适用欧盟法律。

欧盟这种内外有别，松弛有度的数据跨境流动法律体系，在严格保护欧盟居民数据安全的同时，也在一定程度上促进了数据的自由流动和数字产业的发展。更重要的是，其长臂管辖权的设立提高了欧盟法律在域外的效力，使得欧盟在全球数据流动规则制定中掌握了一定的话语权。

(三)区域合作中数据跨境流动协议概述

如上所述,欧盟基于自身的经济、文化、社会需求,在20世纪80年代完整规定了颇为严格的单边数据跨境流动制度。相比之下,美国的制度构建起步较晚,且秉持的自由流动理念也与欧盟的有条件开放的理念冲突。如果欧盟成为全球数据跨境流动制度的主要制定者,就会给美国的数据产业发展造成阻碍。于是,美国一方面在原有的OECD协议中与欧盟协商制定更开放的制度,另一方面开始在没有欧盟参与的APEC中达成新的协议以规避欧盟影响,以期利用自身经济优势和技术优势,制定以美国为主导的新的跨境数据流动规则体系,倒逼欧盟改变方向以适应全球的数据跨境流动制度的更迭。

新修改部分的OECD《隐私保护与个人数据跨境流动指南》带有明显的支持数据自由流动的倾向。首先,总则第5条规定,“如果成员国为联邦制国家,受联邦内部分权制度的影响不视为对指南的违反”,该规定显然是给美国各州分散立法、制度不统一的现状留下了合乎规范的空间。其次,该指南从原则上规定了数据的自由流动的理念。其中,第三部分“国际应用基本原则:自由流动与法律限制”的规定均是为最大限度地削弱国家之间数据流动的障碍。最后,该指南从各处具体规则上也落实了对数据自由流动理念的重视。例如,其中第16条要求成员国采取措施确保个人数据跨境流动,第18条也规定应避免设置跨境数据流动的法律障碍。

与此同时,亚太经济合作组织(APEC)在2004年也公布了一份关于跨境数据流动的指导性文件:《APEC隐私框架》。《APEC隐私框架》和OECD的数据跨境流动规制思路一脉相承,但是前者较后者更具操作性,对于数据处理者和所有者的规定和重要数据的分类更为具体明确,还建立了执行标准——国际数据流动规则系统(Cross-Border Privacy Rules,CBPRs)。

OECD《隐私保护与个人数据跨境流动指南》和《APEC隐私框架》的确立,为21世纪的头几年数据的有序跨境流动作出了极大贡献。但随着数据产业的进一步发展,美国、欧盟都意识到,仅仅依靠在OECD的框架内制定零散的数据跨境流动规则已经不能解决美国行业自律和欧盟统一立法这两种模式的巨大差异所带来的矛盾与纠纷。两个重要的经济实体之间需要专门的数据跨境流动协议来协调纠纷、达成共识。因此,经过无数次的谈判和妥协,双方在2016年达成了《欧盟—美国隐私盾协议》(EU-U. S. Privacy Shield Framework),该协议成为规制双方跨境数据流动问题的新的妥协办法。与OECD的指南相比,隐私盾协议加强了对个人数据保护的要求,提供了更多的救济方式,并对美国政府收集和访问欧洲公民个人数据的行为进行了限制。它是欧盟捍卫本区域内数据安全的重要成果,也使得美国在与欧盟进行数据互通时有了准确翔实的标准,从而能够更好地发挥其在数据产业上的领先优势。

三、数据跨境流动制度的中国方案

(一)《数据安全法》:治理原则

通过上文分析可以发现,数据产业和技术落后的国家更多关注数据安全保护,采取保守的跨境数据流动规制;数据产业和技术发达的国家更多关注数据自由流动,在采取最低限制措施保障安全的基础上积极推进数据开放和共享。我国并没有做非此即彼的选择,而是选取兼收并蓄、平衡的立法方向,兼顾数据自由与数据安全。我国《数据安全法》明确了"数据跨境安全、自由流动"的基本原则,在保护个人、组织有关数据权益的同时,鼓励数据依法合理有效利用、保障数据依法有序自由流动。

一方面,没有安全,自由则无从谈起。美国"棱镜门"事件让我们知道,拥有技术垄断优势的国家可以借助当前最尖端的技术对其他国家的即时通信和既存资料进行深度的监听,并通过各种联网设备,如智能手机、个人电脑、智能手表等,对特定目标进行攻击。因此,保障数据安全是数据跨境流动制度的基础。我国在国家安全主视角下,逐步完善了数据跨境流动规则体系,从个人信息、重要数据、国家秘密、行业数据以及出口管制、境外调取等多个方面进行跨境活动监管。

具体而言,我国对于数据跨境主要从两个维度进行规制。一是本地化限制。按照目前中国相关法律法规,本地化要求更多适用于关键信息基础设施运营者,即要求其在境内运营过程中收集和产生的个人信息和重要数据都应当在境内进行存储。同时,我国对于部分行业,包括但不限于征信业、银行业、汽车制造业等在内的接触敏感数据、重要数据较为频繁的行业,也存在分散的本地化要求。二是限制性数据跨境。我国目前对于数据跨境活动主要采取限制性规范,即要求数据控制主体在数据跨境活动前需符合法律规定条件或按照规定完成安全评估、保护认证等工作。

另一方面,没有数据流动自由,所有的安全措施又都失去了意义。数据跨境流动意味着信息、知识的传播与共享,自由流动的数据是国家创新的重要催化剂。据预测,数据支撑着未来,90%的变革性转变严重依赖于数据。[1] 目前,几乎所有行业都依赖于跨境数据的流动和实时分析数据的能力,并以此作为其供应链、运营和商业模式创新的推动力。因此,我国数据跨境流动的法律体系构建过程是先确立

---

〔1〕 Frost & Sullivan, *Mega Trends in LATAM, Forecast to 2025*, Frost (Feb. 15, 2017), http://www.frost.com/sublib/display-report.do?id=K015-01-00-00-00&bdata=aHR0cHM6Ly93d3cuZ29vZ2xlLmNvbS9AfkBCYWNrQH5AMTU0NzI1ODIyMDQ2Nw%3D%3D.

数据安全保障,后鼓励数据自由流动的过程。从最初的《网络安全法》中对个人信息和重要数据的跨境行为规范,到立法活动更多落脚于个人信息方向的《数据安全法》,我国逐步建立数据交易制度,以及有序稳定的政务信息开放机制。例如,我国在上海自由贸易试验区进行试点工作,由上海市出台了我国首部涉及数据跨境流动的地方性法规。此外,在区域合作上,中国也和贸易伙伴一起制定了数据开放规则。例如,2020 年中国正式签署的《区域全面经济伙伴关系协定》(RCEP),其中推动数字贸易发展的内容有利于中国推动全球的数据跨境流动制度框架的制定,以此打破欧美对于数据跨境流动制度的绝对话语权。在 RCEP 框架下,随着区域内经贸合作的加深,成员国之间频繁的数据流动必将推动区域内数据跨境流动的规则与标准的形成。

(二)《数据出境安全评估办法》:具体落实

《数据安全法》确立了数据跨境流动安全与自由并重的双重治理原则,下一步便是根据此治理原则,加紧出台翔实完备、可操作性强的数据跨境流动专门法。我国现行的数据跨境流动制度,虽然没有针对数据跨境流动进行单独立法,但是由《个人信息保护法》《国家安全法》《网络安全法》《数据安全法》等法律以及《网络安全审查办法》《数据出境安全评估办法》等一系列配套法规、规章组成的数据安全保护体系,也已经基本涵盖了数据跨境流动规则的基本内容。特别是 2022 年 7 月 7 日国家网信办公布的《数据出境安全评估办法》,对数据跨境中数据出境的安全评估进行了详细的类型化规定,正式开启了我国数据出境机制的新时代。

具体而言,《数据出境安全评估办法》落实了数据出境安全评估流程,对数据出境安全评估细节问题进行了修正。这主要表现在以下三个方面。首先,《数据出境安全评估办法》重申了《数据安全法》中的数据跨境流动安全与自由并重的双重治理原则,坚持事前评估和持续监督相结合、风险自评估与安全评估相结合,防范数据出境安全风险,保障数据依法有序自由流动。其次,关于数据出境安全评估的适用范围,《数据出境安全评估办法》第 2 条规定:"数据处理者向境外提供在中华人民共和国境内运营中收集和产生的重要数据和个人信息的安全评估,适用本办法。法律、行政法规另有规定的,依照其规定。"最后,关于数据处理者安全评估的具体流程,《数据出境安全评估办法》将其分为五个步骤:数据处理者判断自身是否符合安全评估的法定情形—进行风险自评估—申请安全评估—省级网信部门完备性审查—国家网信部门安全评估。这一程序具体包括以下要求:数据处理者需要在向境外提供数据前,实现开展数据出境风险自评估。自评估后,就数据出境安全评估提起申请,自评估报告需作为申请材料出具。而当数据关联情况出现变更时,数据处理者需要进行重新申报评估。上述三种评估适用要求与适用情形如表 10-2 所示。

表10-2 评估适用要求与适用情形

评估形式	具体内容
自评估	审查内容： 1. 数据出境和境外接收方处理数据的目的、范围、方式等的合法性、正当性、必要性； 2. 出境数据的规模、范围、种类、敏感程度，数据出境可能对国家安全、公共利益、个人或者组织合法权益带来的风险； 3. 境外接收方承诺承担的责任义务，以及履行责任义务的管理和技术措施、能力等能否保障出境数据的安全； 4. 数据出境中和出境后遭到篡改、破坏、泄露、丢失、转移或者被非法获取、非法利用等的风险，个人信息权益维护的渠道是否通畅等； 5. 与境外接收方拟订立的数据出境相关合同或者其他具有法律效力的文件等（以下统称法律文件）是否充分约定了数据安全保护责任义务； 6. 其他可能影响数据出境安全的事项
申报评估	申请材料： 1. 申报书； 2. 数据出境风险自评估报告； 3. 数据处理者与境外接收方拟订立的法律文件； 4. 安全评估工作需要的其他材料
	评估内容： 1. 数据出境的目的、范围、方式等的合法性、正当性、必要性； 2. 境外接收方所在国家或者地区的数据安全保护政策法规和网络安全环境对出境数据安全的影响，以及境外接收方的数据保护水平是否达到中华人民共和国法律、行政法规的规定和强制性国家标准的要求； 3. 出境数据的规模、范围、种类、敏感程度，出境中和出境后遭到篡改、破坏、泄露、丢失、转移或者被非法获取、非法利用等的风险； 4. 数据安全和个人信息权益是否能够得到充分有效保障； 5. 数据处理者与境外接收方拟订立的法律文件中是否充分约定了数据安全保护责任义务； 6. 遵守中华人民共和国法律、行政法规、部门规章情况； 7. 国家网信部门认为需要评估的其他事项
重新申报评估	适用情形： 1. 向境外提供数据的目的、方式、范围、种类和境外接收方处理数据的用途、方式发生变化影响出境数据安全的，或者延长个人信息和重要数据境外保存期限的； 2. 境外接收方所在国家或者地区数据安全保护政策法规和网络安全环境发生变化以及发生其他不可抗力情形、数据处理者或者境外接收方实际控制权发生变化、数据处理者与境外接收方法律文件变更等影响出境数据安全的； 3. 出现影响出境数据安全的其他情形

应当看到,《数据出境安全评估办法》初步构建了协调统一的数据出境国家安全治理监管机构与监管规则体系,及时回应了我国各行业部门与网信部门的规制冲突,赋予了网信部门统一的规制权力,调整了当前双线多头监管的格局。但是在数据出境安全评估范围的细化方面,《数据出境安全评估办法》还有待改进,特别是重要数据的详细分类,其规定仍显笼统抽象,不便企业合规与部门执法。此外,除了数据主动出境,数据的被动出境产生的安全问题也日益严重,应当予以重视。

针对上述问题,我们应当进行两个方面的完善。一方面,细化数据出境安全评估的范围。这是当前数据跨境流动规制的重中之重。出境数据中的重要数据应当加紧通过专门的规章条例予以详细列出,如此才能增强数据主动出境国家安全治理规则的可操作性。对此,以往的立法已经有了一些可供参考的经验,如2021年6月10日第十三届全国人大常委会第二十九次会议通过的《数据安全法》中将重要数据定义为"一旦泄露可能直接影响国家安全、经济安全、社会稳定、公共健康和安全的数据,如未公开的政府信息,大面积人口、基因健康、地理、矿产资源等",以及国家互联网信息办公室分别于2022年7月发布的《数据出境安全评估办法》及2022年9月发布的《数据出境安全评估申报指南(第一版)》列举了27个行业的重要数据标准。为了便利监管,在后续完善时,不妨采用"解释+列举"的形式对重要数据进行定义,并指定《重要数据识别指南》为各部门、各地区确定重要数据具体范围的依据。此外,《重要数据识别指南》中的重要数据范围也应随着数据技术发展和社会环境变化等,由对应行业主管部门及时参与删减和修订,以保障法律的时效性和实效性。

另一方面,由于大国数据竞争背景下的数据被动出境问题频发,数据已成为各国重要的情报来源,我们今后可以适时加入应对网络攻击的主动防御条款。这在当下具有重要战略意义和现实意义。不同于受到网络攻击后才采取安全措施的被动防御,主动防御能够在入侵行为造成严重后果前,提前预警,掌握防御主动权,以避免、转移或降低数据控制者面临的安全风险。这也是贯彻落实数据安全风险评估、报告、信息共享、监测预警机制以及数据安全应急处置机制要求的具体表现。针对我国重要数据成为境外网络攻击主要目标、依赖国外存在数据出境漏洞信息技术产品、数据被动出境防范措施不足且被动的现状,实现数据被动出境的主动防御可以有效防范、减少我国国家安全风险。

第四节　政务数据开放与利用中的安全保护

随着数字时代的到来,数据开放水平越来越成为衡量一个国家发展水平的重要标准。在倡导建设阳光透明政府的过程中,政务数据开放水平直接关系到大数据时代政府的治理能力。但随着我国不断提高政务数据开放水平,由此而来的安全问题也逐渐凸显,并已经成为阻碍政务数据进一步开放的关键问题。

一、国外政务数据开放与利用的安全保护措施

英美国家作为政务数据开放较早的国家,其丰富的经验以及先进的理念值得我们借鉴。当然,在借鉴的过程中应当取长补短,不应一味地照搬照抄,要结合我国国情,有选择地进行借鉴。

(一)美国

1. 统一的政务数据开放平台

美国政府数据开放平台"Data. gov"是美国开放政府数据的唯一门户网站。该开放平台所有数据均由美国政府收集和生产,保障了数据的权威性、可靠性和安全性;数据免费提供给个人和企业,且对个人和企业使用数据的目的不加以限制,使数据得以有效利用。具体而言,美国"Data. gov"平台具有以下三个特性。第一,数据操作性强。平台数据以多种格式存在,可供用户选择。第二,检索功能强。使用时只需输入关键词,即可直接搜索相关数据。第三,用户参与度高。平台为用户提供数据参与机会,增强了政府与用户的互动,促进了政府数据的开放共享。[1]

2. 完善的政务数据开放法律法规

美国作为政府数据开放的引领者和开拓者,完善的法律法规是其能够最大限度进行数据开放的保证。美国政府为保障政务数据开放和利用安全,制定了一系列的法律法规。在政务数据开放早期,美国发布了《信息自由法》《阳光下的政府法》《电子政府法案》《政府信息安全改革法》等。2009 年,奥巴马政府发布了《透明和开放政府备忘录》和《开放政府指令》。2010 年和 2011 年,先后发布了第 13556 号、第 13563 号总统令。2013 年发布了《政府信息默认为开放和机器可读的行政命令》《开放数据政策:将信息作为资产管理的备忘录》《开放政府合作伙伴——美国第二次开放政府国家行动方案》。2015 年发布了《电子通信隐私法修正案》,次年又发布了《开放政府数据法案》。其中,最引人注意的是 2019 年 7 月美国颁布的《开放政府数据法》。《开放政府数据法》建立了政府数据开放例行审查制度和公共利益数据优先制度,同时设立了首席数据官及委员会,弥补了政府数据开放评估反馈机制的空白。

---

〔1〕 周千荷、吕尧等:《美国政府数据开放共享的经验与启示》,载《网络空间安全》2020 年第 10 期。

(二)英国

1.数据开放政策具有继承和连贯性

英国几乎每年都会出台相应的政务数据开放政策,政策之间具有一定的继承性,并会根据过往政策的实施情况进行相应的调整,做到前后政策贯通、全国性的政策与部门之间的政策相互呼应,避免出现"政策打架"的情况。这使数据开放共享更加流畅,避免了因为政策不统一而引发漏洞,也增加了政务数据开放的安全性。例如,2005年英国政府颁布的《公共部门信息再利用管理条例》提出了第一个全面和细致的再利用条款。随后,在2015年的《公共部门信息再利用管理条例》中,英国进一步完善了2005年的条例,对政府信息再利用提出了更高要求。

当然,我们也要看到,作为不成文法国家,英国的法律政策更加灵活,对于政务数据开放过程中不断出现的新问题能够及时做出相应的调整。这也在一定程度上减小了因法律的滞后性而出现重大安全问题的可能性。

2.注重个人隐私的保护

英国非常重视个人隐私的保护。在政务数据开放与利用过程中,几乎所有的相关政策、法律法规中都涉及个人隐私或个人数据保护的内容。例如,1998年《数据保护法》对个人数据的获取、利用、处理等方面都进行了严格的规定。《开放数据白皮书:释放潜能》中也规定了公共部门保护个人隐私的具体措施,要求所有公共部门都应当配置一名具备隐私和数据保护专业知识的人员,并在发布数据时必须引入隐私保护专家,对所发布数据进行讨论,以避免涉及隐私的数据被公开。英国商业创新与技能部在其制定的《开放数据战略2014-2016》中提出,在尽可能地实现数据开放的同时,也要保护个人数据特别是敏感性个人数据。[1] 除此之外,苏格兰政府还制定了《身份管理与隐私原则》,以改善公共服务,保护个人隐私。[2]

英国对于个人隐私的保护历史悠久,经验丰富。虽然我国已经颁布《个人信息保护法》,但实施时间较短,在实践经验方面还有完善的空间。可在立足我国具

---

[1] Department of Business, Innovation and Skills, *Open Data Strategy* 2014 *to* 2016, gov. uk (Jul. 15, 2014), https://assets. publishing. service. gov. uk/government/uploads/system/uploads/attachment_data/file/330382/bis-14-946-open-data-strategy-2014-2016. pdf.

[2] *Identity Management and Privacy Principles* 2. 0, gov. scot (Apr. 27, 2018), https://www. gov. scot/binaries/content/documents/govscot/publications/advice-and-guidance/2018/04/identity-management-and-privacy-principles/documents/identity-management-privacy-principles-v2-0-pdf/identity-management-privacy-principles-v2-0-pdf/govscot%3Adocument/Identity%2BManagement%2Band%2BPrivacy%2BPrinciples%2BV2. 0. pdf.

体国情的基础上,适当借鉴英国经验。

(三)欧盟

欧盟在元数据标准制定方面的主要成果有三项:通用的数据目录应用纲要(DCAT-AP)、面向地理数据的数据目录应用纲要(GeoDCAT-AP),以及面向统计数据的数据目录应用纲要(StatDCAT-AP)。其中,后两者是对前者的补充扩展。为解决DCAT-AP的实施过程中遇到的一系列挑战,ISA成立专门的工作组开发"实施指南"。例如,当在一个国家或者行业范围内实施DCAT-AP时,需要对其进行"本土化扩展",为平衡本土领域的需求与保持互操作性,就需要"实施指南"明确拓展的基本规则。通过对DCAT-AP的运用,作为欧洲数据门户的EDP网(www. europe-andataportal. eu)已经成为连接数据消费者和数据提供者的纽带。[1]同时,欧盟在开放数据系统发展、元数据治理、元数据质量保障方面也在不断努力。欧盟的元数据标准已造福欧盟各国,对于我国建设统一政务数据开放平台具有重要的借鉴意义。

二、我国政务数据开放安全保障措施

如上所述,政务数据开放和利用过程中的数据安全问题已经成为一个非常重要的问题。事实上,自2015年国务院发布《促进大数据发展行动纲要》以来,我国政务数据开放的脚步逐步加快,政务数据开放安全保护措施也正在逐步完善。当然,毋庸讳言,我们在政务数据开放安全保护方面也还存在一定的不足。在后续的工作中,我们应不断对其进行完善。

(一)管理方面

1. 数据开放标准化

在标准化组织建设方面,我国成立了电子政务标准化总体组,主要负责搭建框架、实施计划,参与解决电子政务网络建设和应用过程中的数据孤岛问题。同时,还成立了政务大数据相关标准化技术委员会。例如,信安标委于2016年成立的大数据安全标准特别工作组专门负责大数据和云计算领域的安全标准化研制工作。

在政务大数据开放共享标准规范方面,我国也取得了一定成就。2020年以来,我国发布了《信息技术 大数据 政务数据开放共享 第1部分:总则》(GB/T 38664.1-2020)、《信息技术 大数据 政务数据开放共享 第2部分:基本要求》(GB/T 38664.2-2020)、《信息技术 大数据 政务数据开放共享 第3部

[1] 翟军、陶晨阳等:《欧盟开放数据的元数据标准DCAT-AP及启示》,载《情报科学》2019年第2期。

分:开放程度评价》(GB/T 38664.3-2020)等国家标准。此外,各地方也结合本地实际情况制定相应的规范,包括2018年杭州市市场监督管理局发布的《政务数据共享安全管理规范》,2021年贵州省市场监督管理局发布的《大数据开放共享安全管理规范》等。由此可见,从中央到地方,政务大数据的安全管理标准都正在逐步建立起来。

虽然我国在数据安全标准化建设方面取得了一定成果,但对于政务数据的利用率仍然较低。同时,英、美、欧盟国家早已进入元数据时代,而我国的元数据标准化建设才刚刚起步,对元数据的研究尚浅。实践中,各省、市虽然发布了涉及元数据建设的相关政策,但由于制定主体不一而导致了开放标准不一。总体来说,由于缺乏国家层面开放政府数据的统一元数据标准,我国的元数据标准目前不能满足实践需求,相较国际先进水平还存在改进空间。

2. 法律法规及政策

在法律法规方面,我国已经取得了初步成就。其中,2017年实施的《网络安全法》虽不是一部专门针对数据保护的法律,但在保护个人数据、维护国家安全方面却发挥着重要作用。因为,一个安全有序的网络环境对于政务数据的开放共享具有积极的保障作用。作为一部专门为规范数据处理活动而制定的法律,2021年实施的《数据安全法》将“政务数据安全与开放”作为单独一章进行规定,足以显示出国家对政务数据开放与安全的重视。同年实施的《个人信息保护法》不仅规定了个人信息处理的基本原则,而且对个人信息保护法与政府信息公开条例的关系、个人信息保护与信息自由流动的关系也作出了相应的规定。此外,2022年7月7日出台的《数据出境安全评估办法》规定了数据出境申报及数据安全评估办法,在促进数据跨境流动的同时为数据开放提供了安全保护。

除了法律法规,政策纲领等也对政务数据开放中的安全保护发挥了重要作用。其中,2015年国务院发布的《促进大数据发展行动纲要》指出要强化安全保障,提高管理水平,促进健康发展,建立大数据安全保障体系,从数据采集、传输、存储、使用、开放等各环节保障网络安全。《“十三五”规划纲要》明确提出将实施国家大数据战略。2016年国务院发布的《“十三五”国家信息化规划》提出要注重数据安全保护,加强数据安全技术研发、国家基础数据和敏感数据保护。2016年年底,国务院发布《“互联网+政务服务”技术体系建设指南》。不同于以往从宏观理论方面进行的指导,该指南从技术方面对大数据保障进行了规划指导。2020年中共中央、国务院联合发布的《关于构建更加完善的要素市场化配置体制机制的意见》更是明确指出,要加快培育数据要素市场,推进政府数据开放共享。中央政策出台后,各地纷纷跟进,制定了专门制度规则。如贵州省发布了《贵州省政府数据共享开放条例》、深圳市发布了《深圳经济特区数据条例》、天津市发布了《天津市数据交易管理暂行办法》等。

但是，也需要看到，我国虽然近年来不断出台相关数据政策，但未成体系，大多政策较为笼统，没有具体规定到某一领域的数据或者某一种类的数据。同时，我国现有的法律法规对政务数据开放安全的规定也较为粗糙。例如，《数据安全法》虽然设了单独一章对政务数据安全与开放进行规定，但由于篇幅有限而无法完全涵盖相关问题，只能进行原则性规定和大方向的把握。再加上配套法律法规还不够完善，从而可能导致《数据安全法》"孤立无援"，无法发挥真正的作用。

3. 相关政策的落地与实施

我国政务数据开放相关政策的落地与实施是一大难题。相较于政府信息公开，政务数据开放对政府提出了更高的要求，政府需要更加积极主动开放，以及考虑数据开放如何发挥最大效用。政务数据开放平台是将政务数据开放从理论变为现实的载体，是公众获取政务数据的途径。根据"2021 年度中国开放数林指数"，截至 2021 年 10 月，我国已有 193 个省级和城市的地方政府建立了数据开放平台。其中，71.43%的省级政府和 51.33%的城市政府都建立了数据开放平台。但是，各地方政府数据开放平台水平参差不齐。从开放平台模块设计来看，上海、山东、贵阳三地平台设计比较完善；从数据格式来看，各地平台提供的数据格式种类存在差异。[1] 数据平台的开放标准的不统一，导致互操作性水平低，在未来整合形成统一的数据开放平台时，这也将成为一大阻碍因素。

在政务数据开放实践过程中，对于个人数据的保护更加重视数据中个人信息开放问题，而忽视用户的个人信息保护问题。数据开放中涉及的个人信息需要甄别。而如何在繁杂的数据中甄别出个人信息，避免个人信息泄露也是政务数据开放过程中的一大难题。同时，数据开放平台对于用户的保护主要通过数据开放平台的服务协议来实现，然而平台的服务协议大多是规定用户在使用数据时的义务，对于权利的规定较少，且不够完善周延。此外，平台服务协议属于政府制定的格式条款，这就使用户处于弱势方。在更改协议的情况下，平台如未尽到全面的提示义务，极易侵犯用户的权利。

我国政务数据平台在监管方面主要依赖于政府，难免有所疏漏，同时监管繁杂的数据也给政府造成了极大的工作压力。此外，上下级政府之间监管界限不明，也易产生争议。

(二)技术方面

在政务数据开放共享过程中，完善的管理体系固然重要，但我们也不能忽略技

---

[1] 马仇萃等：《我国地方政府数据开放现状分析及发展对策研究》，载《数字图书馆论坛》2019 年第 3 期。

术问题。目前,为保障数据开放共享安全,我国所采用的保密技术措施主要包括如下内容。在数据处理阶段,采用分类分级保护制度(《数据安全法》第 21 条),按照重要程度进行分类分级存储和公开。具体而言,对于涉及国家秘密、商业秘密、个人隐私的数据按照法律规定不予以公开;对于数据处理和数据安全要求较高的,视情况有条件进行公开;除上述两种情况所涉数据,其他应当公开的属于无条件公开。数据公开前应进行脱密脱敏处理。在数据传输过程中,数据发送方和接收方要进行安全认证,确保传输对象正确;传输过程中采用密码进行加密,以防止数据在传输过程中泄露或者被篡改。在数据交换过程中,应采用身份鉴别技术,对各参与方进行身份验证,确保参与者身份真实可靠。

由此可见,数据处理阶段的分类分级保护措施还不够完善。《数据安全法》中分类分级制度的规定过于笼统,并未对如何分类分级进行具体化规定,这就也使得在实践中数据分类分级标准不统一,容易导致数据泄露。此外,我国较为依赖国外的密码算法,大量采用国际通用的密码算法体系及相关标准。这也加大了国外不法分子入侵我国政务数据开放平台的风险,对我国政务数据开放安全造成极大隐患。只有研发创新中国技术,才能从根本上解决这一风险隐患。

三、我国政务数据开放与利用安全保护措施的完善建议

(一)完善政务数据开放平台

如前所述,2009 年美国率先建立了政府数据门户网站,随后英国、澳大利亚、新西兰等国家均相继建立了政府网站。[1] 我国的政府网站虽已建立,但国家级政务数据统一开放平台尚未建成。建立统一标准、统一管理、统一规范的政务数据开放平台势在必行。

我们认为,我国在建设统一政务数据开放平台的过程中,应当适当借鉴欧盟的元数据标准,统一元数据标准,建立能够支持大范围的元数据交换和目录聚合的数据开放平台,避免地方在元数据使用上各自为政。在平台构造方面,应当横纵交错形成网状结构:纵向线路数据集主要由中央、省、市、县四级数据构成,横向数据集涉及农业农村部、司法部、教育部、财政部等各政府部门,纵横交错形成我国政府数据集合网。在平台管理方面,应当与用户签订政务数据开放协议,明确双方权利义务,确保用户明确知晓权利义务以及违反义务所带来的责任后果,同时平台对于协议内容的变更等也应当及时通知用户。在平台监督方面,平台应当提供更加广泛的监督途径,建立举报途径,设置专门反馈渠道,利用民众监督,及时处理涉密数

---

〔1〕 罗博:《国外开放政府数据计划:进展与启示》,载《情报理论与实践》2014 年第 12 期。

据,防止数据泄露。

(二)完善相关政策法规

如上所述,我国虽然在政策法规建设方面取得了一定的成就,但也仍然存在部分问题。我们可以适当借鉴英国在政策连贯性方面的经验,相关政策的出台应基于以往政策的实施情况,以及实施过程中发现的问题,对其进行补充和完善。政策不像《数据安全法》等基本法律,它更加具有灵活性,能够根据实时情况进行相应的调整。正是利用政策的这种特性,我们可以不断地进行调整和实践经验的积累,从而探究出最适合我国的政务数据开放安全保护措施。同时,政策又具有变动性。因此,要最大限度保障政务数据开放,最终还是需通过法律来规制。目前我国的《数据安全法》仅仅是对政务数据开放安全问题进行了原则性规定,在未来还需要对政务数据开放全过程的安全保障进行更加细粒化的规定。除此之外,我们还要关注政务数据开放前准备阶段的数据安全和政务数据开放后出现数据安全问题的解决方法和监督机制,同时针对事前、事中、事后三阶段的数据安全措施进行相应的法律规定。

(三)建立多元主体监督方式

目前,政务数据开放监管工作仍然以政府监管为主导,缺乏与社会民众、组织、媒体机构、第三方机构等不同主体之间的监管协同与有效合作。[1] 但是,正如上文提到的,随着政务数据开放范围的逐渐加大,仅依靠政府监督会给政府带来巨大的监督压力,而且也无法做到全面监督,难免有所疏漏。公众是强有力的监督主体,应充分发挥其监督力量,将其运用到政务数据开放监督过程中。当然,我们同时也要看到公众群体过于庞大,将该群体引入监督体系,可能会导致数据泄露。因此,如何运用群体监督、将群体监督运用于何种情况,以及群体监督范围多大等问题还需要我们深入研究。

无论如何,多元主体监督方式的建立,一方面能够增加监督主体,减少政务数据开放安全问题的发生,以及最大程度地减少损失;另一方面也使得公众由被动的接收方变成主动的参与者,从而提高公众参与感,有利于政务数据开放安全措施的实施。

---

〔1〕 东方、邓灵斌:《政府数据开放的法律规制:美国立法与中国路径——基于美国〈开放政府数据法〉(OGDA)的思考》,载《情报资料工作》2021 年第 5 期。

【练习题】

1. 数据安全的法律界限是怎样的？
2. 我国现有立法对数据分类分级制度是怎么规定的？
3. 数据跨境流动应当遵循哪些规定？
4. 我国政务数据开放还存在哪些问题需要完善？

第十一章　网络内容安全保护制度

典型案例

2019 年 9 月，杭州市西湖区人民检察院公益损害与诉讼违法举报中心接到市民王先生举报，在某网络平台上有人销售侮辱、诋毁英烈董存瑞、黄继光的贴画。西湖区人民检察院调查后发现，在该网络平台经营"某某画坊"的瞿某某发布、销售侮辱、诋毁革命先烈董存瑞、黄继光的贴画，并配有不雅文字。10 月 28 日，西湖区人民检察院根据《英雄烈士保护法》第 25 条第 2 款，以及最高人民法院《关于互联网法院审理案件若干问题的规定》第 2 条第 9 项的规定，向杭州互联网法院提起保护两位英烈名誉的民事公益诉讼案，依法追究瞿某某的民事责任。杭州互联网法院通过在线方式对被告瞿某某侵害烈士董存瑞、黄继光名誉权案进行公开审理并当庭宣判，判令被告瞿某某立即停止侵害英雄烈士董存瑞、黄继光名誉权，并在国家级媒体公开赔礼道歉、消除影响。[1]

第一节　表达权及其法律界限

表达权是受到《宪法》保护的一项基本权利，同时也是得到国际人权公约广泛确认的基本人权之一。对网络内容的法律规制必然伴随着对网民表达权的一定程度的限制。然而，表达权自身本就存在一定的法律界限。在宪法和法律允许的限度内对表达进行限制，与表达权的保障并不构成矛盾。因此，在介绍我国有关网络内容安全的法律制度之前，有必要先介绍一下表达权及其法律界限。

---

〔1〕《全国首例在线审理的涉英烈保护互联网公益诉讼案当庭宣判》，载人民网，http://legal.people.com.cn/n1/2019/1130/c42510-31482574.html。

一、表达权概述

(一)表达权的界定

表达权,又称表达自由,指的是人们在表达活动中应享有的基本人权,同时也是对宪法和法律条款中有关言论、出版、集会、游行、示威等自由的规定的归纳和概括。[1] 表达权是一项综合性的权利,拥有丰富的含义。具体而言,表达权既包括权利人运用语言文字、音乐、图像、戏剧甚至是行为等形式,面对面或者通过书籍、报纸期刊、广播、电视、互联网等途径将自己内心所思所想形诸于外的权利,也包括保持沉默的权利和获得信息的权利。[2]

自1948年《世界人权宣言》对表达权予以规定开始,各人权公约、人权宣言以及各国宪法均将其作为一项重要的基本权利作出了具体的规定。例如,《世界人权宣言》第19条规定:"人人有权享有主张和发表意见的自由;此项权利包括持有主张而不受干涉的自由,和通过任何媒介和不论国界寻求、接受和传递消息和思想的自由。"《公民权利和政治权利国际公约》第19条第2款作了更为详尽的规定,指出:"人人有发表自由之权利;此种权利包括以语言、文字或出版物、艺术或自己选择之其他方式,不分国界寻求、接受及传播各种消息及思想之自由。"除此之外,该条款还指明限制表达权必须基于尊重他人的权利或名誉、保障国家安全或公共秩序,或公共卫生或道德的理由。这也就说明了表达权在一定条件下是可能受到限制的。

此外,不少地区性人权公约同样对表达权作出了规定。例如,《欧洲人权公约》第10条第1款规定:"人人有言论自由的权利。此项权利应包括保持主张的自由,以及在不受公共机关干预和不分国界的情况下,接受并传播消息和思想的自由。"并且在同条第2款明确规定了表达权"得受法律所规定的程序、条件、限制或惩罚的约束",同时指出限制表达权的正当理由除了《公民权利和政治权利国际公约》所规定的内容外,还包括"防止混乱或犯罪……为了防止秘密收到的情报的泄露,或者为了维护司法官员的权威与公正的因素的考虑"。这一规定不仅进一步具体明确了限制表达权的正当理由,而且从形式方面确定了表达权的限制应适用法律保留原则,即能对表达权进行限制的应当是国家立法机关所制定的法律,而不能是较法律位阶更低的规范性文件,如法规、规章等,或者由国家立法机关以法律以外的形式,如决议、决定等来作出限制。

---

[1] 侯健:《表达自由的法理》,上海三联书店2007年版,第3页。

[2] 王四新:《网络空间的表达自由》,社会科学文献出版社2007年版,第33~35页。

我国《宪法》第35条亦对表达权作出了明文规定，并且在第41条还专门规定了批评监督的权利。对此，下文还将予以详细介绍。

(二)表达权的价值与性质

对于表达权，我们在法律上需要回答的首要问题可能是：为什么宪法和法律应该为表达权提供严格的保障？对这一问题的回答即涉及表达权所具有的价值。从法学理论来看，学者们对表达权的价值提出了诸多学说，其中影响较大的主要有以下几种学说。[1]

首先是追求真理说。该学说以霍尔姆斯和布兰代斯为代表，主张何谓真理、何谓谬误不应由政府来进行判断，而应该让各种观点在思想的自由市场上进行角逐。时间流逝，被淘汰的就是谬误，留存者即为真理。[2] 在我国也有"真理不辩不明"的说法。根据此种观点，在表达权能够得到充分保障的地方，人们也就能够更加接近真理。

其次是自我实现说。该学说以爱默生和拉迪什等为代表，[3]主张每个人都具有独立的人格，应该作为一个主体受到尊重。由此，人民的独立自主的判断就应该受到国家的充分尊重。如果由国家代替民众判断什么观点应该被接受、什么观点应该被排斥，则人民的独立人格的完善和发展就可能受到较大的阻碍。

最后是民主参与说。这一学说以米克尔约翰[4]等为代表，认为表达权是一种政治自由，保护的主要目的是"所有的公民都应当尽可能地理解公共生活所面临的问题"。[5] 具体来说，这一学说从商谈性民主的角度出发，认为民主社会的基础在于人民充分交换各自的观点和意见，进而形成能够得到多数人同意的观点，因此表达权对于民主社会而言具有构成性价值。如果表达权得不到保障，民主商谈就将徒具其名。

无论是在美国、德国还是我国，表达权对民主社会具有的构成性价值都被认为是它最重要的价值。由此，表达权也就被认为是一项政治权利。例如，许崇德先生就认为表达权属于政治权利是"不容争议"的，因为法院宣告剥夺被判定为罪犯的公民的政治权利时所指向的权利就属于政治权利。表达权属于政治权利是"普遍

---

〔1〕 Thomas I. Emerson, *The System of Freedom of Expression*, Random House, 1970, p. 6 - 7; Geoffrey R. Stone, etc., *The First Amendment*, Wolters Kluwer Law & Business, 2012, p. 9 - 13.

〔2〕 Abrams v. United States, 250 U. S. 616, 631 (1919) (Holmes, J., dissenting).

〔3〕 Brian C. Murchison, *Speech and the Self-Realization Value*, 33 Harvard Civil Rights-Civil Liberties Law Review 443 (1998).

〔4〕 [美]亚历山大・米克尔约翰：《表达自由的法律限度》，侯健译，贵州人民出版社2003年版。

〔5〕 [美]亚历山大・米克尔约翰：《表达自由的法律限度》，侯健译，贵州人民出版社2003年版，第63页。

认可的观念”。[1] 此外,也有学者从表达权是公民“直接参与国家和社会活动的一项经常性”权利,“是人民发表意见,显示力量,参加国家管理的必要条件”这一角度论证表达权属于政治权利。[2]

(三)表达权的法律界限

表达权并非“免于事后刑事追惩的自由”。[3] 而表达权法律界限之确定主要取决于表达权的审查基准。其中,比较有代表性的主要包括美国的三重基准论与德国的比例原则。本书第一章对比例原则已经进行过介绍,这里将重点介绍三重基准论。

根据美国的三重基准论,对于与公共事务之讨论相关的公共言论所进行的基于言论内容的限制应适用严格审查基准,对于非公共言论的限制以及对公共言论基于时间、地点、方式的限制则应适用中度审查基准或合理性审查基准。其中,严格审查基准要求法院按照以下三个步骤进行审查:第一,审查政府限制表达权是否出于紧迫的、重大的公共利益,且并非以限制表达权为目的;第二,审查政府限制表达权的手段是否经过严格的剪裁(closely tailored),是不是对表达权侵害最小的限制手段;第三,审查政府所采取的限制手段与其所声称要保护的公共利益之间是否存在紧密的、实质性的联系。[4] 另外,还需要指出的是,适用严格审查基准意味着举证责任倒置,即由被告承担举证责任,提交证据证明其对原告表达权的限制是符合严格审查基准的要求的。

三重基准论与比例原则同为利益衡量的具体方法,两者之间自然不无相似之处,但是其区别也是同样明显的。具体而言,二者之间的区别主要体现为以下几点。第一,三重基准论以言论的类型化为基础,而比例原则“虽然可以容纳一定程度的类型化”,但却“并非以类型化为依归”,而是以“追求动态合理平衡”为最终依归。[5] 第二,三重基准论蕴含着司法机关应对政治机关抱持谦抑的理念,而比例原则却认同司法机关可以作为政策制定者出场。[6] 第三,有学者认为,三重基准论更为机械和死板,而比例原则更为灵活,因为它实际上“是一套论证框架或程序,要求人们通过这套框架或程序,详尽考量具体个案中所有相关因素与法益的分

---

〔1〕 许崇德:《中华人民共和国宪法史》,福建人民出版社 2003 年版,第 790 页。

〔2〕 张光博:《宪法论》,吉林人民出版社 1984 年版,第 277 页。

〔3〕 John Calvin Jeffries, Jr. , *Rethinking Prior Restraint*, 92 Yale Law Journal 409, 413(1983).

〔4〕 Richard Fallon, *Strict Judicial Scrutiny*, 54 UCLA Law Review 1267, 1268(2007).

〔5〕 杨登杰:《执中行权的宪法比例原则　兼与美国多元审查基准比较》,载《中外法学》2015 年第 2 期。

〔6〕 Alec Stone Sweet and Jud Mathews, *Proportionality Balancing and Global Constitutionalism*, 47 Columbia Journal of Transnational Law 72, 76 (2008).

量”,“具体脉络中的适合、必要与适度”是其“最高判准”。[1] 第四,三重基准论认可表达权为一种优越的(preferred)自由,[2]而比例原则却认为“只有在个案的具体脉络中,才能对基本权利与相冲突的其他法益谁较重要、谁应优先的问题作出完整而最终的回答”。[3]

从我国的国情出发进行考虑,在表达权的法律界限问题上,适用比例原则进行判断与我国的法律文化背景更为契合,从司法实践层面来看也更加具有可行性。

二、我国对表达权的立法保障

(一)表达权的宪法保障

《宪法》第35条规定:“中华人民共和国公民有言论、出版、集会、结社、游行、示威的自由。”由此我们可以明确以下几点。首先,在表达权的主体上就非常明确了,那就是“中华人民共和国公民”。此外,由于我国《宪法》第50条明确规定国家保护归侨和侨眷的合法的权利和利益,《归侨侨眷权益保护法》第3条也进一步明确规定,“归侨、侨眷享有宪法和法律规定的公民的权利”。故而归侨和侨眷也均为表达权的主体。在外国人和无国籍人的问题上,尽管存在以《宪法》第33条第3款为基础认为外国人同样享有基本权利的观点,但是我国大多数学者还是倾向于认为国籍是我国《宪法》基本权利条款所设置的难以逾越的障碍。[4] 至于法人、政党等主体,则显然无论如何都不可能被《宪法》第35条的文义所涵盖。

其次,在表达权的范围上,可以明确的是言论、出版、集会、结社、游行、示威均被认为受到表达权的保障。也就是说,我国宪法在表达权的范围上采取的是广义的理解。当然,在文义解释的基础上还有必要进一步明确表达权的范围。例如,学者们对于表达权所保障的“言论”的具体范围就存在不同的认识。有的学者认为早期的言论即“口头意见的表达”,[5]有的学者认为其载体为“各种语言形

---

[1] 杨登杰:《执中行权的宪法比例原则 兼与美国多元审查基准比较》,载《中外法学》2015年第2期。当然,也有学者持相反的观点。何永红:《基本权利限制的宪法审查——以审查基准及其类型化为焦点》,法律出版社2009年版,第145~151页。

[2] Richard Fallon, *Strict Judicial Scrutiny*, 54 UCLA Law Review 1267, 1287 - 1290 (2007).

[3] 杨登杰:《执中行权的宪法比例原则 兼与美国多元审查基准比较》,载《中外法学》2015年第2期。

[4] 杨小敏:《论基本权利主体在新中国宪法文本中的变迁》,载《法学论坛》2011年第2期;戴瑞君:《外国人权利的法律保护——从国际法到中国法的考察》,载《人权》2014年第5期。

[5] 薛小建主编:《外国宪法》,北京大学出版社2007年版,第119页。

式”,[1]有的学者认为言论的载体除了语言形式外,还包括图画(美术)、造型、[2]电影、戏剧、[3]音乐、舞蹈、[4]携带标志、旗帜或标语、手势、点头或摇头甚至表情等,[5]还有的学者对基于大众传媒技术的发展而产生的新的言论发布渠道也进行了描述,认为言论发布的渠道也包括广播、电视、网络等。[6] 我们认为表达权所保障的言论的形式应该是多种多样的,其渠道也应广泛涵盖所有信息内容的传播渠道。此外,正如本章开篇所述,表达权不仅保护公民表达意见的自由,也保护其不表达意见的自由;它不仅保护公民将自己的所思所想形诸于外的自由,也保障其为了形成自己的意见和观点而获得信息的自由。

最后,在表达权的法律界限上,基于我国《宪法》文本的要求,除了应适用比例原则作为基本的审查方法进行判断外,还应该注意以下几点。

第一,表达权的行使应符合《宪法》的基本原则。这是对所有基本权利的共同要求。任何基本权利都应该以符合宪法基本原则的方式来行使。因此,与坚持中国共产党的领导、人民主权、社会法治、尊重和保障人权、权力监督与制约等宪法基本原则[7]相违背的言论不受宪法保护。在此基础上,《刑法》对于煽动颠覆国家政权、煽动分裂国家、煽动暴力抗拒法律实施等罪名的规定均符合宪法的要求,并未超越表达权的法律界限。

第二,正确把握表达权限制上的目的正当性之考量。基于比例原则的要求,表达权法律限制之审查首先需要追问的就是限制目的的正当性。法律对表达权的限制不得违背《宪法》第 35 条的制宪目的,应该在宪法所确立的价值限度内完成对表达权法律边界的形塑。尽管《宪法》第 35 条对何为限制该权利的正当目的并未言明,但我们可以从《宪法》第 51 条中找到相关的线索。《宪法》第 51 条规定:“中华人民共和国公民在行使自由和权利的时候,不得损害国家的、社会的、集体的利益和其他公民的合法的自由和权利。”据此,必须符合《宪法》第 51 条之规定方为目的正当。[8] 也就是说,对表达权的法律限制必须出于保护“国家的、社会的、集体的利益和其他公民的合法的自由和权利”的目的,方具有目的正当性。

---

[1] 刘茂林主编:《宪法》,中国人民大学出版社 2007 年版,第 251 ~ 254 页。

[2] 杨海坤、上官丕亮、陆永胜:《宪法基本理论》,中国民主法制出版社 2007 年版,第 174 ~ 177 页。

[3] 张光博:《宪法论》,吉林人民出版社 1984 年版,第 277 页。

[4] 陈宝音:《中国宪法概论》,北京大学出版社 1987 年版,第 115 ~ 117 页。

[5] 陈征:《国家权力与公民权利的宪法界限》,清华大学出版社 2015 年版,第 130 页。

[6] 薛小建主编:《外国宪法》,北京大学出版社 2007 年版,第 119 ~ 124 页。

[7] 我国宪法基本原则的内容参见《宪法学》编写组编:《宪法学》(第 2 版),高等教育出版社、人民出版社 2020 年版,第 91 ~ 107 页。

[8] 陈征:《论比例原则对立法权的约束及其界限》,载《中国法学》2020 年第 3 期;赵宏:《限制的限制:德国基本权利限制模式的内在机理》,载《法学家》2011 年第 2 期。

第三,符合法律保留原则。由于《立法法》第 11 条对于法律保留的规定事项中并未明确包括表达权,因此在我国对于表达权是否属于法律保留的范围存在一定的争议。我们认为,从宪法学基本原理,尤其是法律保留原则的目的出发,应该认为对于表达权的限制也应该符合法律保留原则。宪法上的法律保留原则源自民主的要求,因为从基本权利的重要性出发,只有将对基本权利的限制保留在代议机关的手里才能够保证基本权利不被架空。表达权是公认的最为重要的基本权利之一,自然也应该适用法律保留原则。总之,表达权是受到宪法保护的基本权利,其界限范围、保护限度均应由宪法作出规定。有学者甚至认为,我国宪法文本中的表达权条款为无法律保留条款,仅受宪法内部制约。[1]

(二)表达权的法律保障

除了宪法层面的规定外,我国《民法典》也对表达权的保障作出了一定的规定。一般而言,表达权与民事权利的冲突主要表现为与人格权,尤其是名誉权、隐私权之间的冲突。《民法典》人格权编在"一般规定"中特别规定了人格权的合理使用(第 999 条),对于为公共利益实施新闻报道、舆论监督等行为而在合理限度内使用人格权的情形免除了法律责任。此外,《民法典》第 1025 条还专门规定了名誉权的合理使用。根据这一条款的规定,"为公共利益实施新闻报道、舆论监督等行为",影响他人名誉的,除法定的三种情形[2]外,不需要承担民事责任。由此,在表达权,尤其是其中的新闻报道自由与名誉权发生冲突的场合,除非行为人出于主观故意(捏造、歪曲事实)进行虚假的事实陈述,或者对他人构成侮辱,或者对他人提供的严重失实内容未尽到合理核实义务,否则就不构成对他人的名誉侵权。换言之,以上所勾勒的就是表达权与名誉权的法律边界。

另外,对于个人信息,《民法典》专门在第 1036 条规定了合理使用。与之类似,《个人信息保护法》第 13 条在个人信息处理的合法性基础中也对"为公共利益实施新闻报道、舆论监督等行为,在合理的范围内处理个人信息"进行了确认。以上条款同样也对表达权与个人信息这一人格权益之间的法律界限予以了界分。

通过明确表达权与相关人格权益之间的法律界限,上述法律同样发挥了保障表达权的重要功能。

---

〔1〕 王锴:《论法律保留与基本权利限制的关系——以〈刑法〉第 54 条的剥夺政治权利为例》,载《师大法学》2017 年第 2 期。

〔2〕 分别是:捏造、歪曲事实;对他人提供的严重失实内容未尽到合理核实义务;使用侮辱性言辞等贬损他人名誉。

三、网络空间中的表达权

(一)网络表达权的特征

具体而言,我们认为网络表达权具有如下与传统表达权不同的特征。

第一,在法律关系主体上由传统的二元结构转变为了三元结构。如果用一句话来概括网络时代言论自由法律关系主体的变化,那就是它从传统的公民—国家的线形法律关系转变为了网民—网络服务提供者(ISP)—国家的三角法律关系。[1] 一方面,网络服务提供者通过为用户使用互联网提供基础的终端、网络(有线或无线)、程序、内容等服务,以及在互联网技术上进行革新、参与互联网内容的形成而构成了维持互联网稳定运转和发展的最主要力量;[2] 另一方面,对于大数据挖掘、人工智能技术的发展,网络服务提供者还越来越成为网络世界"硬规则"(算法)的制定者——用户对于算法规则只有遵守这一种选择,如果想不遵守这些规则,只能放弃网络服务提供者提供的服务。于是,将网络服务提供者纳入规制链条就成为各国政府必然的选择。具体到表达权的领域,政府对于网络用户发布信息的治理主要通过网络服务提供者对其平台内容的治理来实现;而为了敦促网络服务提供者积极履行治理平台内容的义务,各国往往以立法规定网络服务提供者在一定的条件下需要对用户发布的信息承担法律责任(通常为过错责任)。[3] 由此,公民—国家的线形法律关系就转变成了网民—ISP—国家的三角法律关系。

第二,网络表达权涵盖的范围不断扩张。国外法学界认为,除了语言文字以外,在互联网的世界中,表达的载体还可能表现为程序、数据、代码、搜索结果,甚至是算法。例如,在"搜索王案"[4]中,美国俄克拉何马州地区法院就明确指出网页排序是主观的,反映了谷歌对于某一网页相对于用户搜索要求的相关性的观点,从

---

[1] 陈道英:《我国网络空间中的言论自由》,载《河北法学》2012 年第 10 期;左亦鲁:《告别"街头发言者" 美国网络言论自由二十年》,载《中外法学》2015 年第 2 期。

[2] 陈道英:《ICP 对用户言论的法律责任——以表达自由为视角》,载《交大法学》2015 年第 1 期。

[3] 美国采取了特殊的做法:通过《正当通信法》(Communication Decency Act,CDA)第 230 节免除 ISP 因为治理平台内容而可能承担的侵权责任,鼓励 ISP 积极治理平台内容。但是这一规定却并未取得较好的效果。为应对用户内容治理的强烈要求,YouTube、Facebook 等开始积极对平台内容进行治理,而 Twitter 从 2020 年开始也着手治理平台内容。

[4] Search King v. Google Tech. ,Inc. ,No. CIV – 02 – 1457 – M,2003 WL 21464568 (W. D. Okla. , May. 27,2003).

而认定网页排名是一种意见表达。[1] 与之类似，日本最高法院也曾在“谷歌犯罪前科报道事件”中确认搜索结果构成表达。[2] 其理由在于：虽然搜索引擎是通过自动运行的程序进行情报的搜集、整理和排序，但该程序也是基于搜索服务提供者既定的方针而得到的结果，因此应该认为提供搜索结果具有搜索服务提供者的表达行为的一面。尽管我国暂未将表达权的范围扩张到上述对象，但是随着科技的发展表达权范围的扩张也是具有充分的可能性的。[3]

第三，在规制手段上表现出鲜明的技术依赖性。美国耶鲁大学的巴尔金曾经提出，在网络背景下政府对言论自由的规制出现了由旧的流派向新的流派转变的现象。[4] 具体而言，旧的流派通常包括以下手段：刑罚、民事赔偿、禁制令等。与旧的流派相比，新的流派所指向的规制对象并非言论发布者和接受者，而是网络服务提供者，如搜索引擎、支付系统等。它更加依赖技术，通常运行于后台，因此更为隐蔽、更加不易为人察觉，也更加难以引发公众讨论。具体而言，新的流派包括：过滤（filtering）、域名捕获（seizures）、以迫使 ISP 采取过滤或与政府合作审查平台内容为目的的隐蔽规制手段、以数字架构为目标的“私人事前限制”等。其中，过滤是最为常见的规制手段，而在人类社会向智能泛在社会转型后，个性化推荐算法、语义识别、图片和视频识别等人工智能审查手段也成为了网络表达权的限制中常见的技术规制手段。

（二）网络表达权的法律限制

基于网络表达权的上述特征，我们认为在网络表达权的法律限制上有两点是需要特别注意的：平台责任与技术规制手段。

首先，从平台责任来看，我们一方面要明确平台应该承担起平台内容治理责任，另一方面也应该在法律责任层面上为平台设计妥当的归责原则。如上文所述，基于平台所处的特殊地位和发挥的特殊作用，要实现网络内容治理，就必须将平台纳入规制链条。因此，平台除了享受流量带来的红利外，也应该切实承担起平台内容治理的责任，包括制定平台违法与不良信息处理规则、建立投诉机制以及进行日程巡查等。但是，这并不等于要求平台无限制地为用户发布的违法不良内容承担法律责任。一般而言，平台应在过错原则的限度内承担法律责任。[5]

---

[1] See Search King v. Google Tech., Inc., No. CIV - 02 - 1457 - M, 2003 WL 21464568 (W. D. Okla., May. 27, 2003), p. 4.

[2] 裁判所時報 1669 号 1 頁参照。对本案的中文介绍可参见付彦淇：《被遗忘权的界限——谷歌犯罪前科报道事件》，载李成玲主编：《日本法研究》（第 3 卷），中国政法大学出版社 2017 年版。

[3] 左亦鲁：《算法与言论——美国的理论与实践》，载《环球法律评论》2018 年第 5 期。

[4] Jack M. Balkin, *Old-School / New-School Speech Regulation*, 127 Harvard Law Review 2296 (2014).

[5] 陈道英：《ICP 对用户言论的法律责任——以表达自由为视角》，载《交大法学》2015 年第 1 期。

其次，对于技术规制手段，我们则需要注意在善用的基础上做到合法利用。以过滤为例，需要看到，由于技术发展水平的限制，无论是简单的关键词过滤，还是科技含量更高的 AI 审查，都无法保证被过滤掉的信息一定是违法信息，也无法保证没有被过滤掉的一定是合法的信息。换言之，过滤既存在“过度打击”的情形，也同时存在“过度保护”的情形。因此，平台应该建立和完善申诉响应机制。具体而言，对于过滤用户发布信息的情形，平台应该做到及时告知用户其信息被过滤以及作出过滤决定的具体原因，为用户提供有效的申诉渠道，并及时作出响应。

第二节　网络违法内容的法律治理

一、我国网络内容安全法律体系

我国的网络内容法律治理起步较早，几乎与互联网在我国的商业应用同步——早在 1994 年的《计算机信息系统安全保护条例》中就已经出现调整网络内容的条款。然而从 1994 年到 2000 年，这一立法进程都呈现出立法层级低、规定零散、立法之间不一致等特点。2000 年《互联网信息服务管理办法》和《电信条例》的通过标志着这一领域法律治理逐渐开始走向成熟。此后虽然相关规定仍经常散见于各规章、规范性文件中，且条文之间也仍有细微的不一致，但是整体而言都与上述两部行政法规保持了一致。由此，对于网络条件下网络服务提供者所应承担的法律责任和被禁止信息的界定等重要问题，应如何进行法律应对，大体上稳定了下来。2016 年，《网络安全法》出台。该法一方面是对 1994 ~ 2016 年网络立法的经验总结；另一方面则是站在法律的高度明确了网络内容规制的主管部门以及规制的原则与规则，标志着我国网络内容安全法律治理的新起点。

（一）《网络安全法》颁布之前的网络内容安全法律体系

如上所述，我国对网络空间的内容安全进行法律规制始于国务院于 1994 年制定的《计算机信息系统安全保护条例》。此后，国务院及其所属各部等相继出台了多部法规、规章对网络空间的内容安全进行规制，其中包括 1996 年由国务院制定的《计算机信息网络国际联网管理暂行规定》、2000 年由国务院制定的《互联网信息服务管理办法》、2000 年由原信息产业部制定的《互联网电子公告服务管理规定》（已失效）、2000 年由国务院新闻办公室和原信息产业部联合制定的《互联网站从事登载新闻业务管理暂行规定》、2000 年由国务院制定的《电信条例》、2005 年由原信息产业部制定的《非经营性互联网信息服务备案管理办法》以及 2008 年由原国家广播电影电视总局[1]和原信息产业部联合制定的《互联网视听节目服务管理规定》等约20部法规、规章。此外，全国人大常委会出台的两个决定，即《关于维护互联网安全的决定》与《关于加强网络信息保护的决定》，也有部分内容涉及对网络内容的规制。同时，最高人民法院、最高人民检察院还联合出台了若干网络内容规制方面的司法解释，包括《关于办理利用互联网、移动通讯终端、声讯台制作、复制、出版、贩卖、传播淫秽电子信息刑事案件具体应用法律若干问题的解释》(一)(二)、《关于办理利用信息网络实施诽谤等刑事案件适用法律若干问题的解释》，以及最高人民法院发布的《关于审理利用信息网络侵害人身权益民事纠纷案件适用法律若干问题的规定》等。除法律、法规、规章和司法解释外，我国在网络内容安全规制方面还出台了大量的其他规范性文件，在此不再一一赘述。

在《网络安全法》出台前制定的规制网络内容安全的法律、法规和规章中，最重要的当属全国人大常委会所通过的两个决定与《互联网信息服务管理办法》。其中，从法律位阶来看，在《网络安全法》通过之前，全国人大常委会所做出的两个决定是所有调整网络内容安全的规范性文件中效力等级最高的，它们确立了我国网络内容安全法律规制的基本原则。其中，2000年《关于维护互联网安全的决定》明确了通过互联网发布的违法信息构成犯罪的应依照刑法追究刑事责任，尚不构成犯罪的则应依据《治安管理处罚法》予以行政处罚。除此之外，更为重要的是，它肯定了诸多法规、规章所确立的网络服务提供者应承担网络内容治理义务的规定，明确了其对网络违法信息应承担发现、采取措施、报告等义务。这也就从法律的层面上肯定并再次确认了行政立法所树立的网络内容安全规制基本思路。而2012年《关于加强网络信息保护的决定》的主要内容虽然是在个人信息保护方面，但也在第5点再次强调了网络服务提供者对用户发布内容的治理义务，并将网络服务提供者发现违法信息后应采取的具体措施由“删除”更改为“消除”。这一规定也为后来的《网络安全法》所继承。

如果说全国人大常委会的两个决定所起到的作用主要是由国家最高权力机关对行政立法所提出的网络内容安全规制的基本原则和思路予以确认的话，那么《互联网信息服务管理办法》则可以说是树立了网络内容安全法律规制基本模式。在早期的法规、规章中，对于应被禁止的内容和行为方式的规定还较为粗犷。作为效力仅次于法律的行政法规，《互联网信息服务管理办法》在一定程度上缓解了这一问题，起到了统一网络内容法律治理模式的作用。如前文所述，2000年后颁布的调整网络内容的规章、规范性文件基本上都遵循了《互联网信息服务管理办法》的规定。

[1] 2013年国务院机构改革，撤销国家广播电影电视总局、国家新闻出版总署，组建国家新闻出版广电总局；2018年国务院机构改革，撤销国家新闻出版广电总局，组建国家广播电视总局。

(二)《网络安全法》及其配套立法

《网络安全法》的出台结束了我国在互联网领域长期缺乏专门性法律的局面,也从严格意义上满足了网络表达权之法律规制应满足法律保留原则的要求,其意义是不言而喻的。而具体到网络表达权的规制模式上,除明确国家网信办的“统筹协调”地位外,《网络安全法》基本继承了此前由全国人大常委会的两个决定和《互联网信息服务管理办法》等法规、规章确立的模式。

在《网络安全法》颁布之后,国家网信办又单独或与其他国务院部委联合制定了一系列的配套性规章,包括《互联网直播服务管理规定》《互联网信息搜索服务管理规定》《具有舆论属性或社会动员能力的互联网信息服务安全评估规定》《区块链信息服务管理规定》《网络音视频信息服务管理规定》等。这些文件基本上都贯彻了《网络安全法》的内容规制思路,在特定的领域对其原则性规定予以了具体化。

(三)我国网络内容安全治理体制

我国网络内容安全的治理体制经历了比较复杂的变化。基于“谁主管,谁负责”的原则,网络内容安全的治理体制呈现多样化的特点,各行政主管部门在各自主管领域内均有权对网络内容进行规制。具体来说,公安机关、国家安全机关、电信主管部门、文化产业部门、工商管理部门等均制定了本部门主管领域内网络内容治理的规章、规范性文件。但是,多部门管理的模式也导致了网络内容治理中多头管理、规制标准不一、部分领域存在管理空白等问题。正是意识到了这一点,中共中央和国务院才决定建立中央网信办暨国家网信办,并赋予这一机构在网络信息监管、安全监管和执法监管领域的主导、统筹地位。

根据国务院《关于授权国家互联网信息办公室负责互联网信息内容管理工作的通知》,国家网信办负责全国互联网信息内容管理工作,并负责监督管理执法。《网络安全法》进一步巩固和强化了这一监管模式,规定“国家网信部门负责统筹协调网络安全工作和相关监督管理工作。国务院电信主管部门、公安部门和其他有关机关依照本法和有关法律、行政法规的规定,在各自职责范围内负责网络安全保护和监督管理工作”。由此,国家网信部门在网络安全(包括互联网内容安全)及相关监督管理领域中的统筹协调的统领地位就得到了法律的正式明确规定。而从实践的角度看,国家网信办在网络安全,尤其是在网络内容安全方面的统筹地位,也已经得到了初步确立:国家网信办不仅制定了《互联网直播服务管理规定》《互联网跟帖评论服务管理规定》《微博客信息服务管理规定》等重要的规范性文件,而且统筹协调各部门对互联网信息内容进行了大力整顿,对各违法、违规网站分别采取了约谈、暂时下架或永久下架 App、关闭网站等措施。[1]

总体而言，现阶段我国网络内容安全的治理体制为：以国家网信办为包括网络内容安全在内的网络安全领域的统筹协调部门，国务院各部委在各自主管领域内负直接管理责任。

二、我国网络内容安全法律规制的具体内容

（一）违法信息的界定

我国早在 1994 年国务院颁发的《计算机信息系统安全保护条例》中就已做出“任何组织或者个人，不得利用计算机信息系统从事危害国家利益、集体利益和公民合法利益的活动”的规定，而在 1996 年国务院颁发的《计算机信息网络国际联网管理暂行规定》中则进一步将其明确为：“从事国际联网业务的单位和个人，应当遵守国家有关法律、行政法规……不得利用国际联网从事危害国家安全、泄露国家秘密等违法犯罪活动，不得制作、查阅、复制和传播妨碍社会治安的信息和淫秽色情等信息。”到了 1997 年公安部发布的《计算机信息网络国际联网安全保护管理办法》，被禁止信息就已经被细化为了 9 类（“九不准”）。

总体来说，我国对违法信息进行界定的法律法规主要有三个：2000 年通过的全国人大常委会《关于维护互联网安全的决定》、2000 年国务院颁布的《互联网信息服务管理办法》和 2016 年颁布的《网络安全法》。具体而言，《关于维护互联网安全的决定》将被禁止信息界定为以下几类：(1) 利用互联网造谣、诽谤或者发表、传播其他有害信息，煽动颠覆国家政权、推翻社会主义制度，或者煽动分裂国家、破坏国家统一的；(2) 通过互联网窃取、泄露国家秘密、情报或者军事秘密的；(3) 利用互联网煽动民族仇恨、民族歧视，破坏民族团结的；(4) 利用互联网组织邪教组织、联络邪教组织成员，破坏国家法律、行政法规实施的；(5) 损害他人合法权益，包括财产权（商业信誉和商品声誉）、知识产权、名誉权、通信自由和通信秘密等的；(6) 利用互联网编造并传播影响证券、期货交易或者其他扰乱金融秩序的虚假信息的。但是，上述界定主要是从刑法规制的角度出发做出的，其着眼点在与《刑法》的对接上，对于更为常见的行政规制并无涉及。

而行政规制领域中对被禁止信息采取的多是“九不准”规定，但是在“九不准”的具体内容上，各规章、规范性文件的表述却存在些许差异。《互联网信息服务管

[1] 《全国网信系统执法“亮剑” 820 多家违法违规网站被约谈》，载中国网信网，http://www.cac.gov.cn/2016-02/26/c_1118173992.htm；《国家网信办依法查处第二批严重违规失信招聘网站》，载中国网信网，http://www.cac.gov.cn/2016-05/06/c_1118814011.htm；《国家网信办牵头成立联合调查组进驻百度》，载中国网信网，http://www.cac.gov.cn/2016-05/02/c_1118784410.htm。

理办法》对此进行了明确,[1]将“九不准”规定为:(1)反对宪法所确定的基本原则的;(2)危害国家安全,泄露国家秘密,颠覆国家政权,破坏国家统一的;(3)损害国家荣誉和利益的;(4)煽动民族仇恨、民族歧视,破坏民族团结的;(5)破坏国家宗教政策,宣扬邪教和封建迷信的;(6)散布谣言,扰乱社会秩序,破坏社会稳定的;(7)散布淫秽、色情、赌博、暴力、凶杀、恐怖或者教唆犯罪的;(8)侮辱或者诽谤他人,侵害他人合法权益的;(9)含有法律、行政法规禁止的其他内容的。这一规定产生了深远的影响,此后所制定的法规、规章等对被禁止信息的规定大多与之大同小异。

作为网络安全领域基本性法律的《网络安全法》在第12条对被禁止信息也进行了详细的列举。这一条文与《互联网信息服务管理办法》规定的“九不准”相映成趣,其具体内容为:“应当遵守宪法法律,遵守公共秩序,尊重社会公德,不得危害网络安全,不得利用网络从事危害国家安全、荣誉和利益,煽动颠覆国家政权、推翻社会主义制度,煽动分裂国家、破坏国家统一,宣扬恐怖主义、极端主义,宣扬民族仇恨、民族歧视,传播暴力、淫秽色情信息,编造、传播虚假信息扰乱经济秩序和社会秩序,以及侵害他人名誉、隐私、知识产权和其他合法权益等活动。”除此之外,该法第46条也将“实施诈骗,传授犯罪方法,制作或者销售违禁物品、管制物品等违法犯罪活动”作为被禁止信息进行了排除;第47条在有关网络运营者应加强对用户发布的信息的管理的内容中还有关于“发现法律、行政法规禁止发布或者传输的信息的”的规定。两相对照可以看出,《网络安全法》与《互联网信息服务管理办法》在被禁止信息的界定上主要的区别就是《网络安全法》第12条对被禁止信息的列举删除了散布“赌博、凶杀、恐怖”“破坏国家宗教政策,宣扬邪教和封建迷信”的信息,增加了“扰乱经济秩序”“侵害他人知识产权和其他合法权益”的内容。但由于《网络安全法》同时通过第47条援引了法律、行政法规的禁止性规定,因此,实际上《互联网信息服务管理办法》(以及其他的行政法规)之“九不准”全部被囊括进了《网络安全法》规定的被禁止信息的范围。

总之,由于《网络安全法》较《互联网信息服务管理办法》等法规、规章具有更高的法律效力,因此,在被禁止信息的界定上应以《网络安全法》的规定为准。

(二)网络服务提供者的网络内容治理义务

网络服务提供者除了保证自己不制作、复制、发布和传播属于“九不准”的违法信息外,还承担着一定的网络内容治理义务,其中最主要的就是网络内容审核的义务。

如前所述,网络内容审核的义务早在《网络安全法》颁布之前的法律法规中就已经得到了确认。全国人大常委会《关于维护互联网安全的决定》明确规定:“从事互联网业务的单位要依法开展活动,发现互联网上出现违法犯罪行为和有害信

---

[1] 《电信条例》也作出了相似规定。

息时，要采取措施，停止传输有害信息，并及时向有关机关报告。”而在《互联网信息服务管理办法》中，则进一步规定“互联网信息服务提供者发现其网站传输的信息明显属于本办法第十五条[1]所列内容之一的，应当立即停止传输，保存有关记录，并向国家有关机关报告”。这一规定在我国所有规制网络的法律法规中都基本上得到了沿用。例如，全国人大常委会《关于加强网络信息保护的决定》中就规定：“网络服务提供者应当加强对其用户发布的信息的管理，发现法律、法规禁止发布或者传输的信息的，应当立即停止传输该信息，采取消除等处置措施，保存有关记录，并向有关主管部门报告。”而《网络安全法》第47条同样也规定了“网络运营者应当加强对其用户发布的信息的管理，发现法律、行政法规禁止发布或者传输的信息的，应当立即停止传输该信息，采取消除等处置措施，防止信息扩散，保存有关记录，并向有关主管部门报告”。

除此之外，如同第二章介绍的，网络服务提供者还负有多层次的网络安全保障义务。具体而言，依据《网络安全法》，网络运营者应当建立网络信息安全投诉、举报制度，公布投诉、举报方式等信息，及时受理并处理有关网络信息安全的投诉和举报；对网信部门和有关部门依法实施的监督检查予以配合；为公安机关、国家安全机关依法维护国家安全和侦查犯罪的活动提供技术支持和协助；留存与监测、记录网络运行状态、网络安全事件有关网络日志不少于6个月（第49、28、21条）等。

此外，《民法典》第1195～1197条规定，网络服务提供者在发现（明知）其平台上存在被禁止信息（侵权信息）或接到被侵权人的有效通知时负有删除该信息的义务，否则即应与侵权人承担连带侵权责任。

综上，网络服务提供者负有的网络内容治理义务如图11－1所示：

非法信息治理义务
- 停止传播
- 采取消除等措施，防止信息扩散
- 保存有关记录
- 向国家有关机关报告
- 建立投诉举报及响应机制
- 配合执法部门
- （私权侵权）通知—删除

图11－1　网络服务提供者负有的网络内容治理义务

〔1〕 该条款即对被禁止内容的规定。

(三)网络服务提供者的法律责任

网络服务提供者除对自己制作、复制、发布和传播属于“九不准”的违法信息应承担法律责任外,还需要对用户的上述行为承担一定的法律责任。由于这里主要讨论的是作为网络治理者的网络服务提供者的法律责任,因此对于前者就不再赘述了。在网络内容安全相关的法律责任上,网络服务提供者主要承担着基于内容审核义务的法律责任。与此相联系,网络服务提供者还需承担基于网络实名制的法律责任。

在内容审核方面,早在1997年的《计算机信息网络国际联网安全保护管理办法》中已经就网络服务提供者未对用户发布的信息进行审核的情况规定了相应的法律责任,而《互联网信息服务管理办法》则进一步对经营性互联网信息服务提供者和非经营性互联网信息服务提供者的法律责任做出了区分性规定。在此基础上,《网络安全法》第68条对网络运营者违反第47条规定的义务所应承担的法律责任做出了详细的规定,包括责令改正、警告、罚款、吊销执照(许可证)等。

第三节　网络生态的法律治理

一、网络生态法律治理概述

(一)网络生态治理发展脉络

总体而言,我国网络信息内容生态治理大致经历了新生—成形—成熟—转型四个阶段。[1]其中,在前两个阶段我国相关治理和立法思路是建立网络信息内容治理的法律框架、明确违法信息的认定标准与主管部门、规定相应的法律责任,其主导思路仍是针对违法信息内容的传统监管思路。从第三个阶段(2008年)开始,我国网络信息内容治理逐渐走向立体化、协同化发展。除进一步强调违法责任的落实外,我国在监管过程中更强调压实平台主体责任,在充分运用法律监管手段的同时鼓励平台通过行业公约、自律公约等形式积极承担平台内容管理的社会责任,治理内容愈加丰富化。此后,随着《网络安全法》等一系列法律的出台以及国家网信部门被确立为网络信息内容治理的统筹协调部门,我国网络信息内容治理的法律模式逐渐清晰,多部门协调联动、平台主动治理成为我国网络信息内容治理的主要特征。网信部门主导的常态化专项治理与平台依法建立的日常巡逻、信息发布公约、投诉处理等机制在网络信息内容治理中发挥了越来越重要的作用。

---

[1] 石月、方禹:《奏响网络信息内容生态治理新乐章》,载《网络传播》2021年第2期。

然而,由于网络环境的复杂性,仅仅停留在对违法信息内容的惩处上仍然无法实现网络信息内容的有效治理。随着互联网进入 Web 3.0 时代,各种挑战社会道德底线、不符合社会主义核心价值观的不良信息充斥网络空间,网络生态综合治理迫在眉睫。2018 年,社会主义核心价值观入宪。由此,以社会主义核心价值观指导网络信息内容法律治理获得了坚实的宪法基础。此后,党的十九届四中全会决定提出,"建立健全网络综合治理体系,加强和创新互联网内容建设,落实互联网企业信息管理主体责任,全面提高网络治理能力,营造清朗的网络空间"。党的十九届五中全会审议通过《中共中央关于制定国民经济和社会发展第十四个五年规划和二〇三五年远景目标的建议》,在明确了要"提高社会文明程度"的前提下,提出"加强网络文明建设,发展积极健康的网络文化"的要求。我国网络信息内容治理至此已经完成了由单一的违法信息惩治到综合网络生态治理的转型。

(二)网络生态治理具体内容

具体来说,网络生态是由信息因子、主体因子和环境因子组成的动态结构系统。[1] 而信息因子则是其中最核心、最重要的组成部分。因此,网络生态治理的重中之重是网络信息内容生态治理。[2] 根据《网络生态治理规定》第 2 条第 2 款的规定,所谓网络信息内容生态治理,"是指政府、企业、社会、网民等主体,以培育和践行社会主义核心价值观为根本,以网络信息内容为主要治理对象,以建立健全网络综合治理体系、营造清朗的网络空间、建设良好的网络生态为目标,开展的弘扬正能量、处置违法和不良信息等相关活动"。

与违法信息内容的规制所具有的事后追惩性和消极被动性不同,作为网络内容安全治理的高阶样态,网络生态治理是国家履行保护公民基本权利(如名誉权、隐私权等)的义务、维护社会秩序等公共利益的积极作为,具有一定的预防性。因而,网络生态治理具有较违法内容规制更高的目的,其治理手段也更为灵活、丰富。除违法内容规制所适用的硬性规制措施外,网络生态治理还包括国家对符合、促进社会主义核心价值观的内容的积极鼓励,以及通过软性规制措施对不良信息的抵制。其最终目的是营造"天朗气清、生态良好"的网络空间生态。

(三)网络生态治理立法进程

从立法层面看,开启我国网络生态治理的规范性文件为国家网信办于 2019 年 12 月 15 日制定、2020 年 3 月 1 日开始施行的《网络生态治理规定》。这一规定在

---

[1] 邵培仁等:《媒介生态学:媒介作为绿色生态的研究》,中国传媒大学出版社 2008 年版,第 40 页。

[2] 冉连、张曦:《网络信息内容生态治理:内涵、挑战与路径创新》,载《湖北社会科学》2020 年第 11 期。

我国历史上首次将网络信息内容按照“三分法”进行了划分,除了传统的违法信息外,还对不良信息作出了规定。其后,针对信息茧房、网络沉迷、大数据杀熟、流量造假等破坏网络生态的恶劣现象,2021年9月国家网信办又联合多部门出台了《关于加强互联网信息服务算法综合治理的指导意见》(以下简称《算法治理意见》),开启了从算法治理入手进行网络生态治理的进程。在此基础上,国家网信办联合工信部、公安部、国家市场监督管理总局发布了《算法推荐管理规定》,针对算法推荐作出了专门性规定。网络生态治理从原则性规定逐渐走向具体化。

二、我国网络生态治理的法律方案

(一)《网络生态治理规定》

如上所述,为实现对我国网络生态的法律治理,国家网信办颁布了《网络生态治理规定》。该规定在信息内容治理上作出了较大的创新:除对禁止违法信息作出了相关规定外,还规定了应鼓励弘扬社会主义核心价值观的信息和“防范和抵制”“不良信息”。也就是说,这一规定将网络信息内容治理的客体划分为三类:优良信息、违法信息和不良信息。

首先,《网络生态治理规定》对优良信息首次作出了具体、细致的规定。此前的立法对此大多只是作出笼统的规定,比如“应当……坚持为人民服务、为社会主义服务的方向,弘扬民族优秀文化”(《互联网文化管理暂行规定》),但却没有对哪些信息内容属于优良信息,应该对这些信息采取什么措施作出规定。《网络生态治理规定》不仅规定了应该“鼓励”这些信息,而且还对优良信息进行了详细列举。我们认为,鼓励措施的有效利用对于优化网络信息内容生态环境将起到比禁止和惩罚违法信息更大的作用。另外,由于《网络生态治理规定》没有规定具体的鼓励措施,网信部门仍需积累执法经验,探索出具体的、符合我国国情的鼓励优良信息的有效措施。

其次,更为重要的是,《网络生态治理规定》在违法信息之外又创设了“不良信息”的概念,开创了针对“违法信息”和“不良信息”共同进行治理的做法。总体来说,《网络生态治理规定》对不良信息的规定主要体现在第7、9、10、15、18条等条款中。结合第15条第2款关于“用户账号信用管理制度”和第27条关于网络行业组织制定“行业规范和自律公约,建立内容审核标准细则”的规定,《网络生态治理规定》对于不良信息的治理大概提出了如下治理思路和路径:

第一,明确区分违法信息与不良信息。不属于“九不准”,但同时又与传统优秀文化、社会公德等不相一致、不利于青少年成长、对网络生态造成不良影响的内容,应作为不良信息加以治理。其中,该规定第7条明确列举了不良信息的内容,包括:使用夸张标题,内容与标题严重不符的;炒作绯闻、丑闻、劣迹等的;不当评述自然灾害、重大事故等灾难的;带有性暗示、性挑逗等易使人产生性联想的;展现血腥、惊悚、残忍等致人身心不适的;煽动人群歧视、地域歧视等的;宣扬低俗、庸俗、媚俗内容的;可能引发未成年人模仿不安全行为和违反社会公德行为、诱导未成年人不良嗜好等的;以及其他对网络生态造成不良影响的内容。

第二,平台对不良信息应承担网络生态治理的义务和责任。例如,该规定不仅在第7条规定网络信息内容生产者"应当采取措施,防范和抵制制作、复制、发布"不良信息,而且在第三章中还特别规定平台应该"培育积极健康、向上向善的网络文化",并对平台应采取的具体措施,如专人管理、制定本平台网络信息内容生态治理细则等作出了具体的规定。另外,在法律责任的承担上,第10条第2款规定网络信息内容服务平台对于不良信息同样负有"依法立即采取处置措施,保存有关记录,并向有关主管部门报告"的法律义务,并在第35条规定,违反第10条者"由网信等有关主管部门依据职责,按照《中华人民共和国网络安全法》《互联网信息服务管理办法》等法律、行政法规的规定予以处理"。

第三,规定了不良信息主要治理措施。不良信息的治理主要通过行业自律、平台社会责任的承担、优化算法推荐服务机制等形式来推进。平台应通过建立和完善用户账号信用管理制度、编制网络信息内容生态治理工作年度报告等措施来实现。特别需要指出的是,《网络生态治理规定》首次对优化算法作出了规定。该规定第11条创新性地提出了"重点环节"这一概念,并要求算法推荐机制不得在重点环节呈现不良信息。具体而言,重点环节包括:互联网新闻信息服务首页首屏、弹窗和重要新闻信息内容页面等;互联网用户公众账号信息服务精选、热搜等;博客、微博客信息服务热门推荐、榜单类、弹窗及基于地理位置的信息服务版块等;互联网信息搜索服务热搜词、热搜图及默认搜索等;互联网论坛社区服务首页首屏、榜单类、弹窗等;互联网音视频服务首页首屏、发现、精选、榜单类、弹窗等;互联网网址导航服务、浏览器服务、输入法服务首页首屏、榜单类、皮肤、联想词、弹窗等;数字阅读、网络游戏、网络动漫服务首页首屏、精选、榜单类、弹窗等;生活服务、知识服务平台首页首屏、热门推荐、弹窗等;电子商务平台首页首屏、推荐区等;移动应用商店、移动智能终端预置应用软件和内置信息内容服务首屏、推荐区等;专门以未成年人为服务对象的网络信息内容专栏、专区和产品等;其他处于产品或者服务醒目位置、易引起网络信息内容服务使用者关注的重点环节。此外,该规定还要求平台"建立健全人工干预和用户自主选择机制"。

《网络生态治理规定》是我国法律层面上在违法内容规制基础上迈向全面的网络生态治理的第一步。在以往的立法中,确实也曾经出现过涉及这一内容的规定。例如,《互联网文化管理暂行规定》第16条曾将"危害社会公德或者民族优秀文化传统"的信息纳入被禁止的信息内;2016年制定的《网络出版服务管理规定》

第25条明确规定“网络出版物不得含有诱发未成年人模仿违反社会公德和违法犯罪行为的内容,不得含有恐怖、残酷等妨害未成年人身心健康的内容”;国家网信办制定的《即时通信工具公众信息服务发展管理暂行规定》也要求即时通信工具服务提供者在服务协议中必须要求用户承诺遵守“七条底线”的要求,即要求用户遵守法律法规、社会主义制度、国家利益、公民合法权益、公共秩序、社会道德风尚和信息真实性等。但是,在上述规范性文件中,这一内容仅出现在规制某些特定领域的立法中,且相关内容也不如《网络生态治理规定》第7条的规定全面。

更为重要的是,以往立法中并未出现与违法信息并列的不良信息这一类别。因此,《网络生态治理规定》可以说反映了国家网信办的这样一种规制思路:除对违法内容进行规制以外,为了进一步优化网络生态,同样有必要加强对尚未达到违法标准,但不符合社会主义核心价值观的不良信息的法律治理。

(二)《算法治理意见》

2021年9月17日,国家网信办联合中共中央宣传部、教育部、科学技术部、工信部、公安部、文化和旅游部、国家市场监督管理总局、国家广播电视总局共同发布《算法治理意见》,在优化网络生态、全面提升网络综合治理能力上又迈出了坚实的一步。

《算法治理意见》开篇明义,规定算法治理的指导思想为习近平新时代中国特色社会主义思想,特别是习近平总书记关于网络强国的重要思想;基本原则包括正确导向原则、依法治理原则、风险防控原则、权益保障原则、技术创新原则。作为算法综合治理规范性文件,《算法治理意见》广泛涉及算法治理的方方面面,但算法生态规范构成了其中的主要目标和内容,而网络生态又构成了算法生态中的重要一环。具体来说,《算法治理意见》在治理原则层面要求“坚持正确导向,强化科技伦理意识……充分发挥算法服务正能量传播作用,营造风清气正的网络空间”;在治理目标方面,要求“算法导向正确、正能量充沛”并“有效防范算法滥用带来的风险隐患”。而在治理手段方面,除进一步健全算法安全治理机制(包括健全算法安全治理政策法规、强化统筹协同治理和企业主体责任等)、构建算法安全监管体系(包括推进算法备案工作、监管模式创新等)外,《算法治理意见》还对网络生态方面的治理专门提出了以下要求。

第一,树立算法正确导向。该意见提出,算法应用应“弘扬社会主义核心价值观……坚持正确政治方向、舆论导向、价值取向”。在此基础之上,该意见还对算法应用的发展方向提出了进一步要求:“提高正能量传播的精准性和有效性,规范信息分发行为和秩序,推动企业借助算法加强正能量传播,引导算法应用向上向善。”

第二,防范算法滥用风险。之前已经谈到,算法滥用对于网络生态可能造成极大的危害。为防范算法滥用带来的风险，该意见要求“防止利用算法干扰社会舆论、打压竞争对手、侵害网民权益等行为，防范算法滥用带来意识形态、经济发展和社会管理等方面的风险隐患”。

第三，推动算法公开透明。算法公开透明是目前公认的算法治理途径之一。该意见对此作出了明确规定，要求“督促企业及时、合理、有效地公开算法基本原理、优化目标、决策标准等信息，做好算法结果解释”。这也就为算法治理，包括网络生态方面的治理取得良好的效果奠定了基础。

(三)《算法推荐管理规定》

如果说《算法治理意见》就如何通过算法综合治理实现网络空间的生态治理提出了总括性的指南的话，那么《算法推荐管理规定》则是在这一总括性意见的指导下针对算法推荐这一具体问题指明了治理的路径。从这个方面来看，后者无疑是前者的落实与具体化，也是我国推进网络生态法律治理的又一有力举措。

《算法推荐管理规定》开宗明义，在第1条即明确了立法目的为“弘扬社会主义核心价值观，维护国家安全和社会公共利益，保护公民、法人和其他组织的合法权益，促进互联网信息服务健康有序发展”。对于算法推荐服务的原则，该规定要求“应当坚持主流价值导向，优化算法推荐服务机制，积极传播正能量，促进算法应用向上向善”(第6条)。在具体的网络生态治理措施上，除了进一步明确《网络生态治理规定》中有关重点环节不得呈现不良信息、建立完善人工干预和用户自主选择机制等内容，并重申算法推荐服务提供者应就不良信息按照《网络生态治理规定》予以处置外，《算法推荐管理规定》还要求算法推荐服务提供者应建立健全用于识别违法和不良信息的特征库(第9条)、不得将违法和不良信息关键词记入用户兴趣点或者作为用户标签并据以推送信息(第10条)，并再次强调了未成年人特殊保护，要求算法推荐服务提供者通过开发适合未成年人使用的模式、提供适合未成年人特点的服务等方式，便利未成年人获取有益身心健康的信息(第18条)。

总体来说，算法治理是网络生态治理的重点和难点，而一旦我们在算法治理上取得突破，网络生态治理水平也将能够获得实质性提升。实现算法治理需要构建综合治理机制、完善算法规制法律体系，尤其是需要不断创新算法监管模式。综合上述几部文件我们可以看出，以国家网信办为首的主管部门已经明确了算法治理(网络生态治理)的总体目标、基本原则和宏观框架，但是在具体措施上还需要进一步细化和完善。上述几部文件所提出的具体治理措施仅仅包括重点环节不得呈现不良信息、算法公开透明、算法伦理与价值观正确导向等内容，相对而言还较为抽象和原则化。在上述几部文件提出的宗旨目标、指导思想和基本原则的指引下，继续探索算法治理的有效具体措施、营造风清气正的网络空间，是我们下一步应该努力的方向。

【练习题】

1. 表达权的法律界限是怎样的?
2. 哪些网络内容是被我国法律法规禁止的信息内容?
3. 我国网络生态治理的主要规定如何?

参考文献

1. [美]E. 博登海默:《法理学:法律哲学与法律方法》,邓正来译,中国政法大学出版社 2004 年版。

2. 张文显:《法学基本范畴研究》,中国政法大学出版社 1993 年版。

3. 舒国滢主编:《法理学导论》(第 3 版),北京大学出版社 2019 年版。

4. 舒国滢、王夏昊、雷磊:《法学方法论前沿问题研究》,中国政法大学出版社 2020 年版。

5. 寿步主编:《网络安全法实用教程》,上海交通大学出版社 2019 年版。

6. 马民虎主编:《网络安全法律遵从》,电子工业出版社 2018 年版。

7. 马民虎主编:《网络安全法适用指南》,中国民主法制出版社 2018 年版。

8. 谢永江、李欲晓主编:《网络安全法学》,北京邮电大学出版社 2017 年版。

9. 刘品新:《网络法:原理、案例与规则》(第 3 版),中国人民大学出版社 2021 年版。

10. 夏燕、赵长江主编:《网络安全法教程》,西安电子科技大学出版社 2019 年版。

11. 盘冠员、章德彪:《网络安全法关键问题解读》,时事出版社 2019 年版。

12. 杨合庆主编:《中华人民共和国网络安全法释义》,中国民主法制出版社 2017 年版。

13. 李春田主编:《标准化概论》(第 6 版),中国人民大学出版社 2014 年版。

14. 白殿一、王益谊等:《标准化基础》,清华大学出版社 2019 年版。

15. 夏勇主编:《保密法学教程》,金城出版社 2013 年版。

16. 张明楷:《刑法学》(第 6 版),法律出版社 2021 年版。

17. 刘艳红:《网络犯罪的法教义学研究》,中国人民大学出版社 2021 年版。

18. 喻海松:《网络犯罪二十讲》,法律出版社 2018 年版。

19. 江溯主编:《网络刑法原理》,北京大学出版社 2022 年版。

20. 刘权:《比例原则》,清华大学出版社 2022 年版。

21. 王雪梅:《儿童权利论:一个初步的比较研究》(第 2 版),社会科学文献出版社 2018 年版。

22. 管华:《儿童权利研究——义务教育阶段儿童的权利与保障》,法律出版社

2011 年版。

23. 佟丽华主编:《中华人民共和国未成年人保护法理解与适用》,中国法制出版社 2021 年版。

24. 郭林茂主编:《中华人民共和国未成年人保护法解读》,中国法制出版社 2020 年版。

25. 吴伟光主编:《网络、电子商务与数据法》,清华大学出版社 2020 年版。

26. 丁晓东:《个人信息保护:原理与实践》,法律出版社 2021 年版。

27. 朱胜涛等主编:《注册信息安全专业人员培训教材》,北京师范大学出版社 2019 年版。

28. 张志安、卢家银主编:《互联网与国家治理发展报告(2021)》,社会科学文献出版社 2021 年版。

编 者 简 介

（按撰写章节先后顺序排列）

张雪莲 法学博士，东南大学法学院讲师，东南大学人权研究院研究人员。长期从事宪法学与人权法学教学与研究工作，主持、参与多项国家级和省部级课题，出版专著2部，发表论文10余篇。

万千慧 法学博士，东南大学法学院讲师，硕士生导师。东南大学人权研究院研究人员。兼江苏省法学会廉政法制研究会理事。研究方向为宪法学和行政法学。著有《我国合宪性审查对象研究》。

陈道英 法学博士，东南大学法学院副教授，硕士生导师。东南大学人权研究院秘书长。美国俄亥俄州立大学访问学者。兼中国法学会宪法学研究会理事、中国法学会立法学研究会理事、中国互联网协会首批青年专家、中共江苏省委网信办法律专家库成员、东南大学网络安全法治研究中心研究人员。

徐济铭 国家计算机网络应急技术处理协调中心江苏分中心助理研究员。长期从事网络舆情、网络信息安全工作，参与多项省部级课题，发表论文10余篇。

袁卫平 国家计算机网络应急技术处理协调中心江苏分中心助理研究员。长期从事互联网治理、网络舆情工作，参与多项省部级课题，出版专著1部，发表论文10余篇。

冀　洋 法学博士，东南大学法学院副教授，硕士生导师。德国马克斯普朗克外国与国际刑法研究所博士后（国家公派2018～2019年）。兼江苏省法学会犯罪学研究会理事、江苏省法学会廉政法制研究会理事、东南大学网络安全法治研究中心研究人员。

任丹丽 法学博士，东南大学法学院副教授，硕士生导师。东南大学人权研究院研究人员。加拿大维多利亚大学和荷兰莱顿大学访问学者。兼江苏省法学会知识产权法学研究会常务理事、东南大学民事检察研究基地研究员。

董宏伟 法学博士，国家计算机网络应急技术处理协调中心江苏分中心副研究员，东南大学法学院兼职硕士生导师，南京大学法学院博士后（在站）。兼中国互联网协会首批青年专家、江苏省法学会数字法学研究会常务理事。